# 家族教育的历史传承

## 以闽北地区为例

The Historical Heritage of Family Education:
A Case Study of Northern Fujian

胥文玲　著

社会科学文献出版社
SOCIAL SCIENCES ACADEMIC PRESS (CHINA)

2013年度教育部人文社会科学研究规划基金项目（批准号：13YJA880089）

# 序

张斌贤[*]

教育一直是贯穿古今的永恒主题，深深影响着我们前进的步伐。传统是过去，可是并非是与现在无关的过去，而是延续到现在并对现在起着作用的有生命的过去。那些合理的、具有价值，并对现实生活具有指导借鉴意义的传统，深深融入主导时代的文化主体。传统的真正落脚点恰恰是在未来，而非在过去，应古为今用、传承创新。

我和胥文玲博士虽只有数面之缘，然而每次见到她，都能感受到她对教育事业的激情和对教育研究的热忱。我主要研究外国教育史，但我也深刻体会，教育研究不但要追求国际化，更要兼顾本土化，只有这样的教育研究和教育改革才能落地生根、开花结果。基于此，胥博士对她的家乡（闽北）展开了家族教育历史传承的研究，在我看来，是颇具眼光和现实意义的选择。故而，当她提出希望我为她的书《家族教育的历史传承——以闽北地区为例》写序时，我欣然应允。

闽北历史悠久，人文荟萃，底蕴深厚。朱熹曾在这里讲学授徒，创建了综罗百代的理学体系，在中国哲学史、思想史、教育史上都具有重要和深远的影响。闽北涌现出延平书院、紫阳书院、南浦书院等许多著名学府，且与蒙馆、家塾、村塾、义塾等共同构建全面、系统、规范的教育体系。

---

[*] 张斌贤：北京师范大学教育历史与文化研究院教授，长江学者特聘教授，中国教育学会教育史分会理事长，全国教育专业学位研究生教育指导委员会秘书长。

值得注意的是，闽北家族文化的发展也十分成熟并别具特色，家族教育在教育体系中发挥了至关重要的作用，其功能是官方教育无法取代的，也切切实实为闽北的人才辈出、文风鼎盛、社会进步做出了重大的贡献。尤其值得一提的是，从宋代以来，特别是明清时期，闽北家族教育较为发达，保存了较为完整的家族教育的历史传承元素，为本研究的实地考察创造了十分有利的条件。

我始终强调，学术研究第一要素就是要科学严谨，尤其史学研究更是基于第一手研究资料上，更需严格、严谨的治学态度。在这一点上，胥博士做得非常诚恳、严谨。从2007年开始，其多次走访了闽北十个具有代表性的千年历史文化古镇，认真考察了私塾、书院、碑刻、古民居以及相关的民俗活动，搜集整理了五十多种三百多卷家族谱牒和大量地方志、文史记载等第一手资料，并与当地老人、学者、文化家族的后裔以及地方历史文化馆所管理人员等"历史言说者"进行面对面的访谈，把官修文献、民间文献、口碑资料有机结合，形成资料的多层参照，从而获取了一批鲜活的历史资料。在这样锐意穷搜、翔实考证的基础上，这本书成功地描绘了闽北家族教育丰富多彩的历史画面和极富个性的地域特色，分析了在闽北宗族文化影响下的家族教育的形式、内涵、特点、理念、功能和影响，并展示了家族教育丰盛且蕴意深刻的教育内涵。

本书以"宏观驾驭微观，微观折射宏观"的视角，既展现了闽北崇文重教的优良传统和源远流长的儒家文化传承，揭示了闽北家族教育的发展规律，脉络清晰，视野广阔；也从母教、家训、谱牒、私塾、碑碣、墓志、民俗、古建筑等角度入手，对闽北家族文化进行了全方位、多角度的挖掘，去芜存菁，分析透彻，思想深刻。同时，本研究还运用了教育学、人类学、社会学、民俗学等多学科渗透、交叉的研究方法，较好地糅合了历史与现实、回顾与展望、继承与发展，提出了不少颇有新意的见解。例如，古代家族教育对子弟人格养成、家族精神形成、社会文风改良、社会精神提升、乡贤文化弘扬、传统文化传承等研究结论，具有积极的借鉴意义。

虽然本书的研究对象局限于福建北部地区，研究的重点在于对家族教育"正能量"的弘扬，而对其不足涉笔较少，但瑕不掩瑜。总而言之，本书史论结合，兼具理论价值和实践价值，为世人打开了一扇了解闽北家族教育和文化研究的窗口，使这些古老的宗族文化、家训文化、建筑文化、装饰文化、匾联文化、民俗文化等内容，焕发生机。同时，该研究蕴含丰富的文化内涵，尤其是修身立德、励志勉学、治家教子、涉世从政等内容，依然具有超越地域、超越历史、超越时间等意义，为当代教育和文化传承提供了一些有益的借鉴与启示。

# 目录

绪　论 ········································································· 1

**第一章　闽北家族教育的历史发展** ········································ 29
　第一节　闽北家族教育的发展历程概述 ································ 29
　第二节　闽北素有崇文重教的优良传统 ································ 44
　第三节　母教在闽北家族教育中的作用 ································ 50

**第二章　宗族塾学与闽北家族教育** ········································ 61
　第一节　闽北宗族塾学的构成要素 ······································ 62
　第二节　闽北宗族塾学的简要述略 ······································ 67
　第三节　闽北宗族塾学的奖掖措施 ······································ 73

**第三章　宗族文化和闽北家族教育** ········································ 95
　第一节　兴修祠堂与重根重节教育 ······································ 95
　第二节　续修谱牒与敬宗睦族教育 ······································ 116
　第三节　沿用昭穆与道德教化教育 ······································ 123

**第四章　家训文化与闽北家族教育** ········································ 131
　第一节　从家训形式看闽北家族教育 ··································· 132
　第二节　从家训内容看闽北家族教育 ··································· 142

第三节　从家训特点看闽北家族教育……………………… 161

## 第五章　碑碣墓志与闽北家族教育……………………………… 168
　　第一节　谱牒行状与闽北家族教育……………………… 168
　　第二节　墓志石碣与闽北家族教育……………………… 174
　　第三节　摩崖石刻与闽北家族教育……………………… 179

## 第六章　建筑文化与闽北家族教育……………………………… 192
　　第一节　历史遗存和闽北家族教育……………………… 192
　　第二节　装饰文化和闽北家族教育……………………… 199
　　第三节　匾联文化与闽北家族教育……………………… 208

## 第七章　民俗文化和闽北家族教育……………………………… 228
　　第一节　民间信仰与闽北家族教育……………………… 229
　　第二节　民间习俗与闽北家族教育……………………… 239
　　第三节　民间文学与闽北家族教育……………………… 253

## 第八章　闽北家族教育的特征、作用与影响…………………… 280
　　第一节　闽北家族教育的特征…………………………… 280
　　第二节　闽北家族教育的作用…………………………… 292
　　第三节　闽北家族教育的影响…………………………… 299

## 第九章　研究的结论、反思与启示……………………………… 312
　　第一节　研究的结论……………………………………… 312
　　第二节　研究的反思……………………………………… 316
　　第三节　研究的启示……………………………………… 317

**主要参考文献**………………………………………………………… 325

**后　记**……………………………………………………………… 338

# 绪　论

闽北是福建文化的发源地之一和闽越文化的摇篮，素有"闽邦邹鲁"和"道南理窟"之称，这里人文荟萃，文化繁荣，科举发达，蕴藏着深厚的文化积淀。闽北地区优越的自然地理、富庶的社会经济以及崇文重教的人文环境，使这里很好地保存了家族教育的历史传承元素。家族是中国宗法制度下，以血统关系为基础而形成的社会基层组织。长期以来，家族在其内外部所展开的文化教育活动，即家族教育，充当着重要角色，它对家族人才的培养，对传统文化的传承以及社会的道德教化发挥着不可或缺的作用，其教育功能是其他教育无法取代的，在中国教育史上具有十分重要的地位。

为此，本研究以闽北家族教育为切入点，采用当地的谱牒、地方志、文史文献等一手资料，运用文献法、分析法和田野调查法等研究方法，实地考察了文化积淀深厚的10个国家级、省级千年历史文化古镇，试图从较为宏观的角度梳理明清时期闽北家族教育的发展脉络，从宗族文化、家训文化、碑碣墓志、建筑文化、装饰文化、匾联文化、民俗文化等诸多方面，探讨与闽北家族教育之间存在的种种关联性，并对闽北家族教育的特征、作用以及影响进行阐述，系统论述了闽北家族教育历史传承的状况，尝试辨别传统家族教育的良莠因素，取其精华，剔除糟粕，以期通过学习和借鉴前人有益经验和前人身上所具有的优秀品格，更好地继承和发扬家族精神，倡导奋发进取的社会精神，从而推动历史文化的传承，为当代教育提供一些有益的借鉴与启示。

## 一　选题缘由与选题意义

### （一）选题缘由

本研究以闽北家族教育为研究对象，主要是基于以下几个方面的原因：

1. 闽北家族教育的文化元素

素有"闽邦邹鲁"和"道南理窟"之称的闽北，是福建文化的发源地之一和闽越文化的摇篮，拥有深厚而特有的文化元素。著名哲学家杨时、游酢，传二程之学于闽，"程门立雪"至今脍炙人口。当代中国著名历史学家蔡尚思教授赞誉："东周出孔丘，南宋有朱熹；中国古文化，泰山与武夷。"朱熹曾在这里讲学授徒，创建了综罗百代的理学体系，在中国哲学史、思想史、教育史上具有重要和深远的影响。故选择闽北作为研究对象有其特殊的意义。

2. 闽北家族教育的经验借鉴

家族教育作为中国传统教育的一个重要组成部分，其在家族内外部所展开的一系列的教育活动，对个体、家庭、家族、地方乃至传统文化的传承与社会的道德教育的推广，起着至关重要的作用。家族教育的功能是官方教育无法取代的，值得我们认真考察和研究。

3. 闽北家族教育的历史传承

"一方面，教育对观念的影响是潜移默化的；另一方面，观念对教育的影响是弥漫性的，不受时间和空间的限制。"① 教育在传承文化的同时，也在创造文化。可见，教育既受已有文化传统的影响，又在发展过程中不断努力摆脱其影响。二者的互相影响是潜在的。尤其值得一提的是，从宋代以来，特别是明清时期，闽北家族教育较为发达，这里很好地保存了家族教育的历史传承元素。

### （二）选题意义

1. 方法意义：整合多种学科的研究方法

本研究采用传统的历史学所提倡的运用典籍文献资料的方法，同时结

---

① 谢维和：《教育活动的社会学分析——一种教育社会学的研究北京》，教育科学出版社，2007，第237页。

合社会学家、人类学家在社会田野调查上的成就，并整合运用多学科相互交叉、相互渗透的研究方法，在一定程度上弥补前人研究的不足，改变田野调查研究明显不足、缺乏历史与现实的贯通、个案研究多而综合研究少、研究的手段比较单一等研究现状，试图从社会学、历史学、人类学、宗教学、教育学、伦理学等学科中的一些基本问题来把握不同学科之间的对话，这有利于多学科之间的取长补短，相互促进。

2. 历史意义：借鉴家族教育的有益经验

本研究通过对闽北家族教育进行挖掘、梳理，以闽北地区为研究背景，对家族教育的内容、特征、作用以及影响系统整理梳理，将有助于我们加深对闽北家族教育认识，力争获得家族教育的经验，得出对当今家庭教育有教益的一些结论，同时揭示闽北家族教育是中国封建制度下的产物，一定具有时代的局限性，应取其精华，去其糟粕。由于历史并不是仅仅属于过去，它是以非直线的方式连接着现在，并且通向未来，面向未来。学习历史的目的不是单纯地让人们记住过去发生的事件，而是"读史明鉴""读史明智""以史为鉴"，是通过历史这面镜子发现自己的优势，正视自己的不足和差距，从而更好地扬长补短，这样才能显现历史的强大功能。

3. 现实意义：传承家族教育的优良传统

本研究试图通过对闽北家族教育进行全方位的深入探讨与分析。闽北家族教育重视启蒙教育、文化教育和品德教育，教育的内容回归现实并渗透、融入家族子弟的日常生活的方方面面，并极力采取各种直观形式为族众营造科举仕宦的文化氛围，如象征家族荣耀的古民居中的砖雕、木雕、石雕这三种雕刻艺术形式对子弟进行"忠勇孝义"的熏陶和浸濡教育，才能被个体所接受，才可能内化为个体的道德信念，并外化成个体惯常的道德言行，进而塑造族人的优秀品格。

闽北家族教育中许多思想体现了儒家思想的"孝亲敬上""忠信礼义"等传统美德，本研究对于个体作为家庭成员所应有的人伦德行（包括道德和伦理德行）、作为社会成员所应有的社会德行（包括经商和为官德行）等进行确认和规范，这有益于对个体的自然亲情的尊重和个体文化的社会德行的确定。尤其在社会经济迅猛发展，文明的弊端日益突出，道德观念出现新的迷惘的时代，我们必须寻找一个匡正的坐标，即来自老祖宗的祖训，老祖宗的教育以及儒家"大道归仁，仁者爱人"的学说。本研究希望能汲取闽北家族教育中有益的历史传承养分，以利于发扬家族文化精华和民族文化精华，有助于个体道德品质和人类社会道德的重建。

4. 文化意义：弘扬中华民族的优秀文化

闽北是闽学的摇篮和发源地，拥有深厚而独特的文化元素。闽北家族教育形式多样，寓意深刻。从宗族塾学、宗族文化、家训文化、碑碣墓志、建筑文化、装饰文化、匾联文化、民俗文化等内容可知，"朱子理学"被钦定为官方的正统思想，其影响深入中国社会生活的各个方面。中华传统文化魅力非凡，具有强大的生命活力，一直是滋养中华民族生生不息、发展壮大的精神标识，更跨越了数千年时空，丰富了人类多元文化的内涵，成为人类文化宝库的瑰宝。本书通过对闽北家族教育的研究以弘扬中华优秀传统文化中"讲仁爱、守诚信、崇忠义、尚和合"的精髓理念，探寻中华民族精神的丰富内涵和文化特质，以期推动家族文化和民族文化的弘扬、传承、发展及创新。当然，对中华传统文化的尊崇和弘扬，不是盲目地复古，而是为了中华民族和中华文化的伟大复兴，是古为今用与传承创新。因此，本研究应时而生，以闽北家族教育为切入点，其研究视角不仅是历史的，也是当代的，更是未来的。在此研究里，以儒学为代表的中华优秀传统文化，不仅得到传承延续，更会在开放的交流对话中，绽放跨越时空的新思想和新智慧。犹如一首古老的民歌"天上有宝，日月星辰；地上有宝，湖海山林；国家有宝，忠臣良将；家中有宝，孝子贤孙"一样，从遥远的过去唱到现在。

5. 学科意义：扩大家族教育的研究领域

近些年来，国内在教育史的研究方面取得了丰硕的成果，其研究领域也得到了极大的拓展，家族教育是中国传统教育的重要组成部分，因此极具研究价值。以往有关闽北的研究成果较为丰富，但主要集中在地域文化的研究，如朱子文化和闽学方面的单项研究，这类著作卷帙浩繁，而以探讨闽北家族教育作为专题的研究尚未多见。迄今为止，涉及闽北教育的研究，大致围绕两个方面：一是讨论南宋时期闽北进士述略，或在研究宋代闽北地区进士兴盛的原因的问题时附带涉及有关教育的问题；二是涉及古代闽北教育、闽北书院教育研究、闽北地区中等职业教育、闽北成人教育或重组闽北教育资源创建武夷大学的构想等方面的内容，都不是以家族教育为中心点来研究。尽管目前有一些文章从不同角度研究闽北，如从闽北的饮食文化、傩舞文化、现代城市婚俗礼仪、朱氏宗族的族学、客家歌谣等方面进行研究，也只是涉及家族教育的一小部分。由此可见，学术界尚未对闽北家族教育展开较为整体、全面、深入的系统研究，这也是以往研究中的不足之处。因此，本研究对闽北家族教育进行较为全面系统整理研究，从一个较为宏观的角度论述闽北宗族塾学、宗族文化、家训文化、历史遗存、碑碣墓志、匾联文化、装饰文化、匾联文化、民俗文化等内容，试图探讨它们与闽北家族教育之间存在的种种关联性。尤其值得一提的是，本研究在党明德先生所著《中国家族教育》一书的启发下，大胆尝试运用民俗学和民间资料对闽北家族教育进行论述，在某种意义上，材料的运用是新颖的，具有注入新的元素，拓宽教育史学科研究领域思路的意义。

"由于师范院校本科教学计划的调整，教育史学科教学时数大幅度减少，不仅影响了教育史学科在师范教育中的地位，而且对教育史研究队伍的稳定和发展产生诸多不利影响，致使一些高校教育史研究队伍出现萎缩现象。"[①] 本研究以中国教育史的一个方面作为研究内容，希望本书不仅能对中国家族教育史学科研究乃至区域史研究有所裨益，起到抛砖引玉的作用。同时，也期待史学界的同仁们一起来做更深入、更细致、更广泛、更完善的后续研究。

## 二 文献综述与基本概念

### （一）文献综述

1. 家族教育研究现状

家族教育虽然在中国具有悠久的历史，可追溯到司马迁《史记》中的"世家"。然而，古代学者对于家族问题的研究主要集中在西周的宗法制度方面。一直到20世纪80年代后期，家族教育才开始受到学术界的关注。自从学者们公认的对中国家族制度进行贯通性研究的第一部宗族简史，著名历史学家吕思勉的《中国制度史》（上海教育出版社，1985年）出版以来，

---

① 田正平、肖郎：《教育史学科建设的回顾和前瞻》，《教育研究》2003年第1期。

一批具有较高学术价值的著作及论文也相继问世。

(1) 代表性综合类著作

有关家族的综合类研究成果颇为丰硕。丁钢主编的《近世中国经济生活与宗族教育》(上海教育出版社，1996年)在对明清族商整体把握的基础上，从宗族教育入手，对晋商、徽商、闽粤和江浙商人进行专题研究，探讨宗族教育对宗族经济发展的作用与影响。徐扬杰的《中国家族制度史》(人民出版社，1992年)是一部家族史通论性的著作，主要运用历史的阶段分析方法，对中国家族制度的不同历史进行了分期梳理，阐述了家族制度与历史发展、政权及社会生活之间的关系。其《宋明家族制度史论》(中华书局，1995年)是对宋以后的家族制度进行深入的研究，涉及祭祀习俗、婚姻习惯、家谱撰修等内容。常建华的《明代宗族研究》(上海人民出版社，2005年)是第一部专门研究明代宗族问题的学术专著，包括祠庙祭祖、乡约和族规，以及族论与族谱等问题研究。冯尔康、常建华等合著的《中国宗族社会》(浙江人民出版社，1994年)，依据宗族发展史的标准将宗族分为典型宗族制时代(先秦)、世族宗族制时代(汉唐之间)、大官僚宗族制时代(宋元间)、绅衿宗族制时代(明清)、宗族异变时代(近现代)共五个发展阶段，并从宗族本身的内部结构以及其对社会适应力的问题进行阐述。

在综合类著作中，最具代表性的要数党明德和何成主编的《中国家族教育》(山东教育出版社，2005年)，其以全新的视角、跨学科交叉研究中国的家族教育，并对其发展概况进行全面梳理。该书清晰勾勒出中国古代家族教育的发展脉络，并且对古代家族中的幼儿、礼仪、女子等教育进行深入的研究；同时探讨了选官和地域文化对家族教育的影响，分层次研究了帝王官宦、士绅工商、少数民族家族教育；并对中国具有代表性的家族进行个案分析研究，如眉山苏氏是宋代文化家族的典型代表，新城王氏是明清科举望族的典型代表，并指出宗族塾学和家训文化为家族教育的主要形式，礼仪教育是古代家族教育的核心内容。此外，本研究还运用民俗学和民间资料对古代家族教育进行论述。在中国家族教育学术史上，此研究为中国家族教育研究提供了极有价值的思维方式和依据。

在综合类著作中，家族的区域研究成果也颇为丰硕。陈支平的《近五百年来福建的家族社会与文化》(中国人民大学出版社，1991年)是第一部全面系统探讨国内一个地域的家族社会的专著，书中广泛论述了家族问题的各个层面，特别是以往较少探讨的家族文化。作者经过多年的社会调查，以福建地区为个案，结合地方志、族谱、碑文等多种文献资料，从家族制度的形成、家族内部管理及运行、家族的扩张与分裂、家族的祖先祭祀、宗教信仰、规范教育、文化娱乐，直至建筑形式等多个视角，全面阐述福建社会文化变迁情况。台北《近代中国史研究通讯》曾高度评价此书是近年大陆家族史研究中最为重要的著作，日后中外学者讨论近世华南家族与社会的历史，必须参考陈著精辟的研究，方能在丰富的民间文献基础上，进一步探讨家族与其他社区文化活动的关系。郑振满的《明清福建家族组织与社会变迁》(湖南教育出版社，1992年)重点探讨了宗族组织形式和家族组织在福建不同地区的发展。叶显恩的《明清徽州农村社会与佃仆制》(安徽人民出版社，1983年)在第四章中阐述徽州的宗族组织，包括族权、族长、家法、家谱、祠堂、族田等内容。赵富华的《徽州宗族研究》(安徽大学出版社，2004年)以大量的典籍文献、文书档案和通过实地调查的访问资料为依据，深入研究徽州宗族的谱牒、祖墓、祠堂、族产、族规家法，并通过歙县呈坎前后罗氏宗族和黟县西递明经胡氏宗族的个案研究，使徽州宗族的研究论述更具体化和立体化。该书以徽州宗族为切入点，科学地总结出宗族的八大特点，对于其他各地乃至全国的宗族研究，具有普遍的指导意义。

明清时期江南地区出现了许多名门望族，因此，望族的研究也引起学术界的关注且具有一定的代表性。江庆柏的《明清苏南望族文化研究》(南京师范大学出版社，1999年)深入探讨了苏南地区的自然、社会、市镇、农业等因素对当代望族发展及其家族文化的形成所起的作用。吴仁安的《明清江南望族与社会经济文化》(上海人民出版社，2001年)，对明清江南区域社会变迁中的政治、经济、文化、风俗的演变进行了系统概括，旨在探讨它们与江南望族之间的种种关联性。吴氏的《明清时期上海地区的著姓望族》(上海人民出版社，1997年)将上海地区的望族分为文化世族、豪门右族以及官宦世家三大类，指出著姓望族大都由科举制度造成，其兴盛得益于良好的教育、家风传承、良好品行、有选择的婚姻等。

尤其值得一提的是，王善军的《宋代宗族和宗族制度研究》（河北教育出版社，2000年）是迄今为止第一部全面、系统而又深入地探讨宋代宗族和宗族制度历史真貌的专著。此书不仅深入考察宋代的公产、祭祀、谱牒、族塾义学、家法族规、宗祧继承等六项宗族组织制度，而且精细考察宋代的世家、宗室、强宗豪族、同居共财大家庭等四项宗族类型，填补了中国古代宗族史和宋史研究中的一项空白，具有较高的学术价值。

此外，侯玉杰和冯美荣等人合著的《滨州杜氏家族研究》（齐鲁书社，2003年）以及李国均和王炳照主编的《中国教育制度通史》（山东教育出版社，2000年）等论著中，部分篇章也涉及了家族或宗族的教育问题。而常建华的《宗族志》（上海人民出版社，1998年）涉及了族谱、族产、家学、族规以及宗族内部组织结构等问题。张国刚主编的《中国家庭史》（广东人民出版社，2007年）第五章专论家庭伦理关系。李建军的《明代云南沐氏家族研究》（辽宁人民出版社，2002年）是家族史个案研究的专著。唐力行的《商人与文化的双重变奏——徽商与宗族社会的历史考察》（华中理工大学出版社，1997年）是探讨宗族文化的专著。以上这些论著对家族教育研究均具有弥足珍贵的借鉴价值。

（2）论文方面成果较为丰富

学术界现有家族教育的论文成果较为丰富，主要分为家族个案研究、某一时代的研究以及某一个地区的研究，同时，这三方面的研究又是相互交织在一起。

①家族个案的研究

家族个案的研究主要集中在新城王氏、流坑董氏、桐城张氏、眉山苏氏等名门望族的研究。其中，家族成功个案原因分析的文章，俯拾皆是。如马斗成、李希运的《眉山苏氏家族教育探析——以三苏时代为中心》（《史学集刊》1998年第3期）阐述眉山苏氏家族作为一个普通庶族地主家族，培养出了苏洵、苏轼、苏辙三人，并分析良好、成功、得法的以科举教育为主要教育目的家族教育是眉山苏氏家族崛起的重要因素。何成的《明清新城王氏家族教育探析》（《学海》2002年第1期）阐述在科举制度臻于完善的明清时期，新城王氏培养以文学政事通显的科宦族人数十人，王氏子孙或以科举入仕，或以文学、荫补得官，皆赖于颇具特色、卓有成效的家族教育。其家族教育主要有伦理道德教育、科举应试教育、才艺教育等三种内容。曾佳佳、蒋明宏的《清代薛福成家族文化初探》(《江南大学学报》2009年第5期)初探无锡城西薛福成家族诗礼传家、名人辈出的原因，在于薛氏家族的颇具活力的教育活动，如教育内容和方法、教育价值与目的等别具一格。赵璐的硕士学位论文《宋代东莱吕氏家族教育研究》(华东师范大学，2009年)论述良好的家族教育与深厚的家学渊源是宋代东莱吕氏家族之所以能延续十几世而不坠，并在政坛和文坛上发挥举足轻重的作用的原因。该论文分两个时期详细论述了吕氏家族的教育的历程，较完整地呈现出吕氏家族教育的特点及其人文盛况。刘佳的《五凉时期敦煌索氏家族教育研究》(《甘肃联合大学学报》2009年第5期)在前人研究成果的基础上，从家族教育的角度对敦煌索氏加以论述，并认为索氏家族之所以千年不坠，与其优良的家学教育的传承密不可分。陈晓君、黄仁贤的《科考奇迹与林浦林氏家族教育考略》(《教育史研究》2010年第4期)探析明清时期福州仓山林浦林氏家族，以林瀚为首的"三代五尚书"和以林元美为首的"七科八进士"科举绵延、簪缨联翩的繁荣景象背后，得益于以传统儒家思想为主导的，将家训与乡俗教化融为一体的家族教育。赖燕波的《浙江海宁查氏家族教育探析》(《学术交流》2011年第1期)阐述查氏家族文化教育和科举教育并重的教育理念和丰富多样的手段值得关注与研究。高险峰的《明清新安吕氏家族教育探析》(《三门峡职业技术学院学报》2012年第1期)阐述新安吕氏以其颇具特色、卓有成效的家族教育而崛起为一个科举望族和文化世家：一方面是文学和理学教育；另一方面是伦理道德教育。黄雅玲的《晚清定海黄氏家族教育探析》(《浙江海洋学院学报》2013年第5期)以家族教育为视角，从定海黄氏家族教育的渊源与发展、内容与特色、成就与影响三方面探讨黄氏家族成为经学名门、簪缨望族的原因。蒋明宏、陈芳的《无锡荣氏家族教育传统及其近代转型》(《江西科技师范大学》2013年第4期》)认为，无锡荣氏家族从一个江南乡村普通家族转变为近代中国的实业巨族，与该家族富有特色的贾而兼儒的家族教育及其成功的近代转型密切相关。魏运生的硕士学位论文《清代徽州迁苏状元家族研究》(上海师范大学，2010年)讲述清代素有"状元之乡"之称的苏州，共出状元26人，占全国状元总数的五分之一以上。该论文选择宦居徽州的中原士族"一门五进士"的桂林洪氏作为研究个案，从家族本身和苏州地域文化两个方面进行探讨，揭示洪氏一直保持着重视教育科举的家族文化传统，并通过宗族的鼓励和族商的支持，设祠堂、修家谱、置义庄、设义田，使家族教育发达，科第蝉联。

家族个案的研究还涉及其他方面内容的研究，如张发祥的《流坑董氏族学教育考察》（《抚州师专学报》1998年第3期）对流坑董氏以"读书、科举、仕宦"的教育目标以及以族产促科宦、以科宦固宗族的教育模式等问题进行分析，试图揭示我国古代族学教育的特点和社会作用。李浩的《桐城张氏家族教育传统试探》（《民俗研究》2003年第3期）从持家之道、为人之道、为官之道三方面来研究家族教育。张利民的硕士学位论文《明清时期滨州杜氏家族个案研究》（山东大学，2008年）阐述明清时期滨州杜氏成为当地首屈一指的名门望族。杜氏"一门七进士、父子五翰林""一门之盛、甲于天下"的人文盛况，主要与其颇深家学渊源密不可分，杜氏先辈极其重视家族文化建设，有"家训48则"传世至今。作者在查阅正史、碑史、方志、家谱等大量原始资料的基础上，以个案研究的方法，系统论述了杜氏家族的兴衰、发展，世系沿革，对家族的人口、科举情况作了全面的分析统计，并对家族中代表性人物的生平经历和主要成就进行了概括。

②某一时代的研究

目前学术界某一时代的家族教育研究有魏晋南北朝、唐代、宋代、元代、明清等不同时期的研究。

魏晋南北朝具有代表性的论文有：卢丽琼的《浅议魏晋南北朝时期家族教育的兴盛》（《高等教育研究学报》2004年第2期）探讨了魏晋南北朝时期家族教育兴盛原因，指出巩固门第是家族教育得以兴盛的根本目的，选官选士制度对品学的要求进一步促进了世家大族对家族教育的重视。李必友的《魏晋南北朝家族教育的特点》（《安徽师范大学学报》1995年第2期）指出魏晋南北朝时期的家族教育兴盛发达的原因以及所呈现出一些鲜明的特点，如女性积极参与家族内部的文化教育，家族内世代相传的家学趋于繁荣，"家诫""家训"在社会上广为流行等，对后世文化教育产生了一定的积极影响。

唐代具有代表性的论文有：李浩的《论唐代关中士族的家族教育》

(《西北大学学报》1998年第2期）认为，家族教育作为私学的一种形式，在唐代并未衰微，仍有新的发展。该论文以关中士族的家学与家风为主线，侧重指出关中士族的家族教育强调文学教育的特点，并解释了形成这一特点的原因。邓洪波的《中国古代家族书院简论》（《湖南大学学报》2003年第4期）简述自唐代以来，家族书院的兴起与演变、类型、基本特点。景遐东、曾羽霞的《汉唐时期江南顾氏家学家风发展与演变》（《中国文化研究》2013年第3期）阐述江南文化世家顾氏家族有着"忠直""孝义""尊礼"为主的门风，以及以经义、书画、文史、杂艺为主的家学传统。唐代，道家思想在其家族文化传承中显得尤为突出。顾氏家族变化轨迹，有其内外部原因，如家族的崇宗意识、多样化教育、时代变迁、文化好尚、家族迁徙等因素。

宋代具有代表性的论文有：吕肖奂、张剑的《两宋科举与家族文学》（《西北师范大学学报》2008年第4期）指出科举制度不仅对两宋家族教育目的和方式有明确的引导性，而且对家族文学创作也产生了一定作用，促使科宦家族向文学家族转化。科举入仕是一个家族振兴和保持长盛不衰的重要条件，尤其是一般寒族通过科举走上仕途之后，就享有科举特权，这促进了宋代大量科宦家族的形成。赵龙的《宋代徽州程氏家族进士考论》（《山西师范大学学报》2009年第2期）考察了徽州程氏自始迁祖程元谭始，不断繁衍，成为当地望族。其家族科举仕宦的成功，取决于当地的县学、私学的兴盛，家族女性成员良好的涵养，良好的教育环境以及家族经济条件的殷实等因素。

元代具有代表性的论文有：陈彩云的《元代温州的宗族建设》（《浙江师范大学学报》2011年第2期）阐述元代理学在温州的深入与传播，促使温州士大夫们加强宗族建设，如兴建祠堂、祭祀祖先、修撰族谱、兴置族产、救济族人等。

明清时期有关家族教育的成果，俯拾皆是。代表性的论文除了上述提及的何成的《明清新城王氏家族教育探析》（《学海》2002年第1期）、张利民的硕士学位论文《明清时期滨州杜氏家族个案研究》（山东大学，2008年）、高险峰的《明清新安吕氏家族教育探析》（《三门峡职业技术学院学报》2012年第1期）、陈晓君和黄仁贤的《科考奇迹与林浦林氏家族教育考略》(《教育史研究》2010年第4期)、曾佳佳和蒋明宏的《清代薛福成家族文化初探》(《江南大学学报》2009年第5期)、黄雅玲的《晚清定海黄氏家族教育探析》(《浙江海洋学院学报》2013年第5期)等成果之外，还有白宝福的《20世纪80年代以来明代家族史研究述略》(《中国史研究动态》2010年第2期)就20世纪80年代以来大陆学者在这方面的研究情况做一概要的总结。唐力行的《明清徽州的家庭、家族结构》(《历史研究》1991年第3期)从宗法制度方面对明清家族进行深入的研究。郭培贵、蔡惠茹的《论福建科举在明代的领先地位及其成因》(《福建师范大学学报》2013年第6期)阐述明代福建进士数虽从宋代在全国排名第一退居第五，但其仍为科举大省，在诸多方面，如人均一甲进士数、人均进士数、人均庶吉士数，均处于全国领先地位。其中，其人均进士家族数不仅居全国榜首，而且还产生了明代唯一的延续二百多年的七代进士家族。这表明福建拥有强大科举实力与其深厚的科举积淀、浓厚的科举氛围、显著发展的经济、发达的教育文化以及家族制度等有着直接关系。王燕的硕士学位论文《明清时期黄河三角洲名门望族比较研究》(山东大学，2009年)以中华文明的发祥地之一的黄河三角洲为切入点，分析探讨明清两代最具代表性的名门望族滨州杜氏与惠民魏氏家族。通过比较两大家族的崛起到家族地位的确立和最终由盛而衰的原因可知，清末科宦家族与商贾家族在文化教育上、价值取向上以及发展轨迹的差异。毛晓阳的《清代科举宾兴对基层地方社会的影响》(《闽江学院学报》2013年第4期)阐述随着清代"宾兴"①在各地的普遍设立，科举宾兴制度对地方社会的影响也日益深入。一方面，人们认为宾兴施惠范围较之宋代范仲淹捐建宗族义庄更为广泛。有些家族甚至将原本用于宗族祭祀的族产捐为科举宾兴的资产；另一方面，宾兴资产由先前官府、儒学教官的直接控制，逐步变成由地方士绅推举代表、值年轮管的方式，这也为清代基层社会"公共领域"的形成与发展提供了实践场所。

③某一区域的研究

按地理位置划分，通常以秦岭、淮河为中国南北方分界线，北边属于

---

① 宾兴是清代的教育公益基金，其基本职能是为本地科举考生提供考费资助。

北方，南边则为南方。

北方代表性的论文有：张杰的《清代科举世家与地方教育——以北方地区为例》（《中国文化研究》2002年第3期）从家族传承、教育形式与地方师资三个方面，论述了清代科举世家对地方教育发展所起作用及影响。于秀萍、童广俊和于长亮的《明清以来沧州的家族教育述略》（《沧州师范专科学校学报》2007年第4期）从沧州家族发展较为充分的明清时期对教育进行述略，沧州各家族为了使家族长盛不衰，提高或长久保持家族的地位与声望，均十分重视科举教育，并以各种方式鼓励弟子潜心向学，形成各自独特的家族教育理念，同时也为地方的文化教育事业做出贡献。

由于南方地区的家族教育较为发达，其影响力并不仅仅局限于一个家族、一个地区，而是对整个南方地区乃至全国都产生深远的影响。因此南方地区家族教育的研究论文相对较多，具有代表性的论文有：吴霓的《明清南方地区家族教育考察》（《中国史研究》1997年第3期）、钟春翔的《简析清代江南的家族教育》（《山东教育学院学报》2001年第1期），以上两篇论文研究的共同点是阐述明清时期家族教育包含了以读书入仕为目的和广泛性教育这两方面的内容，着力研究科举入仕教育。孙虎的《清代江南家族教育与地域文学发展关系探论——以嘉兴文学家族为中心的考察》（《苏州大学学报》2012年第6期）另辟蹊径，考察了清代以嘉兴文学家族为中心的家族，发现其用传统家族文学精神召唤起家族成员的身份认同。这些家族以儒为业、重视家学、传承家族文学精神成为家族成员的自觉意识。同时，母系教育融合了传统家学和外家文学资源，丰富了文学家族的"优良品性"内涵。此外，还有刘殊芳的博士学位论文《清代台湾闽南移民家族教育研究》（福建师范大学，2009年）对清代闽南移民台湾后的家族教育进行了较为详细的探析，并综合阐述其构成、内容、教育成效与缺失以及清代闽南移民对台湾社会文化所产生的深远的影响。此外，该论文还尝试从书院、义学以及科举世家的角度，分别对竹堑郑氏、坂桥林氏以及由泉州晋江移民台湾的张氏家族进行个案分析。

**2. 闽北教育研究现状**

闽北教育研究现状，主要有宗族塾学或书院、科举进士、家族文学、中等职业、成人或大学教育以及涉及本书的部分内容，如饮食、歌谣、婚俗、礼仪、古民居以及建筑装饰等方面的研究。

有关书院、宗族塾学方面研究成果，如吴昊的硕士学位论文《闽北书院教育研究》（福建师范大学，2008 年）从社会政治、经济和文化背景分析闽北书院教育，清晰勾画出闽北书院发展的历史过程，并总结书院教育发展的历史特点和经验教训，揭示书院教育发展的规律。徐伟的硕士学位论文《朱熹与南宋闽北书院研究》（福建师范大学，2008 年）论述从唐末五代开始，闽北书院到了南宋时期发展进入一个繁荣时期。在其发展过程中，理学对其影响甚大。儒学集大成者朱熹是南宋著名的理学家、思想家、哲学家、教育家。他的启蒙、求学阶段的成长过程与书院是密不可分的。其一生大部分时间都是在闽北度过，创设了寒泉精舍、武夷精舍与考亭书院。朱熹推行"门户开放""问难论辩""尊师爱生"的做法，以及书院富有特色的"联友带徒"的理学研究，以及"百家争鸣"的讲会制度等一系列独特的管理模式、教学体制和教学方法，表明其在闽北书院史上有着不可磨灭的贡献。金银珍、牟娟所著的《书院·闽北》（同济大学出版社，2010 年）主要介绍闽北书院分布情况及发展脉络，从多视角、全方位的角度阐述闽北书院独有的特征，对代表性书院及与之相关的民风民俗进行了实地考察，并引证大量丰富翔实的资料，为读者打开了一扇广泛了解闽北书院历史和文化的窗口。晋文玲的《宗族塾学与闽北家族教育考略——基于古村落的田野调查研究》（《教育评论》2014 年第 5 期）论述闽北素有崇文重教的优良传统，宗族办学源远流长，家族先辈纷纷效仿古人竞相办学，延名师、设学田，并积极采取种种诱掖奖劝的措施，以期通过读书、应试、入仕的求学模式，改变个人乃至家族的命运，最终提升家族的声望和地位，常保家族长盛不衰。同时，宗族塾学不仅在家族教育中起着举足轻重的作用，也推动了传统村落教育事业的发展。

有关科举进士方面研究成果，如于冉冉的《南宋时期闽北进士述略》（《文教资料》2007 年 5 月号上旬刊）和其硕士学位论文《南宋闽北进士研究》（福建师范大学，2008 年）对南宋闽北进士作了较为系统的梳理和论述，探溯其源流走向，揭示其不仅与书院讲学有密切的关联，而且与家族传统有着深厚渊源的内在关系。邱海松的《宋代闽北地区进士兴盛的原因》（《三门峡职业技术学院学报》2008 年第 2 期）和其硕士学位论文《宋代闽北地区进士的兴盛及其影响》（福建师范大学，2006年）认为科举活动的盛衰和及第人数的多寡，往往是衡量一个地区文风和教育程度的重要尺度。作者搜集了大量的福建省志、闽北诸多县志，阅读了相关的史书和一些专家研究福建文化的专著，并对大量的史料和材料进行考证、分析，对宋代闽北地区进士的兴盛概况、原因及其社会影响进行概述，并认为宋代闽北地区进士兴盛与地理因素、刻书业繁荣、浓厚学风、劝学习俗、闽学兴起，以及发达的教育息息相关。

有关家族文学方面研究成果，如王小珍的博士学位论文《宋代崇安五夫里刘氏家族及其文学研究：以刘子翚为中心》（福建师范大学，2008年）主要论述宋代崇安五夫里闽北望族刘氏家族在闽北文化教育和理学发展进程中，均具有极为重要的地位和广泛的影响。该论文运用传统文学、史学的研究方法，既注重宏观把握，又注重微观辨析，着重考述了刘子翚之宦迹与归隐、交游、著述、讲学等活动，重点论述其文学成就、理学思想及其对朱熹的影响。

有关中等职业、成人或大学教育方面研究成果，如刘庆华的硕士学位论文《闽北地区中等职业教育现状、问题与对策研究》（福建师范大学，2007年）从一个中等职业教育工作者的视角考察了闽北中等职业教育的现状，深入分析其在发展过程中存在问题的原因，并探索解决问题的方法。最后对闽北中等职业教育的进一步发展提出相应的对策。龚建金的《闽北成人教育发展中的问题及其对策》（《南平师专学报》2006年第3期）从理论和实践上分析了闽北成人教育存在的问题，并提出相应的对策。张文铨的《关于重组闽北教育资源创建武夷大学的构想》（《南平师专学报》2001年第2期）以闽北教育资源为切入点，提出重组创建武夷大学的几点构想。

此外，还有一些涉及本书部分内容的相关期刊文章或著作，如关于摩崖石刻的有：朱平安的《武夷山摩崖石刻的基本特征及其解读方法》（《黄山学院学报》2008年第6期）和其著作《武夷山摩崖石刻与武夷文化研究》（厦门大学出版社，2008年），胡静、游巍斌等的《武夷山风景名胜区摩崖石刻时空分布特征研究》（《福建农林大学学报》2014年第2期）。其他相关的还有张品端的《古代闽北教育散论》（《教育评论》1996年第2期）、李子的《考亭鱼宴和闽北饮食文化》（《福建乡土》2006年第2期）、姚锡芬和刘皿伟的《闽北客家歌谣初探》(《南平师专学报》2000年第1期)、陈利华的《闽北现代城市婚俗礼义中的古俗考》(《南平师专学报》1998年第1期)、孙永生的《闽北朱氏宗族的族学资料》(《中国社会经济史研究》,1991年第3期)以及陈婷的《闽北古民居建筑装饰文化初探》(《艺苑》2006年第4期)等文章。

3. 家族传承研究现状

目前,学术界关于家族传承方面的专门性、系统性的研究并不多见,主要从其他角度进行传承的研究。

从家族教育传承角度研究,如胥文玲的《家族教育的历史传承——以闽北元坑为个案》(《教育评论》2008年第4期)和《家族教育的历史传承——以闽北峡阳为个案》(《河北师范大学学报》2008年第7期)分别以闽北千年古镇顺昌元坑镇和峡阳镇为个案,运用历史学研究方法,辅以人类学的田野调查方法和民俗学的资料,探讨当地的谱牒、科举遗存、习俗以及民间歌谣等,试图从中了解有关家族教育历史传承的一般特点。其《家族教育的历史传承——以闽北家族祠堂为例》(《福建论坛》2011年第12期)以家族祠堂为切入点,从较为宏观的角度阐释闽北祠堂的结构、隐喻、职能及祭祀先祖活动,试图探讨象征家族的祠堂与家族教育存在的关联性及历史传承状况。王莲花的硕士学位论文《蒙古族传统家庭教育及其传承研究》(内蒙古师范大学,2008年)以最小社会单位蒙古族家庭为例,探讨蒙古族传统家庭教育起源、内容、教育方式及其传承的问题。

从文化传承角度研究,如王润平的《当代中国家庭变迁中的文化传承方式探析》(《社会科学战线》2004年第3期)针对当代中国家庭从传统超核心亲属关系演变为现代核心家庭,提出了相应的对策,探索家庭传承的一条新的有效途径:由原来的全方位泛化、机械、依赖性传承转变为有限强化、有机、建构性传承,这对中国家庭的未来以及中国文化的未来命运产生积极深远意义。刘正发的博士学位论文《凉山彝族家支文化传承的教育人类学研究》(中央民族大学,2007年)指出凉山彝族家支文化包括家训文化、亲属称谓、祭祀祖先、神灵信仰、敦亲睦族、立身处世、人伦道德教育、神话传说故事以及科技人文知识等内容,阐述其得以传承的主要原因是独特的家支、文化和等级三个制度的长期并存且发挥重要作用的结果。

该论文以教育人类学为切入点，系统、深入分析、研究家支文化及其传承的问题。秦中应的博士学位论文《当代湘西苗族传统文化的教育传承研究——以湘西州凤凰县苗族为例》（中央民族大学，2010年）论述少数民族文化大多是在民众日常生活中以口传心授的方式传承的。该论文从教育人类学的视角，对湘西苗族进行田野考察发现，苗族具有独特的传统文化，以节日、宗教活动、仪式等为主要教育载体传承着，且教育传承方法不是单一的、一成不变的。黄若天的硕士学位论文《非物质文化遗产的教育传承研究——以〈黄四姐〉的传承模式为例》（湖北民族学院，2014年）以黄四姐为切入点，介绍其起源、发展及其民俗文化精髓，分析了非物质文化遗产教育传承的内涵、意义、作用、形式、途径等，提出个体分级、分步实施、点面结合、讲求实效的教育传承原则，促进非物质文化遗产在传承教育中发展。

从歌谣传承角度研究，如金冉的硕士学位论文《中央苏区红色歌谣教育传承研究》（赣南师范学院，2012年）以中央苏区红色歌谣为主线，论述红色歌谣的形成、发展及作用，并以举例的形式阐释其内涵、功能及当代教育价值。最后，从传承文化的角度将其与先进文化建设相结合，在构建社会主义和谐社会，永葆文化先进性的方面加以论述。莫丽的硕士学位论文《桂林童谣保护与教育传承研究》（广西师范大学，2012年）从多视角出发对桂林童谣的现状进行了调查、分析，尝试探索一条切实可行的更好的保护与传承桂林童谣的路径。

总而言之，从目前学术界的研究现状来看，学术界比较注重从历史文献及家训中来研究家族教育，或注重对一个家族或者一类家族教育的研究，尤其在某个名门望族上。家族教育有对徽州地区、江南地区、沧州地区、闽南地区以及黄河三角洲等区域或侧重从某个时期进行研究。除了胥文玲发表了数篇相关论文之外，学术界尚未直接涉及闽北地区。而闽北以往的研究主要集中在朱熹方面的理学研究，对家族教育，特别是对家训文化、宗族文化、建筑文化、装饰文化、匾联文化、民俗文化等，远未展开充分的研究，而系统完整、全面综合的对闽北家族教育内容和历史传承的研究则更为少见，缺乏站在宏观层面的家族教育研究。目前学术界对闽北家族教育的研究仍然存在诸多不足之处：（1）田野调查研究明显不足。系统全面的田野调查研究明显不足,无论在广度上还是在深度上都十分有限。(2)缺乏历史与现实的贯通。以往的研究缺乏历史与现实的贯通、厚古薄今,对史迹源流研究比较充分,而对家族教育的特征、作用、影响的调查与研究不够深入系统。(3)个案研究多而综合研究少。(4)研究的手段比较单一。在当前的闽北家族研究中,不同学科背景的学者多从学科本位出发进行研究,如人类学者多采用田野调查法,缺乏厚重的历史感和文献的支撑。历史学者多采用文献研究法,实证研究明显不足,缺乏一定的现实感和现场感。而社会学者多采用对策研究和现象的描述,缺乏从具象事实出发,寻求背后的缘由。由此可见,闽北家族教育研究若综合运用人类学、历史学、民俗学、社会学、宗教学等多学科交叉的方法,将田野调查、文献研究、定量分析、信息系统处理等有机结合,创新范式,拓展视野,可满足学科建设和学术发展的需要。

尽管如此,以上的这些研究成果对本研究所深入展开讨论的相关问题,有着十分重要的指导和借鉴意义。因此本研究试图在前人相关家族教育研究的基础上,将研究的视角重点放在闽北地区家族教育这个范围,力求通过大量史料的收集与分析,较为全面系统、详细地梳理闽北家族教育基本面貌、发展脉络、具体做法在家族活动的作用,以及产生的深远影响,并试图论述闽北各项教育活动与家族教育的内在关联性,从而弥补目前学术界尚无对这一时期的家族教育系统完整研究的缺憾,丰富充实对闽北家族教育的认识。同时,能运用正确的历史观,对于闽北家族教育进行深刻分析,从而完整地揭示本质,达到客观对待、正确认识这段教育历史的目的,从而更好地继承和发扬家族精神,使其能够代代相传,并为家族教育的历史传承方面的研究,以及对当今家庭教育提供一些有益的借鉴与启示。

(二)基本概念

为能更好明晰本研究主题,在此简要阐释闽北、家族、家族教育、传承、谱牒、家训等概念。厘清这些基本概念是本研究得以深入开展的基础和前提。

1. 闽北

闽北是福建北部的简称。据《南平地区志第一册·总述》记载,三国到唐代,闽北指的是建安郡;五代十国,闽北指的是两州(即建州和南剑州）；至唐代中期，福建合一府（建宁府）、五州（福州、泉州、建州、漳州、汀州5个州级行政机构）、二军（泉州的兴化军、建州的邵武军）为福建路，福建遂有"八闽"之称；从宋到清，闽北指的是三府（建宁府、延平府、邵武府）；新中国成立初期，闽北指的是以南平市为首府的南平专区，管辖了包括屏南、古田、沙县、尤溪、将乐、建宁、泰宁、三元、明溪、闽清等在内的21个县。1994年9月，经国务院批准设立地级南平市，其地理位置位于福建省北部，武夷山东南面，闽江上游富屯溪建溪、沙溪的汇合处，是闽北政治、经济、文化、教育、交通中心，管辖一区（延平区）、四市（武夷山、邵武、建阳、建瓯）、五县（浦城、顺昌、政和、光泽、松溪）。需要说明的是，闽北是北方汉族移民入闽开发的第一站，是福建省古村落发育最早、保存最完整的地区之一，历史可追溯至汉晋时期，至今仍保存着大量明清古民居和古村落。在这些相对封闭的古村落中，各种古代传统文化都有不同程度的遗留，特别是明清流传下来的家族谱牒、祠堂、古民居、碑刻、匾额、楹联、民俗等，其中蕴含的大量家族传统文化并未为世人所重视。本书研究闽北家族教育，主要是通过多次实地考察闽北延平峡阳镇、南山镇大坝—凤池村、顺昌元坑镇谟武村、武夷山下梅村、兴田镇城村、五夫镇，以及邵武和平镇、浦城县水北街镇观前村、光泽县崇仁乡崇仁村以及建阳麻沙镇等千年历史文化古镇，从中发掘了大量教育思想和文化内涵。

2. 家族

自从20世纪80年代中国学界对于家族制度、家族社会的研究形成热潮以来，许多学者针对"家族"和"宗族"的概念及其含义进行了反复的讨论。本研究没有过于强调"家族"和"宗族"概念化的界定，更倾向于二者为同一概念的如下表述：徐扬杰在《中国家族制度史》中认为："家族与宗族是同一概念。家族又称宗族、户族、房头，又可称为族或宗，称家族成员为族人或宗人。"[1] 家族，在社会最基本的结构单位家庭的基础上，以婚姻为中心的血缘共同构成体，包括同一血缘的几代人。具体地说，受小农自然经济的局限和宗法伦理的影响，同一男性祖先的后裔子孙以血缘关

---

[1] 徐扬杰：《中国家族制度史》，人民出版社，1992，第4页。

系为纽带,将已经分居、异财分裂或派生成诸多个体小家庭联系起来,按照一定的规范,累世聚居而成的一种特殊的、具有高度凝聚力的群体,形成一个个安居农业聚落的社会组织形式。人口几百甚至数千的家族成员(称为族人、宗人)共同居住于特定的地理空间内,如同一个村落,拥有共同的财产,如宗祠、义田或学田,以及隆重的先祖祭拜仪式、强烈的祖宗同源意识和谨守家规、家法意识以及维系家族血缘与群体感情的孝悌观念等。事实上,除了以上在某一区域内,千家一姓、聚族而居、家族势力控制基层社会的现象之外,还随处存在由于若干个不同姓氏的家族交错分布、相互依存的现象。基于这种一定地缘范围和家族血缘范围的现象,厦门大学著名学者陈支平教授采纳20世纪60年代傅衣凌先生在《论乡族势力对于中国封建经济的干涉》一文中提出的"乡族"一词,认为"乡族"这一概念,更能在一些特定的区域内体现家族社会的基本特征。[①] 所以本书在研究民俗文化这一章节,涉及民间信仰、民间习俗等内容时,家族的概念则具有乡族的含义。长期以来,家族作为中国传统宗法社会的基本组织,在其内外部所展开的文化教育活动,充当了私学制度与封建官学的重要配角。由于它面对最为广大的社会成员,对于中国文化的传递与教育的推广,发挥着不可或缺的作用。这里需要特别说明,宗族不只是血缘关系的简单组合,因为血缘关系只是宗族形成的先决条件,而人们有意识的组织活动,才是宗族形成的决定性因素。总之,本研究对"家族"采取较为宽泛的定义,涵盖了家庭、家族(祢、祖、曾、高之祖以内子孙)、宗族(五服以外共远祖之同姓)以及乡族(若干个不同姓氏的家族)四个层次。简言之,本研究的家族涵盖以下三个层面,即从家庭的微观层面、家族和宗族的中观层面,以及乡族的宏观层面。

3. 家族教育

从一个人的成长来看,最早的教育环境是家庭,每一个人都是从这里起步。而家族是同一血缘的若干家庭的组合体。在传统社会,家族是启蒙教育、道德教育、技能教育、科举入仕文化教育和学术传承的重要载体。家族教育是以本家族子弟为主要对象,不仅肩负培养家族人才,而且还担

---

[①] 陈支平:《近五百年来福建的家族社会与文化》,中国人民大学出版社,1991,第2页。

负着家族文化传承的重任。本研究的家族教育不仅包括一般以家训和族学为其主要形式的教育，而是尝试从理念层面（崇文重儒、励学敦品）、物态层面（古民居、历史遗存、三雕装饰、碑碣墓志）、礼俗层面（祭祖仪式、教育习俗、劝善民俗）等多方位、多角度地进行分析，试图探讨以上三个层面的内容与闽北家族教育之间存在的种种关联性，从整体上系统梳理闽北家族教育历史传承状况。本书所研究的家族教育是一个广义的概念，既有以单个家庭为单位的教育，也包括以一族为单位的教育，乃至以血缘为纽带的同宗聚落—村村民的教化教育。

4. 传承

传承即传递接续，更替继承，沿袭创新，通常指承接好的方面内容。历史传承是社会教育的一个组成部分，是一个客观存在的现象。目前，学术界关于传承方面的专门性、系统性的研究并不多见，主要从以下三个角度阐述：一是从教育传统角度。著名教育家顾明远先生认为："一个时期的教育传统是受到内部和外部的影响。内部影响主要是先前的教育传统。外部影响则是当时的政治、经济、文化传统的因素。教育传统是指经过长期的历史沉淀而形成的并继承下来的教育思想、制度、内容和方法。"[①] 刘家和也持相似的观点："教育一直是贯穿古今的永恒主题，深深影响着我们前进的步伐。传统是过去，可是并非是与现在无关的过去，也不是已死的过去，而是延续到现在并对现在起着作用的有生命的过去。"[②] 二是从文化传承角度。王润平认为："整个中华文化体系中，家族是一种终极关怀性质的存在，是一种早已沉淀到骨子里的当然文化，家族与中华文化之精神始终保持着血脉相通和历史感应，也恰恰是这一点，使得家族在当代条件下仍然有理由、有资格担当文化传承的使命。"[③] 三是从民俗传承角度。钟敬文认为民俗的传承具有两种特征。其一，民俗的传承纵向性，指民俗文化在时间上传衍的连续性，同时也是指在民俗文化的一种传递方式。其二，民俗的横向扩展性，指民俗文化在空间伸展上的蔓延性，即传播过程，这决

---

① 顾明远主编《民族文化传统与教育现代化》，北京师范大学出版社，1998，第11页。
② 刘家和：《关于传统文化与教育的一些思考》，《北京师范大学学报》1994年第4期。
③ 王润平：《当代中国家庭变迁中的文化传承方式探析》，《社会科学战线》2004年第3期。

定了民俗文化的传承成为一种时空文化的连续体。① 本研究从以上这些重要研究成果中得到启示，并尝试从教育、文化、民俗三个传承角度阐释闽北家族教育。当然，以血缘为纽带的同宗聚落是闽北家族教育得以传承的重要条件。

### 5. 谱牒

在研究过程中，谱牒对于研究闽北各家族教育特点、内容、发展，具有特别重要的依据作用。本研究的许多内容，如家规、家训、行状、墓志铭等都是通过谱牒获取而展开论述的，因此有必要对此概念进行阐释。《说文解字·话林》释："谱，籍录也""谱，布也，布列见其事也"。谱牒，即家族谱书，通常又称族谱、家谱、宗谱、房谱、通谱、统谱、会谱、世谱、家乘、支谱，等等，以上名称虽然各异，但其内涵是大致相同，是通过这些"明世系、辨昭穆"的血缘世系的谱表或文书，记载家族世系以及先辈重要事迹的历史。具体地说，一部系统的谱牒犹如一部家族史，是一种以特殊形式记载的家族发展史，可谓是一家一族的"百科全书"，记录着家族的由来、姓氏源流、迁徙、生息、繁衍、发展、族规、族训、族诫、礼仪、风俗、社会变故、科举盛况以及历代人物所参与的政治、经济、军事、文化活动等，并对宗祠的来历、沿革等均有详明记载，内容丰富翔实，史料价值极高，蕴藏着大量有关民族学、民俗学、社会学、人口学、教育学、历史学以及地方志资料，因此谱牒作为历史文献的重要组成部分。正如宋元丰五年（1082年）赐"进士及第"状元黄裳在《延陵南山吴氏大宗谱·序》所言："谱牒之作由来尚矣。家之有谱犹国之有史，国无史则无以昭统记，家无谱则无以考世系。"② 梁启超也曾言："族姓之谱，实为重要史料之一。例如欲考族制组织法等无数问题，恐除族谱家谱外，更无它途可以得资料，实可谓史界瑰宝。"③ 为此，谱牒作为家族史册，是承先启后，继往开来，寻根溯源，延续血缘，凝聚宗亲的人文档案资料，对历史学、名族学、姓氏学的研究具有较高的学术价值，与正史、方志并列为中国史学的三大支柱，具有资政、存史、教化之功用。

---

① 钟敬文主编《民俗学概论》，上海文艺出版社，1998，第13页。
② 吴玉魁主编《延陵南山吴氏大宗谱》，1999，第16页，南山镇吴氏宗祠藏。
③ 梁启超：《中国近三百年学术史》，中国书店，1985，第336页。

6. 家训

《说文解字》释"训"为"说教也",即有规劝告诫之意。家族不仅是农耕社会背景下宗法制社会结构的基本特征,也是几千年来社会结构中最有活力的元素,传统家训就是顺应宗法制而产生的家族教育形式。家训又称家范、家规、族范或家诫,是关于治家教子的训诫,主要是指父祖辈对子孙后裔、族长对族众子弟的训示教诲之辞。家训一般通过多样化的文体形式,运用通俗易懂的表达方式,以家书、谱牒等为载体而世代相传。传统家训是我国古代宗法专制社会中所孕育出来的一种以治家和教子或教化族人为基本内容及特点的文化现象,主要是把宗法社会的礼法制度、伦理道德规范作为教育内容来规范族人行为,以及处理家族关系、做人的训诫。它是"中国历代先哲在立身、处事、为学等方面训诫后裔子孙的家庭教育实录"①。"家训是封建社会的家长用以垂训子孙后代、处理家族事务、规范家人行为的一种言行准则,主要包括家庭或家族中父祖辈教育子孙及族人,有关居家、读书、做人、做官的劝勉训诫之辞。"② 本研究的家训是广义的概念,主要包括对话、书信两种形式。对话是指训诫者对被训诫者的言谈,如家言;书信主要指家训、故事、格言、家范、家诫、家禁、女诫、诗歌、家书、族规、家法等著述形式。③

7. 科举制度

科举制度从隋唐至明清以来,实行了一千三百多年。到了明代,科举制度较为完善,依次分为院试、乡试、会试和殿试四个等级。科举考试以名列第一者为元,乡试、会试、殿试第一,分别称"解元""会元""状元"。(1)院试,又称"童试""童生试"。应试者无论年龄大小皆称童生,经考试合格后取得秀才(生员)资格,便可进入县学、州学、府学继续学习。(2)明清时期,乡试在京城和各省省城,每三年举行一次考试,因在八月举行,故称"秋闱"。闱,即考场的意思。考后有正榜和副榜公布的名单。其中正榜的叫举人,可授知县官职。(3)明清时期,会试在京城,时间与乡试一样,也是每三年举行一次考试,但在春季举行,故称"春闱"。

---

① 吴凌皓:《中国教育史论》,吉林人民出版社,2000,第386页。
② 袁北星:《颜氏家训中的家庭教育观》,《江汉论坛》2004年第6期。
③ 付林:《论传统家训的德教思想》,《吉林师范大学学报》2005年第6期。

应考者是各省的举人、监生等，共录 300 名为贡士。（4）殿试是科举制度最高级别的考试。通常在殿廷上皇帝对所有贡士亲自策问，以定甲第。录取分为一、二、三甲等第，统称进士。其中，一甲三名，赐"进士及第"的称号，依次为状元、榜眼、探花；二甲、三甲若干名，分别赐"进士出身"和"同进士出身"的称号。二、三甲第一名皆称传胪。

## 三 研究条件与研究方法

### （一）研究条件

#### 1. 研究资料

笔者是土生土长的闽北人，从小潜移默化地受闽北文化的影响和熏染，对闽北文化有一定的认识和了解，而且在收集原始资料上有较大便利，在写作之前就意识到此番工作的复杂与难度，尽可能多的搜集整理与本研究相关论文、著作及史料，以便对研究对象形成整体的认识。本研究资料主要来源于以下四种途径：（1）自 2007 年 6 月以来，笔者多次前往福建省图书馆、福建师范大学图书馆古籍资料室以及闽北地区 10 个县市的图书馆、方志委、政协文史资料办公室，收集与本研究选题有关的大量典籍文献、文书档案，查阅、搜集了《八闽通志》《福建教育志》《八闽纵横》《建宁府志》《建阳县志》《顺昌邑志》《名人传记》《闽北历史人物》以及民间文学（歌谣、传说、谚语）等资料。（2）通过网上检索、查看书目索引等方式收集了一定的二手的报刊、大量的期刊、论文以及购买一定数量的相关书籍资料。（3）利用田野调查法，笔者多次深入闽北地区 10 个千年历史文化古镇：延平峡阳镇和南山镇、顺昌的元坑镇谟武村、武夷山的兴田镇、五夫镇和下梅村、邵武的和平镇、浦城县水北街观前村、光泽县崇仁乡以及建阳的麻沙镇等地进行实地考察，收集了五十多种、三百多卷家族谱牒，在纸笔记录的同时进行实地拍摄，其中古镇照片有 569 张，古籍谱牒照片有 1138 张。（4）笔者与当地居民进行口头访谈，重点访谈以下的当地"历史言说者"，获得当地的一手资料。

访谈人物一：南平市延平区峡阳镇的**黄少建**（文化站站长，主编《峡阳镇志》）；

访谈人物二：南平市延平区峡阳镇的**应祥**（耄耋老人，宋代状元应珍

后裔,屏山书院的管理者);

访谈人物三:南平市延平区南山镇大坝—凤池村的**吴泰球**(吴卓后裔,主编《南山镇志)》;

访谈人物四:顺昌元坑镇谟武村的**饶文英**(谟武文苑的管理员,主编《中国民间文学集成·福建卷顺昌县分卷·谟武村卷》);

访谈人物五:邵武和平镇的**黄学艺**(黄峭后裔,和平镇金牌导游,是此镇申报国家级历史文化名镇的录像宣传片的主持人);

访谈人物六:武夷山下梅村的**邹全荣**(武夷学院客座教授,主编《下梅文史资料集萃》,撰写下梅村申报国家级历史文化名村的相关材料);

访谈人物七:武夷山兴田镇的**李奇春**(建阳古汉城城村德育基地创办人之一);

访谈人物八:武夷山五夫镇的**姜立煌**(紫阳书院的管理员,著有《朱熹在五夫》一书)。

总之,以上这些前期工作都为撰写本书提供了较好的素材。所有的这一切无不给笔者的创作带来极大的鼓舞,同时也为写作提供了足够的灵感和动力源泉。

2. 个人背景

在有关闽北家族教育的相关研究方面,笔者先后发表了以下数篇论文,如《家族教育的历史传承——以闽北峡阳为个案》在《河北师范大学学报》2008年第7期上发表,被中国人民大学书报资料中心2008年第10期全文转载,以及《家族教育的历史传承——以闽北元坑为个案》(《教育评论》2008年第4期)、《家族教育的历史传承——以闽北家族祠堂为例》(《福建论坛》2011年第12期)、《略论闽北家族谱牒字辈排行诗的内容及功用》(《福建农林大学学报》2012年第2期)、《宋代延陵南山吴氏家族教育述略》(《河北师范大学学报》2010年第3期)、《闽北古民居及家族教育内涵考述》(《东南学术》2013年第6期)、《明清闽北家训的教育思想及现代启示》(《东南学术》2014年第9期)、《宗族塾学与闽北家族教育考略——基于古村落的田野调查研究》(《教育评论》2014年第5期)等,这表明笔者对闽北家族教育有了初步的探讨。如前所述,笔者多次前往闽北各县市的图书馆、方志委,收集大量典籍文献、文书档案,并实地考察了当地具有深厚文化底蕴的 10 个国家级、省级千年古镇，亲身感受承载一种悠久生活模式和家族辉煌的古民居，以及与科举制度有关的历史遗存，体验当地的风土人情。笔者在完成多次调研任务后感触颇深，收获也颇丰。通过对现有资料的整理和实地考察，深刻体会到了闽北家族教育蕴含深厚思想内涵。本研究通过实地调查得到的、亲眼见到的实物遗存和亲耳听到的访问资料，运用文献法、分析法和田野调查法等研究方法，力争能深入考辨研究闽北家族的宗族塾学、祠堂、碑刻、行状、谱牒、族产、家训、古民居、匾额、楹联、历史遗存、建筑装饰、民俗文化等内容，旨在探讨它们与闽北家族教育的相关性，并为当代教育提供有益的借鉴和启示。

（二）研究方法

1. 文献法

本研究为历史研究，因此在探讨闽北家族教育的过程中，主要采用的研究方法是历史文献分析法。通过文献检索、网络搜索等方式查阅了大量与家族教育相关的文献资料，包括期刊、论著等诸多研究成果。本研究尽可能采用当地的谱牒、文史资料等第一手资料，并借助大量的历史文献资料来进行研究，力求增强论证的可信度和说服力。

2. 分析法

事物都有自己的原因和结果。本研究运用教育研究中的因素分析方法对搜集的大量的福建省志、闽北诸多县志，阅读的相关的史书和一些专家研究福建文化的专著及大量的家族谱牒史料进行考证、分析、比较和概括，以期从结果来找原因，找出事物产生、发展的来龙去脉和规律，旨在更客观地反映闽北家族教育的全貌。

3. 田野调查法

本研究对闽北家族教育的基本状况有一个比较全面系统的梳理，并采用民俗学获取资料的主要手段田野调查法，结合大量的历史文献、文书档案，在田野调查的基础上，对闽北 10 个国家级、省级的千年历史文化古镇进行实地调查，并以搜集得到的实物遗存以及访问资料为依据，对闽北家族教育进行探讨和梳理。本研究一些地方性知识，是与当地"历史言说者"面对面地言语交流所得，力争获得研究对象的完整意义以及对闽北家族教育进行全面性的分析研究。

需要说明的是，在所有实地考察的千年古镇中，唯有建阳麻沙镇不属于国家或省级的古镇，但由于其曾有"图书之府"之称，是宋代全国的三大刻书中心之一。从五代至清初，福建刻书业运用简朴的方法刻印的书籍流传全国，远播海外，大有建本图书独霸天下之势，且是宋代"四世九贤，一门九人"蔡氏九儒（蔡发、蔡元定、蔡渊、蔡沆、蔡沈、蔡格、蔡模、蔡杭、蔡权）、理学家游酢故居以及游氏始祖游匹之墓的所在地。为此，笔者实地走访了麻沙镇，走访蔡氏祠堂以及坐落在麻沙镇长坪村富垅自然村钟山山麓的唐代游匹墓。墓旁至今立有明万历二十八年（1600年）墓碑一方，上刻"大（唐）游匹公虞氏夫人墓"。据史料记载，游匹是唐代中叶入闽，卜居建阳长坪，子孙繁衍，分布江西之赣州、庐陵、会昌、于都、兴国、瑞金等地，为福建北支游氏开基始祖，后人尊称五丈公。千百年来，游氏名家辈出，宋理学家、教育家游酢（游匹第九世孙）是游氏后裔中最具代表性的人物之一，故有走访此地的意义。

据国家政策性文件可知，全国历史文化名镇（名村）的评价标准是：凡辖区内存有清朝以前年代建造或成片历史传统建筑群，总建筑面积在5000平方米以上（镇）或2500平方米以上（村）的镇（村），传统文化、文物古迹和建筑遗产比较集中，能比较完整地反映某一历史时期的地方特色、传统风貌和民族风情，具有较高的历史、文化、科学和艺术价值，而且在古镇中许多街道、民居都是清末和民国时代重修或改建的，这重建或改建的行为本身就具有传承性。[①] 故选择闽北这些千年古镇作为研究对象有其特殊的意义。

## 四 研究创新

本研究拟从一个较为宏观的角度来探讨闽北家族教育，在吸取前人研究成果的基础上有所创新，有所超越。

**创新之一**：目前，教育界对于家族教育历史缺乏系统的研究，尤其是从历史传承这一视角进行家族教育的研究还未深入展开。因此选择闽北家族教育历史传承进行研究，是一项有创新意义的研究，具有重要历史研究

---

① 中华人民共和国住房和城乡建设部网站，http://www.mohurd.gov.cn。

价值和现实促进作用。

**创新之二**：本研究引用了大量的原始史料，特别是一些谱牒在此前国内几乎较少运用。本书通过对新史料的挖掘和组合，立足闽北地区，结合地域文化，分析家族教育的不同形式，阐述家族教育在闽北社会生活中所发挥的功能、影响及其历史传承，把握闽北家族教育的大致轮廓，从而填补了闽北家族教育研究的一些空白。

**创新之三**：本研究深深受益于傅衣凌的启示，运用田野调查法，对闽北10个千年古镇进行实地考察，并以闽北家族教育为研究对象，试图采用历史学、社会学的方法，并大胆尝试使用"泛家族"这个概念范畴，充分利用民俗学的资料，将闽北家族教育导入教育史研究领域，从宗族办学、家训文化等教育理念层面、历史遗存、碑碣墓志等物态层面，以及民间信仰、教育习俗、民间文学等礼仪民俗层面，多方位、多视角地阐述闽北家族教育，避免先前对家族教育单一性研究。本研究以中国教育史的一个方面作为研究内容，不仅对中国家族教育史学科研究乃至区域史研究有所裨益，而且通过教育学、人类学、社会学、民俗学等学科中的一些基本问题来把握不同学科之间的对话。这样，在对家族教育研究成果的总结方面更具有综合性，对学术视野向纵深和宽广推进有所裨益。为此，本研究在不同学科之间的对话便为相关研究增加创新的活力。

# 第一章 闽北家族教育的历史发展

闽北是福建文化的发源地之一和闽越文化的摇篮,素有"闽邦邹鲁"和"道南理窟"之称。朱熹曾在这里讲学授徒,创建了综罗百代的理学体系,在中国哲学史、思想史、教育史上具有重要的影响。值得一提的是,从宋代以来,特别是明清时期,这里便很好地保存了家族教育的历史传承元素。[①] 王豫生在《福建教育史》中指出:"研究一个地区的家族教育,自然离不开历史渊源、特定的地理、社会与人文环境,它们会影响到人类的生存状态,进而对人们的教育模式、程度、内容与方法,对民俗民风,对人们的气质性格、品德情趣的形成以及人才数量和分布都产生一定的影响。"[②] 所谓的"一方水土养一方人"。在此,本章对闽北家族教育的发展历程进行概述,对其素有崇文重教的优良传统以及母教在闽北家族教育的作用等方面进行系统的梳理和探讨。

## 第一节 闽北家族教育的发展历程概述

闽北家族教育分为西晋的萌芽阶段,隋唐、五代的发展阶段,宋代的兴盛发达阶段以及元明清的持续发展阶段。

---

[①] 胥文玲:《家族教育的历史传承——以闽北峡阳为个案》,《河北师范大学学报》2008年第7期。

[②] 王豫生:《福建教育史》,福建教育出版社,2004,第2页。

## 一 闽北家族教育萌芽阶段——西晋

秦汉以前,闽北为闽越族散居之地,处于断发文身崖葬的阶段。此时,闽北文化教育尚未开发,而中原已出现《诗三百》这样的不朽作品。闽北古代家族教育在西晋时期还处于萌芽阶段。晋代(281-420年),战乱频发,灾害连连,北方林、黄、陈、郑、詹、邱、何、胡等"八大姓"氏族纷纷南渡江淮一带,散处闽西北各地,和当地土著人杂居共处,共同开发山区。中原一些名门望族大量迁移入闽始自西晋的永嘉年间,形成第一次高潮。西晋永嘉年间(307-313年),危京,光州(今河南)人,任建安(今建瓯)郡太守时,有一批中州人为了逃避战乱而大规模南迁定居,他们中的一批名门望族极其重视教育,为教育家族子弟兴办学堂,这是古代闽北家族教育的萌生。① 这一史实在以下史料得以印证。民国《建瓯县志》卷十九《礼俗志》记载:"晋永嘉末,中原丧乱,士大夫多携家避难入闽,建为闽江上游,大率流寓者居多,时危京刺建州,亦率其乡族来避兵,遂以占籍。"② 景泰《建阳县志》也记载了这段历史:"晋永嘉间,光州危京官建州十有六年……其乡避兵之民,率从之来,至是,遂占籍焉。故建宁士人知尚文学,实自危始。"从西晋到隋朝,是中原士族崇尚门阀的时代,随着中原士民带来了中原先进的文化与技术,闽越土著文明逐渐衰亡,至南朝时已不复存在。而另一方面,中原士民往往以簪缨世族自居,十分重视家族血缘的关系。

## 二 闽北家族教育发展阶段——隋唐、五代

自唐"安史之乱"后,为逃避战乱,中原一些名门望族又一次大规模的南迁入闽,形成第二次南迁高潮。由于唐代福建的开发已初具规模,加之社会安定,山青水秀的良好自然条件不断地吸引大量中原士民南下,避乱入闽的士大夫在此安家落户甚多,使闽北成为中原文化南移福建的重要走廊。南朝著名文学家江淹,任吴兴(今浦城)县令时,在赞叹浦城风景

---

① 张品端:《古代闽北教育散论》,《教育评论》1996年第2期。
② 转引自林汀水:《福建人口迁徙论考》,《中国社会经济史研究》2003年第2期。

诗序中写道："叶饶冬荣，花有夏色，碧水丹山，珍木灵草，皆淹平生所至爱。"可见此时的闽北已不再是东汉许靖避难途经闽越时所描述的一片荒凉景象。尤其是许多在闽仕宦者往往带领家眷、族属留居此地，在当地落籍，如宋代著名诗人杨亿、明代文渊阁大学士杨荣的先祖，经过后代不断繁衍生息，终于成为福建著名的名门望族。

据明弘治《八闽通志·风俗》记载可知，自唐五代乱离，江北士大夫、富商、巨贾多避乱于闽北，他们中大多数都想通过教育，让子弟科举入仕，以实现"朝为田舍郎，暮登天子堂"的愿望，光耀门楣，永葆家族长盛不衰。因此一些家族大力兴办族学。据清道光《建阳县志》记载，唐乾符间（875－879年），兵部尚书熊秘领兵入守温陵（泉州），后卜居建阳莒口，在建阳崇泰里（后人称其为"熊墩"），建"鳌峰书院"讲学，以教子弟。[①]建阳麻沙刘氏开国公刘翱，系唐昭宗景福二年（893年）入闽的刘楚之长子，建"樟堂书院"讲学，以及崇安五夫刘氏、柳氏和胡氏等家族也纷纷效仿，兴办家族书院。据沙剑萍《紫云黄氏的开山祖黄峭》中记载，邵武和平的黄峭，字仁静，号青风，唐昭宗时为工部尚书。唐亡，回乡隐居，于后梁开平二年（908年）在家乡创和平书院。据《黄氏宗谱·峭祖行录》记载可知，黄峭为能"诱掖后进，戒诸子养晦韬光，毋昧时而躁进"，聘请宿儒，讲授诗书，风气所及，和平以读书者众著称。再如延陵南山吴氏始祖吴卓，系唐咸通元年进士，银青光禄大夫，为官清廉、莅政有声。从吴氏祠堂现存的崇寿寺碑可知，后梁朱温皇帝封王审知为闽王时，吴卓一家隐居延平橘溪（今南山镇），舍田创办崇寿寺家族书院，供家族子孙读书。以上史料显示了闽北家族教育已发展到更高形式这一信息，个别家族已出现了家族书院（详见本章第二节）。由此可见，闽北宗族办学有了较快发展。此时，地方官员亦开始重视教育，唐咸通年间建州刺史李频，在任十多年中，广农林、兴土木、治恶习，积极鼓励州人办学，时常教州人知学，用儒学诗书，理教学士，于州人出仕颇有贡献。另一位建州刺史陆长源，明法令，均赋役，课农桑，修城郭，设学校，立市廛，兴廉举孝，劝礼耆

---

[①] （清）李再灏、梁奥主修《建阳县志》，建阳地方志编纂委员会，道光十二年版校注本，第498页。

艾，可见其也注重发展教育。此外，累官太常博士（中央管教育的行政长官）的叶京也敦促家乡兴教育，办学馆。这时，闽北人以不学为耻，一时学风大振。同时，大批入闽的文人学者对闽北文化教育的发展起了积极的促进作用。

公元907年唐朝灭亡，王审知被后梁太祖朱温封为闽王。在王潮、王审知兄弟在福建建立闽国（893－945年）期间，中原一些名门望族又一次大规模的南迁入闽，形成第三次南迁高潮。宋陆游在《渭南文集》卷三三中的《傅正议墓志铭》云："唐广明（880－881年）之乱，光人相保聚，南徙闽中，今多为士家。"黄仲昭在《八闽通志》卷三《风俗志》引《建安志》亦云："自五代乱离，江北士大夫、豪商、巨贾，多避乱于此，故建州备五方之俗。"这一次中原士民大规模入闽，对福建的开发、社会文化的发展以及聚族而居传统的形成影响尤甚。王潮、王审知兄弟在福建建立比较完善的政治体制，并大力促进社会生产与经济开发。同时，王氏政权注重搜罗人才，礼贤下士，发展文化。因此，偏远的福建便成为许多士子和文人学者的最好避难所。当时中原有名的文人学者，如郑戬、郑璘、李洵、韩渥、王涤、王侗、王拯、杨休、杨赞图、杨承体、归傅懿等皆避乱入闽，从以下诸多史料可见一斑，如《全唐诗》云："时中原人士杨承体、郑璘、韩渥、归傅懿、杨赞图、郑戬等皆避乱入闽。"再如黄滔的《黄御史集》云："皆以文学之奥比偃、商，侍从之声齐哀、向，甲乙升第，岩廊韫望，东浮荆襄，南游吴楚，谓安莫安于闽越，诚莫诚于我公（王审知），依刘表起襄汉，其地也。"[①] 黄子棱，累官至侍御史，自洛阳入闽，卜居建阳，创建考亭。南宋名臣李纲之父李夔由江南入闽，卜居邵武。湖湘学派的奠基人胡安国之七世祖胡夔、翁彦徇以及周德琰及子随游、刘、翁诸姓入闽，均居崇安，还有邓珫掌兵邵武，家光泽，等等。[②] 毋庸置疑，他们在闽北文化教育的发展方面具有不可忽视的促进作用。诚如清代陈衍在《补订八闽诗录》叙中云："文教之开兴，吾闽最晚，至唐始有诗人。至唐末五代，中

---

[①] 转引自陈支平《近五百年来福建的家族社会与文化》，中国人民大学出版社，1991，第5页。

[②] 黄政：《福建宋代教育史话》，载《福建省教育史志资料集》第六辑，1991，第36页。

土诗人时有流寓入闽者,诗教乃渐昌,至宋而日益盛。"①

据史料记载,闽北各家族相继出现了诸多进士,如唐代的有叶氏的叶京、余氏的余镐(建阳人)、游氏的游恭(建安人);五代的有廖氏的廖澄(顺昌人)、江氏的江文蔚(建安人)、阮氏的阮思道(建阳人)、杨氏的杨徽元(浦城人)、张氏的张霭(崇安人)等,这是旧时闽北家族教育取得成就的重要标志之一。

### 三 闽北家族教育兴盛发达阶段——宋代

在古代,福建曾是相当落后的蛮夷之区,直至唐朝仍被众多中原人士视为"不知学,难以德服"的蛮荒之地,然而时至宋代却发生了巨大的变化,被竞相誉为"东南洙泗""海滨邹鲁"。从北宋始,闽北地区的教育文化异常发达,郡内"五步一塾、十步一庠""弦诵之声不绝于闻",东南邹鲁,可谓盛极一时,形成耕读齐家,书声樵歌,安康平和的环境。宋代全国共有7607名进士,仅闽北的建阳就有108人,此比例位居全国之首。至宋后,从祀孔庙者44人中,福建有13人,而闽北有真德秀、胡安国、游酢、李侗、罗从彦、朱熹、李纲、蔡沈等8人,这些足以说明宋代闽北家族教育之兴盛。福建的繁荣在宋代首推闽北,虽能直接说明这一历史时期的家族教育状况的材料所限,但由于教育是与当时的社会生产与生活紧密相连,并相适应的一种广泛存在的社会活动。因此,我们仍有可能从当时社会生产与生活状况的变化中去间接地了解家族教育。下面主要叙述这一时期的社会状况,旨在间接反映当时的教育状况。

#### (一)政治基础

宋代总结了唐末五代群雄割据的教训,十分重视发展文化教育,采取了崇文重儒政策。具体表现在重视科举考试、兴学运动以及提倡理学思想等方面。宋真宗(998-1022年在位)时代广为流传的一首《劝学诗》简略概述了中国古代"读书有用论",并生动形象地体现了统治者的重文政策:"富家不用买良田,书中自有千钟粟;安房不用架高梁,书中自有黄金

---

① 转引自陈支平《近五百年来福建的家族社会与文化》,中国人民大学出版社,1991,第5页。

屋；娶妻莫恨无良媒，书中有女颜如玉；出门莫愁无随人，书中车马多如簇；男儿欲遂平生志，六经勤向窗前读。"这首诗把读书与荣华富贵直接联系起来，对读书人具有较大的诱惑力，它虽具有明显的功利性，但却促进了科举教育的发展，文教之风的熏染，也有助于家族文化教育功能的培育和发挥，为闽北家族教育的发展提供了外部动力。

延平建学独先于天下。明嘉靖《延平府志》卷一《地理·风俗》记载，邹鲁之邦的延平。府民俭啬而颇具尚气，义质直而不为奸诈。宋天圣年间，郡守曹修古于西山创建学馆，为诸郡倡。庆历三年始诏天下修学校，置师儒之官，而延平有学已办20年之久。郡内"家乐教子，朝诵暮弦，洋洋盈耳"，可见闽北的教育文化已异常发达。州学旧址（现位于南平剑津中学校内）的宋碑亭至今竖立着《旧州学碑记》，又名《南剑州重建州学记》的石碑，亭柱"独先天下兴州学，屹立西山励后贤"的楹联，昭示着曾有的辉煌。据碑文记载，州学不仅有殿、阁、堂、庑、学舍、书斋、礼殿、射圃、庖厨、仓廪等附属设施一应俱有。学田一年可得九百多石米，以供二百名左右生员常年食用。州学的创办，闽北涌现出一大批杰出的军事家、理学家、政治家和文学家以及各类专才。

中国自古就有民间办学的传统。如前所述，唐代已出现近似书院的草堂、精舍、书堂、书室、书斋。宋代，尤其是南宋，由于教育家朱熹在福建讲学和办学，书院这种独特的民间办学形式遍及全国，为福建培养了大量人才。在科举考试中，福建士子的出众表现，让人钦佩不已。美国学者贾志扬（纽约州立大学宾汉顿分校历史系教授）依据全国地方志统计，两宋近三百年间，全国进士及第者合计28933名，福建占7144名，全国排名第一，其进士数竟占全国进士总数的百分之二十四以上，接近四分之一。宋代的闽北文化极其发达，台湾学者陈正祥在《中国文化地理》中统计，仅浦城一县就出了122位进士，4个状元，8个宰相。[①] 这样，一向受中原地区忽视的蛮荒之地福建，从文化教育相对落后的遥远地区一跃成为人文荟萃、文化高度繁荣的地方，犹如群星灿烂，成就辉煌，各领一代风骚。

---

[①] 叶恩忠主编《阳光下的雕花门楼——武夷山古名居的记忆》，海潮摄影艺术出版社，2003，第38页。

大中祥符五年（1012年），建安人徐奭殿试第一，成为福建第一个状元。景祐年间，崇安人柳永，成为北宋初年第一位慢词大词人，"凡有井水处，即能歌柳词"风靡全国。景祐五年（1038年），浦城人章得象登上相位，成为宋代福建省第一个出任宰相之人，其后又有邵武李纲、黄潜善等出任宰相。据统计南平历史上出过17位宰相。元丰五年（1082年），浦城人何去非成为全国第一位武学博士。乾道九年（1173年），建安人袁枢所著的《通鉴纪事本末》，创立国内第一部纪事本末史体。淳祐七年（1247年），建阳人宋慈撰写的《洗冤集录》，成为世界第一部法医专著，被译为7国文字，广为流传。以闽北在福建历史上的地位和影响而论，借用唐王勃"物华天宝，人杰地灵"的名句来形容，不失为实至名归。

（二）经济基础

宋代是中国历史上商品经济空前发展的一个时期，经过几次战乱，北方人口大量南迁入闽，人丁日盛，加之社会相对稳定，经济也较繁荣。从《宋史·地理志·福建路》的"民安土乐业，川原浸灌，田畴膏沃，无凶年之忧；而土地迫狭，生籍繁伙，虽饶确之地、耕褥殆尽"[①] 以及宋元丰年间，福建的官民田为110914顷以上等史料记载可知，闽北土地开发已相当普遍而深入。方勺在《泊宅篇》中描述："水无涓滴不为用，山到崔嵬犹力耕"，宋代福建人民修筑了大量陂坝，其中浦城520座，冬耕种麦，一年二收，还有种蔗煮糖以及盛产荔枝、龙眼，这些都极大地推动了经济的发展。闽茶不仅年产约占全国百分之六，约98万斤，乾道年间增至1003785斤，且闽北茶质较优，太平兴国二年（977年），在建安凤凰山麓建御焙，称"北苑"。建州有茶焙1333所，其中官焙32所，在全国70个产茶郡中，只有建州出茶有焙，制出"龙凤团"茶为贡品，仅岁贡片茶一项在大观年间就达21.6万斤，故有"天下之茶建为最，建之北苑又为最"之说。此外，闽北宋初产盐1100万斤，至绍兴二十七年（1157年）2656万斤，占全国产量的百分之九以上。北宋太平兴国年间，饮誉中外的闽北鹧鸪斑、银兔毫、油滴等黑釉瓷产品均被列为宫廷用品，而"建窑"成为全国八大名窑之一。此时，全国的经济以福建为重点，而福建又以闽北为中心。

---

① 转引自林汀水《福建人口迁徙论考》，《中国社会经济史研究》2003年第2期。

此时闽北矿冶业也进入鼎盛时期，在国内居重要位置。据《宋会要辑稿·食货志》载，全国冶铁场25个，福建占16个，均在闽北。铜场35个，福建有25个，闽北占20个，占百分之八十。据《福建古代史》记载，宋初福建路的矿产数目中，铅居全国第二位，金、银居全国第三位，铜、铁居全国第五位，至道光年间，建州"丰国监"为宋初四大钱监之一。福建境内山多，山高，溪流多滩，一向以交通不便称著，这是制约经济与社会发展的因素。尤其在南宋，全国经济中心移至东南，由于朝廷的重视和社会发展的要求，福建的交通条件有了较大改善。首先是驿运大备，每30里设有驿，驿间设有铺，铺设有马递、步递、急递，以福州为枢纽，北入浙，南通粤，西北入赣浙，供给膳食，非通途则设有馆，还有以庵代驿的辅助办法。据《福建地方通志》记载，西晋太康元年（280年）的人口56760人，共8600户。隋朝时64584人，共12420户。唐开元二十八年（740年）时290633人，达83252户。宋崇宁元年（1102年）时2335870人，达1061759户，可见在唐宋362年间人口数字增加八倍多，从西晋至唐朝460年间人口增加五倍多，从唐朝到元代550年间则增加21倍以上，可见福建地区的人口也呈不断上升的趋势。值得关注的是，自汉中原人南迁以来，由于福建远离中原，兵祸较少，被视为避战乱者的乐园，中原人陆续南迁，多经浙江入浦城、崇安、光泽，后沿建溪、富屯溪、闽江向福州、泉州推进，这对闽北经济、文化发展起着巨大作用。至宋，建宁府为南宋大儒朱熹居住地，一些学者为求学，亦从外地迁居于此。宋庆元四年（1198年），邵武军户数达14.2万户，比北宋元丰三年（1080年）增加5.4万户。至咸丰七年（1271年）又增加7.8万户，达21.1万户，年平均增长百分之五以上，超过同期全国平均增长率。邵武军人口密度已赶上位于沿海平源、路治所在地的福州和重要港市泉州。由此可见，闽北人口鼎盛和经济发展都为闽北家族教育的兴盛奠定了坚实的物质经济基础。

（三）文化基础

1. 名贤过化

福建在北宋，远离北方的金人，社会比较安定，成为朝廷的后方、疏散地和重要财政支柱，所以福建受到重视，朝廷选任一些名人，如张浚、辛弃疾、真德秀、叶适、陈傅良、蔡襄等到福建做地方长官，对福建的开发有一定的贡献。散落在武夷山水之间的诸多历代名儒显宦手迹的摩崖石刻则是最好的历史印证。朱熹的"逝者如斯"、六曲溪南响声岩上多处游记题刻以及九曲十八弯处的《棹歌》的赞景题刻等。南宋嘉定七年（1214年）的"泰宁邹应博景仁，浦城周伯圭玉成，戈阳陈裴忱父，嘉定甲午二月己未同游"的题刻。据清董天工《武夷山志》记载，邹应博，字景仁，是泰宁县著名学者邹应龙之弟，儒士。南宋开禧二年（1206年）汀州太守曾盘的"泛舟来游"的题刻以及在武夷山四曲试剑石上南宋嘉定九年（1216年），孝宗朝名将留正之孙，为人有才略，抱匡世之志，官至秘阁校理直学士的留元纲的游记题刻等，以上这些摩崖石刻充分体现闽北是一个人杰地灵、名贤过化之地。

2. 理学影响

闽北是理学的摇篮和发源地，素有"海滨邹鲁""东南邹鲁""理学名邦"之称。北宋时期闽北的教育比唐、五代时期有了更进一步的发展，究其原因与理学的兴起密切相关。在游氏谱牒中记载，游酢、杨时千里迢迢诚恳求教，敬师之至，"程门立雪"成为在读书人中广为流传的成语典故：北宋元丰三年（1081年），游、杨师事程颐于洛，一日二子侍侧，先生瞑目，二子不敢去，及出，门外雪深三尺。据游梦熊修主修的《南平西芹游氏族谱》记载，随着名儒游酢、杨时传河南二程之学于闽，不负"吾道南矣"之重望，在闽北各地讲学。还有"延平四贤"的杨时（文靖）、罗从彦（文质）、李侗（文靖）、朱熹（文公）倡明道学之教化，以及一批儒学名流承前启后，上承河洛之学，在闽北的延平、建阳、武夷山等地"穷首皓经，齐声倡儒"，使闽北成为闻名遐迩的"理学名邦"，至今仍存有"四贤祠""罗从彦墓""李侗墓""延平书院""游定夫祠""游定夫书院"等历史遗存。清康熙四十年（1706年），清帝为"延平四贤"等一批闽北籍的宋儒，御笔亲书祠额，褒奖有加。康熙五十年（1711年），朱熹由孔庙东庑"先贤"之列，上升至大成殿"十哲"之次。

值得一提的是延平南山吴氏的"藏春峡书院"。此书院是南山吴氏第七世孙，宋天圣八年（1030年）进士吴辅在南剑州剑浦城东一峡谷处，购得一块风景胜地，供子弟读书。"藏春峡书院"开拓了藏春峡文化，成为延平理学先驱。吴氏家族重视教育的家传对当地的文教产生深远的影响。此书院最初为时称"双璧"吴仪、吴熙的读书处,后逐渐成为延平文人经常汇集优游论学、吟诗唱和的活动胜境。延平状元黄裳、太学博士陈瑾、闽学奠基人杨时、罗从彦、李侗、南剑州守王潮、王汝舟经常在此谈道、论学,在地方文献史料中留下大量的诗文、奏疏均是有力的佐证。如陈瑾在《藏春峡》诗中写道:"花落花开蝶自忙,琴间书礼日偏长。我来不为看桃李,只爱幽兰静更香。"陈瑾用幽兰的芬芳喻两人之间志趣相投,情意至深。"藏春峡之峡,访咏归之堂,如东山、舞雩之未远也⋯⋯"① 在此把藏春峡与圣哲的活动相提并论,足见藏春峡在当地历史上不凡的地位。藏春峡书院是北宋南剑州文化发祥地,不仅对南剑州文风形成起着积极的促进作用,而且对"延平四贤"也产生了深远的影响。藏春峡书院的发达与理学的产生有着密切关系。吴氏家族两代人与杨时交游甚笃。杨时不仅为吴辅的《怡轩诗文集》一书撰序,而且有赠予吴熙、吴仪的有关藏春峡诗文遗篇,其曾在《偶咏讽东山不起》诗中以"幽人长往不知还,将谓云心遇石根。见说东风桃李好,也随蝴蝶过花园"规劝吴仪、吴熙离隐出仕,奉命赴召,然而他俩淡泊明志,依然隐居。藏春峡书院培育延平无数有才之士,罗从彦就是其中一个。吴仪与杨时、黄裳交游甚密,罗从彦一度在其门下求学。据《吴氏谱牒传记》记载:"一时名儒,如龟山(杨时)、了斋(陈了斋)皆有吟咏,先生以学教授,从游者数千人,而豫章仲素(罗从彦)在焉。"罗从彦幼年时就在藏春峡接受吴仪的教育,认为读书要以身体之,以心验之,从容默会于幽闲静一之中,超然自得于书言象意之表,这与吴仪所倡导的避世隐居,静以成学有着直接的师承渊源关系。罗从彦后经吴仪推荐从学于杨时。两者的师生关系正如胡纶《藏春峡》诗云:"龟山励志雪深尺,南归不倦持正宗。雅与兄弟有夙好⋯⋯豫章渊源因自有,又臻杨程雨化功。"后李侗又成为罗从彦的学生,其不仅是吴仪的再传弟子,而且是吴仪侄儿吴觏的女婿,与吴仪有姻亲关系。吴觏之子吴方庆与其妹夫李侗以及沙县鸿胪寺主簿邓肃经常在一起吟咏啸歌,且杨时、罗从彦、李侗以及地方名人逸士都尊称吴辅、吴仪、吴熙为三先生。纵观历史发展脉络不难看出藏春峡书院对理学名家"延平四贤"的熏陶和影响之深远,同时对延

---

① 蔡建贤主纂《南平县志》,民国八年,第172页。

平的"荐绅扃户简出,淡素不改生平"良好民风的形成有着重要的促进作用。此外,65岁的吴辅卸甲归田,在橘溪钓台旁营治醉吟轩,以为咏诗论学之场所。吴辅时常召集乡里名流学士在此讲经论道,这对当地良好文风的形成有着积极的作用。诚如杨时在《吴辅诗文集序》中高度赞誉的:吴辅有高人逸士之风,其流风余韵,足以遗其子孙,化其乡人。①

闽北理学家们以教育为己任,竭力推行民间自由讲学和书院教育制度。宋初,闽北已出现了屏山书院(崇安五夫里)、霄峰精舍(建阳洛田里)、云根书院(政和黄熊山麓)、星溪书院(政和正拜山麓)等一批早期理学家创办的书院。闽北文化积淀深厚,说到理学不能不浓墨重彩地描述与之密切相关之人——集理学之大成的朱熹。朱熹生于福建尤溪,从14岁迁至闽北,一生大多数时间都在闽北求学、著述、讲学、传道,长达五十多年,是继孔子之后的又一位古代最有影响的思想家、教育家、哲学家。宋代理学有濂、洛、关、闽四大学派。闽学兴起最晚,然而游酢、杨时"程门立雪"后,由杨时而罗从彦,由罗从彦而李侗,由李侗而朱熹。换言之,朱熹集濂学(以周敦颐为代表)、洛学(以程颢和程颐为代表)、关学(以张载为代表)之大成者,形成儒学思想文化的杰出代表——朱子理学,为中国古代文化作出突出贡献。朱熹于乾道六年(1170年)创建寒泉精舍,于淳熙二年(1175年)创建云俗语晦庵草堂,从学于此两所书院的门人,如今可考者有22人。这是朱子理学逐渐形成体系的孕育期。南宋闽北群星璀璨的书院中,无论规模还是影响力,首推考亭书院。考亭书院是朱熹继淳熙十年(1183年)在九曲溪畔隐屏峰下创办,其武夷精舍之后,诸贤儒相继星拱,其间武夷山还有蔡氏之泳归堂、真氏书屋、詹氏书斋、游氏水云寮、叶氏石鼓书堂、洪氏洪源书院、陈氏蔡岩小隐堂等书院。朱熹于绍熙三年(1192年)创建第四所书院竹林精舍,后更名为沧州精舍,其创立了学术史上占有重要地位的"考亭学派",闽学由此而极盛,考亭书院曾一度成为全国教育与学术讨论中心,四方学者云集至此,培养一批又一批儒学门人,最著名的有黄干、陈淳、蔡沈、李燔、黄颢、廖德明等164门人。建阳被誉为"南闽阙里"。熊禾曾在《重修武夷书院疏》赞誉"宇宙间三十六

---

① 胥文玲:《宋代延陵南山吴氏家族教育述略》,《河北师范大学学报》2010年第3期。

名山，地未有如武夷之胜，孔孟后千五百余载，人未有如文公之尊"。此联道出武夷山的风光和朱熹在历史上的重要人文地位。"北孔南朱"的文化格局，朱子理学对中国传统文化起到承前启后的作用，丰富了中华传统文化的内涵。朱熹学问渊博，著述宏富，最主要的著作《论语集注》和《孟子集注》，它们标志着朱子理学客观唯心主义哲学体系的建立。朱熹所撰的《四书章句集注》于嘉定五年（1212年）被列为国学，后被元仁宗宣布作为科举取士"圣典"，其学说被尊崇为官方意识形态。儒学思想文化"朱子理学"被钦定为官方的正统安邦定国理论，在宋代至清代七百多年间一直处于统治地位，其深深影响中国社会生活的各个方面，从闽北古民居中现存大量的朱熹墨迹，如邵武大埠岗谢宅和延平李桐祠堂的"文明气象"、松溪城关九曲巷叶氏大夫第的"静神养气"、建阳书坊村楠木厅陈宅民居的"鸢飞月窟地，鱼跃海中天"等砖雕装饰，随处可见的"诗书传家、克振家声""敦孝悌以重人伦，笃宗族以昭雍睦""水源木本，祖德并天兴万代；春祭秋尝，历本照章永传世"等楹联，以及樟湖镇香山村之东南峡谷岩壁上的"行到水穷处，坐看云起时"的石刻得到充分印证。

在朱熹的带动下，闽北书院如雨后春笋般出现，"仅建阳一地就相继建立云庄、同文、潭溪、庐峰、西山、义宁等书院17所"。[①] 闽北各县都有朱熹的弟子门人，以书院为基地，纷纷著书立说、授徒讲学。他们为地方培养出大批知识分子，给闽北教育带来了生机，同时也推动了教育事业迅速向前发展。此外，建阳理学家蔡沈所著的《书经集传》以及被世人称为"胡氏五贤"之一的崇安理学家胡安国所著的《春秋传》均被明、清定为科举考试的专用书和标准注本，这对后世影响较大。故宋代福建的教育，基本上就是理学的教育，其发达和繁荣与理学的繁荣密切相关。

（四）刻书业的发达

南宋闽北教育迅速发展的另一外部原因，在于建阳麻沙是宋代的三大刻书中心之一，被誉为"图书之府"。建阳刻书业开始于五代，兴盛于宋代，绵亘于清初，前后达千年之久。"宋刻书之盛，首推闽中，而闽中尤以建安为最""建本行天下"。建阳、建安两处刻书数量占全国三分之一，一

---

[①] 张品端：《古代闽北教育散论》，《教育评论》1996年第2期。

举而跃居全国之冠。地处深山古代交通不便的闽北,何以能成为全国刻书中心并能产生为世所瞩目的文化?由于福建是当时的文化中心之一,诚如朱熹所言:"天旋地转,闽浙反居天下之中。"且建阳地处闽北山区,林木生产茂盛,茂林修竹,为造纸业的迅速发展提供了源源不断的原料,当时的造纸业在闽北最为发达,竹纸成为朝廷奏本用纸。坐落在建阳市书坊乡书坊村的书林门,与积墨池同被视为书坊刻书业繁荣兴盛的历史见证,至今城门仍镶砌"书林门"和"邹鲁渊源"的楷书大字。现藏建瓯琼溪江氏的一套完整木质刻版家谱以及建阳市博物馆的麻沙蔡氏于清光绪十二年(1886年)所刻的338片《蔡氏九儒书》,扉页版文最上角刻有"光绪丙戌秋重镌",正中间是"潭阳蔡氏九儒书",最下角为"庐峰书院藏板"的字样,无不昭示曾有的历史和辉煌。同样,从朱熹在《嘉禾(建阳)县学藏书记》"麻沙所刻书籍,无远不至"的描述也得以印证。可见建阳刻书业在朱子理学的传播媒介上铺设了一条坦途,不仅为闽北地区先民文化素质的提升提供了良好的文化氛围,同时也为闽学人物的学术成果和建本图书的广泛传播提供了便利,使闽北地区的学术研究和文化教育得到迅速发展。毋庸置疑,印刷技术的进步带来丰富的藏书,文化传播趋于活跃也为家族教育提供了良好的条件。可见,南宋时期偏安一隅的局势使地处东南的福建在社会政治、经济、文化等方面都获得了一个前所未有的发展契机,这不仅给闽北教育带来了生机,推动了教育事业迅速向前发展,也为闽北家族教育的发展提供了必要的文化基础和物质条件。

### 四 闽北家族教育持续发展阶段——元、明、清

元、明、清时期,闽北地区的经济发展速度已逊于福建沿海,但印刷业、制茶业、造纸业在全省、全国仍有相当影响。入元后,朝廷在武夷山设御茶园,年贡茶总量约占全国四分之一。明末清初,明唐王朱聿键在福州称帝,后移驻建宁府,旋即迁延平,闽北曾一度成为明末政治中心。清代,闽北土纸产量居福建省之冠,这样发达的经济对教育产生极大的影响。闽北科举发达,人才辈出。浦城杨载诗列为元诗歌四大家之一。建阳游艺撰写了中国第一部天文科普读物《天经或问》。世界著名旅行家、意大利人马可·波罗在其游记中盛赞建安"雄大繁华"。明清两代闽北就有举人328

人，进士 71 人，状元 3 人。如前所述，闽北各家族涌现的名人，有的至今仍有着广泛影响，这与闽北历来重视教育的传统密不可分。

　　当然，闽北家族教育的思想与当时的文教政策息息相关。明代君主专制集权空前加强，同时强制推行一套与此政治要求相应的极端专制的文教政策，全面强化宋以来已经形成的独尊儒术的局面，进一步把尊经崇儒定为国策，把程朱理学定为官方哲学，命令学者非五经、孔孟之书不读，而且国家取士，说经者以宋儒传注为宗。洪武二年朱元璋发布诏书，告知天下，其为治之要，教化为先。同年，又提出"以德为本，文艺次之"，这强化了科举制度，提高进士的地位，形成"非进士不入翰林，非翰林不入内阁"的不成文规定。明代初期的福建曾一度出现田园诗般的和平景象。如建宁府，"明兴以来，士风渐复，民俗渐淳"。① 这为宗族办学提供了良好的外部条件。明代闽北家族教育除了书院、私塾等有发展之外，又出现了两种新的办学形式"义学"和"社学"，旨在推广文教，凡义学学子均是免费就读。闽北开始效仿古人延请名师、设书田、资助家族贫困子弟的做法，以培养家族子弟人才。

　　清代的政治和文教政策都是明代的延续和发展，在意识形态上进一步推崇程朱理学，尤其在乾隆时期更是对其推崇备至。康熙二十六年御书"学达性天"赐予崇安武彝书院；二十九年又书"大儒世泽"以及"诚意正心传邹鲁之实学，主敬穷理绍濂洛之心传"赐予建阳考亭书院；四十五年又书"奥学情节""程氏正宗""静中气象"赐予道南祠、龟山祠和延平祠；五十一年特下圣旨将朱熹列为十哲之一，配享孔庙。康熙在科举上进一步强化八股取士，认为"非不知八股为无用，特以牢笼人才，舍此莫属"。总之，明清这种文化专制主义文教政策自然影响和控制社会思想，也同样影响和控制闽北家族教育的思想。②

　　朱熹的教育思想自然也成为影响和控制明清闽北家族教育思想的重要因素。首先，朱熹"忠孝持家远，诗书处世长"的教育思想。此楹联在闽北明清古民居内随处可见。如延平峡阳应氏的"藏修俱说礼敦诗，千古薪

---

① （明）嘉靖《建宁府志》卷八，《礼俗》引弘治府志。
② 杨荣春：《中国封建社会教育史》，广东人民出版社，1985，第 201 页。

传留诗礼"、建瓯徐地李氏的"忠贞保国声名万世永显；诗书传家德泽千年弘扬"、邵武和平坎头廖氏的"诗书不坠，礼乐传家""昔我先人世笃忠孝，冀尔后嗣代传诗礼""传家诗礼书香远，继世箕裘善庆长"等诸多楹联均体现此思想。朱熹的《四季题壁》中的"晓起坐书斋""昼坐不知暑""夜眠不成寐，起阅案前书"等诗句，均是其苦读求学、读书入仕的最好写照。武夷山五夫镇的紫阳楼书院至今悬挂有朱熹四句至理名言："读书起家之本，循理保家之本，和顺齐家之本，勤俭治家之本"。其次，朱熹千古传颂的七言绝句诗《观书有感》哲理诗句，指出读书要追根溯源，寻找知识源泉，才能融会贯通，学有所成。他的这一思想在紫阳书院后，源源长流的清水旁的亲笔题刻的"灵泉"二字，得到充分的印证。建阳书坊陈氏的"楠木厅"的天井墙上砖雕刻有"鸢飞月窟地，鱼跃海中天""得清如许"字样。后者典出朱熹的借景喻理的名诗："问渠哪得清如许"。陈氏家族先辈向族众传授为学之要：不断认真学习新知，才能达到新的境界。尤其值得一提的是，朱熹《家训》从家庭亲睦、重德修身等诸多方面进行精辟论述。在孝悌方面，阐述了"子贵孝、兄贵友、弟贵恭"的观点，在强调子女应对父母尽孝道的同时，还要杜绝不孝之事发生，如斗殴、赌博、懒惰等。兄弟乃同气连枝，应恭敬友爱、互相帮助，患难与共。家训告诫兄弟切不可为一些小事而大动干戈，反目成仇，乃至骨肉相残。重德修身是其家训中的又一重要内容，其极其尊重有德行的人，对不肖之人，即使年长，也应避而远之。由此可见，除了倡导重德修身之外，朱熹还倡导"以德为首"的教育思想，在家训中充分体现"诗书不可不读，理义不可不知，子孙不可不教"的思想。朱熹的思想对闽北家族教育起着深刻的熏陶和浸濡作用，从某种意义上说，明清时代闽北许多家族教育的理念与之是同出一源，一脉相承。

闽北家族教育的内容渗透到生活的方方面面。在宅第、家族祠堂等古建筑中，仍存有大量明清时代的劝学楹联，它们同样透露着家族重视教育的信息，体现家族充分利用这一直观形式，劝勉子弟积极向学。闽北大多家族除了延续以往并大力发展族学之外，纷纷设有学田，以确保族中子弟就学、应试及登科的奖励资金的稳定。他们不仅采取形式各样的物质手段奖掖后学，还有许多精神奖励学有所成者，如在村头或祠堂前立科举、功名牌坊或竖桅杆，以直观形象强化读书入仕者的特权，以期激励子弟向学。同时，兴修祠堂、祭祖扫墓、续修谱牒、沿用昭穆及传统的祭祖仪式等活动也是明清时代闽北家族教育的一个重要组成部分，并在闽北家族教育中得到严格的传承。

## 第二节 闽北素有崇文重教的优良传统

闽北是福建最早开发的地区，是福建文明的摇篮。闽北人文荟萃、民风淳朴，具有深厚的文化底蕴。从古至今，境内文化发达，名人志士灿若星辰，这与闽北重视家族教育的优良传统密不可分。闽北素有崇文重教的优良传统，由唐宋至明清久盛不衰。自宋以来，闽北优越的自然地理环境、发达的经济和相对安定的社会环境促使先辈深谙"兴门第不如兴学第，振书声而后振家声"的道理，家族先辈有更多的时间去从事文化精神方面的活动，考虑家族内部发展以及培养家族子弟的问题。他们普遍认为家族子弟的思想道德、文化教育以及礼仪习俗教育是人生教育的基础，家族教育的程度直接关系到族人的道德、文化素质以及家族的延续，甚至认为人才辈出是家族不坠的重要甚至是唯一出路。为此，重视子弟的教育和人才的培养在素有"理学之邦"的闽北历史上，具有最突出、最充分的体现，且具有极强的承传性。家族教育是闽北先民最具特色的传统之一，这既是中国自古以来的传统，也是对中国家教文化传统很好的继承与发展。为此，多数家族积极劝导、激励子弟向学，以体现重学、劝学等观念渗透到生活的方方面面，如族规、家训、劝学楹联，甚至在建筑砖木雕饰上以直观的多种艺术形式。

### 一 劝学家训

家训是闽北家族劝勉子弟向学的一种重要形式。谚语曰："积财千万，不如薄技在身。"闽北素有重视教育的优良传统，从现存谱牒中的家训可见一斑。如建阳倪氏重视人才的培养，在家训"崇学"纲目中规定："子弟青云直上，深渊之下，皆源于教诲，凡子弟秀丽可教者，若玉之不琢，木之未绳，振作则为龙，掷则为虫。纵观古人家有塾必定延请名师而教之，谓之义馆；置田以养，谓之义田；有好读书，家贫无以资费者，推以给之，谓之义财；应效仿古人延请名师、设书田、资助家族贫困子弟的做法，以培养人才。"① 邵武黄氏在家训"隆师道"纲目中规定："师道为教化之本，隆师重道，正以崇其教也，若不尊崇，不唯教化不行，而且有亵渎之嫌，何得漫言传道。"② 溪山叶氏在家训"延师训"中规定："凡子弟须善训诲。毋使放荡，如资质可进者，延明师教以举业成才，有家贫不能延师者，亲房量力资补可也。"③ 从建阳熊氏设有"课读书"纲目可知，熊氏极其重视子弟教育，三代以来国学共之，乡学之党庠序随在、设立四馆六学，四大书院，其教育子弟场所之多，无非是广教家族子弟陶淑人才，并提出众多子弟虽非上智亦非属于下愚，皆需教育的这一重要思想。为父兄者诱掖奖劝、延良师。尤其"才质沉潜刚克、高明殷勤"的子弟应从小培植。④ 在宗法社会里族规家训具有强制性，家族成员必须严格遵从与恪守。

### 二 劝学楹联

楹联是闽北家族劝勉子弟向学的另一种重要形式。在闽北地区普遍流行的一则谚语："一等人忠臣孝子，两件事读书耕田"以及朱熹"忠孝持家远，诗书处世长"的楹联随处可见。在闽北现存的谱牒和古民居、家族祠堂中，仍有大量的劝学楹联也同样透视着崇文重教的文化信息。如"文章华国，诗书传家""欲高门第须为善，要好儿孙奋读书"（峡阳范氏高平堂）、"诗书继世名耀祖，勤俭持家业先祖"（政和镇前马氏宗祠）、"继先祖一脉真传克勤克俭，教子孙两路正路唯读唯耕"（政和澄源村许氏宗祠）、"诗书不坠，礼乐传家""忠孝传家，诗书启后"（邵武和平坎头廖氏宗祠）、"传家诗礼书香远，继世箕裘善庆长""笃根本敦伦常方为礼，田勤耕书苦读休让圣"（邵武和平黄峭公祠）、"藏修俱说礼敦诗，千古薪传留诗礼"（建阳溪山叶氏宗祠）、"上国西曾观礼乐，兴朝今更羡文章""衍祖宗

---

① （清）《倪氏会修宗谱卷一·旧谱论十则》，光绪岁次辛卯重修，千乘堂刻本，建阳图书馆藏。
② 黄敬宗：《黄峭研究资料选辑（一）》，福建邵武黄氏后裔联谊会，1997，第215~216页。
③ （清）《玉溪叶氏宗谱卷一·家训十二条》，光绪六年南阳堂刻本，第2页，浦城图书馆藏。
④ （清）《潭阳熊氏续修宗谱卷一·家规》，光绪元年版线装本，第4页，建阳图书馆藏。

一脉相传克勤克俭，教子孙两条正路唯读唯耕""孝友承先德，诗书裕后昆""和能生瑞气、书可振家声""忠孝传家绳祖武，诗书继世翼孙谋"（延平南山游定夫祠）、"要好儿孙须从尊祖敬宗起，欲光门第还是读书积德来""赖祖宗积德，累仁以有今日；愿子孙立名，砥行勿坠先猷"（延平彭城刘氏五忠祠）、"忠教承先德，诗书启后贤"（光泽百岭邓氏宗祠）、"入贤门孝悌敬让，思祖德礼乐诗书"（建阳溪山叶氏宗祠）等。闽北各家族借助直观形式，让家族子弟时常触目所及，潜移默化地从这些大量劝学楹联中渗透劝学思想。以上这些随处可见的楹联不仅洋溢着闽北先民对教育的崇尚，也体现了闽北久远以来崇文重教的优良传统，这是闽北族群卓尔不群、极具活力的重要保证。

### 三　劝学措施

闽北家族先辈非常重视后辈的教育，纷纷效仿古人竞相办学、延请名师、创设学田以及采取种种诱掖奖劝的措施，以期通过"读书、应试、入仕"的求学模式，改变家族的命运，提高家族的声望和地位，使家族长盛不衰。据清代知县陈盛韶在《问俗录》中记载，邵武人才辈出得益于当地自古就有设置"书灯田"这一重学之风俗，通常在祖父分产开始，留田若干亩，为子孙读书之用。可见，为使家族得以延续，许多家族设立专供办学的学田，以保证族中子弟就学、应试及登科第的奖励等资金稳定。家族先辈根据众多子侄的才华而区别对待，采取各种手段支持和奖励后生向学，鼓励他们修完"举子业"，对于那些有才华有潜质的子侄，要么亲自督导，亲自教授，要么延请名师。另一个资助的重点是参加科举考试者，还有积极奖励学有所成者。如果子孙入仕为官，家族则在村头或祠堂前立科举功名牌坊，或竖旗杆等形式以直观形式激励子弟向学。

### 四　营造良好读书环境

闽北家族先辈想方设法为子弟营造良好读书环境，如重视家族藏书、购置考试处所、选择读书胜地、营造书香氛围以及强化科举环境的途径，极力为家族子弟提供良好的教育条件，便于他们能潜心向学，获取功名。

#### （一）重视家族藏书

中国传统社会历来有"忠厚传家远，诗书继世长"的古训，深刻地反映出良好的人际关系和浓厚的文化氛围与家族长久兴旺的关系。① 丰富的家族藏书,也是促成家族长久兴旺的手段之一,闽北重视教育还表现在热衷于家族藏书,这对家族文化的传承起到了非常重要的作用。有关这方面的史料在现存的谱牒中记载较少,下面运用民俗学的资料来进一步证实。宋代闽北有些家族已有重学藏书的做法。崇安县文史资料第一辑载有《胡寅桀黠难制》的传说故事:胡寅,字明仲,系绍圣四年进士胡安国之侄,其小时候桀黠难制,在乡里动辄打人,累教不听,后安国将其闭之空阁,置书数千卷于其上,认为此举可"以移其心",过了数年,胡寅不遗一卷皆能成诵,后中宣和进士,官至礼部侍郎,兼侍讲直学士院,著有《斐然集》三十卷。从故事中的"置书数千卷"可见,胡氏家族的藏书丰富,且对族人学习成长的起到巨大的影响,是读书变化气质的一个教育成功的典型例子。再如清代浦城郡守祝昌泰,酷爱诗文,专心文献,搜集当地先贤遗著110卷,并藏书万卷,为子弟营造一个较好的读书环境。类似的还有邵武大埠岗《江氏族谱》《时轩公六十寿序》记载的,江敦御的"毓秀"园,藏书甚富。其延名师造就诸子弟;浦城徐墩季氏也为家族子弟提供一个较好的读书场所,在自家宗祠收藏大量书籍,确保族内有志向者有书可读。诚如《季氏支谱》记载:"季氏宗祠创自前人,幸有上栋下宇,尔室成藉,后辈尤修饰改良。愿后人学稼之外,有暇日读书励节,克振家声。"②

(二) 购置考试处所

闽北有些名门望族极其重视教育,经常组织超地域的家族设施,其意义除了联络血缘关系外,大多与士绅阶层的政治活动及科举事业有关。如购置考试处所,为家族那些有资格参加正式考试者提供便利,并缓解考试途中往返奔驰的劳苦之状。如浦城祖氏永庚公派下子孙,在芝城宣化坊左龙门旁购置"六拼五直"的房屋一栋,共计屋13间,前后两口井,有空坪一块,此屋名"读书寓",给家族子弟提供良好的教育条件,以便子弟全力以赴积极备考。同时,化公派下子孙,于康熙年间用家族公积银(族产),在此购置"四拼三直"的房屋一栋,大厅后堂各一间,左右各两厢房、两

---

① 何成:《对明清时期山东科举望族的个案研究》,山东大学博士学位论文,2002,第166页。
② 徐跃吴主纂《浦南徐墩季氏支谱卷二·楹联杂录》,民国延陵堂刻本,第2页,浦城图书馆藏。

厨房、两天井，此屋名"考试寓"，其主要功能是为族人参加科举考试提供方便。据和平廖氏宗谱记载，廖氏始祖于迁锦里之年在邵郡购买"试馆所"，亦称"建贡院"，廖氏家族后代贤达子孙为承先志重建此院。该试馆所成为家族内举人士子的居停场所，为族人应试提供诸多方便。家族组织对于科举入仕的重视以及多方面的关照支持可见一斑。

### （三）选择读书胜地

闽北许多家族子弟的读书处都是依山伴水、自然风光极美的清静幽雅绝佳胜地。以光泽为例，无论是何氏家族的"眠琴绿荫亭"、上官氏家族的"铸人草堂"，还是李氏家族的帽山"梅树湾"（李巽）和"半空烟雨亭"（李方子）、高氏家族的"四照天"、黄氏家族的新甸"环山阁"（黄伯珪）等等，它们不啻为家族子弟提供了读书吟咏、构思写作的好场所，在培养家族人才的同时也繁荣当地人文景观。再如光泽高氏的家塾"绣草庐"（内阁中书高澍然幼年读书处），植树种花，既取其景，又用其意。科举时代各省乡试在八月，正是桂花飘香时节。这浓郁的桂花香味，可大大激发家族子弟蟾宫折桂的思绪，进而更加发愤读书。而荷花的出淤泥而不染、梅花的凌寒斗雪都是激励家族子弟保持高洁道德操守的和坚贞不屈的意志的最好象征。

延平南山吴氏"藏春峡书院"也是家族先辈选择绝佳胜地读书处的显例。南山吴氏第七世孙，宋天圣八年（1030年）进士吴辅在南剑州剑浦城东一里许的一处峡谷购得一块风景胜地，供子弟读书，名为"藏春峡书院"。此书院是时称"双璧"的吴仪、吴熙的读书处。藏春峡取意于古诗"春光且莫去，留与醉人看"。此书院中有梅、兰、竹、菊、清泉、美石，景致十分优雅。从以下史料可进一步得到证实。如《南平县志》描述："藏春峡，剑溪之东，宋吴仪读书处，两山环峙，繁花杂卉生其间，四时皆和。旁侧有咏归堂、暗香亭、虚心亭、老圃亭、容照岩等，废址犹存。"[①] 吴氏后裔吴一鸣所撰的《藏春先生行传》记载："吴辅之子吴仪，字国华，卜居城东离城一里许，得一幽谷曰'藏春峡'。藏春峡中建一堂，名'咏归堂'，堂之下和东亭四周果蔬数畦，附近建有三座圆笠式亭子，名'老圃亭'；南

---

[①] 民国《南平县志》，福建省南平市编纂委员会，1985，第111页。

植梅数株,名'暗香亭',北植紫竹数竿,名'虚心亭'。南缘溪边岩石嶙峋,石中有洞可容数人,在百花岩之侧,清光一穴可照,名'容照岩'。"① 这一史实在黄裳《茶苑》诗"英道南牙非北苑,须知山脉是东溪。旋煎石鼎供清话,容照岩前日未西"② 中也得到了印证。吴仪、吴熙深受吴氏家族隐德文化传统的影响,遁世隐居、不乐仕宦,在藏春峡书院实践了"无丝竹之乱耳,无案牍之劳形"的养高恬退、读书治学的理想,开拓了藏春峡文化,成为延平理学先驱。

### (四) 营造书香氛围

闽北各家族对子弟的教育渗透于生活的方方面面。一些家族的书房楹联、书画透着劝学重教的思想。邵武和平廖氏在功成名就之后,始建儒气十足的"大夫第"。"大夫第"第一进无厅堂而是两侧的廊楼,实为"课子楼"的书房,专供子弟们研读诗书。"课子楼"的月梁上刻有的"凭云"对"听雨","吟风"对"待月"的篆书,不仅有大量精美的花草图案雕饰,还有"一帘花影云拖地,半户书声月在天"(光长法师)、"墨池香蔼花间露,茗鼎烟浮竹外云""人到仙源花是路,星临汉渚鹊为梁"等楹联。类似的还有东门的"李氏大夫第"的"课子楼"的"风光月霁襟怀,海阔天高气象"的木刻楹联,这些不仅展示了家族的深厚文化底蕴,而且为子弟营造了一个良好的书香环境。再如建瓯"博士府",系建宁府朱熹嫡长九世孙,翰林院五经博士朱梃的宅第,府内四壁挂有朱熹墨迹《四季诗》"春报南桥川叠翠,香飞翰苑野图新。雪堂养浩凝清气,月窟中空疑有神"的拓片等,均极力营造书香文化氛围。

### (五) 强化科举环境

在环境的塑造方面,闽北各家族有意识地为子弟大力营造、强化科举仕宦的文化氛围。这在古民居的建筑砖雕的图案上得到充分展示。如城村李氏的"麒麟吐玉书",下梅邹氏的"文丞""武尉""一品清廉""一鹭登科""鲤鱼跳龙门""品升一级""独占鳌头"等砖木雕图案。家族子弟一旦入仕为官,则可大兴土木,盖宅第、盖土库、竖桅杆、立牌坊、建廊桥、

---

① 民国《南平县志》,福建省南平市编纂委员会,1985,第107页。
② 民国《南平县志》,福建省南平市编纂委员会,1985,第975页。

下马亭或下马石等这些象征家族教育取得成就的重要标志的直观形式,激励子弟向学。

闽北古建筑中许多的装饰物的匾额,也聚积了厚重的家族文化,以其直观形象营造、强化科举环境,对家族子弟进行耳濡目染、潜移默化的教育,昭示先辈辉煌,以期激励后人。如峡阳镇古老的土库里的"文魁""武魁"、槎溪村邓氏祠堂的"大夫第"、建阳麻沙镇蔡氏宗祠的"紫阳羽翼"、光泽龚氏"大夫第"的"叠选词林""一科双拔""同榜三魁""儒林郎"、建瓯房道镇漈村杨氏宗祠的"七代尚书第,四朝元老家"等高悬牌楼之上的匾额,以示皇上罩恩,兼可光耀门楣,并起到激励后人等作用。从另一侧面也充分体现了闽北家族人才辈出。

## 第三节 母教在闽北家族教育中的作用

自古以来中国素有重视母教的优良传统,母教在家族教育中扮演着重要作用,如春秋时期鲁国的敬姜、"亚圣"孟子之母等,都是历史上著名教子有方的良母。家族是以血缘、亲情为纽带的社会单位。在家族这个社会组织里,以情感为纽带的成员之间关系较为密切,最易于发生潜移默化的影响。在学校、社会教育尚未普及发达的传统社会,家族教育占有十分重要的位置。尤其在"男主外,女主内"社会里,人的成长往往依赖家庭教育。孩子幼年时所交往接触最多者,莫过于母亲,其习德、启智"唯妇人能因势而利导之,故母教善者,其子之成立也易,不善者,其子之成立也难"[1]。诚如《中国家族教育》在前言中指出的:"从一个人的成长来看,首位老师是母亲,最早的教育环境是家族,每一个人都是从这里起步。"[2]为此,闽北先辈对女性的要求相对比较严格。如浦城李氏家族要求"诸妇必须安详恭敬,奉舅姑以孝,事丈夫以礼,待娣姒以和,无故不出中门,夜行必以烛,无喋言,无多言,无外事。服饰毋华靡,但唯雅洁,尤不许饮酒"。李氏家族尤其反对妇女主持家政,干预外庭之事,"女子之出闺中,

---

[1] 梁启超:《变法通议·论女学》,见《饮冰室合集》(文集之一),中华书局,1989,第40页。
[2] 党明德、何成主编《中国家族教育》,山东教育出版社,2005,第1页。

唯以孝顺贞洁为上","盖妇女以治内为事,所谓无非无议,酒食是仪,无父母绍罹是也。若干预外政,凌驾夫子,岂非晨鸣之牝鸡,长舌之鸱鹗乎?家道亦从而不振矣。戒之!戒之!"① 这在闽北广为流传的"教子婴孩,教妇先来"的民谚得以印证。

在闽北家族教育的历史发展过程中,谱牒中有关母教成功典范的记载比比皆是。这些杰出女性大都品性严谨方正,勤俭持家,注意从日常生活的细微小事中启发与教导子弟,并按照一定的道德标准规范子弟,以各种方法课督子弟,极力使他们成为品学兼优以及社会认可的人。这些女性不仅是家务的主要操持者,在注重自身德守的同时,肩负着后代德才教育的重任。尤其那些圣贤豪杰秉承母教慈训而卓然有所成就者,母教对他们的启蒙教育、刻苦自励精神的培养、学业有成以及良好品德的形成都起着积极的促进作用。因此,这些女性在家族子弟和族众的成长过程中起着十分重要的作用,并成为闽北家族教育中一支不可忽视的力量。本研究从现存的谱牒、县志、姓氏志、墓志铭等相关文献中得以佐证。

## 一 重视子弟的启蒙教育

《大戴礼记·保傅》记载,凤凰生而有仁义之意,虎狼生而有贪戾之心,两者不等,各以其母,体现了人们认识到母亲在抚养与教育过程中难以替代的作用。为此,闽北家族教育极其重视母教的影响与作用。在闽北家族教育中,许多母亲重视子弟的启蒙教育,这为他们后来的发展奠定了良好的基础,并产生深远影响。如清道光年间的光泽何秋涛进士就是一个显例。据清《光泽县志》和《何氏宗谱》载,官至刑部主事的何秋涛一生"品行端正,言规行矩,不谈人过",幼年所学的四书五经,皆由母亲亲口传授,这对其早年品德及启蒙教育起到了良好的奠基作用。其母上官紫风,字灵仙,系当地有名女诗人,其生性庄静慧敏,好读古书,深通儒家经义,著有十二卷《八角楼诗集》和四卷《岐园标准雅诗余》。何秋涛在母亲的影响、良好的家风熏陶以及自身励志苦读下,"少负异秉,过目成诵"的他博览传记,学乃大进,其才华横溢,学术成就斐然,著述颇丰,如《王会篇

---

① (清)《湖茫李氏宗谱卷三·族约第七》,光绪二十二年刻本,第1页,浦城图书馆藏。

笺》《水经注考》等。而使其在史学上占据一席之地的是他的《朔方备乘》。这是一部研究中国西北史地学的作品,是中国第一部详尽记述了自唐朝到清道光年间中俄关系的专著,这不仅备受当时史学家和学者的推崇,而且对后世产生了深远的影响。何秋涛之所以能有后来的学术成就,其母上官紫风的启蒙教育功不可没。

## 二 激励子弟的向学措施

在闽北家族教育中,许多母亲采取激励劝学方法,对子弟刻苦自励精神的培养及子弟的成长起着积极的促进作用。如南宋乾道五年(1169年)光泽城东关头出了个探花,名叫李玉珍,字方子。起初,玉珍生性顽皮,无心向学,上课时常偷溜出去捉蜻蜓、捕麻雀,其母效仿"岳母刺字"的做法,在其背上刺字,并时常督促其努力学习,同时为其营造良好的读书环境,捐资兴建学堂于文昌村云岩之下(后为云岩书院)。其母这种别具一格的激励劝学方法竟成为其人生的转折点。从此,李玉珍静下心来,励志奋发,终于高中探花。由于从小深受母亲的影响,为官之后,光泽时常闹水灾,他积极修筑河坝,并开荒山变良田,颇有政绩,为当地人们所称赞。再如《西峡应氏宗谱》记载,宋代状元应珍,其母林夫人治家严谨,教子有方,平时注意身教,以身作则,言行一致,含辛茹苦督促应珍入仕。《林氏墓表》赞其为"立性端方,孝于舅姑,仁于宗族""教子以忠"。受良好母教家风之熏陶和影响,应珍之子阶、仁、杰、伉皆举进士。可见,林夫人不仅对其子应珍的成长影响较大,而且使应氏后人也从中吸取了励志苦学、奋斗不止的精神力量,并成为维系家族昌盛不衰的永久动力。

闽北民间广为流传着教子有方的传说故事。胡安国,字康侯,崇安五夫里人,7岁就会作诗,中绍圣四年进士,试官定第一,官至宝文阁直学士。他所取得的成就,以及当时有人称赞他如大冬严寒,百草萎死,而松柏挺然独秀,这与其母从小严格教育密不可分。传说其母很早就将胡安国送到私塾读书。因路途较远,故让其住下,并约法三章无事不可随意回家,即便偶尔回家,第二天亲自送回,故亲戚们常常劝其说:"孩儿年少体弱,要多休息几天"。胡安国才学出众,可是赴考未中,许多人都为之惋惜。其母独喜,唯恐其成名甚早,易生怠惰之习和傲慢之气,并激励其说:"我儿学识短浅，使早窃名第，必惰且骄矣，难以有远大前程！"从此安国更加刻苦学习，绍圣四年登第，官至宝文阁直学士，后潜心研究《春秋》二十余年，著有《春秋传》三十卷。可见，母亲的劝诫和激励教育无疑对子弟的成长起着重要的作用。再如清末延平九娘，家境贫寒，常年做女红，为培养两位年幼之子，仿照古人"画荻和丸"之法，①激励子弟向学，后其一子成为秀才，一子考取举人，其事迹经咸丰年御史沈葆桢上报朝廷，而得到嘉奖。可见，母亲对子弟刻苦自励精神的培养与成长起着积极的促进作用。

### 三 注重子弟的品德教育

在闽北家族教育中，母亲良好的品德修养对子弟优良品德的形成具有极其重要的影响作用。在闽北家族教育的历史发展过程中，这种例子俯拾皆是。据收集的谱牒可知，早在五代时家族教育中就有成功母教的记载。据《寻根浦城》的《章瑞叔墓志铭》得知，其妻沈氏，系子钧之祖母。章瑞叔能"奋羁旅起家，阖门千指，有宅以居，有田以食"，得益夫人之力也。其经理家事，无巨细，皆有节法，丰而不侈，俭而不陋。这对家族子孙都进行潜移默化的教育，其针对仕进者以攀附为荣现象，常告诫其子："宜安素分，远权门，盗贼且起，无远官以贻吾忧"，以致"诸子仕者谨奉其戒，卒无患"。

通常从一个人的成长来看，首位老师是母亲，所以母亲的品德修养对子弟的成长具有极其重要的影响。闽北许多母亲深明大义，诲子以正，积极促使子弟优良为官品德的形成。如吴氏家谱的《宋故叶氏墓志铭》记载："叶氏夫人自少静寡言，处身唯谨，事舅姑有礼，时常周济族人。其子吴常，及进士第，衣锦还乡，乡人莫不荣之，而夫人淡然有如平居。"叶氏深明大义，教子有方，尤其注重子弟的为官品德教育。吴常出任邵武军司法，又权狱官，夫人每教以恕，闻其议法平允及考鞫不苟则喜，或无所贷，则终日不乐，其天性笃于仁爱如此。可见"居官号称良吏"的吴常为官清廉，

---

① 相传宋欧阳修幼时，家境贫寒，无法供其读书。母亲郑氏以荻画地，即用芦苇秆在沙地上写画，教其读书识字。

刚正不阿,且仕途有所建树与其母对其一以贯之的教育是密不可分的。据《顺昌邑志》的《人物志·名臣篇》记载,廖中,明代顺昌莒口都莒浔里人(今埔上镇口前村),出身于"诗礼传家"的家庭,自幼受到良好的教育,母教对其优良品德的形成起着积极的促进作用。他少年时即考入邑庠,好学且勤敏,从其所作的《芹泮春灯》诗句"清漪半壁泛芹英,化雨时敷正发荣。万籁寂然天宇静,绕池灯火读书声",[①] 可知其常常秉灯读书至深夜,终于在成化十一年(1475年)进士及第,因此省提学佥事游明、顺昌县主簿吴宜以及顺昌知县马性鲁分别于廖中家乡莒口为其竖立"梯云坊""得隽坊""进士坊"等牌坊,以示奖掖与激励后人。就在廖中即将为官时,其母千叮咛万嘱咐要"从善守官,无忝祖德"。正是在母亲的教诲下,廖中为官二十四年,确实做到了"处事勤快,断狱明决",其勤慎效职,廉洁守身,先后得到皇帝六道嘉奖封赠圣旨,足以荣耀家族。显然,这与母亲平时的谆谆教诲密不可分。再如现存南山吴氏祠堂内的《诰封宜人游母吴氏墓碑铭》载,游居敬之母太宜人吴氏"生而端正,少娴姆训。素行贞淑,治家勤俭"。在襄助丈夫方面能做到:待夫以敬……默翁勤问学,太宜人必鸡鸣而起;时脱簪珥易异书,助默翁学。故默翁益肆力于学……离乡井岁余,而家政甚整。默翁得无内顾忧……默翁贡选睢宁知县,为政严明方正,法行而慧溥,民德而颂之。故默翁之能,亦内助有太宜人尔。不仅如此,吴氏还时常激励家族子孙要有励志苦学精神、为官清廉。其子游居敬好学与母亲从小一贯"严政为教,无纳嬉戏"的教诲不无关系。"颖敏迥异"的他虽"方童儒试,即高等;游邑庠,无事警督,嗜业罔倦"。可其母还是朝夕不停告诫:"勿荒、勿逸、勿泛与,以慎而身,以昌而学,以亢而宗……"游居敬为官执法严明,绝不容私。这与母亲"诲子以正"的教育也有极大关系。嘉庆壬辰,游居敬登进士及第,为翰林庶吉士。吴氏祝贺曰:"儿幸矣!愿儿益勤益慎,以永有终誉。"吴氏临终之际,告诫劝导子孙要"以善自持行"。吴氏作为成功的母教典范在游氏家族教育方面起着积极的辐射作用,以致游氏后裔族内长老,在教育子孙时常引用吴氏教子之言,曰:"尔

---

① (明)马性鲁修撰《顺昌邑志·人物志·名臣篇》,正德庚辰版,第76页。

曹弗他效，效吾游族宋儒定夫公足矣。"①

此外，闽北有些母亲不仅在子弟长大成人、步入仕途之后施加积极正面的影响，而且即便子弟仕途受挫，也不以为忧，反劝导子弟要具备德义的优良品质。据文史资料记载，崇安五夫的胡安国在荆州为官时，因直言累次忤逆太守，其母不但没有责备他，反而劝导鼓励："人贵德义耳，不贵盛气凌人。"安国更加自勉自励，有所建树，后追封为建宁伯，其家祠至今悬挂清康熙四十四年御书褒扬胡安国"霜松雪柏"的匾额。胡安国母亲不失为一位教子有方、刚强正直的女性，不为名缰利锁所累，超凡脱俗，给子弟以精神抚慰和支撑。光绪十五年（1889年），邑人朱敬熙秉承母训，独资修建余庆桥、垂裕桥的事迹均属于此类范畴。

### 四 注重母教的辐射教育

在闽北家族教育中，有些母亲具有强烈的社会责任感，不仅在家族具有影响力，而且在当地具有广泛的影响，其行为对族众产生良好的示范作用。建瓯城关铁井栏章氏祠堂尚存的一块清光绪丁丑年所刻的《重修练氏夫人祠记》石碑详尽记载了练氏夫人的德行，尤其是其"以一言全阖郡之生"的保城史迹。②练氏，名隽，五代时浦城人，为闽王王审知部将章仔钧之妻。其静教而庄，动循厥常，女士之良，愿舍私思以全大义，保全建州城，救活一城生灵，被誉为"全城之母""芝城之母"。这不仅对章氏子弟优良品德的形成起着积极促进作用，也是母教成功典范的良好素材。时至今日，每逢清明建瓯家家户户门口挂着柳枝，以示纪念这一伟大的女性。有些家族女性同样承担社会责任，从事社会生产，参与社会生活，关心公共事务。如嘉庆年间，浦城祝振宏在《我的祖父祝东孙》中写道，其曾祖母祝徐氏独自出资五万多两白银修筑城墙。官民欲修城墙，筹谋十年未果之事，最后由性格刚毅、深明大义的女性完成。此壮举不仅轰动乡里，还惊动了朝廷。嘉庆帝为表彰其德，御赐"深明大义"匾额。闽浙总督汪志伊也亲自撰文予以表彰。虽十多里的城墙现仅存"龙潭门"和"登瀛门"

---

① 游恒派主编《福建省历史文化名村凤池村志》，南平游酢文化研究会、延平区凤池村志编委会，2007，第125页。

② （清）《建宁府志卷之四十烈女》，康熙三十二年版，第800页。

两处遗迹，但旧城墙上依稀可见"祝徐氏捐修全城"等字迹。祝徐氏名垂青史，其"急公好义""深明大义"的优良品质，对族中子弟和当地民风所产生的影响是极其深远的。而有些家族贤明女性的影响是全面的，不仅相夫教子，对子弟具有潜移默化的影响，而且对族众都有示范作用。如谱牒《宋故夫人魏氏墓志铭》记载：建宁浦城知丞吴湮之妻魏氏"事太夫人如事府君，逮娣姒如待其伯娣一焉，雍雍愉愉，内外无间言"，可见其孝敬长辈，能在翁姑、妯娌等家族内部关系中和谐相处，以维持和促进家族之兴旺。从碑文"肃而柔，辨而和，德充于容，行顾于言"可知，魏氏不仅用自己的言行和美德影响着子女和族人，而作为贤内助的她照料家族中的一切事务，在社会生产中发挥重要作用，如"治居第，生产规模揩指，有伟男子不及者"，正是魏氏具有传统妇女的美德，才使吴湮得以"排斥家务，方洋天子学，与英俊角"，于是在绍兴二年进士及第。吴湮常感叹曰："非夫人助不至是。"① 魏氏在襄助丈夫的同时，也没有忽视母教的作用，以自己异乎寻常的勤劳美德，潜移默化地教育自己的子女，从小影响他们，并时常激励家族子孙要有励志苦学精神，尤其在吴湮死后，常戒其孤："门户吾任之，不足溷女，力学收名声，可以伸乃父不达之志。"正是由于魏氏的威望，且在"吴氏排行最长，举族敬惮之"，族人以其为榜样，纷纷效仿。从"妇者师其孝，妻者师其敬，母者师其义"碑文中得到充分印证，此外，从"族人有为不善者辄相劝，唯恐其闻焉，是故其没也……"② 可见，魏氏在吴氏家族的影响是全面的，正是其正身率下的示范作用，对族众产生了积极而深远的影响。

## 五　良好母教的家风传承

在闽北家族教育中，许多良好母教的风气代代传承，促进家族长盛不衰。有的母亲幼承严格家教，出嫁后仍能秉守家训，并以良好家风来教育、培养、影响后代，以下史料记载虽有溢美之词，但对子女的影响是显而易见。如邵武水北镇故县出土的《宋中奉大夫知郡太学博士黄公圹》的墓志

---

① 此碑于 1998 年在南山村头出土，至今已 829 年，现存南山吴氏宗祠。
② 此碑于 1998 年在南山村头出土，至今已 829 年，现存南山吴氏宗祠。

铭记载：黄涣之妻李氏，天姿明淑，谨于礼范，以其美仪令德和勤俭美德，潜移默化影响子弟。教二女自幼仪妇道以至蚕缫蘋藻之事，朝夕婉娩，品节有伦，与公相敬如宾，以致"既早世，公追念贤助，晚而不替"。延平篁路罗氏的《神继公暨尤氏妣行实》记载，尤氏，罗从彦之母，为人端肃，治家兹谨，守礼睦邻，和易无忤。幼承闺训，通晓文墨，吟诗作对，尤擅画茶，有闺中女学士之称。赞夫训子成名，有孟母之贤，称儒门名配。可见，尤氏秉守家训，日以勤俭，举动有度，相夫以礼，亦容亦德，宜室宜家，这对子弟来说，无疑具有良好的示范作用。闽北家族教育中这些女性尤其重视言传身教、正身率下的教育，并竭尽全力以自身的美德和言行给子女施加积极正面的影响。

在政和杨源乡坂桥村苏坑自然村陈氏家族里，其后裔陈孝恩至今仍保存明武宗朱厚照褒扬陈桓父母教子有方的《奉天敕命》诏书。这承载家族曾有的辉煌和荣耀的诏书也显示着母教的作用。诏书颂赞其父陈伯琼"淳朴无华，安恬有守，敦行孝友，仪刑著于家庭"，表封其母刘氏为"太安人"。在诰封中得到充分肯定和高度的赞誉太安人相夫教子的非凡贡献："教养兼隆，母德不殊于父""善人良配，俭勤兼至，慈孝风全"。据《坂头陈氏宗谱》载，陈桓，系坂头村陈氏十世祖，明正德六年（1511 年）进士及第。自幼勤勉好学，常以圣贤自励，牢记母亲"善遗后者，不羡淫金之富"[①]的教诲和训导，从而形成了自己独立完善的人格和良好素质。在这种良好家风的影响下，陈桓极其重视家族教育，嘱咐其兄陈相撰写地方方言《六音词典》（现由坂桥村苏坑自然村陈文义保存）。有趣的是，当地所有方言，都能在此词典中找到相应的字。这对当时认字不多的人而言，实为方便。不仅如此，官至九江兵备副使的陈桓为官清廉自守，勤政爱民，政绩斐然。曾向朝廷上《民情书》，详述政和"地高田瘠""田少收薄"之实情，吁请免征税收，以宽民力，以安地方。宰相李默赞誉其为"激浊扬清德政留宦迹，廉顽立儒高风千载仰贤名"。正是这良好的母教家风代代传承，其孙陈文礼也时常牢记母亲训诫："读书明理，出仕为官应为民而不为名利""德才不备，误政害民，不可妄出。"其母深谙"德才具备方可为官，

---

① （清）《坂头陈氏宗谱》，光绪五年重修，资料提供者：政和村民陈欢声。

造福于民"之理，在文礼即将任直隶知县之际，自设三则疑案考察文礼的德才，满意后方让其出任，并反复告诫曰："七品正堂，官虽不大，但系一县之长，民者父母也。若无爱民之心，理政之才，日后断案不公，是非不辨，则贻国害民。"

## 六 寡母抚孤的母教典范

尤其值得一提的是，在闽北家族教育中不乏"寡母抚孤"的感人成功母教典范。所谓"寡母抚孤"指的是子弟幼年丧父，寡母独自支撑家庭，不辱泉下，育子成人。① 在这种家庭中，即便家境窘迫，母亲仍然坚持重视子弟教育，并把希望寄托在幼小的下一代身上，更期望把子女抚育成人、培养成才。据《济阳庐峰蔡氏族谱》中《蔡公述经绍先公夫人何氏孺人传》载，何氏，讳如兰，其像赞曰"懿与贤媛，金玉其质，徽音事庭，观瞻闺范"，② 其夫蔡述经死后，母子相依为命，生活困顿，以缝衣度日。何氏孺人是清举人济亨公之次女，知书达理，贤明有礼，博学多识，深知教育的重要性。尽管家庭贫困，孤子无法就学，但凭借自己顽强的意志力，每夜必躬自教授其子。同时，何氏十分重视先辈遗训中的"独行不愧影，独寝不愧衾"品德教育，时常教育儿子应"忠于君、孝于亲、睦邻里、重节义"，要刻苦学习，不忘祖先功绩。在"生活苦，食不济"艰难度日的情况下，其子古初能主动退还多找的钱，这是十分可贵的，与母亲平时的品德教育是分不开的。年仅十二岁的古初，极其懂事，写下如此感人至深的诗句："娘亲勤针黹，孤儿读不息。更深夜半冷，母子两相依。母泪湿襟衽，呼儿且栖栖。儿说我不倦，娘亲莫哭泣。十年八载后，是儿报亲时。"③ 从诗句"孤儿读不息、儿说我不倦"可知，母亲督导、教诲子弟的形象给古初留下深刻的印象，令他感慨万千，并从母教慈训中吸取刻苦自励、奋斗不止的内在力量，这往往成为子弟在逆境中发愤读书的原动力。此外，在闽北竖立的诸多牌坊中不乏"寡母抚孤"的经典事例。这不仅是家族的一

---

① 党明德、何成主编《中国家族教育》，山东教育出版社，2005，第643页。
② 蔡建海编《济阳庐峰蔡氏族谱卷一·蔡公述经绍先公夫人何氏孺人传》，福建省建阳蔡氏九儒研究会，1994，第13页。
③ 蔡建海编《济阳庐峰蔡氏族谱卷十》，福建省建阳蔡氏九儒研究会，1994，第91页。

种荣耀，更是母教成功的历史见证。据《建瓯姓氏志》载，建瓯巧溪村村尾"节孝"牌坊，建于清咸丰二年（1852年）。横匾刻有"旌表儒士饶延侨之妻太学生登麒之母夏氏节孝坊"的字样，旁联是"映日贞心光照史乘，凌霜劲节扶植纲常"。此牌坊系清五品太学饶登麒奉旨为其母夏氏所立。饶登麒少年丧父，家境窘迫，其母夏氏孤身一人，"力女红以资之"，并殷殷教其曰"毋以家贫而坠学"，不断激励其刻苦攻读，最终科举及第。总之，这些女性在家中男性缺席的情况下，担当起教育、督导子弟成才的重要责任。

本章对闽北家族教育的发展历程，西晋的萌芽阶段、隋唐和五代的发展阶段、宋代的兴盛发达阶段以及元明清的持续发展阶段进行了大致的梳理。综上所述，闽北素有崇文重教的优良传统，重视家族子弟的教育和人才的培养在素有"理学之邦"的闽北历史上，具有最突出、最充分的体现，且具有极强的承传性。各家族积极劝导、激励子弟向学，以体现重学、劝学等观念，如族规家训、劝学楹联甚至古建筑砖木雕饰等多种形式，渗透到生活的方方面面。

在闽北家族教育的历史发展中，母教所起的重要作用不可低估。闽北历史上涌现许多具有诸多优良品质的女性。通常，她们幼承庭训，恪守闺训，深居闺阁，品行端庄、言行得体、温柔贞淑、擅长女红与育儿理家等。在日常生活中，她们言传身教，潜移默化影响、教育子弟，尤其是启蒙教育对子弟后来的发展产生深远影响。显然"传统家教文化始于人生之初，伴随人的一生，具有初始性、深刻性、长期性特点"[①]。传统家教文化是以家庭教育为载体，通过家庭日常生活而进行的一种特殊的教育文化。在这具有初始性的教育中，以上这些家族杰出女性，无论是在协调家族内外人际关系，还是相夫教子方面，或无论是身处顺境还是逆境，她们都能够始终如一地以自己的优良品性或文化知识影响子弟，在家族的传承和发展中发挥着不可取代的重要作用。同时，她们也成为相夫教子和家族兴旺的有力支柱和家庭文化传承发展的重要推动力量。尤其那些才德出众的佼佼者，

---

① 邓清华、张世友：《家教文化对爱国主义精神培育的现实价值》，《教育评论》2007年第2期。

她们不断追求子弟精神的超越和完美的理想人格，她们与孩子乃至与家族子弟之间已形成的一种良性互动作用。为此，闽北许多圣贤豪杰秉承母教慈训而卓然有所成就，他们身上所具有的为官清廉、刻苦自励的进取精神正是母教对他们实施正面教育和影响的结果。他们从母教慈训中汲取奋斗不止的力量，无论是精神，还是志趣都是一脉相承，而且成为丕振家声、维持家族兴旺发达的内在动力。

# 第二章　宗族塾学与闽北家族教育

党明德和何成主编的《中国家族教育》指出，宗族塾学为家族教育的主要形式之一。所谓宗族塾学，是指有实力的大家族自己开办的私学，又可称"族塾"。[①]"塾"最初的含义是门的两侧。无论是东汉许慎的《说文解字》阐述的"塾，门侧堂也"，还是《尔雅·释宫》的"门之侧谓之塾"。最早的家族办学就是把大门以内的侧堂辟为学堂，又称"家塾"或"族塾"。家塾由来已久，在《礼记·学记》中就有"古之教者，家有塾，党有庠"的记载，塾学的鼎盛时期在科举时代，其影响较为广泛。如绪论所述，在宗法社会里，家族成员共同居住于特定的地理空间内的同一个村落或村庄里，他们基本以一姓或两姓为主，所以由数家或一族一村大家合议共同延师择址设馆，课其子弟的塾学，称"村塾"。村塾和家塾就其性质而言，也属于族塾。族学的普遍性，为闽北传统教育的一大特点。传统的宗族塾学仍是一种启蒙教育，教学内容与私塾大致相同。

在阐述宗族塾学与闽北家族教育之间的关系之前，先厘清闽北家族教育的基本构成。闽北地区是福建最早开发的地区之一，是人文荟萃之地，素有崇文重教的优良传统。闽北家族先辈极其注重家族子弟的教育，有能力者在家自行教育子弟或延请名师，在自家设立私塾或书院施教。其教育的类型可分正式教育、非学校教育两部分。其中，学校教育非学校教育主要是家训文化和宗族文化的家族教化、口耳相传的民间文学、民间习俗以及民间信仰等形式。

---

① 党明德、何成主编《中国家族教育》，山东教育出版社，2005，第42页。

## 第一节　闽北宗族塾学的构成要素

### 一　义学

在明代，闽北大兴社学，与此同时也出现义学。义学属于家族启蒙、初级教育机构，是宗族和地方官绅联合所办的馆塾，主要为贫寒子弟而设，免费接纳贫寒子弟入学。这类馆塾大多延请有学行的秀才训迪平民子弟，这无疑进一步扩大了闽北家族子弟的受教范围。义学主要有官办、民办、官倡民办三种形式，分经馆、蒙馆两个层次，以蒙馆为主。据史志记载，在闽北地区，崇安、延平、浦城等县都曾创建官办的义学。

私人创立的义学，规模最大，成绩可观者，当推政和县生员宋捷登于道光十八年（1838 年）建立的东平义学。宋捷登，幼聪慧，读书辄成诵，孝友治家闻名乡里，乐善好施，捐资重建星溪书院、修建城池。因政邑山多田少，灾歉频繁，文教不兴，宋捷登在东平建义仓，储谷三千石以济粮荒，又在乡里置田 800 亩以赡生徒，且积书几万卷倡办东平义学，躬聘蒋衡等宿儒任教，使贫寒子弟均可免费入学，同时订立章程，由乡绅轮流经营管理，每月考课三次，并具体规定每人每课的酬劳。此外，宋捷登还资助参加科举乡试、会试的学生每人 30 千文。每年专门设立宾兴租谷 345 桶（约 28 千文），供春秋祭祀孔子之用。现有《东平义学碑》《东平义学章程碑》《东平义学题名碑》《东平仓碑记》等碑碣存于当地飞凤山的碑林中。①

建瓯民间至今流传一则与兴办义学有关的传说故事。《杨太师办学》叙述明朝太师杨荣，历仕明成祖、仁宗、宣宗、英宗四朝，告老还乡路经建瓯川石村，看见一副不符合对仗格式的门联："富见百代育鳅乐，喜能生育子孙多"，横批为"喜乎乐乎"，后打听方知此村已好几百年没出过举人，甚至连秀才也没有，村里每逢婚丧喜庆的对联都得请外地先生。于是，杨荣在此村捐资兴办义学，并由建州学府教谕亲自督导，这样村里的子弟能

---

① 《南平地方志第三册卷三十九·教育》，南平市地方志编纂委员会，方志出版社，2000，第 2053 页。

免费读书识字。义学开办之际,其题诗"天才自来靠勤奋,铁砚磨穿有昔贤"以激励子弟发奋学习。① 可见,义学主要是为家境贫困的子弟设立的,除振兴文风之外,对提高士气端正风俗,亦有积极的促进作用,但这类教育形式在闽北地区并不普遍。

## 二 私塾

闽北私塾的萌生于西晋永嘉年间(307-313年)。河南光州人危京任建安(今建瓯)郡守,一批躲避战乱的光州士民随迁建安定居,带来中原文化。私塾在宋代进一步发展,至明清时期,则遍及闽北穷乡僻壤。对此,闽北地区的方志多有言及。兹举例如下:《八闽通志》卷三《地理·风俗》记载,建宁府,"居畎田,处闾里者,弦诵之声相闻""耕且读者,十家而五六";延平府,"五步一塾,十步一庠"。"家乐教子,朝诵暮弦,洋洋盈耳。"② 私塾是与官学相对而言的一种古代学制,属于私学的性质,是最普遍的启蒙教育。由于其办学形式灵活简便,适应性较强,因此分布较为广泛,数量比书院多且千百年绵延不绝。闽北家族送子弟入学读书的风气甚浓,私塾正好满足这一需求。闽北大部分蒙童都是由私塾培养的。私塾是闽北家族启蒙教育中,学生数占最大的比例的,多为民间自行筹设,加之不受官方的约束,使得家族教育扩展至乡村每个角落。私塾作为一种小型的教育形式,虽教学程度参差不齐,星散四野,兴废无常,难以管理,但它与书院、官学、社学并存,在培养闽北家族人才方面起到相辅相补、互相融合的作用。

私塾在乡村自称"儒学",乡民承认儒学的正统地位,"中国三千年来,历经学者之提倡发扬,立儒学为正宗道统,沿承既久,普及亦广"。其教学目的主要是为科举培养后备人才,同时也为这些学校培养了师资。③ 闽北乡村私塾的开办形式,主要有以下学塾、家塾、村塾(族塾)和义塾(义学)四种类型。学塾是塾师自行设立的学馆,收徒授课,主

---

① 林书主编《中国民间故事集成·福建卷·建瓯县分卷》,建瓯民间文学集成编委会,1992,第16~21页。
② (明)黄仲昭修纂《八闽通志》(上),福建省地方志编纂委员会,福建人民出版社,1996。
③ 党明德、何成主编《中国家族教育》,山东教育出版社,2005,第42页。

要招收本村子弟。

(一) 家塾

一般是当地名门望族的官绅在家延师设馆,即东家设馆,专门招收和教育家族子弟。大户人家在盖房子时就设计书堂,甚至塾师居室。塾师称设馆的官绅为东家,东家称塾师为"西宾"或"西席"。如清代许应官(唐末银青光禄大夫许延二的后裔)在澄源上洋村创建家塾,作为许氏子弟的蒙馆;清道光年间(1821—1850年)梁章钜寄居浦城时,家中子侄多,每年开春请塾师四五人;清光绪十五年(1889年)太平乡黄壁和溪南乡举人欧良海分别延请南平贡生廖涟清在家里教读。闽北有的家塾所延请的塾师对经籍有较高的造诣,家塾的任务不止限于启蒙,与书院一样,具有毓秀的功能。如清代光泽高经祖家塾"绣草庐"就具有这样的双重作用。据光泽《高氏族谱》记载,"绣草庐"是清乾隆年间,高经祖所创建的家塾,后其子高腾扩充。高经祖曾先后延请建宁县的举人金荣镐和资溪县的进士黄堂以及陈绩、李祥赓、张绅等名儒教育家族子弟,其孙官至内阁中书的高澍然幼年就在此家塾读书。从高经祖聘请良师这个角度上看,在某种意义上家塾的教学要求相对较高。

(二) 村塾或族塾

在宗法社会里,家族成员共同居住于特定的地理空间内,一般来说,同一个村落或村庄里基本以一姓或两姓为主,如政和坂头村村民几乎都姓陈,均是开基始祖陈贵的后裔。所以,此类由数家或一族一村大家合议共同延师择址设馆,以教育培养本村、本族、本家子弟为主,学费由村、家族公产或学田支付,不足时由各家长凑付的塾学,又称"村塾",属于族塾的范畴。村塾一般设在公产、公房的祠堂、庙院或民间闲房里择师设馆,收同族(同村)的子弟就读,学生数量比家塾多,并推举有名望、热心教育的地方士绅为学董,按亩摊派钱粮以供一切办学费用。

以延平兴学重教风气之盛,堪称典范的南山凤池村为例。当地众多乡民,尤其是游氏家族自发创办的私塾、村塾或族塾以培养本族或本村子弟。据民国《南平县志》载,凤池村最早的私塾为明朝贡生游琪开办。游琪不仅天资聪颖,家政有方,且重视家族教育,在凤池村兴办第一家私塾,成就了其弟游佑之子游纶、游佑之孙游居敬等人,成为远近闻名的书香门第、仕宦世家，朝廷曾为游居敬一家荣立6个旌表功名牌坊。① 此外，国子监生游朝屏，尊贤敬士，承祖业广大，传家族之风，也热衷创办私塾，其一家四代子孙文武秀才2人，太学生和国子监生共7人；明末游世懋在村中兴建育才楼，为学子肄业之所。村里从育才楼走出莘莘学子成为文武秀才、监生、太学子、举人不乏其人；游昌莘，邑武庠生，五品武德骑尉，系五品将军游昌奭之弟。游昌莘子孙三代累官至五品将军者达6人，可谓"文武并茂、荟萃于一家"，这与他的家教严谨，重视教育密不可分。游昌莘于清乾隆四十七年（1782年）择基建造土库华屋"府第宅"，系该村规模最大的宅第，号称百间房，实为99间，门内特设300平方米的练武场所，有8间厢房放置掇石、大刀、长矛等兵器。游昌莘在培养家族子弟的同时，也招收本村生徒于宅内习文练武。生员少则几十人，多则近百人，允许随时入学，白天耕读，晚上习武。可见，游氏家族出现的人文盛况与家族先辈重视教育、兴办族学息息相关。

**（三）义塾**

由祠堂、庙宇的地租收入或地方热心教育事业的乡贤士绅倡议捐资兴办的义塾，免费接纳一定地区范围的贫穷子弟。这些都为当地的贫穷子弟提供了就读的机会，从而扩大教育的对象。如清道光年间（1821—1850年），南平举人叶新榆回乡，囊余薄俸，首置义田，创立合族蒙养私塾。再如邵武和平书院开创家族办学的先河，其他家族竞相效仿相沿成俗，其中影响较大的要数大埠岗的"傅氏家塾"，又称"傅氏义塾"。从《鼎建傅氏家塾记》可知，傅氏族人傅穹于清道光五年（1825年）捐资所建。据傅氏谱牒卷二《德行录·傅太公健庵公传》记载，傅穹，号健庵，儒林郎、布政司理，早年父母双亡，后致力于行商，经营纸业，南北经商，累资至巨万。他虽为贾者，但能识大义，于嘉庆十二年（1807年），捐百金重建邵武倾塌县学宫。县中士子苦于资费不足难以赴试，又捐三百金资助有志学子赴试。傅穹极其重视教育，出巨资创建"傅氏家塾"。其选址于北里坡，构屋数十楹。其中书斋、讲堂以及庖湢、器皿一应俱有，可设较大讲席容纳众多英才。为确保师资的稳定与教学的正常开展，傅穹每年还捐赠田租一

---

① 民国《南平县志》，福建省南平市编纂委员会，1985，第1101页。

百五十石以作"延师督课"之用。据《傅氏蒙学义田序》载,俾族人单寒有志者岁得师资……塾规井井有条,犹有古孝友、睦娴、任恤遗风焉!可知傅氏义塾属于蒙学的性质,旨在培育人才,鼓励学风。再从"第乡居鸿远,就业维艰"且"族子弟俊秀林立,多厄于资而废读",可见家塾的兴建最初是基于族中贫寒子弟考虑,这在大埠岗《樵南傅氏宗谱》卷二《德行录·傅太翁健庵公传》的记载得到印证:健庵公(傅穹)捐三千五百金创设义塾,同族及无力就学的乡里子弟。傅氏家塾落成后,其自撰楹联"辟山房为藏息修游之所,望尔曹业精行成,久储国器;萃子姓于诗书礼乐之中,冀它日言扬事举,丕振家声"透露了创建义塾的缘由及寄予族人厚望这一信息。

傅氏义塾的奖励条规以及办学宗旨至今仍有借鉴意义和启示作用。傅氏义塾的条规较为详尽,有祝圣、颁胙、学费、奖金、旅费(投考)、喜金、领奖等多种条规,采取种种措施,竭力敦促、激励族中子弟就学、发奋向学和学有所成。其中在"学费"的纲目中规定:如天资聪颖,家境清贫,无力升学,经认可品质端正、成绩优异者,特别补助学费。可见,资助的对象是品学兼优有志者。此外,在《堂规》中还明确规定:北里坡为教育人才,培养子弟之地,不许赌博。如有犯者,即行驱出。由于傅氏义塾规模宏大,塾内条规详尽,故影响甚巨,引起地方官员和诸多文人名士重视,纷纷为之撰序、题匾。道光十年(1830年),地方官员撰序的《傅氏义塾序》的石碑至今仍嵌砌墙上,还有诸多地方官员题赠的"乐育群英""瀚海储英""雨润书田""桃李栽培"等牌匾。傅氏义塾是邵武,也是闽北历史上宗族办学的典范,是重视文化教育,文风炽盛的见证,其遗存的碑刻具有较高的史料价值。

## 三 书院

书院是中国封建社会,自唐以后一种重要的办学形式,也是闽北家族对子弟进行教育的一种重要形式。书院有官办和民办两种形式。元代以前的书院以民办为主,以后逐渐官学化,明代中期书院以官办为主,但民办书院具有极强的生命力,始终绵延不断。民办书院的校舍,有的在创办人的居室中添筑一些房舍,因陋就简;有的由热心教育人士捐资;有的由村、族公产、学田租息兴建；有的借用寺庙祠堂。民办书院没有统一学制，没有学历限制，也没有生员定额限制，门户开放，不受地域限制，几人到几十百人不等，既不举行入学考试，也不受地域限制，兼有蒙馆性质的书院招收部分蒙童入学，其他招收青年或成年。对入学者秉着"来者不拒，去者不留"的原则。书院具有教学组织和学术研究组织双重功能。其教学内容主要以义理、考据和词章之学为主。民办的书院，在教学和研究上具有一定的开放性和独立性，而在官学化之后，书院逐渐也成为科举的附庸，以学习八股文写作以应科举为主课。同时有相当数量与书院性质相似而规模较小的私学和以个人读书为主或数人相聚读书，互为师友，或兼讲学授徒的书堂、书室。它们互相补充、促进，成为私学具有活力的教育组织形式。

闽北有些家族为家族子弟提供更高层次的教育，还设了更高一级的学堂。此类书院与府、州、县半官办的书院不尽相同，实际上仍属于宗族塾学的范畴，其教学任务不止限于启蒙，已具毓秀的功能。这类的宗族塾学都属私学的范畴，其间的区别并不十分严格，名称上也有互相混叫的情况。如兵部尚书熊秘回乡时，于乾符年间（875－879 年）在建阳崇泰里熊屯创建的鳌峰书院；工部侍郎黄峭弃官归隐和平后，于五代梁开平年间（907－910 年）创建了和平书院；光禄大夫许延二，宣宗大中十年（856 年）于政和村东澄源创建梧峰书院等，以上这些家族书院的创办，主要为子孙肄业之所。由此可见，其创办的初衷是为了教育家族子弟，属于家塾的性质。随着其他姓氏家族捐钱、捐粮或捐田资助的增加，书院开始对外招收学徒，逐渐衍变成为一所地方性的书院（详见本章第三节）。

## 第二节　闽北宗族塾学的简要述略

本节主要对宗族塾学的教学时间和教学内容与方法、塾师在乡村中的地位、宗族塾学的作用等方面加以探讨。

### 一　闽北宗族塾学的教学时间、内容与方法

如前所述，闽北宗族塾学的形式多样，名称上也有互相混叫的情况，

但其教学时间、教学内容与教学方法则大同小异。

1. 闽北宗族塾学的教学时间

闽北宗族塾学办学简便,教学时间一般与乡村百姓起居时间一致。以私塾为例,授课时间上午八时至十二时,下午二时至五时,夏天则推迟到六时放学。学习时间没有统一规定,大多以一年为期限。没有寒暑假,除了端午、中秋两个节日或私塾塾师偶尔有事外出之外,天天都得上课。闽北流传民歌"五月读书是端阳,先生放学看风光"、光泽流传民谚的"长工盼雪,先生盼节"以及浦城流传"三百长年二百书",均是乡村塾师工作的真实而生动的写照。

2. 闽北宗族塾学的教学内容

读书识字是闽北宗族塾学教学的重要内容。传统经、史、子、集等经典读本是宗族塾学教学的必备内容。长期以来,闽北地区的私塾有蒙馆和经馆之分,没有严格的学习年限。蒙馆招收的对象是六七岁的入学儿童,主要负责启蒙教育,其教授的重点是识字和写字,而不讲解文义。童蒙教材主要是讲述大乘至圣先师孔子生平的《上大人》,整齐押韵、简洁流畅、易于背诵的"三百千千"(《三字经》《百家姓》《千字文》《千家诗》)以及《增广贤文》《幼学琼林》等教材,俗称"小儿书",又称"蒙学课本"。这些蒙养教材,历史悠久,影响深远,是一种专为六七岁的儿童编写的开蒙识字和阐释人伦道理的教材,内容紧扣人生和社会的主题。如宋代王应麟编写的《三字经》是一篇劝学文,鼓励蒙童立志求学,其仅用三百字就涵盖自伏羲、神农至清朝21个王朝名,对儿童来说易懂易学易记,足长见闻;《百家姓》和之押韵,以便日用,是一本关于中文姓氏的书;《千字文》内容极其丰富,涵盖中国文化理义,包括天文、博物、历史、人伦、生活、教育等多方面的内容,是一本高效的识字教材;《千家诗》由宋代谢枋得七言律诗《重定千家诗》和明代王相《五言千家诗》合并而成,全书共22卷,录诗1281首,都是律诗和绝句。它所选的诗歌大多是唐宋时期的名家名篇,易学好懂,有思乡怀人、赠友送别、咏物题画、山水田园、吊古伤今、侍宴应制等多样题材,是我国旧时具有启蒙性质的诗歌选本;《增广贤文》又名《昔时贤文》或《古今贤文》,集结了从古到今的各种格言、谚语,其绝大多数句子都来自经史子集,诗词曲赋、戏剧小说以及文人杂记,其思想观念都直接或间接地来自儒、释、道各家经典。《增广贤文》通俗易懂，是明代时期儿童启蒙书目；《幼学琼林》仅用长长短短的对仗句子，把天文地理、社会历史等知识杂糅其中。这些蒙养教材具有两个方面的用途：一是对蒙童进行识字、读书和作文的基本训练；二是向蒙童传授政治、道德、历史、自然等方面的基本知识。① 在汉唐宋元的蒙学教育中，道德修养与行为规范训练职能都得到了强调和实施。这个传统在明清时期由于理学的影响而得到进一步的加强。② 这为学童从小养成良好的道德品质奠定了基础。程度高点的就开始"通讲"，教材主要以《论语》《孟子》《诗经》等儒家经典为主，再高点则学习《大学》《中庸》《左传》等。同时要求学生作八股文、对对子、诗词和文章学。闽北有的地方，如政和还增设尺牍这门课程。所谓尺牍，最初为一种文体的名称，学习各类书信的内容和写法。

3. 闽北宗族塾学的教学方法

塾师一般根据学童的文化程度进行复式教学，先集中识字，等到一定阶段才开始诵读，但不讲解，普遍采取灌输式。简言之，就是朗读、背诵、认字、书写四个方法。（1）所谓朗读，就是先生教一句或一段，学生大声跟读一段。比如《千字文》："天地玄黄，宇宙洪荒。日月盈昃，辰宿列张。寒来暑往，秋收冬藏……"塾师先教头两句，八个字。学会后，再手把手地点住字句教，直到背熟为止再继续教下两句，就这样逐步增加，学童跟读、熟读、背诵。如果背不熟或字音不准，则要挨骂，有时还要打手心，然后再背。（2）所谓背诵，塾师所教内容当天过关，否则"留学"。第二天还要背诵昨天所学内容。每逢初一、十五还要背诵半月以来所学内容。塾师运用"温故知新"的方法，循序渐进，以致学生终生不忘。（3）所谓认字，要求学生凡是读过的内容都会认，会认后则可得一个朱笔圈点，如有一个字不认则打一下手心。（4）所谓书写，就是用毛笔写字，每天都得在九宫格子纸写一张字，蒙童由先生手把手教临摹，直至学会在再仿照写。教完《三字经》《百家姓》《千字文》《千家诗》等蒙童课本，接下来就是开讲《论语》《中庸》《大学》《孟子》等教材。在塾师的指导下，学童努

---

① 吴玉琦、王绍海等：《中国古代教育简史》，吉林教育出版社，1986，第164页。
② 滕志妍：《明清塾师研究》，西北师范大学硕士学位论文，2006，第67页。

力跟读、熟读,达到滚瓜烂熟程度,然后以讲解为主,逐字逐句依次讲解,对个别听不懂的学生允许提问此外,还要教学生教授科举考试中的写作技巧,如写作文章、诗、歌、赋和对对子等。塾师在修改时往往运用连圈断句,对突出佳句加上连点的方法,标示精华之点。① 蒙童的作文篇篇都有眉批总批。

## 二 闽北塾师在乡村的地位

闽北民间一向遵循"一日为师,终生为父"的古训,弟子尊重塾师不亚于父母。学童每年要敬奉塾师束脩,塾师的束脩闽北各地都不尽相同,邵武和政和县是 100~150 市斤谷子,年终结算,而光泽塾师的束脩则无统一的标准,是在受聘时再具体商议。学童一年二三担谷子。一年后,则三至五担不等,且在秋收后一次交齐。当然也可按谷价折算。家塾的塾师膳食全由东家负责,而村塾或族塾的膳食由学童逐一轮流提供,周而复始。学童不仅对之毕恭毕敬,服役如僮仆,还须为其轮流浆洗被褥和衣物。在光泽,塾师若带有眷属,则由学童轮流派米派饭。在春节、端午、中秋这三个传统节日里,家长或学童都要敬送礼物,以示尊重和感激。比如端阳送咸鱼藏蛋,中秋送月饼白藕,而塾师回敬是一把折扇。在春节期间,学童须到塾师家拜年,塾师也给其"压岁钱"。若遇塾师和师母的寿辰,较之别的亲朋学童须奉送更多的礼物和红包以示庆贺。当然,塾师也会回送一些当地的特产。凡是学童家里办喜事,如请"栽禾饭""尝新节"或村中的喜庆,塾师都被敬为上宾,位居上座,合家让菜、敬酒。有些村中的纠纷以塾师一言为断,这足见民间对塾师的尊重。乡村塾师虽受尊重,但毕竟薪俸菲薄,至今光泽仍流传有"家有半升米,不当孩子王"这一说法。当然人们对塾师也有要求。如果学童长进缓慢,家长不是要求先生治教从严,就是要求先生耐心些,一般先生都备有一根约有两尺宽的竹板子,既可作教鞭又可体罚。在"严师出高徒""不打不成才"思想的指导下,塾师对学童"严"字当头,严加管制,轻则打手心,重则打屁股。由于教材简单、枯燥乏味,加上学童正值戏玩年龄,为维持教学秩序,有的塾师便采取暴

---

① 熊贤君:《如何正确评价私塾问题》,《河北师范大学学报》2000 年第 1 期。

力手段管教,故体罚频施。邵武至今还流传"见书如见虎,见师如见鬼"之说,足见其弊端。

闽北各地流传着有关旧时教学管理十分严格的相似歌谣,如政和东平镇的"一片无情竹,不打你不读;父母要纵容,莫要送来读"、延平徐洋村的"南山一片竹,砍来当督促;父母心不忍,不要送来读"、建瓯玉山的"南山一片竹,专打书不读;父母心不忍,何必送来读"、顺昌岚下的"南山一片竹,专打书不读;你若疼孩子,请别送来读"。以上这些歌谣正是学童无心向学,先生用竹片惩罚学童的生动体现。如果学童在启蒙初期知之甚少有情可谅,倘若时而久之,学业仍未进展,就得受到惩罚,要么打掌心、跪在石狮前,要么被关斋、跪在孔夫子像前。在元坑当地流传这一说法:"三天做人客,四天打一百"。塾师对学童越是严加管教,鞭笞体罚,当地的家长越是心怀感激,有的还设宴酬谢。虽塾师对学童严加管教,鞭笞体罚,但自古就有"师徒情义海洋深"之说,因此在师生关系上,严不记仇,打不记恨,一旦建立师生关系,就终生不忘。[①]他们对塾师格外尊重,故闽北流传有"私塾先生,有南面之尊"之说。

当然,闽北宗族塾学的教学质量和效果不尽相同。个别塾师知识浅陋,在浦城就流传民间传说《塾师辩解错别字》描述"遵从孔天(夫)子,已教你学过,罚你糯(儒)学堂规二十般(板)"。此故事虽有些夸张,但讽刺水平低下、错字连篇的塾师。个别地方也会因塾师教学质量低,出现"春满堂,夏一半,秋零落,各自散"的现象,民间称之为"涝水学"。当然也有教学水平较高的私塾,如南平宝珠山的村民都能识字,得益于村中创办了五所属于蒙馆的私塾。宝珠山个别私塾有开讲"四书五经",以备科举考试,从延平民间至今流传"文不过宝珠,武不过樟湖"的说法可见一斑。

### 三 闽北宗族塾学的作用

1. 对学童进行文化启蒙

闽北宗族塾学具有启蒙这一最基本的职责。由于学童于事多暗昧,故

---

① 党明德、何成主编《中国家族教育》,山东教育出版社,2005,第52页。

称"童蒙"。启迪幼童消除暗昧称之启蒙,或训蒙、发蒙、开蒙、养蒙。①塾师对学童的文化启蒙主要通过认字与写字、读书和作文等基本技能的教学活动来实现的,而所有的课程都是由塾师一人讲授完成。

2. 对学童进行道德教育

中国一贯以来重视道德教育,强调对学童进行道德教育,并随时教导行为,如平常洒扫进退、动作威仪等,使之合乎规矩。《易经·蒙卦》云:"蒙以养正,圣功也",这就把发蒙同养正目的紧密相连。"少若成天性,习惯成自然"(孔子);"方其幼也,不习之于小学,则无以收其放心,养其德性"(朱熹)。② 因此,对学童进行思想道德教育及行为习惯培养注重从蒙童开始。在汉唐宋元的蒙学教育中,道德修养与行为规范训练职能都得到了强调和实施。此传统在明清时期由于理学的影响而得到进一步的加强。③

3. 对学童进行科举的基础教育

闽北宗族塾学除了教会学童读书、识字的知识技能和宣传孝悌仁义、伦常礼仪外,还具有教授基本经典、教习时文,满足学童未来应试科举之需。在科举的影响下,一些宗族塾学自然将教育的重点放在科举应试方面,其日常教学中重点放在科举基础教育内容儒家经典,如《易》《书》《春秋》《礼记》,程朱理学及当朝律令等,在具体的教学活动中还包括科举考试采用的有关八股示范文体、八股文做法技巧,使学童从小就接受八股文的训练,掌握八股文的"破题、承题、起讲、入手、起股、中股、后股、末股"的具体形式,以期通过童试,成为生员,进而将来中举及第。这样,宗族塾学在蒙学教育中就为科举培养了大量的基础的应举人才。

如前所述,闽北千年历史文化古镇具有聚族而居的特点,大多名门望族都办有宗族塾学。塾师可以是本族成员,如延平南山凤池村游氏,也可从外地聘请,如光泽高氏,但这些塾师都必须由通晓文义、品行端方者担任。这些宗族塾学只是为科举提供早期的教育,更多的教育须靠府、州、县学,但其在教育方面的作用不容轻视。一方面,童蒙教育为以后的进学、中举提供良好的基础;另一方面,并非所有的学童都有机会参加科举考试,

---

① 滕志妍:《明清塾师研究》,西北师范大学硕士学位论文,2006,第67页。
② 张伯行:《小学集解·小学辑说》,中华书局,1985,第5页。
③ 滕志妍:《明清塾师研究》,西北师范大学硕士学位论文,2006,第67页。

对于相当多的人说，进入宗族塾学只是为了学习一些文化知识。这些各种类型宗族塾学与书院、官学、社学并存，在培养闽北家族人才方面起到相辅相补、互相融合的作用，同时也推动了地方教育事业的发展，使教育事业深入到穷乡僻壤。

## 第三节　闽北宗族塾学的奖掖措施

一直以来，闽北具有崇文重教的优良传统。各家族教育无论采取何种类型的教育方式，其最终目的都是通过教育，希望家族子弟有所作为，从而扩大门庭，光宗耀祖，使家道长盛不衰。诚如《湖茫李氏宗谱》记载：古人之所以教其子孙其目的不外乎是"希圣希贤、子弟互相劝勉……以成世德之风，其于祖宗亦大有光矣"。[①] 所谓圣贤，是圣人与贤人的合称，泛指品德高尚、才智杰出者。诗礼传家是闽北各家族的共同愿望，因为家族先辈普遍意识到"兴门第不如兴学第，振书声而后振家声"的道理。庐陵欧阳文忠公在建阳《敕建书院黄氏宗谱谱序》中所言，传家的法宝是以忠事君，以孝事亲，以廉为仕，以学为身，这是对家族延续提出具体教育内容的最好概括。松溪一盾剑牌上的铭文，如忠孝廉节、仁义纲常、心存君国、志在圣贤以及三元及第、五子登科、科甲蝉联等均体现这一教育思想。而实现家族的绵延振兴目的的主要途径就是教育，教育子孙贤孝，劝导子孙读书，形成优良家族家风成为维持兴旺不衰的重要保证。

白明东在《晋商常氏的家族教育》中释义：教育目的为教育活动对所培养对象的总体目标和规格要求，对整个教育活动具有导向、调控、激励和评价的作用，实质上对教育活动起着纲领性的作用。[②] 闽北多数家族均以"光耀门庭"作为成材的定位标准。"光耀门庭"实现的最为基本的途径就是求学入仕、显赫科名或因忠孝节义、教子有方等而受到朝廷"封赏"。为此，闽北家族要求子弟能够成为道德才智杰出者，即以培养宗族科第人才、提升家族声望、振兴宗族为宗旨，并始终贯穿于家族教育活动

---

① （清）《湖茫李氏宗谱卷三·族约第七》，光绪二十二年刻本，第1页，浦城图书馆藏。
② 白明东：《晋商常家的家族教育》，《太原师范学院学报》2008年第4期。

的全过程。

## 一 源远流长的宗族办学传统

如前所述，闽北素有崇文重教的优良传统（详见第一章第二节）。从现存大量的劝学楹联、劝学家训以及古居民的劝学砖木雕饰等可见一斑。同时，闽北家族先辈极力为子弟营造良好读书环境，如重视家族藏书、购置考试处所、选择读书胜地、营造书香氛围、强化科举环境等，以及以盖宅第或土库、竖桅杆或牌坊、建廊桥或下马亭等这些象征家族教育取得成就的重要标志的直观形式，激励子弟向学。总之，家族积极劝导、激励子弟向学，渗透到生活的方方面面。一个家族在社会上的地位和影响在相当程度上取决于这个家族里士绅学子的人数多寡。因此，闽北先辈注重家族子弟的文化教育，除了少数官宦、富豪人家能够自设塾学培养家族子弟之外，一般家族均依赖宗族的力量，创办塾学、书院等。闽北先辈重视家族教育和人才培养，以致竞相办学，以期子弟传经立学，或有朝一日金榜题名，光宗耀祖。闽北具有悠久的宗族办学传统。宗族塾学在家族教育中处于举足轻重的地位，这对全面了解闽北家族教育显得尤为重要。

在漫长的历史过程中，闽北出了不少科举人物，如进士、举人、贡生等。此外，在各姓氏的族谱、家谱中，还可看到更多的廪生、庠生。这与闽北具有悠久的家族办学传统密不可分。许多家族，尤其是开基祖就极其重视家族教育，大力创办私塾、学堂、书院等。

和平黄氏家族就是一个显例。邵武和平具有悠久的家族办学传统，是族学的繁荣兴旺之地。早在五代梁开平年间（907—910年）唐工部侍郎黄峭弃官归隐和平，认为"遗子孙金满籯，不如教一经"。于是创建了闽北历史上，也是中国历史上最早的家族书院之一的"和平书院"。咸丰《邵武县志·杂记》摘录其在创建此书院时所作的四首六言诗。从《题书院四景》所描述的"断桥流水""深院轻烟""阶下庭前"，以及《四季景诗》的"案上书添碧色""澄潭未许龙眠""未忍抛书欹枕"等诗句可知，此书院地处绝佳胜地，且具一定规模，并透出黄峭以诗言志的信息。自宋代以后，随着其他家族以捐钱、捐粮、捐田等方式将子弟送入和平书院就读，和平书院由初创时专供族中子弟就学的家族书院，逐渐变成一所地方性学校，而成为培养邵南人才的摇篮。太平兴国年间黄峭第三子黄旬、第八子黄政分别登科,宋代大理丞黄通、司农卿黄伸、元代国史编修、文学家黄清老(黄峭第 16 世孙)、榜眼龙阁侍制上官均,均是从和平书院走出,跨入峨冠博带的人臣之列的人才。和平书院不仅开创了邵武宗族办学的先河,而且营造了和平千余年来读书求学、重视教育的氛围和传统,文风炽盛,造就了一批又一批英才人杰。同时,也吸引了一大批历史上著名理学家,如宋代朱熹、杨时等名儒均曾在此传道、讲学,从现存书院东门墙上朱熹所题"和平书院"得以印证。据清咸丰五年《邵武县志》记载,现存的和平书院为应士民、黄浩然等所建。知府张凤孙作《记》云:"悠介悠止,蒸我髦士""神之听之,终和且平。"可见,黄峭当年重文教、创书院,其历史影响不可低估。

在和平黄氏家族办学影响下,邵南地区以及整个邵武地区,不少名门望族都竞相效仿,营造了邵武千余年来读书求学、重视教育的氛围。如吴氏、陈氏、高氏、张氏等许多家族都有相续创办规模大小不等的学堂或家族书院。如蒙谷书院是由黄氏家族于唐末创办,培养了黄履(宋御史中丞)、黄崇(右宣议郎、赠金紫光禄大夫)、黄涣(岳阳太守)等人。到了南宋,蒙谷书院成为纪念黄中的"黄简肃公祠"。再如陈氏家族的"晓峰书院"、大埠岗镇宝积村的高氏家族的"东林书院"(东林寺寺院)、张氏家族的"龙源书院"以及宋进士、泉州府教授吴英所建的吴氏家族的"漱玉书院"、上官氏的"北胜书院",这些分布四乡的书院,后都逐渐变成地方性书院,这样就形成了一个较为完整的教育网络,扩大受教育的范围,以致出现"盛宋"邵武的人文盛况。各家族不少子弟相继登第,官至尚书、侍郎、巡按等的不乏其人。

和平科第之盛,首推上官家族。清道光年间,张文谨为邵武大埠岗江氏族谱题《跋》云:"樵南之族,唐五季盛推吴氏、张氏、高氏,仕至尚书、中大夫者不乏其人。郡志虽佚,家乘古迹可据。两宋则唯上官氏、危氏、吴氏,诸官尚书、侍郎、侍制者见诸郡志甚详。"[1] 据明《嘉靖邵武府志》卷八《选举》记载,邵武科第之盛,首推和平。和平科第之盛,又首

---

[1] 傅唤民:《邵武和平镇北胜书院》,《朱子文化》2006 年第 4 期。

推上官家族。可见上官家族在和平历史上的地位，上官家族的科第之盛当然与家族重视教育的优良传统是息息相关的。原称为"白莲堂"的北胜书院，系北宋时上官家族创办，位于和平镇官坊圩（坎头村），也是邵武历史上创办最早的家族书院之一，后与欧阳氏、张氏、黄氏家族联合开办，对培养以上家族人才起着举足轻重的作用。上官家族是中国几个朝代的显赫家族，也是和平古镇历史上的名门望族，由于这一家族重教、重学，上官家族后辈更是贤能辈出，在宋真宗大中祥符二年至淳祐十年的300年之间，上官家族就出了66位进士。上官氏诗书世家，人才辈出，上官凝是家族第一个进士，包括其子孙一门进士共10人。据《闽樵和平上官氏宗谱·旧谱原序》记载："和平登第，自（上官）凝始均魁亚。"11世上官恢进士及第，累官中大夫，封开国男历阳郡。上官恢90大寿时，也是家族最鼎盛时期，同朝叔伯、兄弟、子侄为官达七十余人，在中国历史上也是绝无仅有的。上官恢自得之情，溢于言表，从其笑而援笔，题于堂中的"宴罢宫花满壁，朝回牙笏盈床"楹联可见一斑。宋神宗时上官均荣登榜眼，达到极盛。可以说，几乎每有开科，上官氏必有喜报，"同科三进士，父子两进士"在当地一时传为佳话，科第之盛，号称"天下世家"，位公卿大夫以至丞、参、簿、尉者，不可悉数。值得一提的是，上官伯达系宫廷画师，擅长山水人物。永乐间在京城仁智殿作《百鸟朝凤图》，声名鹊起。在千年古刹宝严寺的梁栿斗拱上的花草、飞禽走兽等彩绘图案均为其手迹。

政和许氏也是一个显例。据《政和县姓氏志》载，银青光禄大夫许延二，河南光州固始县人，宣宗大中九年（855年）被贬启程南下，次年抵达政和。开基祖许延二十分注重教育和人才培养，入徙伊始就在村东澄源创建"梧峰书院"。此书院是政和见诸记载的最早一所家族书院，既是许氏子弟诵读经书之处和家族藏书之处。后因其他姓氏家族捐钱、捐粮和捐田资助书院，梧峰书院开始对外招收学生，逐渐衍变成为一所地方性的书院。

早在唐乾符年间（875—879年），熊秘就在建阳崇泰里熊屯（今营口樟柿）创建了闽北最早的鳌峰书院，创建此书院的目的是"为子孙肄业之所"，因此其兴办之初衷只是为了训诫子弟，为其子孙设一求学之所，故也属于家塾的性质。

延平南山吴氏先辈重视家学家风的传承，明白"有书不读子孙愚""黄金满籯，不如一经"的道理，始终把读书放在首位。早在五代十国时期，吴氏开基祖吴卓极为重视教育，舍田建立崇寿寺供家族子孙读书之用，教育子孙一耕一读，不为名利，发扬先祖泰伯至德文化的精神，被誉为"隐德世家、耕读世家"。现存于吴氏祠堂中的闽通文丙申年（936年）《吴公创寺舍田之记》千年崇寿寺碑是其重视教育的有力佐证。铭文"于皇我祖，世家唐臣，义不朱梁，因家于闽，有田一成，有经一笥，经传之家，田施之寺，唯子实贤，忠孝一门，上法乃祖，下怡厥孙，轻财重义，继志述事，文献犹存，毋坠厥绪"涵盖家族诸多史实。其中"于皇我祖，世家唐臣，义不朱梁"指唐亡，后梁朱温封王审知为闽王，吴卓一家"一将军、一大王、四大夫、五进士"不做乱朝之官，率子侄家兵一千余人，从福州北上隐居延平橘溪（今南山镇）开山造屋的史事。吴卓一身正气、世守忠良的风骨在吴氏宗祠的楹联"世为唐大夫岂能朝亡损节操，义不事朱梁宁愿举家隐橘溪"中得以充分体现。"田施之寺，唯子实贤"说明吴卓创办崇寿寺的目的在于传经立学，教育子弟，也属家塾的性质。

  吴氏家族办学的优良传统对子弟后代也产生重要的影响。吴辅（怡轩先生），吴卓六世孙，传承着吴氏家族先辈重视家学家风的做法，在南山建云雁庵读书处，大衍书香，常以道德教化为己任，与人落落不苟合。其旧名为雁庵云际寺，取"雁塔云梯"之意，其中云梯寓"登高望远"之意，寄予了吴辅对家族子孙人才辈出、连绵科甲的希冀。由于吴辅治家严谨、教子义方，以忠孝称，其子孙均有名望，出现"四代六进士"，即吴辅（天圣八年进士）、从子吴熙和四子吴君称（熙宁三年进士）、孙子吴擢（政和二年进士）、孙子吴播和曾孙吴溥（政和五年进士）的人文鼎盛局面。朝廷念其教子有方，特加封其为"中散大夫"。吴仪、吴熙，时称"双璧"，系吴卓七世孙，吴辅之子，创建家族书院——藏春峡书院，也是其重视教育的充分体现。自吴辅始，吴氏瓜瓞绵绵，贤良蝉联，形成显宦家族，共有26名举进士，占南剑州进士总数的百分之十二，还有十余名封赠、荫子。仅仅在天圣到政和短短的90年里，吴氏子孙四代登科，有"双璧"（北宋的吴仪、吴熙）、"三先生"（北宋吴辅、吴仪、吴熙）、"四循良"（北宋吴方庆、吴武陵、吴一鸣、吴应西）之誉，出现了叔侄同科、公孙同第、七哲同堂、四代显宦的鼎盛局面。吴氏宗祠有楹联赞曰："三先生名节自励博学多通,四循良为官清廉莅政有声。"可见,吴氏家族在当时备显尊荣,成为最兴盛的家族之一。

当时与吴氏家族齐名的还有三大家族,分别是以状元黄裳为首的黄氏家族、以进士廖亚为首的廖氏家族及以范迪简进士为首的范氏家族。这些家族为了"光世第,振家声"都创建了各自的家族文化。为何其他的家族文化,尤其是陈了斋所赞誉的"公家丹桂六枝芳,冷笑燕山窦侍郎"的范氏家族文化只风光几代,渐渐销声匿迹,只有吴氏家族文化得以传承,子孙后代人才辈出,数百年而不坠。显然,这与吴氏家族先辈重视教育、乐于办学、创建家族书院有着密切关系。

闽北各家族十分重视族中子弟的教育培养,如上所述,稍有条件的望族都创设自己的家族书院,然而在更为普遍的是宗族塾学设在闽北星罗棋布的祠堂里。这些祠堂既是家族祭祀祖先的场所,又是族中子弟读书的地方。这是闽北家族教育中传统意义上的塾学。他们利用祠堂现有的条件办学,可节省另建校舍的费用,而且在祖先的神位面前读书,能更好地得到祖宗的庇佑,以利于科场得志,光宗耀祖,可谓一举两得。如邵武肖家坊镇杨氏家族的"会圣岩家祠"就建在天成岩景区的天然岩洞里。据《锦溪杨氏宗谱·会圣岩记》记载,"思妥侑先灵,培植后裔……中建祠宇,旁构书斋以及楼屋、厨房,无不毕具"可知,杨氏家祠系锦溪教谕杨端于南宋咸淳六年(1270年)创建,为了安侑祖先灵位,祭祀祖先,培养家族子孙作为家塾而建。家祠"更祈子孙绵长,富贵长久;迄今光前裕后,显明万载"的楹联寄予家族先辈对后代子孙的厚望。有趣的是会圣岩,离吾锦溪三里有余,僻处是善丛中,杨氏后裔虑及其地处偏僻,人迹罕至,不能时伸孝思,恐香火有缺,于是在祠堂内增设如来佛像和关公圣像,是典型的集祖、儒、释、道于一体别具一格的家祠,这种做法在闽北家族祠堂实属罕见。

## 二 族产是宗族办学的经济支柱

聚族而居是闽北先民传统的生活方式,为了改变家族的命运,各家族都十分重视教育,要么自办家塾,要么合族或合家共办族塾或村塾,总之,尽可能扩大受教的范围。当然,"一个家族若没有持续的、稳定的经费来源，那么师资的延聘、书籍的购买、生徒的膏火等无从着落"。① "力田、读书、居世应有恒产。"② 因此家族要兴教办学一定要有固定的经济来源。族产作为家族祠内永久性的固定公产，为宗族办学提供重要的经济基础。族产是家族共同财产，不仅维持家族制度，也是宗族办学得以运行的经济支柱，并通过族产的经济功能来保障家族教育的顺畅进行，其与祠堂、谱牒互相配合，把族人们有效地连接在一起，具有睦族作用。诚如李桂梅所阐述："家族在传统社会是一个功能齐全的群体，它有自己的族产，这是家族的经济命脉，以此维系家族的持久生命力。"③ 闽北各家族往往根据各自的经济条件，通过各种渠道来扩充本家族的族产。通常有以下四种形式：众存族产、货币购买、子弟捐赠、纳主祀田。

**（一）众存族产**

众存族产是家族族产的重要渠道。中华传统文化提倡传统道德观念的理想化家庭（族）模式，提倡累世同居共财的大家族制度，这使家族的土地、山场、房屋以及水利设施等均成为家族众存族产。以和平古镇廖氏为例，悖叙祠的始祖的祭田，田畴山林俱备，布在四乡，山林窠上下坋等12处田产，共计320坪；二世祖孙裕公的祭田有11处田产，在溪背上至横路下至田旁，左至鼻山，右至本山界等处的山场共计10片，以及廖氏大宗祠下的各房支派祠堂诸多可观的田产，这笔殷实的族产为宗族办学奠定了强大经济基础。此外，悖叙祠堂东西两侧外山场蓄留的诸多树木，可为廖氏办理积谷、元宵挂灯以及试馆修缮等诸多美举。廖氏家族以森严的族规保护族产，如谱牒中规定：族中若有私自砍伐犯禁者，则加等示罚，恃强者革祭并合众鸣官究治。廖氏家族借助族规、宗族力量，对于胆敢违抗的族人，给予严厉惩罚，以确保宗族办学的经济来源。再如南平刘氏《阄书》记载："氏夫手所有田园屋宇，产业及树木等物，除抽祭典、抽帖、抽长外，派为五房匀分。"④ 浦城房氏三世祖时始设祭产，共提留租谷67担，租

---

① 张劲松、蔡慧琴：《家族书院与家族发展的互动解读》，《船山学刊》2006年第4期。
② （清）《敕建书院黄氏宗谱卷一·谱禁》，道光十三年线装本，第1页，建阳图书馆藏。
③ 李桂梅：《传统中国人"家"意识的社会伦理解读》，《湖南文理学院学报》2008年第1期。
④ 陈支平：《近五百年来福建的家族社会与文化》，中国人民大学出版社，1991，第43页。

米 172 担，以及店房 5 所，池塘 5 口，地墓 1 片。①

随着明代中叶以后，社会经济特别是商品经济的发展，闽北有些家族也纷纷涉足工商业活动，并通过出租经商店屋和管理墟集来增加家族财产。于是，众存族产增添了新的内容，如生息银两、店屋、墟集等。如浦城徐氏"向租店面者收店租二十二千文"。②明清时期，闽北许多家族在本地域设置族市、族墟的现象也相当普遍，如顺昌禾口张氏家族，于明万历年间创建"禾口墟"，不仅历年征收店租、地租，而且具有对整个墟市的控制权，墟集之内，寸土悉归张氏所有，不容外姓染一指。③

### （二）货币购买

货币购买读书处所或书田是家族扩大族产的又一渠道。如浦城祖氏先辈极其重视教育，早在明朝崇祯年间，丽南公派下子孙，在芝城南门街兴仁坊路后，买四拼三直，共十间，天、水井各一口以及铺面一直两大间的房屋一栋；和平的廖寅谷，讳光谋，字熙成，邑诸生，在乡村西边购买上下十房作为家族子弟读书处，且束脩、膏火等费皆能尽善处置。再如峡阳严家祖翁为鼓励子孙奋发读书，置办书斋田数十亩。可见，家族购置了房屋、族田，在空间和经济上为家族教育提供了有力支持。

### （三）子弟捐赠

家族办学的经费来源的又一渠道是家族中涌现出不少热心教育的子弟捐资兴学。通常，有以下几种类型的捐赠。一是家族中热心家族文化事业的士绅。如上所述，一般族学的经费来源是祠田和义田等族产收入，但也有一些热心于家族文化事业的士绅独自出资，或捐粮、捐地，为家族子弟延师办学。据《和平东恒黄氏宗谱·浑斋黄先生传》记载，黄时拔，号浑斋，系黄峭第 18 世孙。因和平书院资斧甚薄，旧有亏空，黄时拔极其重视家族教育，用数年时间致力创建义田三十亩，义租三十余担以资和平书院。在谱牒中还记载，廖光彪，字炳如，号藏斋，承祖训，力于学，平居手不释卷，其设教于云谷，因缺乏经济保障，故倡捐馆谷，并劝族众共捐之以买学田，名为"云谷义学田"，以致每年可以延师教子，季弟光彩日夜讲

---

① （清）《闽浦房氏族谱卷四·祭产》，光绪戊寅年新修，浦城图书馆藏。
② （清）《东海徐氏宗谱卷一〇·文甫公十四股祭产合同》，光绪元年，浦城图书馆藏。
③ 参见陈支平《近五百年来福建的家族社会与文化》，中国人民大学出版社，1991，第 40 页。

贯，故"年未冠而受之学"皆由其教泽，这种做法无疑又促进家族教育的发展。二是家族中经商致富者。一些"饶财乐助者"也经常主动捐钱、捐地，为家族子弟延师办学。如邵武南北经商，累资至巨万的傅穹，捐三千五百金创设义塾。三是家族中获取功名者。据建阳黄氏宗谱记载，文肃公书院之资，不仅有出自家族公项给赐者，如坐落灵严寺田佃事产，还有出自家族获得科名为官捐充者。① 可见，黄氏家族不仅有固定的众存族产，而且家族获得科名为官的族人也给予积极的经济资助。一旦这些曾受到家族支持的读书者，获取功名，也会资助家族。反过来又促进家族的繁荣发达。据《和平古镇廖氏宗谱·捐学租记》可知，功名有成子弟自愿捐出奖励的学租，如传凯入泮捐癸亥年谷一次，德来出贡捐谷二次，共捐租六十二石三斗二升整。家拭入泮捐戊子己丑年租两次三十二石整，赴戊子科乡试谷四石整；《和平古镇廖氏宗谱·咸丰同治捐学租重建祠宇纪名》载，廖德陆因捐田租二石归于祠，得配享广祭宗功，留名后世。

当然，有些家族为了保障宗族办学、试馆以及家族举办具有教育意义的节日活动等费用，在谱牒中明文规定：凡中进士者和出仕为官者遇到喜事，均须交纳一定数量的俸金和喜银。从和平廖氏家族的《元宵张灯条规》可知补廪、恩岁、例贡者助喜钱二百文；入泮、恩拔、优贡者，四百文；中乡榜者一千文；中进士者和履任出仕者二千文；登鼎甲者三千文。以上这些功名有成者的资助，无疑对廖氏家族这富有教育意义的元宵张灯提供一定的经济来源。城村赵氏也有类似的规定：凡入儒学者出喜金二两；入太学者三两；中乡榜者、恩拔、岁贡者出喜金五两，其余依照品级加倍递增或折半递减。② 以上这些资助家族的做法无疑又促进家族教育的繁荣发达。

**（四）纳主祀田**

纳主祀田是家族扩大族产的又一重要渠道。建阳后举平氏在族谱祠规中特设"祠堂纳主"纲目，规定按照旧例，平时不得擅纳，每五年一次收纳每座牌位，须交一千二百文于族内殷实老成者管理买田以扩族产。③ 在和

---

① （清）《敕建书院黄氏宗谱卷二·条列记》，道光十三年线装本，第1页，建阳图书馆藏。
② （清）《古粤赵氏宗谱卷一·凡例》，嘉庆十九年，兴田镇城村赵氏祠堂藏。
③ （清）《后举平氏族谱·祠规》，道光丙午年重修，第2页，建阳图书馆藏。

平廖氏的族谱祠规中也有类似的规定：族中有愿捐田租以列家族祀宗名功位的广祭者，照簿祖脉，每一各捐田二十坪（至少收租二十石），多捐者尤堪嘉。此外，谱牒还记载附祀的捐谷或捐钱的名单，如其员公名下男女附祀，传寿、传新捐谷四石文，光墀公名下男女附祀，德昌代捐四千文整。① 这些都是各家族扩大族产的又一重要途径。

当然，有些家族对于族产还有一套较为系统完整的管理制度，如建阳黄氏宗谱记载："族产先人所遗、所捐、或自创置或田或山记载详明，或更有某祖某妣位下子孙捐出田地入祠充祀者俱宜记载详明，以免滋生后弊。"② 再如浦城王氏的祠产、田地租、山租以及各种借项等，管理者必立账簿将所入所出登记详明，来年冬至后一日，经族众核算一一注结，且列出若干清单粘贴祠壁，后将账簿交付祠务管理委员会保存。③ 这一套系统完整的管理制度，至今仍有启示和借鉴意义。

### 三　学田为家族教育发展提供保障

明代中叶以后闽北众存族产出现多元化的趋势，但其中历史最悠久而数量又最多的，首推田产，即通常所称的"族田"。族田的名目繁多，有祭田、社田、蒸尝田、渡田、会田、社田、学田（书灯田）等。教育的关键是经费，为保证家族教育有比较稳定的经费来源，许多家族从族田中专门设置学田或书灯田，以维持宗族塾学正常运作的经济基础，为长久、持续、稳定的教学活动提供了可靠的保障。④ 如顺昌上洋谢氏家族，其16世祖霞标公所置书田，每年收租达542箩；建瓯屯山祖氏家族，共设有四处"书灯田"，每年共收租谷420余箩。

闽北家族先辈极其重视培养家族子弟，尤其是世代以儒为业的家族，为保证族中人都有机会读书应考，特设有义田，学田，资助贫者。如建阳倪氏在宗谱中特设"崇学"纲目。倪氏认为"应效仿古人延请名师、设书

---

① 《邵武和平廖氏宗谱·祠规志》，2007，第156页，和平廖氏宗祠藏。
② （清）《敕建书院黄氏宗谱卷一·凡例》，道光十三年线装本，第1~3页，建阳图书馆藏。
③ 王之栋撰《王氏宗谱卷一·祠内条规》，民国三十一年刻本，第51页，浦城图书馆藏。
④ （清）蔡锡侯修《后山蔡氏宗谱卷二·书灯田引》，光绪二十四年，浦城图书馆藏。

田、资助家族贫困子弟的做法,以培养人才"。① 与倪氏家族一样,闽北各地许多家族为鼓励族中子弟应科举入仕,使家族能够发扬光大,纷纷设置"学田"制度,通常在祖父分产开始,留田若干亩,或购买良田或从"祭田"中划分一部分或专设"学田"或"书灯田"为子孙读书之用,以保证宗族办学、家族子弟就学、应试及登科第的奖励等资金稳定,从以下家族的谱牒记载中可见一斑。如邵武傅氏谱牒设置"学租"作为家塾开支、延请塾师、子弟就学经费、赴试路费以及奖励学有所成者之用;城村赵氏在凡例中"积学田"的"以佐子孙读书灯油、应试之费";② 建阳黄氏的"有学田以资读书之灯油、脯修、试费等";③ 浦城高路季氏有星公书灯田,且谱牒中逐一列出田额,如冷水坑额光租十六担整、黄土坑额光租五担整、粗溪岭头琵琶山额光租八担五斗等十七处,共计实额桶租八十三担七斗,约为一万零四十勔,并规定以上书灯田产作为子孙入泮,辅助读书膏火之用,一人则专收,众则公派。倘若能中试,即将祭产连吊三载作为进京会试之资;④ 浦城后山蔡氏家族,"各房均购书灯田,入学以后每年即将此租按照规条,届期发给以昭激励"。有的家族为了确保资金的合理使用和分配,在谱牒中特设《书灯条议》,如建阳李氏属于此例。从以上史料可知,家族设置"学田"或"书灯田",旨在保证宗族办学、励学,资助族中子弟的束脩以及参加乡试或进京赴试之需,以此激励子孙后代积极向学,求取功名,光耀门庭,以期家族兴旺发达,这种做法为家族教育发展和培养人才提供正常运作的经济基础和可靠保证。

顺昌元坑谟武村廖氏家族是一个显例。廖氏家族先辈为激励族中子弟科举入仕,纷纷效仿古人购买良田、设置励学彰仕"学田"和"蒙田"制度,用收来的田租奖励家族中的有功名子弟,这为家族教育发展和维持宗族塾学正常运作提供了长期、可靠的保障。明朝的廖在英最先设置"书田",将约9亩的良田定为"书田",规定凡是当年考中的家族子弟即可收

---

① (清)《倪氏会修宗谱》卷一《旧谱论十则》,光绪岁次辛卯重修,千乘堂刻本,建阳图书馆藏。
② (清)《古粤赵氏宗谱卷一·凡例》,嘉庆十九年,兴田镇城村赵氏祠堂藏。
③ (清)《敕建书院黄氏宗谱卷一·凡例》,道光十三年线装本,第1~3页,建阳图书馆藏。
④ 《浦城高路季氏宗谱》,民国二年刻本,第40页,浦城图书馆藏。

"书田"之租,用于宴请本家族有秀才以上功名的子弟和亲友,以示光宗耀祖。在廖在英影响下,后代廖竹筠意识到普及教育的重要性,在家族史上设了专为新入学的子弟提供资助的"蒙田"。廖竹筠将约6亩的良田定为"蒙田",规定凡是当年上学的子弟也可收"蒙田"之租,每年收的田租按当年入学人数平均分配。若当年家族子弟没有新生,所收的田租则由就读的学生平均享受。这样,不仅减轻了本族贫寒子弟家长的经济负担,还激发了贫寒子弟奋发求学的动力。由于"书田"和"蒙田"对家族子弟向学有积极的促进作用,当地的游、杨、叶等姓氏家族纷纷效仿,子弟向学蔚然成风。由此可见,闽北设置"书灯田"这一重学风俗,对家族先辈希冀达到"忠孝持家远,诗书处世长"的目的起着积极的促进作用。从陈盛韶《问俗录》中对建阳地区书灯田的论述也得以印证:"书灯田,祖父分产之始,留田若干亩,为子孙读书之需,后有入学者收其租,捐纳者不得与其租。或一人独收,二人平收,三人均收。故建阳极贫之士颇鲜,而延师脩金从厚,诗书之遗泽长矣。"①

有些家族还以森严的族规以确保"学田"或"书灯田"这一重学风俗的延续。如古粤城村赵氏认为自古以来"设庠序以养士,创书院以尚贤",要求"凡我合族之人仿效国家之养秀,继承先人遗泽,体吾先祖之意",对子孙存策励之深心,故特设"书灯田",以资笔墨膏火之用,此举"庶为燕翼之祖,亦为善继之贤"。同时,认为治家立规亦须立禁,在族禁中有诸如"禁止私分、逐减书灯、增族产、益灯田"等规定,欲使族禁常触于目、警于心,要求"凡我族人所当父戒其子,兄戒其弟"等,②这样,就使家族的文化教育成为一种规范化的永久性事业。

## 四 闽北家族制定奖掖后学的条规

为能激励家族子弟积极向学,读书入仕,闽北许多家族在大力创设并发展族学的同时,纷纷制定许多详尽条规,采取形式多样奖掖后学的措施,并借助宗族力量,使之历代沿袭。如浦城詹氏在《春秋祭颁胙条规》中规

---

① (清)陈盛韶:《问俗录》卷二,《建阳县》。
② (清)《古粤赵氏宗谱卷一·凡例》,嘉庆十九年,兴田镇城村赵氏祠堂藏。

定:"重整条规,推广祖惠",使族裔中"至切上进者"皆能沾乎祖德,以致"族人有志者不负苦心,梯青云而置上,足以为合族增光也"。①

(一) 资助子弟读书与赴试

1. 资助子弟就读,尤其是"单寒有志者"

学田租的使用和分配,除了开办塾学,供给塾师束脩之外,主要是资助族人的学子。闽北各家族为敦促、激励族中子弟入学,扩大教育受众面,力争家族子弟无论贵贱贫寒,皆有入学的可能,而且优先资助家境贫寒但又聪慧好学,确实俊秀而又迫于贫困的族人。如邵武《傅氏族谱·义举规例》规定,单寒有志者缺于资,未免就学维艰,这种资助对贫寒之家无力就读子弟显得尤为可贵。据邵武《傅氏谱牒·堂规》记载,北里乾为教育人才、培养子弟之所。祠内每年设蒙馆一堂,若因某些条件限制,如师资缺乏或生源不足的情况,无法开馆,则可"任其自从师,馆金祠出",即子弟就读的学费则由家族祠堂承担。傅氏还规定,器宇不凡、资禀聪慧、家境贫寒者,学费照条规发给,且祠内每年还给谷若干。建阳《后举平氏族谱·祠规》也有类似的规定,优先资助家境贫寒但聪慧好学有培养前途的子弟,并每年资助文生膏火、稻谷二十石行;武生则十五石行。② 顺昌元坑陈氏规定:"祠之有田……倘更有留余,量以分给族之贫而好学者,为膏火之资。"和平廖氏宗谱中《学田志引》阐述家族兴学田旨在"为训读而起""受其禀饩(禄米)者卓然自立,以求上达"。据廖氏《收学租规条》记载,先祖立生员学租,以膳生员之膏,以激励读书之人;③ 建阳王氏家族绳谦公,在本祠内抽置"书灯"作为奖励本七房裔孙读书之用,家族七房子孙中有志上进者始得享之;④ 这样,家族设立共有学田,资助学子的做法对于某些贫寒子弟的受教育,有着一定的帮助,以期达到先辈希冀的"诱掖奖劝,庶其人之有成,亦且有光于祖也"。

2. 资助子弟赴试

闽北许多家族为了激励家族子弟应试科举以获取更高的功名,还制定

---

① (清)詹贤拨、詹贤嗣修《浦城詹氏族谱》卷二(上)《春秋祭颁胙条规》,光绪三十一年重修,第2页,浦城图书馆藏。
② (清)《后举平氏族谱·祠规》,道光丙午年重修,第1页,建阳图书馆藏。
③ 《邵武和平廖氏宗谱·学田志引》,2007,第363页,和平廖氏宗祠藏。
④ 王之栋撰《王氏宗谱卷一·祠内条规》,民国三十一年刻本,第51页,浦城图书馆藏。

了一系列的赴试资助措施，在经济上大力资助家族中有培养前途的子弟们，特别是那些有资格参加科考的子弟，即所谓的"赴试资斧"，还重点给予种种经济资助和鼓励。资助子弟参加各种考试的路费，具体依据考试的路途和级别而定，这是家族经济资助活动中的一项重点而具体的体现。如邵武傅氏为鼓励本房子弟应试入仕，在《义举规例》中明确规定：乡试资府每人四千文，新科会试资府四十千文，再会试每次十千文，并颁给路费二石，若路途在一千里以上者加倍。和平廖氏也同样极力支持族人应试，如"自戊子至庚子并恩科凡赴科六次，谷共二十四石正"。浦城詹氏设立"恭遇"纲目以资子弟参加考试的川资（路费）。族裔武生有志应乡试者、参加乡试或会试的恩科者均给予不同的资助。而凡族裔参加恩科文会或乡试不拘名数，限给一定的资助，而老科文举人应礼部会试者，较之前者有所酌减。南阳叶氏家族规定："本派裔孙有登甲第者，公给花红与纹银二十两；登乡榜者公给予花红纹银十两；每次会试赴公车纹银十两，新入学者公给予蓝衫纹银三两，每次乡试给盘费约银五两；童生赴学院试给予笔资纹银一两。俱向经理者匦内支银，以示鼓舞之意。"① 建阳后举平氏同样有激励家族子弟向学的资助措施，从谱牒的祠规"劝学"中得到具体体现：童生县试给卷资钱一百文；府试卷资二百文；院试则三百文；恩拔、副贡、岁贡赴乡试仍给资费。生员、岁科两试每次给钱一千文；乡试二千文；会试程仪三两；廷试程仪二两；古粤城村赵氏也极其重视教育，仿效范公仲淹义田，从无异言地购买书田以作其族人赴试科考之用。② 浦城《达氏宗谱》规定："入泮者，给蓝衫花银二两；凡赴乡试者，给程银四两；凡赴会试进士者，给程银八两；及第衣锦祭祖者，给旗杆银二十两。"浦城刘氏家族，"经众议定凡系雍二公子孙中进士者，匦内送赏报银一十两，领乡荐进京会试者，匦内送笔资银三两，文武童生入泮者，匦内给蓝衫银三两，递年醮祭务穿大衣执事，俾沾祖惠以寓鼓励"。③

有的家族资助子弟赴试的做法由来已久，而且受助数额明显剧增，从

---

① 《南阳济美叶氏家族族谱·济美堂族规》，1990，浦城图书馆藏。
② （清）《古粤赵氏宗谱卷一·起泽尊太翁今传》，嘉庆十九年，兴田镇城村赵氏祠堂藏。
③ 参见陈支平《近五百年来福建的家族社会与文化》，中国人民大学出版社，1991，第154页。

以下谱牒记载可见一斑。如邵武《危氏谱牒·赡试规条》中的"我祖培养人文，旧有给赡，赶试成规。生童每逢府县岁科考，各给钱四百文，赴乡试者二千文，赴会试者十千文"，如今"会试资斧，本年公给钱壹佰千文，若中榜再加费用钱壹佰千文"。① 可见，参加考试的危氏族人受助数额明显增加，足见家族先辈极其重视对家族人才的培养。此外，有的家族还将具体奖励的措施刻在石碑上，竖立在家祠内，以更加直观的形式体现这一激励措施。在武夷山下梅邹氏家祠内竖立着清嘉庆年间的祠规和家祠史略的石碑透析家族先辈重视教育的思想，并在子孙入学、考试方面提供有力经济资助的相关记载。如"入学者，给银元一十圆；于院考时，给盘费银元二圆；赴乡试者，四圆。第二次者，贰拾圆"等。当然，家族对领仪不赴试者也制定相应的处罚措施，一经查出如数倍罚，这样使不轨之人有此心而不可为，较好地保证此资金真正落实到赴试者身上，保证奖励办法发挥真正的作用。

**（二）物质形式奖掖子弟**

为了鼓励家族子弟读书入仕，闽北许多家族根据科举及第的不同等级，制定了一系列奖励科举及第者的措施，给予这些读书入仕者相应的物质奖励，包括贺仪或喜金、轮值收租和享受颁胙等形式。

1. 贺仪或喜金

闽北许多家族对获取功名的子弟采取种种的奖励办法，其中"贺仪"或"喜金"就是对功名有成者一种非常实际的物质奖励。它是闽北家族激励子弟向学的常用手段。凡获取功名者都有"贺仪"或"喜金"，以示祝贺。如邵武《傅氏谱牒·义举规例》规定，入泮者贺仪二千四百文；登科、发甲者二十四千文。此外，谒圣拜祖者另盏一席。邵武《危氏谱牒·赡试规条》记载，公议入泮者喜金八百文；中乡榜者二千四百文；中会榜者则三千二百文。建阳后举平氏规定：恩拔、副岁、贡监、入泮贺仪三两；登科六两；进士十二两。类似做法还有下梅村邹氏、建瓯玉溪葛氏等。

各家族对文生和武生的奖励也不尽相同。浦城詹氏在《实与条规》规定：新科文举人花红或公车银，不拘名数以本科乡试年出产尽数匀给；优、副

---

① 《樵西危氏族谱·赡试规条》，1988，第 1 页，邵武图书馆藏。

拨贡依照文举人的数量减半；新中文进士者为肆拾元；岁、恩两贡拾贰元；新入泮、补廪者则为拾元。倘新中武举者，不拘名数以本科乡试年出产之半，归作花红（即赏金、奖金）。新中武进士者，均给花红市洋银贰拾元。①

2. 轮值收租

"学租"又称"灯油租"或"膳学田租"是用以办学及资助参加科举的费用与奖励获取功名者。从"望族置书田，入泮者得食其租"可知，终身享受轮值收租的待遇是闽北家族对学有所成者的另一种物质奖励，以此激励家族子弟向学，获得功名，光大门楣。闽北许多家族在谱牒中都制定诸如"有新中功名者，当年轮收者依次延后"之类的详尽条规。如邵武傅氏《堂规》规定：学租以奖励求学，有光宗祖者，量学租若干石为永久计，可知奖励的对象和奖励的终身制。延平黄氏家族也重视人才培养，从祖上为官的禄田中划出一部分为"书丁田"以奖励书丁，并规定：每年书丁可享用千斤左右的谷子，一直奉养到老。再如后山蔡氏家族规定："书灯田不论文武，一人入泮，一人独收，二人入泮，二人均分。冬至以前半年收租，冬至以后，次年收租。"② 以及叶氏家族："遇华公遗下书灯田一十八担八十五斤，凡入文学者，照股均分，或挨次轮收均可，武者不与。"③

轮流收租的数量多寡各家族也不尽相同，如邵武傅氏《谱牒·堂规》规定：每年八人一组轮值收租，即于当年冬天在祠内领润谷五石；和平廖氏合族公议规定：坐落于山林窠下圳和本市东门水角的锦里学田的收入由学者轮纳。嗣后一科联进二三名，照次连收二三年，补廪者亦收一次，中乡会榜者收二次；顺昌元坑东郊陈氏规定：获秀才以上功名者，均可轮收书田一年，收谷子2000余斤；峡阳严家祖翁为能在经济上为家族教育提供有力支持，特置办书斋田数十亩，并规定凡是考取秀才者，都可享受书斋田的收入。如有更高学位者，就归高学位者享受。若享受者数量的增加就再添置书斋田，这对鼓励子孙奋发读书起着巨大的促进作用。这种例规直

---

① （清）詹贤拨、詹贤嗣修《浦城詹氏族谱》卷二（上）《实与条规》，光绪三十一年重修，第2页，浦城图书馆藏。
② （清）蔡锡侯修《后山蔡氏宗谱卷二·书灯田引》，光绪二十四年，浦城图书馆藏。
③ 《南阳济美叶氏家族族谱·济美堂族规》，1990，浦城图书馆藏。

到20世纪50年代初的土改时,书斋田归公分掉而终止。①

有的家族在谱牒中还详尽记载有关轮值收学租的规定。如建阳李氏在《书灯条议》中详尽记载,第六世叔祖展达公之曾孙钟秀公遗下的如下条议:凡取得功名皆能分享收有粮米、苗谷、苗麦、苗银等。无论人数多少依照家族现有贡、廪、增、附人数,将粮米、苗麦均派分收分完,无麦苗者以米准折。若老生新进难以限定人数,应按照现有均分不得霸占偏亏。在收租以前取得功名的新进者,本年均摊给米半股以作贺仪,免其完粮。如在交租以后新进者,因本年无米,故次年与众一并匀派分收完粮。对当年生员中式乡榜及会榜,公议将次年各苗及粮米统归其收,以后仍与生员人数均分完粮,得官后则停收。恩拔、副岁、优贡等仍在读书者,赴科之列,照旧分收粮米,出仕后则停收。此外,有自愿出族不愿入谱者,其子孙虽入学,不得收取灯田苗租。李氏家族在谱牒中还详尽记载分配及具体经办人的情况,如同治十年至十一年分经友梧之手拨出,光绪十一年分经膺手拨出,并将先年失管查出的苗田一缎,银苗二佃列出。李钟秀拨出苗产若干与本佃收割过户,其银米册分订四本俱存。由此可见,李氏家族不仅极其重视子弟教育,而且有一套较为完整的管理制度,这样,就使家族奖励制度有条不紊有序地进行。②

有的家族获取功名者还可享有坐轿前往收租的殊荣。如元坑危氏《谱牒·赡试规条》族内公议规定,中乡榜者来年可独自值收四世祖所有的祭田及门户田租。按危氏族规规定,只有读书子弟方可祭扫始祖坟茔,而获取功名者可享受祭扫始祖坟茔和坐轿前往收租的殊荣,这无疑在家族教育中起到直观示范的作用。

有些家族除了设置学田、书灯田之外,另设有"宾兴田",这种田产不是资助族人读书入学之用,而是纯粹为鼓励族人获取科举功名而设。如浦城詹氏家族的《宾兴条规》中的"第我族宾兴一款……推广祖惠,有志者不负苦心梯青云,而置上允,足为阖族光也已……以示鼓励",可知"宾兴田"的设置有力地促进了家族对于士绅举子等政治人才的培养。

---

① 《西峡严氏家谱》,2005,第193页,资料提供者:峡阳黄少建。
② (清)《清源李氏家谱卷一·禁例》,道光五年,建阳图书馆藏。

### 3. 享受颁胙

闽北许多家族在实际生活中形成了特有的"以学而优礼之"的习俗，体现在对获取功名者采取优待政策。由于祭田或蒸尝田的存在，其"利泽"直接由家族子孙享用，或用于族人祭祀饮福，以及以"颁胙"的形式分配给族人。诚如陈盛韶在《问俗录》中邵武登山钱的描述："二月清明，率其子弟扫墓，计丁分钱，曰登山钱；个人观礼者给以馍，曰打醮。归祭于祖，祭毕合食，男先女后，皆由祭田开销，食重猪肉，每席议定拜重若干，轻则众口啾啾，既醉既饱，大小稽首，其知者以为肉焉。然饩羊犹存，我爱其礼，毋亦有李忠定、黄简肃之遗教欤！"① 所谓"颁胙"就是在祭祀礼毕后，家族派下男丁，无论老幼均沾余惠，皆得一份"福分"，因"福分"大多是祭祀祖先用的猪、牛或羊等牲肉，故称为"胙"。所以在每年清明和冬至的祭祀仪式结束后，对获取功名者，祠内均额外发给一定数量的胙肉。颁胙数量多寡视功名等级而定，且终身享用。这种奖励做法对子孙后代的学习和成长，起到了一定的激励作用。颁胙可以说是家族精神祭祀和家族示范教育相结合的一种结合。诚如城村李氏在《条例》中规定：吾族中有奋志读书进泮、登科、发甲者，宜加优礼，以为后进标榜。② 在建瓯普遍流行的做法是：普通男丁胙肉二斤、对有功名另作如下规定：秀才、生员四斤；贡生、举人六斤；进士八斤。据《建郡滕氏宗谱》记载，滕氏家族对官员的规定：为官员者八品加发肉一斤，七品一斤半，以此类推，每加一品多半斤。此外，对生员也有规定：文武生员一律加肉一斤四两，增生一斤半，贡生二斤，举人四斤，进士八斤。可见，滕氏家族褒彰生员重于官员，励学重于彰仕，这种做法直至新中国成立后随土地改革消失。

有些家族在颁胙规定中长者和获取功名者颁胙数量相同，二者在家族中视为同等的地位，这充分体现家族教育重学尚德的基本特征。如和平廖氏规定，年登七十者领胙肉、糍各一斤，生员与之同列；廪生、例贡领胙肉、糍各一斤四两；恩拔、优贡、岁副领胙肉、糍各一斤半；年登八十者领胙肉、糍各二斤，举人与之同列；年登九十者领胙肉、糍各四斤，进士

---

① （清）陈盛韶：《问俗录》卷五，《邵武厅》。
② （清）《古粤李氏宗谱卷二·条例十四则》，同治十二年御篆铁券，兴田镇城村李氏祠堂藏。

与之同列；寿登百龄者胙肉、糍各十斤，登鼎甲及翰院者与之同列。浦城西乡南阳叶氏寿者胙肉规定：六十至八十岁的长者不论男女胙肉分别为一至三斤，九十岁则为五斤，百岁则为十斤。功名胙肉：生员、监生三斤；廪生、贡生、八品以上京职衔均为五斤；举人、进士十斤。建阳后举平氏族谱在《祠规》中特设"爵胙"纲目，专门奖励家族获取功名者并规定：进士十斤胙肉，举人六斤，贡生四斤，生员和监生三斤。从"派胙"纲目中可知，一个长房主祭，只能得到二斤胙肉。由此可见，平氏非常优待那些获得功名的子弟，这也极大激励着子弟向学。此外，平氏在"崇德"纲目中规定，冬祭给胙四斤以奖励齿德兼优的子孙，并设有七十岁一斤，八十岁二斤，九十岁四斤，百岁者十斤的"寿胙"纲目，通常长者为年高德劭之人，由此可见，平氏家族教育重学尚德的特点。

有的家族在颁胙中规定，"顺义""孝友"者和获取功名者也视为同等的地位，这也体现家族教育重学尚德的基本特征。如城村李氏规定"文行兼优、刚方正直、年高德劭者，宜加优礼，合族尊崇。"① 浦城詹氏设立"顶戴胙"，规定凡一品不论文武虚衔实职者送胙拾贰斤、羊胙壹斤；凡二品至三品不论现任还是候补者送胙拾斤；凡由翰林或侍卫出身及已旌表"顺义""孝友"尚存者同例。四品至五品者送胙捌斤。凡由进士出身者准此。六品至七品者送胙六斤，凡由举人出身者准此。八品九品者送胙肆斤。凡举孝廉方正、恩拔、副岁优贡者准此。若二品以下文武虚衔者照实职减半；凡廪生给胙贰斤半，增附武生给胙贰斤四两；例贡监给胙贰斤。倘实因为乡试未祭祀者，应查送乡试胙壹斤。浦城房氏在祠规中规定较为细腻：每丁一斤。功名一斤、入学者二斤、登举以上者、出任者五斤。② 这些措施无疑对子弟的向学起到了一定的激励作用。

元坑廖氏家族在每年清明节按人口分发"丁肉"与"丁粿"，每人可得1斤猪肉和白粿。对获取功名者，如秀才则增发1份，功名比秀才高的则增发2份，依次类推，功名愈高，份额越多。类似的还有东郊陈氏家族的功名橘饼和祭肉领取的族俗。每年农历正月初二，怀着慎终追远孝思的家族子

---

① （清）《李氏宗谱卷二·宗谱条例十四则》，同治十二年御篆铁券，兴田镇城村陈氏祠堂藏。
② （清）《闽浦水南房氏宗谱卷一·祠规》，光绪戊寅年新修，第7页，浦城图书馆藏。

孙们到陈氏东兴堂宗祠朝拜祖宗，叩拜毕，每一男丁和未成年的女孩可领红橘饼1份，内有红橘2粒，糖饼6块。对有功名者则采取优待政策，清代时秀才2份，贡生3份，举人4份，进士5份。陈氏家族还在每年清明、白露的祭祖活动后，分发祭祀的供肉，对有功名者特作如下规定：出仕七品以上6斤，出仕七品以下4斤，进士8斤，举人6斤，岁贡和拔贡各4斤，廪生3斤，增生2斤，附生、武生和乡宾均为1斤。由于重视人才培育，又有较好的习俗激励，因此家族人才辈出。据清宣统元年东郊《陈氏族谱》记载，仅清代该家族便有生员73人，文庠14人，增生10人，监生8人，岁贡6人，廪生5人，举人和进士各3人，武举2人，附生1人。出仕的有：通议大夫、中宪大夫、刑部部中和文林郎各1人，知州2人，知县3人，县主簿1人。奖赏族俗不仅对已获取功名的子弟是一种积极的肯定，而且也激励其他子弟积极向学。这些族俗也让曲村张氏和元坑叶氏等家族纷纷效仿，对振兴地方文风起着推动作用。①

**（三）精神形式奖掖子弟**

闽北许多家族对那些科举及第、光耀门楣者，不仅有物质奖励，还有诸多的精神褒扬。总之，家族以各种方式强化读书入仕者享有的特权，以期激励子弟向学。

1. 载入族谱，为其立传

科举功名者以仕谱的形式载入族谱，如《湖茫李氏谱牒》所记，忠孝节义、政绩功业、隐德硕彦有功，乡党、宿学、名儒著述可稽者方准立传。如科名至进士……亦准传之；城村李氏规定，若有功德于宗族、科甲仕宦有功绩可表者，则为之立传，以纪其实。

2. 为科举入宦者兴建纪念性建筑

有的家族在村中广为科举入宦者兴建各种作为闽北家族教育成就的重要标志的纪念性建筑，一是建楼堂，如峡阳的"状元楼"（应珍）和"进士府"（应丹诏）、顺昌元坑"翰林第"（朱仕云和朱仕秀兄弟）和"天官府"（何纯子）以及和平李、黄、廖三姓氏的5座"大夫第""司马第""郎官第"等；二是立牌坊，如建瓯滕氏的"天宫大夫坊"（吏部郎中滕伯轮）、

---

① 胥文玲：《家族教育的历史传承——以闽北元坑为个案》，《教育评论》2008年第4期。

"豸绣坊"（御史滕祐）、"应魁坊"（举人滕员）、"进士坊"（滕远）以及"一鹗横秋坊"（举人滕大本）以及和平李氏的"岁进士"牌坊等；三是建祠堂，如峡阳应氏"状元祠"、五夫镇刘氏家祠、浦城吴氏三贤宗祠、南山凤池村"游定夫祠"等；四是建廊桥，如政和坂头坂头村村民几乎都是姓陈，陈氏族人在村头蟠溪上建造的"坂头花桥"（进士陈桓）；五是竖旗（桅）杆，如峡阳应氏的石旗杆（进士应蔚华）、光泽龚氏的"怀仁"（文焕、文炳、文辉三兄弟均为翰林学士）的石桅杆。类似的还有邵武傅家、下梅邹氏以及王台黄氏家族等；六是建下马亭（石），如峡阳张氏的下马亭、光泽司前李氏的下马石等。闽北先辈用以上多种直观形式，向族众昭示或他人夸耀家族先辈曾取得的辉煌，不仅是一家无尽荣耀，乃至一村的荣耀，而且在光大祖德的同时，倡导族人奋发进取的精神。通过读书入仕，以达显亲扬名、家道昌盛不衰的目的。

3. 享有配享宗祠的特权

有的家族学成名立者死后，得配享广祭宗功，留名后世的特权。浦城李氏订立"宗祠配飨"制度，并在《族约》中规定，凡有科名至进士，仕宦至州县以及举贡出仕者方准配飨或因子孙出仕受封者亦准配飨，以示鼓励后人之意。[①]

4. 在村中举办隆重仪式，以资鼓励

村中举办隆重仪式，迎接科举及第者衣锦还乡。尤其在宗法社会里，家族成员共同居住于特定的地理空间内，这种影响的效果较为强烈。如和平古镇内至今保留一条完整横跨东西南北的古街巷，古街上的"棋盘石"，就是所有文武官员或新科中举者衣锦还乡时，每到一块棋盘石处就得下马或下轿稍停片刻，以示荣耀，用这直观的形象激励族人和当地人们读书入仕。再如元坑镇每年办"戏酒"专供有功名的人享用（详见第七章）。

综上所述，闽北具有悠久的家族办学传统，家族先辈十分重视教育和家族人才的培养。在科举时代，科举人物是家族的象征，也是村落的领袖人物之一。其多寡、科举功名的高低也往往成为衡量宗族盛衰的尺度之一。族产作为宗族办学持续的、稳定的经费来源，是宗族办学的经济支柱和经

---

① （清）《湖茫李氏宗谱卷三·族约第七》，光绪二十二年刻本，第3页，浦城图书馆藏。

济命脉,以此维系宗族办学持久的生命力。闽北许多家族竞相办学,延请名师,设立学田。"书灯田"这一重学风俗,既维持宗族塾学正常运作的经济基础,也资助家族贫困子弟就读。这一做法,一方面扩大教育的受众面,另一方面使单寒有志者具有学习的机会。这表明家族对科举人物的鼓励与支持,并为其科举上的进一步发展提供了经济保证。当然,这些曾获得资助的子弟一旦获取功名,也会资助家族,反之又促进家族的繁荣发达。此外,种种督促、诱掖奖劝的具体措施,作为家族条规载入家谱,以族规家训为重要保证而历代沿袭。科举一开始便旨在读书、应试、入仕,在社会上形成一个"读书做官"的特权阶层。[1] 这些读书士子一旦进学为生员,便可享受特殊待遇,诸如在村头或祠堂前立牌坊、建楼堂、竖桅杆等,地方官也会以礼相待。他们在村落社会中享有的特权和崇高的社会地位,是村落社会的一个重要社会阶层。反之,也成为乡里村落羡慕的对象,进一步强化了科举观念。宗族塾学虽"重儒士以培养文气",但其根本目的是培养家族科第人才、提升家族声望、振兴家族。这一教学目的始终贯穿于闽北家族教育活动的全过程,是闽北家族教育的起始点和归宿点。宗族塾学在家族教育中起着举足轻重的作用,从道德教育、普及文化教育和科举考试教育层层深入,在延续家族良好学风和家风的同时,促进了家族的不断发展,促使家族人才辈出,不仅改变个人、家族的命运,提高家族的声望、地位以及文化素质,而且影响社会文风,对闽北乡俗教化等各方面产生了深远的影响。同时,有力地推动了传统村落教育事业的发展。

---

[1] 刘大可:《科举与传统客家村落社会》,《民族研究》2005 年第 6 期。

# 第三章 宗族文化和闽北家族教育

闽北家族教育中除了宗族塾学主要类型之外，宗族文化也是闽北家族教育中的一种形式和重要组成部分。在社会教育不发达的传统社会，人的成长往往依赖家庭、家族教育。许多大的家族组织，承担着对本家族成员的社会保障功能：有族产、祠堂、义塾等。闽北地区宗族文化十分发达，其主要标志为重视兴修祠堂、祭祀先祖、祭祀仪式、修纂谱牒、沿用昭穆等内容，这些宗族系列活动与家族和睦、重根重节、道德教化的教育思想密不可分。延平南山游定夫祠的楹联"祖有功宗有德，修先人于一堂，序昭序穆；圣可学贤可稀，启后裔于百世，报德报功"，一定程度上体现宗族文化的部分内容与目的。费孝通曾说："中国乡土社会采取了差序格局，利用亲属的伦常去组合社群，经营各种事业。"[①] 这表明宗族具有组织功能。所谓组织功能是指以血缘为纽带、以宗族组织为载体、以广大族众为基础，动员族内一切力量，组织互助合作，进行各种宗族活动的功能。[②] 兴修祠堂、续修谱牒、沿用昭穆和传统的祭祖仪式等活动在闽北得到了严格的传承。

## 第一节 兴修祠堂与重根重节教育

中国文化向来以家族本位著称，具有浓厚的家族观念。祠堂是一个象

---

① 费孝通：《乡土中国·生育制度》，北京大学出版社，1998，第40～41页。
② 王天意：《宗族的功能及其历史变迁》，《上饶师范学院学报》2005年第4期。

征家族权威和血缘关系的家族组织的中心,既是族人供奉祖先神主牌位、举行祭祀祖先活动的场所,又是家族进行宗族管理、维护家族秩序、议事宴饮、解决纠纷、规范礼制、执行家法,以及举行家族重大庆典活动的地方。祠堂是除语言之外最能表达宗族、房系等群体依归的实体符号,典型地展示了祖辈赖以生存的根基,发挥着宗族整合的社会功能。

兴建祠堂是重根重节的生动体现,往往作为家族的重大事情而载入谱牒。据和平廖氏宗谱可知,凡族人有功于家族的,如建祠、修谱、建义仓或义学等都可载入谱牒,如"维斗公其枢、位中公德堂,二公戮力经营,协理建祠;岐山公咸丰同治间建祠总董;智千公与从兄弟同心协力,鼎建家庙"等都载入家族谱牒《宗功纪名录》中。① 浦城祖氏谱牒中也记载先祖创建祠堂的事迹,如开基祖祖溪公,传至29代,分乾坤两房,建祠堂三座。典义祠由明伦、明槐、宏纶、锦棱、肇显等子孙发起,于道光庚寅年(1830年)落成;世德祠由遗承、遗捷、万茂等子孙发起,于康熙丁未年(1672年)落成;继善祠由简先、圣泰、联璋、克胜、思信、翼明等子孙发起,于雍正壬午年(1727年)落成等。

兴建祠堂、追祀先祖的风尚,古往今来,无远弗届。尤其是宋代理学集大成者朱熹大力倡导尊祖敬宗的家族制度,并主张每个家族内均须建立一个奉祀高、曾、祖、祢四世神主的祠堂四龛以及真德秀极力主张"饮奉其先人之祀"②的祭典,这些做法对后世产生巨大的影响。从此,祠堂便大量涌现。学界一般认为家族祠堂的建造始于宋代。由于福建地区的开发缘于中原士民的南迁入闽,聚族而居的习俗古已有之,为强调家族血缘关系的存在和作用,福建民间有些家族祠堂的建造,可追溯到唐朝和五代时期,在福建一些较古老的陈、方、黄姓氏的族谱中,均有此类记载。从《陈氏家谱·祠堂记》得知,建阳陈氏家族的祠堂始建于元代。然而一直到明代以前,祠堂的建筑还局限于名门望族,一般的庶民家族尚未普及。郑振满曾在《明清闽北乡族地主经济的发展》一文中,对闽北地区若干家族祠堂的建造情况做了统计,结果表明,除少数理学家及名宦的后裔,闽北各族

---

① 《邵武和平廖氏宗谱·宗功纪名》,2007,第183页,和平廖氏宗祠藏。
② (宋)真德秀:《西山先生真文忠公文集》卷二四,《滕亭记》。

的建祠时间，均在明代中叶至清末，可见这种情况是闽北民间家族祠堂发展的一般趋势。此时，闽北祠堂已出现分化。一般的家族不仅有一族合祀的宗祠、族祠或称总祠，而且族内的各支房也有各自的支祠、房祠，以奉祀各自直系的祖先。闽北宗族聚族而居，非常重视祠堂的修建，几乎每个姓氏都建有属于本族的祠堂，各支系建有支祠。诚如建阳溪山叶氏在谱牒《建康村鼎建溪山宗祠记》中记载，聚族必建宗祠。建阳黄氏则对祠堂的描述更为具体："祠不立则祖先灵魂无所凭依，子孙亦涣散无以序昭穆。尊祖先、昌厥后。"① 下梅邹氏的《家祠史略碑》铭文曰："盖闻人必有先，故建祠以报祖德，以贻后昆。"由此可见，家族成员在宗祠举行的祭祀活动不仅可以表达敬宗念祖之情，还可增强同一族人的内聚力，传承家族传统，所以人们很重视宗祠的建设和保护。② 总之，家族成员通过具有"报本返始，以申孝思"的祠堂祭祀活动，不仅体现了慎终追远、不忘先祖之情，增强族人凝聚力，还可使家族教育的内容和文化得以代代传承。

## 一 祠堂的结构与隐喻

家族制度的一个重要表现形式就是聚族而居，闽北许多的自然村落大部分是一村一姓。所谓"乡村多聚族而居，建立宗祠，岁时醵集，风犹近古"。③ 因此，村落内的宗祠、宗庙的建造，成为各家族显示势力的一重要标志和象征。宗祠、宗庙不仅遍及闽北各地的村村寨寨，而且往往也是各个村落里最雄伟的建筑物。这些祠堂成为族人对家族美好寄托之处，虽建筑风格迥异，大小不同，但都表达的"不忘本源，敦亲睦族"的思想。历经千年风雨，这些场所如今在峡阳仅存4家：应氏"状元祠"、骆氏"骆家氏庙"、张氏"百忍堂"、范氏"高平堂"；武夷山城村只有赵氏、李氏、林氏等家祠；五夫镇只有刘氏彭氏、连氏、王氏、詹氏、江氏等宗祠；浦城吴氏三贤宗祠，坐落在水北街道蓬尾村，始建于宋代，清乾隆四十年（1775年）重建，占地350平方米，两厅均为硬山顶，穿斗抬梁混合式结构，奉祀北宋参知政事吴育、同中书门下平章事吴充以及其父吴待问，世

---

① （清）《敕建书院黄氏宗谱卷一·凡例》，道光十三年线装本，第1~3页，建阳图书馆藏。
② 杨知勇：《鹤庆古城鹤阳镇的文化底蕴》，《云南民族大学学报》2005年第3期。
③ 民国《福建通志》卷七十二，引《邵武府志》。

称"浦城吴氏三贤"。宗祠由门屋（正门）、正堂、天井、左右庑廊及寝殿组成，建筑工艺考究，庄重肃穆，表达了族众对祖先和神灵的崇敬和景仰。

闽北一般的民居，则环绕着宗祠、宗庙依次建筑，从而形成了家族祠堂成为聚落点核心布局的特点，充分体现了宗祠的权威性和民居的向心观念。为此，闽北各个家族都十分重视祠堂的风水气脉，祠堂选址，讲究山川地势藏风得水，背阴向阳，以图吉利兴旺，保障家族兴旺不衰。如延平南山凤池村游定夫祠（现已辟为游定夫纪念馆），规模宏大，形制规范，是一座占地 1085 平方米、歇山重檐、端庄轩敞的古祠。其始建于元延祐三年（1316 年），由游定夫九世孙游以仁所建，经历了明清四次重修，现为清道光十七年（1837 年）遗存。整个建筑平面呈"金"字形，包括门楼、仪门两庑、庭院、天井、荷池、前堂、大堂、后寝等。其中大堂前堂均为穿斗式，祠内雕刻和装饰十分精致。祠堂按照古建筑的等级规格建造，单楼八字墙式，直进二堂，均为单檐悬山穿斗式，五开间。大堂正中是游酢塑像，左右分别为凤池开基祖游开和游酢十六世孙、明两京刑部右侍郎游居敬塑像。门楼两侧"立雪""程门"大字，祠堂内悬有宋理宗帝钦赐的金匾和明、清牌匾和六块石刻碑记。碑文详尽记述了自游酢五世孙游严迁居此地，脉分三支，并说明了兴建祠堂的目的"为遂报本之心""尊祖故敬宗，敬宗故收族，而尊祖之道、收族之道莫重于建祠"以及几次重修的详细经过。旧时，这种建筑规格只有比较尊贵的人物才能享有，这不仅表达"不忘本源"的思想，而且也是家族教育取得成就的一个显例。

## 二 祠堂具有"敦崇重本"的职能功用

每个姓氏都有自己的郡望和堂号。虽每个姓氏来源十分复杂，未必与其所称的郡望、堂号有着直接的亲缘关系，但更多体现的是与姓氏相关的一种家族子弟身份认同与文化认同的符号。由于郡望、堂号历史悠久、传播广泛、影响巨大，具有强大的向心力和凝聚力，因而在传统社会，郡望、堂号普遍用于祠堂、厅堂、庭院、塾学、书斋等处，以此区别姓氏，标明族属。这里主要对家族祠堂的郡望、堂号进行系统的梳理与研究。

### （一）家族郡望敬祖德

兴修祠堂也增强了家族寻根意识。族人开始追溯家族共同的郡望作为本姓的发源地，在祠堂或谱牒上刻有家族的郡望。郡望是家族文化的特有产物和一项重要内容。闽北祠堂的郡望主要涵盖以下两个方面。其一，指某郡世代聚族而居的名门望族，人才辈出，冠盖连绵，家世显赫，在当地具有较高的地位，或家族子弟名闻天下，为世所称颂。郡望可能有一个或多个望族，如黄氏有江夏堂和紫云堂之分。以邵武和平黄氏为例，其继承"忠孝传家"的淳朴家风，普遍重视共同的郡望，追溯本族发源地，把世居江夏，显宦于汉的黄香尊为黄氏始祖。黄香，东汉江夏安陆人，早年丧母，事父极孝，是"二十四孝"《扇枕温衾》中人物，是孝道的楷模，诗句"天下无双，江夏黄香"是对其高度的赞誉，故和平黄氏取"江夏"为其郡望。可见江夏堂因黄香而名闻天下。再如政和许氏的郡望，据《政和姓氏志》载，汉初，许阐泰因佐汉高祖有功，被封为高阳郡公。到隋唐时期，高阳（今属于河北徐水）、汝南一带更为许氏繁衍发展中心，因此政和许氏以"高阳"为其郡望。还有陇西堂李氏、清河堂张氏都是追溯本族根源和发源地，在本族姓氏前冠以地理郡望，同时也为家族子孙后裔提供寻根谒祖的依据。其二，以先祖的懿高懿德冠名。"天下无二章，祖根在浦城。"浦城作为中国章氏发祥地，其姓氏前冠名较为独特，为"全城堂章氏"。据章氏谱牒记载，公元945年，南唐之兵攻破建州城，欲杀全城百姓。"与其私我一家，愿使合城俱生"的练隽（章仔均之妻），因保全建州城，救活一城生灵，被誉为"全城之母""芝城之母"，故建瓯市有"芝城"的别称。[①] 南唐保大十年，练隽高龄病逝，建州百姓为了感念其功德，破例将其厚葬在州署后堂，立碑称其为"全城众母"。谱牒中载有宋仁宗追封其为"越国夫人"，明成祖赋诗称颂以及清帝追封其为"保康灵佑瀚海郡君"。每逢清明建瓯家家户户门前插柳，此做法并非传统意义上的"清明不插柳，红颜成皓首"[②]，而是具有特定的历史内涵，是当地百姓充分表达对力保全城的练隽夫人的感念和景仰之情。世代章氏子孙以此作为家族荣耀，无论迁徙何地，都以"全城堂章氏"作为本族的郡望。此郡望的来历体现了章氏后裔子孙怀念、敬重祖德之情。

---

① （清）章贻贤撰《章氏宗谱初稿·章氏遗迹》，光绪二十五年石印本，浦城图书馆藏。
② 向柏松：《民间信仰与非物质文化遗产保护》，《中南民族大学学报》2006年第5期。

## （二）家族堂号耀先贤

郡望是某郡显贵世族为标明家族身份而用的称号，世居某地为当地郡人所敬重和仰望；堂号则是家族文化中的一种用以慎终追远、弘扬祖德、敬宗睦族的符号标志。[1] 一般而言，郡望名与堂号名大体一致，又略有不同，由于堂号有总堂号与分堂号之别。所谓总堂号，是以该姓氏发祥地的郡名为堂号，如张氏的"清河堂"、赵氏的"天水堂"、刘氏的"彭城堂"、陈氏的"颍川堂"等，均可称为郡望总堂号。所谓分堂号，指各姓氏之支派自立的堂号，又可分为两类：一是以先辈之科举功名、道德文章，或训勉族人，或寓意吉利，以别于其他支派，而为本支自立堂号，通称典故堂号。如朱氏的"紫阳堂"、孙氏的"兵法堂"、王氏的"三槐堂"、张氏的"百忍堂"等。二是姓氏支派以始迁祖发祥地为堂号，如太原王氏，后又衍生出河东王氏、琅琊王氏、中山王氏、金陵王氏等。

闽北家族历来重视堂号，常在兴修祠堂的时候会给祠堂取个堂号，旨在让子孙后代每提起自家的堂号，就能知晓本族的来源，记起祖先的功德。每年春节，只要有条件的家族，都会在各自的家门口高高悬挂家族堂号的红色灯笼。堂号不仅具有识别姓氏、宗派，而且蕴含劝善惩恶、教育族人的功能。郡望是宗族寻根溯源的标志，一般来说，每个姓氏的郡望只有数个多至数十个，而堂号却随着家族的不断繁衍发展，一直在不断地增加，往往有数百甚至上千个。闽北各家族堂号依其取号的蕴意，可分为如下几种类型。

1. 以嘉行懿事冠名

闽北最流行的取堂号的方法是以家族先辈的嘉行懿事来冠名。各家族往往选取家族祖先中最杰出的事迹，作为家族祠堂的堂号。如河南郡派系的政和陆氏，其堂号为"怀橘堂"，则出自三国时陆绩"体天孝之心，怀橘归以遗母"的"二十四孝"《怀橘遗亲》经典孝道故事；[2] 政和铁山乡凤林村的"启贤祠"，在县护国寺南侧，祀朱森（朱熹祖父，字良材，徽州婺源人）。其堂号寓意"盖以其孙（朱熹）集贤之大成，其源实公启之"[3]；下

---

[1] 刘大可：《闽台地域人群与民间信仰研究》，海风出版社，2008，第 15 页。
[2] 熊源泉主编《政和县姓氏志》，政和县地方志编纂委员会，2004，第 238 页。
[3] 熊源泉主编《政和县姓氏志》，政和县地方志编纂委员会，2004，第 127 页。

梅村明代万历年间的隐士程春皋，极度尊崇先祖宋朝洛派理学家程颐和程颢，取"二贤堂"之意，以此来赞美先祖贤能以及激励后学；南山游氏的"立雪堂"，源于游酢和杨时"程门立雪"的典故；政和护田杨氏宗祠"四知堂"，源于杨震为官，不受贪夜贿金的典故。当地至今流传民间故事《四知堂》讲述杨震以"天知，地知，你知，我知"为由，拒收昌邑县令王密送来的重金之礼的为官清廉的故事。杨氏后人将"四知"作为家族的堂号，以赞誉先祖一身正气、廉明清正，鞭策子孙效法且传承先祖的清廉家风；南山吴氏的"三让堂"，则源于泰伯"三以天下让"的典故；武夷山五夫镇王氏宗祠的"三槐堂"源于先祖王祐"手植三槐"的典故。王祐，北宋开国名臣，曾任尚书、兵部侍郎等要职，在赴襄州任前，在自家庭院里手植三棵槐树，希望王氏后代从这里走出人才，位列"三公"（中国古代最尊显的三个官职的合称），光宗耀祖。后其子王旦果然当上宰相，"三槐堂"由此得名。为此，此典故在王氏后裔诸堂号中被频繁引用，天下人都称之为"三槐王氏"。南平彭城刘氏的"五忠堂"也是以先祖的嘉行懿事为堂号。宋朝刘氏一门忠烈，死后被朝廷谥为"忠"的是：麻沙的刘颌（忠简公）、刘纯（忠烈公）、建阳五夫里的刘韐（忠显公）、刘子羽（忠定公）以及刘珙（忠肃公），世人号称"刘氏五忠"。刘氏后裔为了纪念家族这一光荣的历史，以"五忠堂"为堂号，鼓励族人能传承先辈精忠报国的精神和优良的家风。以上这些堂号往往是一个家族家风的凝聚和体现，不仅唤起族人缅怀先祖的意识，凝聚着族人对杰出祖先的崇拜，而且也凝聚着对于后代的美好期望。

2. 以伦理道德冠名

有的家族堂号较多运用"和、忠、孝、德、义、廉、俭"等与伦理道德有关的字眼作为堂号，具有劝善惩恶、教育族人的意义。这种做法在闽北也较为广泛。浦城祖氏的"典义堂"（开基祖溪西公之家庙）"世德祠"（乾房永宁公祠）"继善祠"（坤房永明公宗祠）等；建瓯阳泽江氏的"孝廉祠"、富沙叶氏的"俭德堂"、芝城滕氏的"忠贞堂"、新村杨氏的"四和堂"等；武夷山兴田城村赵氏的"广孝堂"，取"推广仁孝"之意；邵武和平廖氏的"敦叙堂"，亦称"敦睦堂"，取"厚道和睦"之意；南平彭城刘氏的"济美堂"，取"世济其美，不陨其名"之意，此堂号蕴含家族先辈希冀子孙能在前人的基础上继续发扬光大，以祈家道日渐昌盛，绵延不断。

3. 以郡望冠名

有的家族以家族姓氏的发源地或始祖的居住地作为家族的堂号，即堂号和郡望相同，也具有寻根问祖、崇拜祖先的积极意义。建阳麻沙蔡氏济阳堂的来历，从著名理学家、教育家熊禾所撰的《蔡氏族谱原序》记载可知，蔡氏出自姬姓，周文王第十四子叔度受封蔡县之地为诸侯，春秋时期称为蔡国，以蔡邑为姓氏。至唐有炉公，乃河南光州弋阳郡固始县人。各地蔡氏派系均冠以济阳二字，以志怀念故地之情。类似的堂号还有李氏的"陇西堂"、刘氏的"彭城堂"、王氏的"琅琊堂""太原堂"等。

4. 以先祖名言冠名

有的家族将先祖名言作为家族的堂号。政和曾氏的"三省堂"，源于先祖的名人，孔子的学生曾参的一句名言"吾日三省吾身"。但这种做法相对前面几种虽少之又少，但不失教育意义，不尽让人想到其"自省""忠信"的教育思想。

5. 以先祖名号或名著冠名

有的家族将先祖名号或名著作为家族的堂号，但这种做法相对前面几种较少。如建阳刘氏的"屏山堂"取宋代学者屏山先生刘子翚的名号；建阳周氏的"爱莲堂"，出自北宋理学的开山鼻祖周敦颐的名作《爱莲说》的篇名。

此外，闽北许多祠堂门楼镌刻的大字也蕴含着教育意义。如和平岐山公祠，又称"半山园"，系朝议大夫、州司马廖德昌的享祠。其子传珍、传琼为纪念父亲于清光绪年间所建，其门墙两侧辟券顶小门，额镌"入孝""出弟（悌）"；建瓯霞庄叶氏宗祠，有笔迹雄劲"崇祀"二字；武夷山下梅邹氏家祠，系清乾隆五十五年（1790年）邹氏茂章、英章兄弟合资修建，是一个典型的清代徽式建筑，粉墙黛瓦，尤以精美的砖雕尤为精湛。门两侧的"木本""水源"，昭示家族宗法血缘，犹如"木之本、水之源"生息相关，同时也透析了邹氏家族"饮水思源、慎终追远"的敦本传统思想，祈望家族"木本水源气脉久"；建阳水吉镇市头村周氏家祠的砖雕大字"宋大儒周濂溪先生祠"，两旁侧门顶上有"道脉""学源"，以上这些刻字无不对子孙进行"孝悌、崇祀、重本"等教育。

综上所述，堂号是宗法社会的产物，是中国家族文化中的一种用以弘扬祖德、敦宗睦族的符号和标志，体现人们慎终追远、尊祖敬宗、报本思源的美德。在传统宗法社会中它不仅具有弘扬孝道，启迪族人，催人向上的意义，而且对于维护家族和社会的稳定都具有十分重大的作用。

### 三 祠堂祭祀的经费来源与祭产管理

#### （一）经费来源

如第二章所述，明代中叶以后，闽北众存族产出现多元化的趋势，但其中历史最悠久而数量又最多的首推田产，即通常所称的"族田"。族田的名目繁多，有祭田、社田、渡田、会田、社田、学田等。从建阳周氏族谱的描述："立祭田以为先庙、先茔、蒸尝、忌日之需，三房以次第以供祀事"① 可见，祭田为家族祭祀提供稳定的经费来源。闽北祭田的设置，主要通过提留祭产、派捐劝捐等途径。

1. 提留祭产

一般家族在立祠设祭时，会大力筹集资金扩置族田，以备家族祭祀之需。如建阳傅氏的"祠始于戊午（1618年）九月，落成于庚申（1670年）十月……遂以二百亩为春秋祠祭之需"。② 有些家族以提留祭产的形式来扩充族田，即每当分家析产时，提取一定数量的田产作为祖、父辈的赡养费，待祖、父辈死后，便成了祭田。如浦城房氏、王氏、吴氏、苏氏，南平刘氏以及邵武邱氏等家族均有此类做法。而提留祭产的现象在闽北民间的分家文书中比比皆是。如浦城房氏的先祖星耀的家产，除提留"父母养赡"田产之外，由其三子"抽阄品搭均平"。③ 再如光泽古氏家族共有兄弟六人，为政居长。家族先辈于道光十一年（1831年），将家产除提留"父母醮租"之外，由六房"品搭阄分，各无异说"。④ 有些家族在分家析产时提留祭产的数量较大，一般都达总租额的30%以上。如浦城王氏提留祭产占总田租的89%；浦城吴氏的祭租占总租额的50%；浦城苏氏提留祭产占总数的

---

① （明）《周氏宗谱·卷首》，正统十一年纂修，建阳图书馆藏。
② （清）《傅氏宗谱·卷一》，道光六年纂修，建阳图书馆藏。
③ 浦城《房氏分关文书》，影印件藏厦门大学历史研究所。
④ 光泽《古氏分关文书》，影印件藏厦门大学历史研究所。

38%；邵武邱氏提留祭产占总数的 32% 等。这种分家析产时所提留祭产的做法，有助于家族顺利开展祭祀活动。有些家族的族产，特别是族田，经过数百年的经营和积累，使得祭租也达到一定的数量。如建瓯屯山祖氏家族，到清末提取祭租达七千余箩；顺昌上洋谢氏家族，历代累计提取祭租三千余箩；建阳陈氏家族，清代后期仅祭租总额达两千担；建阳朱氏家族的总祠堂，每年仅租谷收入就有五百余担。

其实，家族先祖提留族产，固然有为死后祭祀之需，但最主要的还是为子孙留下一份永久性的财产。如浦城《后山蔡氏族谱》的《祭田引》说："先人为子孙虑也远，故其为计也周，家产分析，虽数万金，传历再世，愈析愈微。唯厚积膳田，生为奉侍赡养，殁则垂作祭产，以供俎豆之需，或共理以孝字，或轮授以虔祝，绵延勿替，历久常存。不幸而后昆式微……余资犹堪糊口。"[①] 建瓯屯山祖氏家族的"丽南祭"也属此类范畴。

2. 派捐劝捐

家族向族人派捐以扩充祭田或蒸尝田的现象也很普遍。如浦城《占氏族谱》卷二一《祭产》中规定："祠内原有祭租百石为春秋官祭之需……仍属不敷，于是复议……五房又复各筹常年的款，或出己租，或捐钱买田，或吊本房祭租，共筹捐入田租六十担。"再如屯山祖氏家族："于康熙戊寅（1698 年）建造继善祠，继立蒸田数亩，仅供春秋二祭，而冬至之祭尚未举也……于是禀诸族长，商及族众，各捐钱四百生利滋息以为冬至之资。"[②]

祭田或蒸尝田派捐的方法多种多样，因族因地而异。有的家族则向出仕者摊派"喜钱"。如建瓯上洋陈氏家族在《凡规》中规定："援例捐监者，应充喜钱二千文；捐贡者，应充喜钱五千文；捐职自七品以上者，应充喜钱十千文；承以为例，不得异议。"有的家族则向族人派征"纳丁钱"。如闽北平氏家族的规定："前代纳丁而祖醮日扩，后代效之而祖醮日收……盖祖祠创自万历甲午（1594 年），所有祭田不过二十余石，以供祀事犹且不足，何况颁胙？自后司事者佥议纳丁入主之例，每丁纳银三钱三分，每人一主，纳银六钱。查旧纳丁者凡二百十有三人，总计纳银止获七十一两，

---

[①] 转引自陈支平《近五百年福建的家族社会与文化》，中国人民大学出版社，1991，第 49 页。
[②] 参见郑振满《清至民国闽北六件"分关"的分析》，《中国社会经济史研究》1984 年第 3 期。

并入主银不下百亩，能买醮田若干。"① 再如建阳平氏家族，康熙年间曾发动族人交纳丁钱以扩充祭田，"兴纳丁入主之议，凡三年，有分箸者，令纳银三钱三分；每人一主，纳银六钱"。②

除了派捐之外，有的家族还鼓励族人义捐族产。从闽北《上平关西族谱》在《契抄》中记载的许多族人捐献祀田的契约文书得以充分印证。如林美公子孙的捐田字约云："立族田约人林美公子孙德士、亮山、亮红、沛天、秀乾等，今为林美公神主进祠，合口商议将本坊上寮田租三石整，载民粮六升，目今四至……分明，今捐拨与本族祠上为业。"

（二）祭产管理

祭田或蒸尝田等族田作为家族的众存族产，对族人来说，具有一定的经济利益。为此，闽北各家族普遍在族规、家训中严格禁止出现吞占族田行为发生。如建阳《璜溪葛氏家谱》载有谱禁十条，其中有关禁惩舞弊吞占族产的就有"禁盗卖坟山"和"禁贪吞祭业"两条禁令。再如浦城房氏家族在《宗规条款》规定："设立祭田，祖宗享其血食，子孙沾其余沥，若不肖私行典卖启衅肇端欺宗灭祖，合族共攻以儆效尤。"③ 同时，闽北各家族对于族产的管理均制定一套相当完整且严格的规定，为祭祀活动提供坚实的经济基础。如建阳葛氏家族规定："祭首每届本年秋收之际，其苗谷要收入前村庄内贮存……至明春办祭之日，要凭公出售，不得私匿谷价，致于公愤。"④ 再如浦城叶氏家族规定："司账者，以尊祖睦宗为念，洁心办公，毫无侵蚀，庶足以服族众之心，否则聚族公论，但不得妄生疑谤。匣内盈余原备建祠及各项需费，族中不论贫富尊卑，俱不许其挪借。"⑤ 建瓯祖氏家族刚、健、中、正、纯、粹、精等七房子孙，于乾隆四十九年（1784年）共立的有关家族祭产管理的合同文书属于此类范畴。此外，有些家族在分家析产时基本遵循平均分配的原则，以确保祭祀顺畅。如浦城祖氏家族的祖德耀，于乾隆二十六年（1761年）将其一部分家产均分为二，

---

① （清）《后举平氏族谱·论纳丁附载颁胙旧序后》，道光丙午年，建阳图书馆藏。
② （清）《平氏族谱》第一册，道光丙午年，建阳图书馆藏。
③ （清）《闽浦房氏族谱卷一》，光绪戊寅年新修，浦城图书馆藏。
④ （清）《璜溪葛氏宗谱·荣善公祠祭条规》，光绪癸巳年重修，琅琊堂刻本，建阳图书馆藏。
⑤ 《南阳济美叶氏家族族谱·济美堂族规》，1990，浦城图书馆藏。

"俾二子析箸自立，另抽田租一百石……侧室刘氏又产一子，厥名曰祖，予逐将此项田租拨给祖为资身之本……即祖长大成人，几兄弟共同供祭无异"。①

## 四 祠堂祭祀具有"隆礼报本"的教育意义

宋元以后家族组织中祠堂的兴起和完善，为家族的祭祖活动提供了制度化的场所，使得传统的祭祖活动更趋实用化和规范化，祭祖活动的社会功能得到了更有效的发挥。闽北许多家族大都重视通过祭祀活动，弘扬祖先的德绩，训勉后辈奋发有为。显然，祭祀活动是祠堂对族人存在另一种教育意义的活动。从职能上看，祠堂最主要的在于以祭祀祖先方式隆礼报本。祭祖，是表"水源木本"之思，示"慎终追远"之意。闽北家族先辈强调"祖宗当敬，祭祀必诚"。和平廖氏在谱牒中对此阐述的较为详细，"古先圣哲必兢兢于此者，所以隆报本而昭敬慎也""祭祀之典纪诸于谱，足以昭追远之诚"。② 常备不懈的祭祀也是宗族兴旺的表征，所谓"春秋以隆祭典，斯称大体，方为望族"。在闽北每个家族中往往以堂为尊，在堂屋祭坛上陈列着先祖神主牌位，如建阳市麻沙镇蔡氏大宗祠的"济阳堂"，正中摆放入闽始祖蔡炉公的木质雕像，左右是民族英雄蔡桂、蔡樟二公灵牌，炉公以下按世次排列名祖和外迁归宗的先祖灵牌。诚如政和杨源进坑朱氏宗祠《建祠碑记》所描述："春秋蒸尝，昭穆列然。"据建阳富垅游氏谱牒载，文肃公派下子孙世居建阳县长平富垅，唐入闽一世祖五丈公（游匹）并列祖神位于鹰山书院祀享千秋，且每岁春秋祭祀。从谱牒中的"孝子慈孙之心孰不追扬先世之美，又孰不欲恭奉先世之祀"③，可见家族有崇拜奉祀祖先这一习俗。

### （一）祭祀仪式的教育意义

古人云："国之大事，在祀与戎。"建造祠堂就是为了"妥先灵而隆享祀。"为表达崇祖、敬宗之情，闽北各家族极其重视祭祀祖宗的活动并视为最神圣、最重要的活动。隆重祭祀仪式也是闽北祠堂最具特色的文化形式，

---

① 范阳堂：《莲湖祖氏族谱卷一》，2000，浦城图书馆藏。
② 《邵武和平廖氏宗谱·祀典序》，2007，第173页，和平廖氏宗祠藏。
③ （清）《富垅游氏卷三·崇祀》，同治七年线装本，第3页，建阳图书馆藏。

祭祀礼仪是"活的教育场",是族人对子弟进行教育的良好时机,子女对父母的孝顺就是在这仪式过程中开始浸染、效仿。每年春、冬二祭族人共聚祠堂举行隆重的祭祀仪式。一般以冬祭为隆重。设有主祭、陪祭以及四人执掌司仪(通赞、引赞、司帛爵、读祝文)。

从延平南山镇凤池村现存于游氏祠堂的六块元、明、清的重建碑记可知,凤池村游氏后裔对先祖的祭祀可谓肃穆追思,庄重缅怀,俎豆馨香,历代不废。在祭祀礼仪方面,据《御史定夫游公祠堂记》碑文记载:"岁春秋仲丁举祠堂礼,月旦望承子弟拜堂下。讲经传旨义,叙揖,朝食而退。虽风雨、寒暑不废。"南山凤池游氏后裔每年于白露后仲秋月次丁(每月中旬天干逢丁日,寓人丁兴旺),在御史定夫公祠祭祀先祖游酢,并有一套完整的祭祀形式和程序。正厅中悬挂祖先画像,供桌上摆放着许多供品。祭祀执事由9人组成,分工明确,各司其职。祭祀时,一执事手持肃静牌,绕大堂、天井一周,再由另一执事从广平堂案桌下的一束分丛散开的痊毛血(茅草根,寓"根深叶茂、人丁兴旺"之意)奉置中堂前右坪的焚化架下。然后,由通赞、引赞、引唱、副引唱、礼生等分别按序引吭高唱"上香、下跪、叩首、献酒"等唱词。鼓乐奏后,德高望重的主祭祀(通常是族长)和所有站在大堂、回廊、天井旁的祭祀之人各持一根香,面向北方三拜(拜北斗星、程颐、程颢)后归原位。接着,主祭祀在执事的扶移下,到广平堂上香祭拜列祖列宗,祭祀的物品有酒、茗(茶)、帛(五色布)、庶爵(金银)、豚元(猪头肉)、干腊(腊肉)、柔毛(羊)、翰音(鸡)、寿桃、寿面、粢盛(饭)、粟稷(米粿)、果品(红枣、花生、桂圆、瓜子、冰糖)、蘋藻(野蒜、野芹、黄花菜、笋干、芋子)等。全体祭祀人员三叩九拜后酒洒于地,通赞领读祝文:"猗歆我祖……泽遍宗盟……佑我子姓,俾尔炽昌……永续书香……"礼毕后,在鼓乐声中一同将祝文、财帛等焚化,到此祭祀活动宣告结束。总之,参加祭祀族人在司仪的引导下向游氏先祖鞠躬、跪拜、行献礼、颂读祝文等,整个过程礼仪相当复杂。在延平陇西李氏祠堂祝文和皇历祠行礼仪注、西河堂洋洏林氏祭祖礼仪以及和平古镇廖氏仪注的祝词中,均详尽阐述各家族祭拜礼仪整个复杂过程,包含大量俯伏、跪拜、鞠躬等各类形体动作。显然,这一套祭祀礼仪并非简单地奉献祭品及重复各种动作,它所表达"示以敬道"之意,体现族众内心的真诚、对祭祀对象的强烈崇仰之情和唤起子弟的孝悌之心。诚如和平廖氏在宗谱《鼎建惇叙祠堂记》中所述:"世代以次俎豆,傧相秩然;以序祝献,拜跪肃然;以敬族老,子弟观礼者兴孝悌仁让之思。""推观礼之心,以崇孝敬,以睦宗族,以训子孙,以绵奕祀无穷之休。"①

闽北家族祠堂虽然规模不一,但家族祭祀是一种崇拜祖先的活动,体现"慎终追远、水源木本"的精神,因此,祭祀活动必须是昭穆井然、上下有序,在祭祀上追求隆重的场面以及祭祀仪式都有着一套严明的规定,如与祭人员着装、祭品、陈设等。从建阳溪山叶氏宗祠的楹联"春礿秋尝芯芯芬芬辉筵几,左昭右穆跄跄济济整威仪""肃衣冠升堂入室,享俎豆登高自单"② 可见一斑。《诗·大雅·公刘》:"跄跄济济,俾筵俾几。"东汉经学家郑玄笺言:"济济,士大夫之威仪也。""有容,言威仪敬慎重也。"《管子·形势解》描述:"济济者,诚庄事断也。"《隋书·音乐志上》阐述:"其容穆穆,其仪济济。"这里"济"通"齐","跄跄济济"表端庄礼敬的样子,以示家族子弟在祭祀时行为庄严恭敬,合乎礼法。显然,"孝思不匮,祭祀尽诚",祠堂祭祀活动是对族人存在另一种教育意义的活动。浦城詹氏在族谱《祠规》中并立着装整肃者另有嘉赏的规定:入祠与祭者各宜整肃衣冠,凡文武职衔有御赐双眼花翎者另加胙贰斤、有赏戴花翎者另加胙壹斤十二两,若例贡监未穿外套,仅戴帽顶者不拘何项功名照应得之胙肉减半,还规定:"裔孙等须衣冠整肃,恪恭尽礼,在祠执事,如有亵傲慢者公罚。"③ 在宗法社会里,因家规森严,凡是经族内公议确定的事必须不折不扣地执行,且有序进行,甚至列入族规,以致得以长期沿袭。建阳后举平氏在谱牒《祠规》中规定,春祭时定限清明日,不拘风雨,各子孙俱登伯良祖墓所祭扫,冬祭时定限冬至日预先备办猪羊、果品、酒席、鼓吹等件,先日申刻习仪,是日黎明行礼,务期诚敬不得懈怠。建阳雷氏在谱牒中规定:"祭者报本追远之道。毋亵祭祀,毋伤薪木""水源木本,古

---

① 《邵武和平廖氏宗谱·鼎建惇叙祠堂记》,2007,第 154 页,和平廖氏宗祠藏。
② 俎豆是古代祭祀、宴飨时盛食物用的两种礼器,这里引申为祭祀和崇奉之意。
③ (清)詹贤拨、詹贤嗣修《浦城詹氏族谱》卷二(上)《春秋祭颁胙条规》,光绪三十一年重修,第 3 页,浦城图书馆藏。

今春露、秋霜隆祭祀之仪。"① 由此可见，通过祭祀活动家族成员之间在取得联系的同时，也集体接受"示以敬道"的祭祀目的教育，表达后裔子孙对先辈的敬仰与尊崇他们所倡扬、所体现的精神价值。

再如峡阳当地民众在每年的冬至前后，各宗族都会在这些场所举行祭祀仪典。在遵循古礼完成全部仪式后，全族男丁举行家族聚餐，借此联络情谊，长幼互相认识，彼此知道如何称呼。在场面宏大且具系列礼节的家族祭祀活动仪式的过程中，长辈们向子孙后代讲述祖先的来历、迁徙、创业的艰难历程，对子孙进行严肃的教育。在肃穆的氛围里，家族成员潜移默化地受到熏染。这种广义的教育使民族历史和传统文化得以传承，形成尊老爱幼的传统，家族的凝聚力也得以增强，从而提高了家族在当地的社会地位。②

（二）祭祀祝文的教育意义

闽北各家族的祭祀仪式中除了陈设牲醴、粢盛素馐、金箔鞭炮、油烛、吹鼓手等环节，诵读祝文是整个祭祀活动中最重要、最关键的环节。因为祝文道出祭礼的主旨、意义，使族人对先辈的崇仰之情升华至祭祀对象丰功伟业、高尚品格的深刻认同，并作为族人自我激励、期许的目标，作为理想人格的范型，不断地激励族人修业进德。

家族的祝文中几乎是高度赞扬先祖的嘉行懿事。浦城詹氏家族的祝文较为细化，在《宗祠的祝文》中，赞誉一世祖宋赠朝奉大夫应之公、二世祖宋湖广总领元善公、三世祖宋吏部司勋郎直中集贤院彦冲公，以及各房以下四世祖宋剑浦县令擢监察御史天赐公、宋中书省右正言天禄公、宋赠国子直讲崇文馆检讨天美公等以后的列祖，以期后裔子孙能"存诚守道，践德象贤，书香绍接，儒业绵延"。③ 冬至的《家族宗祠内殿的祝文》主要记载对家族有宗功的先祖，赞誉"建祖祠""修家乘"的"十一世祖明工部司思恭公和二十二世祖例赠守御所干总本亨公"，还有春秋仲月的主祭剑浦县令天赐公的《官祭祝文》。

---

① 雷元华、雷生木撰《雷氏宗谱·公祭春秋定规序》，民国十八年线装本，建阳图书馆藏。
② 胥文玲：《家族教育的历史传承——以闽北峡阳为个案》，《河北师范大学学报》2008 年第 7 期。
③ （清）詹贤拨、詹贤嗣修《浦城詹氏族谱二十一·宗祠祝文》，光绪三十一年重修，第 1 页，浦城图书馆藏。

当然，家族的祝文中不乏溢美之词。如延平南山凤池游氏的《祭祖祝文》中高度称颂始祖游酢"特申牲礼，永继书香""功德炳然""嘉言孔彰""茂德汪洋""道继往圣，学师二程，立德立言，启迪后人，功垂史册，泽遍宗盟";① 和平廖氏在《云谷合祀文》的"祖考田禄府君，世蕴清德，含璞保真，唯孝唯悌，克俭克勤，恢宏先业，垂裕后昆""三代祖考真福府君，善积于身，清德内裕，世代相承";② 南平彭城刘氏的在《祭祖祝文》中也有高度赞扬太祖文成公（刘伯温）的"开国承家，昭德立业"，二世祖易斋公的"精忠贯日，大义参天"，三世祖士行公的"孝本性成，礼因情至"以及七世祖振总公的"癖爱名区，智迁仁里"等溢美之词，以求为族人树立可效仿楷模，旨在"奕叶相承列祖外举内修，厚德之遗风"。③ 谱牒还列举了家族先辈获得皇上诰封、褒旌的史实，有皇明显太祖考诰封开国翊运守，资善大夫御史的刘诚意，赠太师，谥号"文成天七府君"；皇明二世祖，时任江西布政司参政刘琏，赠大理寺少卿，谥号"刚节易斋府君"；沈氏、季氏恭人；富太君、陈太君、章太君；魏氏、赵氏、钱氏等十二孺人的诰封、褒旌，还有《御祭二世祖琏文》《钦赐太祖文成公祭文》都记于家谱的祝文中，以上这些做法无疑是家族的荣耀，同时也为家族涂上了一层最好的保护色。

有的祭祖祝文，不仅阐明祭祀对象之所以受到供祀的原因，同时隐含着对子孙或家族期许，如延平西河堂洋洧林氏的"入国学，捷秋魁，入翰苑，登科甲""进身初级泮壁鼓钟，诞登捷足桂折蟾宫翩跹，奋翮直上九重名，登天府弟移孝作忠，身许民社忘私急公"。④ 浦城南西乡南阳叶氏的祭告祖庙文中的"致富有书，德垂后裔，光迪前人，允宜百世，不祧为吾家之鼻祖"。⑤ 南平彭城刘氏"诗礼之绪常新，耕读之风弥远"。⑥ 同时祝文的内容也体现了，如闽浦水南房氏的"有典有则""裕后光前""克承先烈"⑦、

---

① 《广平南平凤池游氏族谱》，南平凤池修谱委员会，2002，第34页，凤池游定夫祠藏。
② 《邵武和平廖氏宗谱·云谷合祀文》，2007，第172页，和平廖氏宗祠藏。
③ 刘光舟主编《南平彭城刘氏宗谱·祭文》，南平彭城刘氏宗谱编纂委员会，1998，第86~88页。
④ 《延平西河堂洋洧林氏族谱·祭祖礼仪》，2003，第91页，南平图书馆藏。
⑤ 《浦城西乡南阳叶氏宗谱·祭文》，2000，第131页，浦城图书馆藏。
⑥ 刘光舟主编《南平彭城刘氏宗谱·祭文》，南平彭城刘氏宗谱编纂委员会，1998，第88页。
⑦ （清）《闽浦水南房氏宗谱卷一·祝文》，光绪戊寅年，第1页，浦城图书馆藏。

陇西李氏"祖德渊涵并苍穹而不朽,宗功丕裕列史册而常昭"[①]所描述的祭祀目的。在一些小族弱族的祭祀活动中,各种仪式相对比较简单,而在那些名门望族的祭祀活动中,仪式较为复杂,而且由良好文化素养的士绅学子们胜任各种祝文、祭文的撰写或唱赞。如浦城詹氏在谱牒中明确规定:"在祭日还酌派生监职员等执事,岁科试列高等者颂读祭文"[②]和浦城房氏在《济美堂族规》中的春秋墓祭规仪中记载:"读祝文必家附生",[③]这些无疑起着良好的示范作用。由此可见,诵读祝文这一活动,使祭祀活动意义有所超越,从对具体的祭祀对象本身的崇拜上升对道德观念的信仰以及对族人的激励。

(三) 祭祀物品的教育意义

有些家族在祭祀的过程中还展示家族先辈的物品,用直观的形象激发族人自豪感,进而激励族人。光泽县山头关新丰村龚氏"三凤齐鸣"之父龚懋的一尊黄杨木质塑像至今留存于世,可供后人瞻仰。政和赤溪开基始祖是唐代书法家颜真卿八世孙颜虬松,颜氏后裔保存颜真卿在朝廷为官时所佩的玉带。据说只有在每年六月村里祭祖,在颜氏宗祠内由长者手捧玉带,让后裔顶礼膜拜。玉带记载家族显耀的历史,从而使后裔感到对先祖的敬仰和荣耀。武夷山下梅邹氏祠堂中至今供奉祖先灵位和祖辈艰苦创业时用的梅木扁担和麻索,让后人瞻仰,以示不忘祖辈创业之艰,不忘祖先功德。祭祀物品还有先辈曾使用的晋商贸易的茶庄号"景隆号""集春号"及验押茶货的"素兰号"木印模,邹氏"一根扁担和麻索成大业"的故事成了教育家族子孙最好的教材,教育子弟具有吃苦耐劳,不畏艰险,勇于开拓的精神,以上这些实物遗存不仅昭示各家族先辈曾有的辉煌,而且有助于激励族人。

## 四 祠堂的作用

(一) 进行"报本返始"教育,以申族众孝思

如前所述,祠堂是古代民间礼制建筑,是供奉祖先牌位及进行祭祀活

---

① (清)《陇西李氏家谱》卷七《祠规·皇历祠行礼仪注》,道光二十四年修,第1页,南平图书馆藏。
② (清)詹先泽修《续增詹氏支谱卷一·祠规》,同治七年续修本,第1页,浦城图书馆藏。
③ (清)《闽浦房氏族谱卷一·朝卿公祭规》,光绪戊寅年新修,浦城图书馆藏。

动的场所。它由同一宗族的子孙独资或集资而建,是孝的结晶,也是追远尊祖、敬宗睦族的场所,具有"报本返始,以申孝思"教育意义。如政和杨源进坑朱氏宗祠《建祠碑记》的"水源之所出,木本之所由";"慎守其传,和家睦族,世代绵绵,大展孝思";①"报本追远之说,前人论之详矣。而吾谓其道有三焉,一曰建祠堂……";②"孝思不匮,木本水源,族人务宏先泽"③ "岁序易流,时切弓裘之感,渊源之本,敢忘雨(霜)露之思!""兹值祭日各随具物祀之聊,以展孝思"④ "祭祀之典乃隆矣。祭祀乃追远报本,以展仁孝之思。"⑤ 此外,在祭祀的过程要读谱、观谱,也具有教育意义,如"观吾谱者,孝悌之心油然而生"⑥,"是使林氏子孙观斯谱者,能隆亲笃爱,益知自勉,光昭前人,不苟坠弛。"⑦ 总之,以"敬天法祖"为基础的宗族文化的祭祀活动,使祠堂成为儒家核心的孝道观念获得展示的重要载体。祠堂实际上是一个家族精神教化的大圣殿。

(二) 进行"和家睦族"教育,以期家族兴旺

"尊祖故敬宗,敬宗故收族。"⑧ 祠堂是以宗族血缘为基础,聚纳人气、传承血脉的场所。建构祠堂的目的是通过对先祖的供奉祭祀收宗睦族,增强本宗族的凝聚力和向心力,以求宗族的兴旺发达。兴建祠堂成为凝聚族众人心,巩固宗族管理的重要手段,尤其是祭祖中的联宗活动。钱杭曾给联宗定义为:"若干个分散居住在一个或相邻区域中的同宗组织,出于某种明确的功能性目的,把一位祖先或首迁该地区的开基始祖认定为各族共同的祖先,从而在所有参与联宗的宗族间建立起来的联系,这个过程就是联宗的过程。"⑨ 各家族都有宗祠,家族的凝聚力来源于同一血缘,浓厚的"一本"观,关于"一本观"之说法,冯尔康先生在《18世纪以来中国家

---

① (清)《敕建书院黄氏宗谱卷一·溪潭书院告庙祭文》,道光十三年版线装本,第1页,建阳图书馆藏。
② (清)《古粤赵氏宗谱卷一·族谱新序》,嘉庆十九年,兴田镇城村赵氏祠堂藏。
③ (清)《建阳谢氏宗谱卷一》,光绪八年陈留堂刻本,建阳图书馆藏。
④ (清)《闽浦水南房氏宗谱卷一·祠规》,光绪戊寅年,第7页,浦城图书馆藏。
⑤ 雷元华、雷生木撰《雷氏宗谱·祀礼志》,民国十八年版本,第2页,建阳图书馆藏。
⑥ (清)《敕建书院黄氏宗谱卷二·谱论》,道光十三年线装本,第1页,建阳图书馆藏。
⑦ (清)《长山林氏世谱卷之首》,道光壬寅年,第24页,兴田镇城村林氏祠堂藏。
⑧ (清)《李氏宗谱卷一·重修宗谱新序》,同治十二年御篆铁券,兴田镇城村李氏祠堂藏。
⑨ 钱杭:《关于同姓联宗组织的地缘性质》,《史林》1998年第3期。

族的现代转向》中,曾指出一本观的概念滥觞于孟子,将它同家族祭祖联系在一起,形成一种宗法观念,自宋明以来,在祭祀上经历了从厥初生民之祖之祭向始迁祖之祭的转化。① 家族所以成为一个聚合体,正是缘于族人出自共同祖先。睦族的依据是崇祖,抛开同源意识、崇祖观念,家族便丧失其凝聚力。② 从下梅邹氏家祠的祠规石碑中可知,邹氏以清明祭祖作为族人的核心活动以维系族人,对家族子弟进行敦崇重本教育,以此增强家族认同感和凝聚力。闽北家族教育常倡导孝敬父母,尊敬兄长,友爱弟兄,家族才会和睦、家业才会和睦兴旺。邹氏家祠的"四合柱子"也蕴含深刻的教育意义。邹氏祠堂是邹元老四个儿子合资兴建,祠堂大厅的两根立柱由四片弧形木块拼成,寓意"邹氏兄弟一团和气,齐心协力共创家业"。邹氏先辈以独特的方式使中国传统的"悌"观念,"家和万事兴"思想在此表现得淋漓尽致,同时直观形象地激励、启示后人,以期增强兄弟合力和家族凝聚力。

闽北家族祠堂的祭祖活动,在对家族内部的凝集力起了重要的强化作用的同时,使得家族子弟在血缘关系的精神纽带联结下,一团和气,情义欢洽。如《李氏宗谱》云:"子孙相继十七代,现有一千余丁,以供祭祀,则群安于寝,少奉长,老抚幼,欢然相爱也。"③ 建阳周氏也在谱牒中阐述祭祀的作用:"岁时节序,骨肉团乐,满堂宴笑,则分明而情不狎,恩浓而怨不生,先业庶乎可保,而诸子亦庶克树立矣。"④

(三)进行"激励劝勉"教育,以祈族众向学

在祠堂举行的一些活动,也是激励族众向学的一种方式。从邵武《傅氏谱牒·义举规例》记载,谒圣拜祖者另盏一席。可见每逢吉庆节日,尤其家族子弟科举夺魁,在宗祠内要举行的祭拜先祖的重大活动。诚如冯尔康先生所言:"古代人们为家族争光,表现在科举时代,中举人和进士者,返乡要拜祠堂……"⑤ 傅氏在谱牒《堂规》中还规定,当年领谷(即获取

---

① 冯尔康:《18世纪以来中国家族的现代转向》,上海人民出版社,2005,第114页。
② 李桂梅:《传统中国人"家"意识的社会伦理解读》,《湖南文理学院学报》2008年第1期。
③ (清)《湖茫李氏宗谱卷首·世系图序》,光绪二十二年刻本,浦城图书馆藏。
④ (明)《周氏宗谱卷首》,正统十一年纂修,建阳图书馆藏。
⑤ 冯尔康:《中国传统家族文化的当代意义》,《江海学刊》2003年第6期。

功名轮收学租）的芳名于秋祭祖宗时公布，这无疑对族众是一种直观的激励教育。由此可见，祠堂成了家族先辈教诲、砥砺子弟的地方。

### （四）祠堂成为传承非物质文化遗产的载体

有些家族在祭祀的过程中，为表示对先祖的尊敬，在自家祠堂鼓乐齐鸣，宴饮观戏。这样，族人在缅怀祖宗先德的传统祭祀活动的同时，使祠堂成为中华非物质文化遗产得以传承的重要载体。

现存和平坎头的"惠安祠"，俗称"下城庙"，系北宋熙宁间朝廷赐建，康乾年间重建的家庙，是上官家族奉祀先祖上官洎、上官兰父子的享祠，因上官洎号"惠安"而得名。据祠内的《惠安祠簿》记载，在乾符间黄巢起义之时，上官洎、上官兰父子率部前往建昌围剿时俱死。宋朝神宗皇帝追封其父子为"忠勇将军"，并加封上官洎为"民主王"、上官兰为"五通王"。惠安祠的大门牌楼内天井前有一个可灵活拆卸的活动戏台，两侧廊楼为戏台看楼，附近诸坊乡民举行民间节俗"傩祭"活动都以中乾庙和惠安祠为中心进行。傩祭，又称"傩舞""鬼戏""跳鬼脸""跳番僧"等，舞者身着兽皮，手执戈盾，装扮成传说中的"方相氏"，俗称"险道神""开路神""阡陌将军"，佩戴形象狰狞面具，发出"傩、傩……"地呼声，涌向四面八方各个角落，以期驱鬼逐疫、祈福纳吉。傩舞源流久远，早在殷墟甲骨文卜辞中就有傩祭的记载。其渊源于上古氏族社会中的图腾信仰，素有中国舞蹈"活化石"之称的傩舞没有故事情节，只是一边舞，一边和着音乐的节拍的最为原始粗犷舞蹈的动作。自秦汉至唐宋傩祭风俗一直沿袭下来，至明清时期，虽古意犹存，但已不断由原来具有祭祀功能的原始舞蹈，发展成为带有娱乐性质的民俗活动。傩舞广泛流传于闽北各地，通常在每年正月初一到十六期间表演，如《建阳县志》记载："童子自（正月）初六、七日起，演扮各戏搬唱，或朱裳鬼面，或舞狮子以为傩，至十七日乃止。"① 可见傩舞虽在传承中免不了有些变异，但作为一种原生态的文化活动，其更多地保留了民间文化的原生态形式，并在千年和平古镇广为流传，相沿成习。

---

① 魏时应、张榜等《建阳县志》卷一《舆地志·风俗》，见《稀见中国地方志汇刊》第31册，中国科学院图书馆选编，中国书店，1992。

无独有偶，杨源乡是闽北政和县的一个偏远山村，作为一个宗族血缘村落，杨源村绝大多数人姓张，是唐朝末期将军张谨的后代。杨源乡"英节庙"，重建于清康熙元年（1662年），是祀奉英勇先祖张谨（赐封为英节侯）张姓家庙。据《政和县姓氏志》记载，张岩生光州固始县人，后因仕宦随王潮兄弟入闽，遂定居闽县，其生五子：长子张谨（八公）为杨源和张源两地张氏之始祖。黄巢挥师入闽，其任福建招讨使和先锋将军郭荣率军抵抗，两支军队激战于政和铁山，后双双英勇就义，谱写了一曲"纲常万古，节义千秋"的壮烈史诗。"英节庙"分为上、下两栋。上栋庙中悬挂着张谨夫妇其子张世豪夫妇神像。下栋庙中建有活动式的戏台，作为演出古老戏剧——四平戏的固定场所。村里每年二月初九和八月初六在庙里举行全村的游神祭祖活动，由各二十四人分别抬着神像、扛旗、鸣鼓、放炮、抬着古代兵器，仪式极其隆重，且连续三天，日夜连场演出四平戏，沿袭至今。四平戏是明末清初传入杨源，成为张氏家族的家传戏曲，并以父子承传的方式代代相承不衰。至今张氏族人仍保存着清道光及光绪年间的三部手抄本以及古装戏服。如今，四平戏被戏剧史专家称为"中国民间戏曲的活化石"，列入第一批国家级非物质文化遗产。综上所述，以上这类戏剧舞蹈与民间的各种祭祀活动相伴相随，"离开了祭祀，也就失去了存在的空间"。[①] 正是在家族祠堂对子弟进行"慎终追远"的教育意义的祭祖活动，使得古老的戏剧活化石——四平戏和傩舞得以传承，足见祠堂是文化传承的重要载体。

综上所述，作为族人探寻宗支之本、溯源追流、景仰先贤的丰功伟绩、表达慎重追远的孝思之心的场所，祠堂虽具有宗教意味，但更多地表现出崇文重教、修德立志的文化特质。家族通过祠堂开展雍宗睦族的祭祖活动，"不仅有孝、悌、忠、信等道德教育，而且还可具体感受到家法族规的惩戒力量，同时在面对祖宗灵位的虔诚祭祀中人们还获得了一种超越的道德价值之源，从而坚定了其践履道德的行为"。[②] 一座祠堂就是一部家族的历史，它成了一种敬仰、一种精神、一种力量。此外，祠堂到处竖着或悬着雕花

---

[①] 向柏松：《民间信仰与非物质文化遗产保护》，《中南民族大学学报》2006年第5期。
[②] 王玮：《试论明清潍州宗族的道德教化》，安徽大学硕士学位论文，2006，第25页。

的木制楹联和匾额，上面刻有官衔、学衔、乡绅的称颂之词以及祖宗留下的家训、格言，可见祠堂不仅是光宗耀祖的场所，同时还起着倡导儒学、崇礼重孝和激励后人向学的作用。以上这些承载祖辈曾有壮举和功德的匾联在家族中具有强大的凝聚力，使得家族子弟在共同沐浴先祖的恩泽，追记先祖的艰辛开基定居创业史和聆听曾有辉煌时，也激励子弟能传承家风和基业并能超越先人取得更大的荣耀。

## 第二节　续修谱牒与敬宗睦族教育

谱牒，又名家谱、宗谱、族谱，记载一个家族、姓氏的发端，历代人口繁衍生息实况。谱牒是一种十分特殊的民间文献，其中蕴含着大量反映家族文化的重要资料。谱牒不仅是一个家族的文化传承，也是文化的重要组成部分。家谱通过姓氏原始、迁徙本末、世系渊源的展现，起着明世系，辨宗派，联宗收族，维系和强化作为社会群体的宗族和家庭的作用。[①] 闽北各家族十分强调血缘关系，谱牒修撰是体现宗族文化的另一项重要措施。其与家族的祠堂建设一样，主要始自宋、元以后特别是明清时期，在"溯渊源、分疏戚、序尊卑"的动机驱动下普遍出现，为家族组织的活动建立完备的档案材料。闽北各家族族谱所记载的内容详略不一，通常记载以下内容，如家族人员、婚配和血缘关系，修谱凡例义则，族规诫训，各类合同契约文书，族产、族田、祠庙、坟墓等数量、方位及管理使用制度、家族历代的重大事件、人物传记、科举出仕以及义行芳名录等。尽管各家族因经济和文化条件的局限，致使族谱的记载详略有所不同，但大凡家族的世系源流、血缘关系，都是每一部谱牒中最为基本的也是最核心的内容。修纂族谱的主要目的是为了防止血缘关系发生混乱而导致家族瓦解，且有效地联络这种逐渐疏远的血缘关系。

续修谱牒是维持家族凝聚力的一种有效途径，即是萃涣睦族的一种动态形式，可以达到教化族众、维系家族的目的。修谱的宗旨主要是"尊祖

---

[①] 滕志妍：《明清塾师研究》，西北师范大学硕士学位论文，2006，第79页。

收族",对宗族成员进行"尊尊亲亲之道"的伦理教育。① 诸如"世序分明、昭穆不紊""敦宗睦族""敦本睦族""尊祖敬宗睦族"等内容在闽北谱牒中比比皆是。古粤城村三大姓氏对谱牒的作用表述如下：林氏的"尊祖之次，莫过于重谱。由百世之下而知百世之上，居间巷之间而同宇之内；察统系之异同，辨承传之久近，叙戚疏，定尊卑，收涣散，敦亲睦"；② 赵氏的"古之谱世次以定其等，盖世次有谱源委可据，而等叙昭然、尊祖敬宗之义，亲亲睦族之道"；③ 李氏在谱牒《致泰倡修宗谱序》中简要概述修谱的作用："国之有史也，所以著历代兴衰；家之有谱也，所以明累世之昭穆。凡我合众族人皆知尊祖敬宗之道，共切水源木本之思。子孙出人头地、功名科甲胥视亦！重修（谱牒）之事，合族中人莫不皆云盛举。族人不忘水源木本，油然纂修谱牒以笃孝思，此举乃光于前而益于后。"④ 建阳黄氏的"国有史而一代之治忽存焉，家有谱而一姓之源流昭焉"。谱牒可"述祖德而守家法；序昭穆而亲宗族"。"谱牒之作示不忘本。人不忘于祖，然后能不忝于祖；不忘宗族，然后能亲睦于宗族，孝悌之道尽在其中。""家有谱所以敬宗相沿已久。""修谱则尊祖睦族之道全矣。"⑤ 宋理学家张载主张："管摄天下人心，收宗族，厚风俗，使人不忘本，须是明谱系世族与立宗子法。"（《张子全书》卷四《宗法》）。明代中叶以后，福建民间修纂族谱逐渐普遍化，许多家族把修纂族谱作为后代子孙的一种义务而写进族规，以保证族谱续修的相沿不断。⑥

随着程朱理学统治地位的确立、巩固和发展，至明、清时期，宣扬和实践"三纲五常"便成了各家族修谱的宗旨，修谱之风也日益兴盛并达到鼎盛，通过大量纂修族谱，传统伦理道德深入乡村闾里，进入千家万户，对家族族众产生了巨大的伦理道德教化作用。⑦ 族谱在强调血缘关系的同

---

① 谢长法：《明清时期族谱的教化功能刍议》，《湖南师范大学教育科学学报》2005年第2期。
② （清）《长山林氏世谱卷之首·林氏族谱序》，道光壬寅年，兴田镇城村林氏祠堂藏。
③ （清）《古粤赵氏宗谱卷一·谱谍新序》，嘉庆十九年，兴田镇城村赵氏祠堂藏。
④ （清）《古粤李氏宗谱卷一·致泰倡修宗谱序》，同治十二年御篆铁券，兴田镇城村李氏祠堂藏。
⑤ （清）《敕建书院黄氏宗谱卷二·谱论》，道光十三年线装本，第1页，建阳图书馆藏。
⑥ 陈新专、符得团：《传统家训道德培育的当代启示》，《甘肃社会科学》2011年第5期。
⑦ 谢长法：《明清时期族谱的教化功能刍议》，《湖南师范大学教育科学学报》2005年第2期。

时，还以其家族的道德价值标准来褒贬家族成员的行为，如"人家三代不修则同小人矣""谨修家谱而不忘其先，孝之大者也"。① 再如浦城房氏家族规定："家谱侵犯祖宗悖逆乱伦者，即书于本人，以惩不孝。"② 显然，修纂族谱时所奉行的劝奖惩儆原则，对于维护血缘的纯洁性和促进家族精神的发扬光大，起着不可忽视的作用。同时，家族子弟的日常行为受到劝奖惩儆，家族的道德规范得到进一步体现。乾隆时大学士庄有恭认为纂修族谱有五大好处："本祖德，亲同姓，训子孙，睦故旧，又有其大焉者，则报国恩。"③

可见续修谱牒的目的不仅是定世系、别支派、序昭穆、敬祖尽孝，对子弟进行忠君、孝悌的教育，而且由于家族子孙不断繁衍发展，为了使家族子孙后代都能了解家族的历史，达到激励后辈，效法先人，光宗耀祖、维系家族长盛不衰的目的。④

俗话说："家祠是家族的根，宗谱是流动的宗祠。"谱牒作为传统家族文化一个重要的表征物，不仅能明世系，还是家族记忆的文本，⑤ 使族人了解自己的家族和自己在家族中的地位，达到"敬宗收族"和激励后人效法先人、光宗耀祖的目的。因此及时续修谱牒十分必要的，特别是族史的编写，以续血脉代代承传。"祖有派，犹水之有源，木之有本。虽年事已久远而返本穷源岂不昭然若揭。"⑥ 谱牒是一个家族演变发展的历史实证，可助家族后代子孙寻根，如生命的起源、迁徙史、始祖等。如在朱氏谱牒中，朱熹撰写《婺源茶院朱氏谱序》清晰记载朱氏族史和源流：唐天祐年间，歙州刺史陶雅初至婺源乃命吾祖朱环领兵三千赴婺源而督其征赋，复制茶园府。谱序还记载朱环第八世孙朱松，宣和五年，由郡庠贡京师，中进士，授迪功郎入闽任政和县尉。

---

① （清）《古粤李氏宗谱卷一·先儒诸子谱论》，同治十二年御篆铁券，兴田镇城村李氏祠堂藏。
② （清）《闽浦房氏族谱卷一·凡例》，光绪戊寅年新修，浦城图书馆藏。
③ 谢长法：《明清时期族谱的教化功能刍议》，《湖南师范大学教育科学学报》2005 年第 2 期。
④ 李桂梅：《传统中国人"家"意识的社会伦理解读》，《湖南文理学院学报》2008 年第 1 期。
⑤ 苗运长：《祠堂的重建——一个中原家族的历史与实践》，中央民族大学硕士学位论文，2006，第 34 页。
⑥ （清）《古粤李氏宗谱卷一·修谱序》，同治十二年御篆铁券，兴田镇城村李氏祠堂藏。

闽北各家族十分重视谱牒的修撰,故对谱牒一修再修,有的家族是十年一修,有的则是三十年或六十年一修,甚至更长。如闽浦房氏规定:"宗谱有贤子孙或十年、三十年一修,则存殁葬地,时日不爽,先儒云一世不修谱为不孝,宜知之。"① 浦城季氏规定:"谱宜三十年一修,若不遵此,即属不孝。"② 湖茫李氏规定:"谱牒须定三十年一修,毋得久延,致难稽查,凡属外支,务须查明世系源流,相符者方准联修。"③ 可见,修撰谱牒是家族组织的一项永久性事业。现存建瓯霞庄的《凤溪叶氏宗谱》以古代的阴阳学说,八卦命名,分为乾、坤、艮、巽、坎、离、震、兑八部,计353页,详细记录源流、世系、繁衍与播迁以及族规等重要资料,是建瓯叶氏宗谱中最完整的一部。据宗谱记载可知,叶氏宗谱曾续修六次,其中在清同治三年(1864年)和清光绪三年(1877年)各修一次。④ 南平湖峰陈氏记载家族自祥道公撰修谱图以来,共续修十一次。政和杨源乡进源村朱厝楼保留《朱氏族谱》记载,谱牒载"大清初年"和"道光年间"均有续修。延陵南山吴氏现存七大卷的谱牒,其体例与内容,系清代道光八年吴孔琦手抄本的续修。吴氏家族修谱史可追溯到宋皇祐乙丑年(1049年)时,吴辅(怡轩先生)开始纂写族谱,由当时南平唯一状元黄裳撰序,经元明清至今已八次续编,故称为"八次续编千年谱"。据《凤池村志》记载,游氏后裔游居敬始修凤池游氏族谱,历经45年方才付梓。游王辅于乾隆五十八年(1793年)续修,游氏后裔于光绪三十三年(1897年)重修。这样不仅可以绵延家族的世系连续性、完整性,使后人更好地了解先辈的由来与家族辈行,继承家族文化,同时亦可以使后人鉴古知今,彰善扬正,继承祖德,启迪后昆。政和石门陈氏家族的《陈氏族谱》,系清同治十三年(1874年)第九次续修,由陈朝老于南宋绍兴十二年(1142年)首次修撰并为族谱作序。时隔67年后,后裔子孙陈云举于嘉定十二年(1219年)才重新修撰。陈琳于明永乐元年(1403年)正月第三次修撰。陈余美于成化

---

① (清)《闽浦房氏族谱卷一·修谱凡例》,光绪戊寅年新修,浦城图书馆藏。
② 《浦城高路季氏宗谱卷一·谱训》,民国二年刻本,浦城图书馆藏。
③ (清)《湖茫李氏族谱·族规》,光绪二十二年刻本,浦城图书馆藏。
④ 《福建省志·建瓯姓氏志》电子版,第23页,资料提供者:南平市地方志编撰委员会刘积卫主任。

十三年（1477年）第四次修撰并作序。此后，陈文奎五修于万历四十三年（1615年）和陈良宾六修于崇祯十二年（1639年）。在清代康熙三十四年（1695）和道光四年（1824年）进行第七次和第八次重修，分别由陈云章和陈大烈修撰。谱牒是家族兴盛与衰败的见证，是以一种特殊的形式记载家族的发展史，同时也是家族的一种荣耀，显耀着家族的延续规模。陈氏家族在九次续修谱牒中，续修的时间跨度最长达一百多年，最短也有五十年，在这732年当中，陈氏家族的兴盛与衰败可见一斑。建阳大乐黄氏至今保存良好的木刻宗谱，共十八部。此宗谱始于始祖隐斋公第五世裔孙黄必达主修。清宣统三年（1911年），由32世裔孙朝荣、炜光第28次续修。再如延平夏道《篁路罗氏族谱修谱备忘录》中详细记载家族历经六次修谱的情况。现存浦城清光绪二十五年石印本，章贻贤所撰的《章氏宗谱初稿》可知，章氏家族修谱史可追溯到宋代。章仔钧第四子仁嵩支派下世涣之子章得象，宋咸平五年（1002年）进士，出其俸给编修《浦城章氏会谱》，又称《浦城章氏殊谱》，详载仔钧公15子68孙各个支系，后其侄孙章邦杰撰集世系事迹将此会谱加以完善。俗话说："成书之难，莫难于辑会谱"，支各有派，派各有源。会谱是记载千数百年的世系谱牒，其超过地域，合千万人于一家，统千百世于一人，具有"收涣散而敦亲睦"的作用，通常以一个姓氏血缘关系为中心的社会生活、生产活动的历史记录和文化积累，是一个家族的重要典籍、百科全书。可见撰修谱牒是族人返始报本的具体体现，也是萃涣睦族的动态形式。

  闽北许多谱牒记载着族人修谱的事迹，并给予高度的赞扬。如建阳周氏谱牒记载，周枢第十六代孙炳公能恪守家规，谨遵先训，撰修族谱，其遍访宗盟，稽查各志，参考原谱合一族而增修，其参订之功，联远近亲，敬祖之心，欣然而立，爱亲之念，油然而生。[①] 篁路罗氏《良佐公传》晚年询及故老，遍阅从彦公年谱及言行录，即编成宗谱，其规模宏远，考评详实，堪称吾族之巨典。再如建阳倪家祖祭文除了第一句交代倪家始祖宋御史，入闽始祖南宋翰林宣教博士碧公之外，更多的篇章是高度赞扬第十一世孙思敬公主修仕谱之事，因"迄今三百余载里居星散难觅，其不辞劳瘁、

---

① （明）《周氏宗谱卷首·跋》，正统十一年纂修，建阳图书馆藏。

志坚远稽，博访，遍历山川收集，以订世次、昭然爱，细心编辑，誓言成帙之传"。① 再如建阳游氏谱牒中高度赞扬文耀四子廷显之玄孙钟琳（即文耀公乃吾甥钟琳之高祖）颖性过人，髫龄则精通风雅词章。其毅然刻板重刊续修家谱，以序其昭穆，并且缺者补之，错者正之，此举必"茂源远者，其流必长，游氏名人杰士、郡志累世不绝，光启家乘，芳垂史册，以绍继其先泽"；② 溪山叶氏星拱公修谱时，"不惮修阻，走谒当事，出其手编世系，核对底稿"③，其尊祖敬宗之节、庸德之行可窥一斑。当然在中国历史上，尤其在明清以前不是普通家族可以随意修谱，只有那些在社会上有重大影响力，具有相当地位的名门望族，经皇帝恩准方有资格言修谱事。这恩准的修谱也是家族的一种荣耀。如《三修黄氏宗谱进呈表》的皇上御批曰："黄震若祖若宗，历代簪缨，视为忠孝，可称江夏无双。并委选翰林院学士杨亿为其撰序，以彰显黄氏历来为名门巨族。"④ 从侍御史黄毅所作《始修黄氏宗谱序》中的"敬呈御览""以昭皇恩浩荡，圣德犹渥，足徵黄姓门为巨族"⑤ 的描述，可见黄氏正式修谱始于唐朝。

当然，在修谱中也会出现附会家族渊源的现象。闽北各家族通过血缘关系世系源流的考订排列，强调本家族血缘关系的高贵传统，以提高家族社会地位、影响力以及族人自尊心、荣誉感。为此，各家族在修纂族谱时的共同做法是尽可能地把自己的祖先与某些名人、望族联系在一起。如第一章所述，王潮、王审知以武力据闽立国，随王氏兄弟入闽的固始同乡均成为闽国的统治者，门阀宗族的夸耀尤成必要，这种家族血缘和统治者的优越，促成闽中居民对于宗族的依赖和标榜。许多与王氏兄弟毫不相干的家族，为能在社会上取得一席之地，纷纷借托祖籍光州固始以夸耀门庭。

---

① （清）《倪氏会修宗谱卷一·祖祭文》，光绪岁次辛卯，千乘堂刻本，第16页，建阳图书馆藏。
② （清）《富垅游氏卷二·敕赠登侍郎游公讳文耀传》，同治七年线装本，第1页，建阳图书馆藏。
③ （清）《溪山叶氏宗谱》卷三下《星拱先生传》，光绪十三年南阳堂刻本，第9页，建阳图书馆藏。
④ 黄赞强、黄雄：《江夏黄研究》，暨南大学出版社，1996，第351页。
⑤ 黄赞强、黄雄：《江夏黄研究》，暨南大学出版社，1996，第346页。

所以闽人谱牒，多称固始，即便是闽越土著，也多改称中原姓氏，附会固始祖籍。再如浦城房氏家族自称："乃陶唐氏之后，至唐而玄龄公发祥焉，他如仕宦显名当者代有达人。"① 可见，族谱中的这种血缘追远溯源，即使是迁居入闽后的历史，族谱中对其始迁祖的记载也并非完全可靠，有牵强附会之嫌。这些记载纯属子虚乌有，但各家族在续修谱牒时，依然让其流传下来。可见闽北谱牒中的先世附会，大多是明知故犯，因这有助提升家族的社会声望和地位。从另一侧面看，这种虚构、附会家族渊源的现象，充分体现当时福建崇尚、重视家族血缘关系的社会风气。

由于谱牒对先代祖宗的追溯大多牵强附会，造成各个血缘世系的记载呈上略下详的情况。通常，对家族现居地开基始祖以上的世系轻描淡写，而自迁居始祖以下的世系，则严格分明，代代排列，不容混淆。如浦城房氏在《修谱凡例》中详细规定，谱牒在记载血缘世系时，要特别区分以下这些非正常的继嗣情况，如男子为人仆及出家者、嫁妇出妇、娶孕妇而生者、婢女得幸而生者等，这突出了家族正统血缘的纯洁性，即达到修谱可"明宗派，别亲疏，凡我共祖子孙虽极寒微必须收载，其有同姓而所宗各异，纵富贵不前妄攀"②。至于一般的子孙，在各自的世系中应"先书名，次字，次行，履历出处生终，葬某处，娶某氏，继娶某氏，生终葬所，生几子女，适某，详其实也。异母者分注之，别所出也"③。

一般来说，修谱多是在族长的组织之下，由家族中德高望重之人、获取功名者、精通文墨之士或当地的硕望贤达主持。为了使谱牒的修纂有章可循，有规可依，每个家族都制定一定的修谱规则、条规或凡例，并以"修身齐家"思想，以达到"劝善惩恶""规范族人"。此外，各家族在谱牒中严格规定族人须重谱，如建阳黄氏宗谱在《凡例》中记载："守谱宜严，各房领谱之后，子孙宜用布囊包裹，毋致损坏。否则，罚银壹拾贰两。失落者，罚银叁拾两，借助宗族力量，给予严厉经济惩罚。王氏家族祠内条规约定每年三伏天晴明之日，族众齐集祠内将各房谱牒一半取齐展晒以防霉腐。

---

① （清）《闽浦房氏族谱卷一·修谱凡例》，光绪戊寅年新修，浦城图书馆藏。
② （清）《闽浦房氏族谱卷一·房氏谱例》，光绪戊寅年新修，浦城图书馆藏。
③ （清）《闽浦房氏族谱卷一·修谱凡例》，光绪戊寅年新修，浦城图书馆藏。

由此可见，闽北各家族为了寻溯血脉根源，十分注重撰写和续修谱牒。不仅谱牒的内容，续修谱牒举措本身就是对家族子弟品德教育的动态形式。修谱，是一种传承、一种孝悌教育，通过续修谱牒，传统的儒家伦理道德思想在其中得到了完整地体现。① 也正是谱牒中的伦理道德思想成为凝聚族众的最好方法和途径。更为重要的是，由于中国传统社会乃是家国同构、家国一体，诚如《礼记·大学》所言："一家仁，一国兴仁；一家让，一国兴让"。为此，作为社会基层组织的家族，通过谱牒品道教育，实际上正是儒家"修齐治平"思想的充分体现。"譬木之有本，知根深蒂固而自见向荣；似水之有源，任派别支分而总归一致。"② 谱牒是一份家族兴盛与衰败的见证，记载家族世系和重要人物事迹的图书，是以一种特殊的形式记载家族的发展史。同时，谱牒既是家族的一种荣耀，显耀着家族的延续规模，也是一条线索，为子孙后裔提供了寻根认祖的线索。如邵武和平黄氏子孙遍布世界一百多个国家和地区，每年大批后裔不辞艰辛，来到此地祭拜祖先。这种慎终追远寻根追祖情结，与延续数千年的谱牒有关，是一个家族的延续，增强家族的凝聚力乃至民族的凝聚力。

## 第三节　沿用昭穆与道德教化教育

如前所述，谱牒作为传统家族文化一个重要的表征物，可通过姓氏原始、迁徙本末、世系渊源的展现，起着明世系、辨宗派、联宗收族、维系家族的作用。为此，闽北各家族十分注重撰写和续修谱牒。同时，在修撰谱牒的过程中，祖辈或父辈决定家族成员取名所采用的字辈排行，是其中一项不可或缺的内容。如浦城房氏家族的开基祖从贵公，由山东肇基浦城，前代已定"廉、明、睿、智、宽、裕、温、柔"八字为行派，后经众议柔字以下增修32个字，伦序世次，永为定规。由于各家族人口不断繁衍，传袭世远，为避免出现叔侄位次高下之倒置，或兄弟名字称呼之重复的"长幼不分、昭穆不辨、祖孙混淆"的现象，且使家族内部的血缘关系更加上

---

① 谢长法：《明清时期族谱的教化功能刍议》，《南师范大学教育科学学报》2005年第2期。
② （清）《古粤赵氏宗谱卷一·族谱新序》，嘉庆十九年，兴田镇城村赵氏祠堂藏。

下有秩，历代可查，各家族在修谱的过程中，要排世系表。为了排好世系表，就须排字辈。闽北许多家族都实行名字排行制度，即在同一辈分的族人中，名或字须用某一个统一规定的单字起头，再与其他单字结合成名或字，以示区别。昭穆是宗法社会家族子孙的辈序排行。诚如古粤赵氏所言："族既蕃盛，名必乘紊""修谱明世系，序昭穆。"① 这不仅使家族内部的血缘关系和上下伦序关系分明可辨，且有助于联络不同区域内同宗远支族人的血缘感情。无论家族子孙后代迁徙多么遥远，或分离多么长久，只要是同一姓氏的不同分支家族，通过堂号、谱牒、辈序或字辈排行诗，便可分清各自的辈分世系，确认同一血脉族亲，从而建立亲密的联系，并进行"联谱"活动。这种标示辈序排行的世传昭穆，在闽北各家族中加以传承，并相沿成习。

闽北族亲昭穆与续修谱牒一样，多由家族贤达者拟定，并举行隆重的烧香祷告祖宗仪式，辑入谱本，通知合族，以便各支派子孙命名时能遵行。有些家族是通族合派各房照派取名，如建阳黄氏认为：世派无章，昭穆易紊，黄氏其他族先世无字派或各房自立字派非所统宗，今定系章四十句（乾隆十四年所编的谱系世派），从第33世始，通族合派各房照派取名为：职载之德，与天同行，万端通理，一本相生。为裳元吉，种茂丰盈，金台延士，巍甲标名。黄氏录用此文，以期来者之绳绳续续于无穷。② 有些家族昭穆分得非常细致，有讳、号、女、字等不同昭穆。如南山吴氏各房支派取名、字辈、排行分得非常细致。以元长仁房支派为例，讳的昭穆是："至官应汝，士欲之世，必致贤良，怀仁孝友，礼仪敦方，力学其昌，明正和顺，连续绵延"；字的昭穆是："文以时光，君德恒新，九观仁义，其政素守，由伦纲常，哲学则敬，勤俭余庆，禄佳贵胜，益寿年高。"再如文房支派，号的昭穆是："正心述理，才明全秀，克振家声"；女的昭穆是："芙蓉芝兰，茉莉芬芳，花贞凤端，夏荷秋桂，冬梅赛杨，桃红柳绿，珍碧珠琳"。这是在所收集的谱牒中独有的，但启用得较迟，从第33世开始启用

---

① （清）《古粤赵氏宗谱卷一·族规》，嘉庆十九年，兴田镇城村赵氏祠堂藏。
② （清）《敕建书院黄氏宗谱卷二·谱系世派章》，道光十三年线装本，第1页，建阳图书馆藏。

相沿至今。①

## 一 昭穆的内容

### (一) 寄寓"道德教化"的思想

闽北大部分家族的谱牒字辈排行不仅是四字、五字或七字韵律诗的有序组合，且是一首蕴含丰富、朗朗上口、易于记忆的独特伦理诗，并寄寓"伦理道德"的教育思想。沿用昭穆是道德教化的生动形式。

在闽北这些独特的字辈伦理诗中，蕴含着家族先辈对家族子孙后代在伦理道德方面的强烈要求，以期维系家族长盛不衰。如浦城祖氏的"仁敬孝慈，道义忠良";② 建阳东海堂徐氏的"东南德厚，世泽孔长";③ 建瓯雷氏的"有仕文天光，鸣维启元昌，孝友家兴远，诗书世泽长，朝贤选则厚，善信声懋堂"④ 均体现这一教育思想。类似的还有建瓯余氏的"道德交修贻骏烈，贤豪继起建鸿猷";⑤ 大坝村王氏第三代祖云珠公定的昭穆是："述继忠良";南平彭城刘氏"业振家声，兴贤清政，思忠守进，君子尚志，天长日久，修身慎行，标扬济美";⑥ 南平刘氏的"贤明敦孝友，礼智信义昌，延芳名丕显，克绍振家声，肇祖尧泽长，毓良继旭光";⑦ 湖峰陈氏的"松茂蔚然，山高卓尔""启田光大，贤孙孝子";下梅邹氏的"传宗纪善良，必尊孔孟芳"以及和平廖氏自云谷以后的字派有"仲孙永光其德""传家唯孝友，报国在忠良，礼义承先志，名声百代扬"⑧ 等。

尤其值得一提的是，有些家族将"仁"视为做人之至德，将"道德教化"思想在字辈排行诗中体现得淋漓尽致。如浦城章氏太傅仔钧十五子，德才均佳，其诸子皆以"仁"字为名，示其有志于仁。章仔钧十五子分别

---

① 吴玉魁主编《延陵南山吴氏大宗谱卷十·支派字辈排行》，1999，第854~855页，南山吴氏宗祠藏。
② 范阳堂：《闽北祖氏续谱·行派字辈》，浦城莲湖总谱，2000，第23页，浦城图书馆藏。
③ 《建阳东海堂徐氏族谱·派行》，2003，第175页，南平图书馆藏。
④ 建瓯房道《雷氏族谱·字派》，民国十八年刻本重印本，第1页。
⑤ （清）余仁敬：《余氏宗谱卷一·命名排行》，同治元年新郑堂刻板，建瓯图书馆藏。
⑥ 刘光舟主编《南平彭城刘氏宗谱·辈行》，南平彭城刘氏宗谱编纂委员会，1998，第281页。
⑦ 刘开樨主修《刘氏宗谱·行第》，1993，第20页，南平图书馆藏。
⑧ 《邵武和平廖氏宗谱·字派志引》，2007，第309页。

为仁耀、仁垣、仁愈、仁佑、仁昉、仁辅、仁彻、仁政、仁肇、仁郁、仁逊、仁曒、仁燧、仁嵩、仁鉴。类似的还有建阳蔡氏"仁义第，智信家"的字辈排行。据《建阳蔡氏族谱》记载，庐峰蔡氏统宗排名字派自始祖炉公开始，已定用"甲、乙、丙、丁、戊、己、庚、辛、壬、癸"十个天干字派，取"周而复始，生生不已"之义。后又以金、木、水、火、土五字边旁为准命名，取"五德之运"之义。这些排名字派寄予了蔡氏先辈对家族兴旺昌盛的祈望。由于五世为一个周期，相隔年代太短，排序易难辨，故蔡氏规定后世子孙以二十字作为排名字派，其文曰："铭源本灼垂永世，仁义第；锦流香美增仍云，智信家。"其中两句中的前五字均用金、木、水、火、土五字边旁，以遵始祖炉公的五行宗旨，后三字则遵循蔡元定"步步守着仁义礼智信"的教诲。可见，蔡氏先辈对族人在伦理道德方面的要求显得尤为突出。①

**（二）体现"永承祖德"的思想**

有的家族字辈排行诗内容体现"永光祖德""永承祖德"的思想。如和平廖氏自云谷以后的字派为"仲、孙、永、光、其、德"；建峰詹氏的"世德作求，延振王章"；浦城季氏的"永承宗德，万代永昌"；建瓯高阳振科李氏的"挺其秀良光祖德，守以道学显宗功"；江坑江氏长房的"文昭君光，诸世其昌，宏宗明德"；江氏另一支系则为"诸贤良仕、进宗明德、碧（必）定道扬"；南平彭城刘氏"正宗德仪"；南山游氏的"世德永垂贻"；建阳葛氏从51世启用，新增的字派为"育圣三仁良在振，光华显达尚清淳，盛隆世瑞生文士，继述嘉祥祖德新"；②浦城河东吕氏序世字行是"祖功宗德业，后嗣益荣昌"。命名字行则为："贤进朝廷，继承先德。"③ 和平古镇锦里世系图，可知廖氏（仁股泰房）的字派是"光其德，传家唯孝友报国"。④ 总之，从以上这些字辈排行诗中，清晰可见各家族在追思先祖功德的同时，重视祖先的传统美德世代相传并发扬光大，以期家族的延续，

---

① （清）《蔡氏宗谱》，道光三年线装本，第59页，建阳图书馆藏。
② （清）《葛氏重修族谱卷一·新增的字派》，光绪癸巳年琅琊堂刻本，建阳图书馆藏。
③ 朱恩新撰《河东吕氏宗谱卷一·序世字行》，民国二十四年刻版，第6页，浦城图书馆藏。
④ 第四修《邵武和平廖氏宗谱·世系图》，2007，第43页。

这些激励后人进取,告诫后人要修德行善的内容对当今仍有积极的促进意义。

**(三)体现"诗书传家"思想**

有的家族字辈排行诗内容不乏体现"诗书传家"的思想。从延平南山镇《游氏谱牒目录》得知,游氏家族为了不失长幼之辈序,特撰写一首40字的律诗,其中"勋名俊发时,书传荣业绍"就体现了这一期望。类似做法的还有浦城祖氏的"诗书经史,礼乐文章""唯斯后人,耕读永常,家政馨香";① 浦城季氏的序世字派:"岩廊景硕儒,先哲传青史,德声遍建台,簪缨欣济美,甲第庆联魁,奕代崇麟咏,炽昌有后来。"② 建瓯徐地李氏钧系的"忠贞保国声名万世永显,诗书传家德泽千年弘扬";延平夏道水进窠的"德昌光骏,道学名扬,克守圣贤,真儒善治"。再如建阳魏氏的旧的字辈排行是"世从源流远,功崇德泽长,风会沾圣化,地本绍陶唐,孝友为家政,忠贞赞帝乡,名联翰苑馥,文耀斗星煌"。由于辈序较短,魏氏又重新编一首五言四韵诗作为新的字派:"百代留芳永,千秋俎豆鲜。诗书诒我后,华采向人前。业从箕裘继,族原节义先,簪缨欣鹊起,子姓庆绵延。"③ 总之,无论是新的还是旧的字辈排行诗同样透出家族先辈希冀子孙后代人才辈出的信息。

**(四)表达"美好祝愿"的思想**

闽北许多家族在纂修谱牒时,常会选用一些诸如"安康""人瑞""济美"等吉祥文字作为字辈排行诗的内容,这充分表达祖先对子孙的期待与祝福。如建郡滕氏的"承国恩乃得家庆,祝人寿亦祈丰年";④ 湖峰陈氏的"于万斯年,允济其美";⑤ 南阳叶氏的"人瑞生芝秀,家声庆麟祥";⑥ 浦城熊氏的"茂盛高贤荣,英淮和从龙,文运天开泰,家国隽才丰,日月升恒耀,乾坤悠远长";⑦ 建阳琅琊王氏的"亨运肇文昌,承家永发祥,英贤

---

① 范阳堂:《闽北祖氏续谱·行派字辈》,浦城莲湖总谱,2000,第23页,浦城图书馆藏。
② 徐跃吴撰《浦南徐墩季氏支谱卷二·字派》,民国延陵堂刻本,第1页,浦城图书馆藏。
③ (清)《钜鏊魏氏宗谱卷一·派行》,光绪六年线装本,建阳图书馆藏。
④ (明)《建郡滕氏宗谱·祖训》,嘉靖刻本重印本,第1页,建瓯图书馆藏。
⑤ 《颍川陈熹公系千郎公支营十公宗谱·字派》,南平湖峰陈氏源流研究会,1997,第186页。
⑥ 第七次续修《浦城西乡南阳叶氏宗谱·字派》,2000,第1页,浦城图书馆藏。
⑦ (清)李实撰《熊氏宗谱卷一·合族字派说》,宣统元年刻本,第7页,浦城图书馆藏。

荣列祖，利泽广安康"等①。

## 二 昭穆的功用

沿用昭穆是家族修谱中的一项基础性工作，也是闽北家族教育得以传承的重要保证，它具有和睦宗族、寻根认同以及教化育人等功能，具体阐述如下：

### （一）沿用昭穆具有"和睦宗族"的功能

在修谱时，要排世系。排世系，须排字辈，以分昭穆，序长幼，别尊卑，辨亲疏。诚如峰城刘氏所言："族引蔓而脉不断，犹丝引缕而绪不断。所尤虑者族广人繁，各派各房子孙，命名取号罔知讳记，有之为尊者讳为亲者，讳又曰讳祖讳名礼之讳矣！今族中依序排行作三十字以分代、派顺序、照派取名不至于淆，因赞祖而歌曰……"②这在南平《陈氏族谱》中也有较好的描述："愿我族姓，怡怡雁行。通以血脉，泯厥界疆。"③这里的"雁行"即"行者，列也，雁群飞必排空横列，遥而望之参差如一，故父之齿随行，兄弟之齿雁行"。④所以，通过世系表，使族人明确自己在家族中的位置、角色以及明辨长幼、尊卑、亲疏等关系。既然字辈排行是几千年来宗法社会的特有产物，一定有其时代局限性，但其中不乏具有积极的因素和功用，如"故世系明则尊祖敬宗之念生，昭穆序则僭越凌偪之端息"。⑤且把原本涣散的个体联萃成一个不可分割的整体，具有"收涣散而敦亲睦"的功用。由此可见，字辈排行诗不仅是族人返始报本的具体体现，也是萃涣睦族的动态形式。

### （二）沿用昭穆具有"寻根认祖"的功能

谱牒字辈排行诗还具"寻根认祖"的功能，且对增强家族凝聚力有着

---

① （清）《琅琊王氏宗谱卷一·排行命名序》，康熙二十八年线装本，第15页，建阳图书馆藏。
② 《建瓯房道雷氏族谱·字派》，民国十八年刻本重印本，第1页。
③ 《颍川陈熹公系千郎公支营十公宗谱》，南平市湖峰陈氏源流研究会，1997，第1页，南平图书馆藏。
④ 转引自谢长法《明清时期族谱的教化功能刍议》，《湖南师范大学教育科学学报》2005年第2期，详见惠安《峰城刘氏族谱·字行说》。
⑤ （清）《长山林氏世谱卷之首》，道光壬寅年重修，第57页，兴田镇城村林氏祠堂藏。

重要而积极的意义。如浦城章氏太傅仔钧制定从三世开始启用的"祖传百代歌"，此辈序排行的世传昭穆至今仍为"天下无二章，祖根在浦城"的章氏后裔子孙共用。这样，章氏家族子孙后代无论迁徙多么遥远或分离长久，只要通过这首字辈排行百代歌就可"合千万人于一家，统千百世于一人"，确认章氏同一血脉族亲。如今，章仔钧十五子六十八孙后裔子孙散居天下，迄今秩然不紊其序。正所谓子孙繁衍自仔钧始，一门济美，百代兴歌。

### （三）沿用昭穆具有"教化育人"的功能

闽北各家族在续修谱牒时，不仅沿用世系昭穆以明世系，家派可稽，使后裔子孙可循字派取名，确保"本支有统，昭穆有序，各次以行，不相乘乱"，方使家族气脉连贯，而且不忘对家族子弟的进行道德教育。许多家族为了耳熟能详，便于记忆，不仅把昭穆编为朗朗上口、有序组合的字辈排行诗，而且是一首首蕴意丰富、独特的伦理诗，无不透出"孝友""仁义"或"诗书传家"等儒家思想，同时寄寓着祖先对子孙在伦理方面的强烈要求和殷切期望。通过排字辈，人们之间以字辈高低为准绳，家族成员不仅被纳入由上到下的伦理世界之中，而且传统的伦理道德一字一句有序地镶嵌、渗透、内化在一代又一代家族成员的姓名和内心之中。[①] 如果说续修谱牒是萃涣睦族的动态形式，可达到教化族众、维系家族的目的，那么谱牒字辈排行诗是家族教化育人的良好素材和动态的教科书。

综上所述，兴建祠堂、续修谱牒、沿用昭穆、祭祀先祖等系列活动，在闽北各家族得到了严格的传承。祭祀活动使非物质文化遗产四平戏和傩舞得以代代传承。闽北各家族正是通过以上这些"收涣散""敦亲睦"的宗族系列活动，为同一家族的子孙后代提供寻根谒祖的依据。尽管年代久远，相隔千里，互不认识，他们只要通过堂号、谱牒、昭穆就能较为准确地确认血亲关系，这种寻根追祖情结增强了家族的凝聚力。显然，家族的凝聚不仅仅限于血脉的驱动，还要有精神的感召和激励。[②] 所以，以上活动不仅表达后裔子孙对先辈的景仰和孝思，更多体现的是崇文重教、修德立志的文化特质，将"慎终追远"孝道观念，"敦亲睦族"的优良传统、"血亲同

---

[①] 谢长法：《明清时期族谱的教化功能刍议》，《南师范大学教育科学学报》2005年第2期。
[②] 张发祥：《流坑董氏族学教育考察》，《抚州师专学报》1998年第3期。

源"意识深深植根于族众的意识之中,使传统伦理道德深入乡村闾里,进入千家万户,对家族族众产生了巨大的伦理道德教化作用。此外,谱牒中的字辈排行诗更是繁衍子孙后裔寻根认祖的一条线索。如邵武和平黄氏子孙遍布世界一百多个国家和地区,每年大批后裔不辞艰辛,来此寻根认祖、祭拜祖先。各家族子弟取名沿用的昭穆,均是一首首蕴含丰富、朗朗上口的易于记忆的伦理诗,是对族众进行道德教化的最好动态形式。总之,祠堂、族谱、昭穆都以强调家族的血缘关系为核心,用血缘的纽带把族众紧紧地联结在一起,它们是家族子弟身份认同与象征的符号。在其交互作用下,家族成员具有十分浓厚的家族观念,这种观念不仅是维护家族聚居不散的精神支柱,同时对于那些游散在外的族众,也有莫大的感召力和凝聚力。闽北各家族在强调科举入仕的同时,也不遗余力地将教育渗透于生活的方方面面,通过各种宗族活动大力开展道德教化,提高家族的整体素质,以期家族长盛不衰。当然,由于以上活动促使家族成员密切联系,应谨防由于同一姓氏的人联系太多太紧密可能导致狭隘的宗族主义的弊端产生,谨防封建宗族势力的回潮。

# 第四章　家训文化与闽北家族教育

中国家训文化历史悠久，可上溯到先秦时期。至魏晋南北朝，家庭教育已经发展得十分成熟，《颜氏家训》的出现则是一个标志性的成果。它是我国历史上第一部系统成熟的家庭教育文献。纵观传统家训，主要以家书、谱牒为载体，通过多种多样的文体形式，运用通俗易懂的表达方式，规范家人或族人的行为准则和道德标准，蕴涵丰富的思想内容，从修身、齐家到治国、平天下无所不包，涉及日常生活的"忠孝仁爱、勤俭守家、勤奋求学、交友处世"等方面，折射着中国历史文化的特质。从表象上看，它是教儿围训，是家长对子弟的教诲和申诫、培育家族子孙后代道德品行和社会道德教育的主要方式和途径之一。本质上，通过家训阐述人生哲学、处世经验，它超越了一家一姓之事，描述出中华民族独特的精神气质，勾勒了中华民族理想的人格形象，成为中华民族的宝贵文化遗产。[1] 在家族教育的实施过程中，家训占有十分重要的地位。因此，近些年来，学术界、教育界的很多专家、学者，聚焦于对家训文化这个家族教育的发掘、探究，以期古为今用，传承创新。

闽北地区山高林深，在古代交通不发达的情况下，发展出了相对独立的、具有鲜明地域特征的文化。闽北是北方汉族移民入闽开发的第一站，是福建省古村落发育最早、保存最完整的地区之一，历史可追溯至汉晋时期，至今仍保存着大量明清古民居和古村落。在这些相对封闭的古村落中，各种古代传统文化都有不同程度的遗留，尤其是诸多自明清流传下来的家

---

[1] 陈黎明：《论宋朝家训及其教化特色》，华中师范大学硕士学位论文，2007，第1页。

族谱牒，其中蕴含的大量家族传统文化并未为世人所重视。笔者曾多次实地考察闽北光泽崇仁乡、延平峡阳镇、武夷山兴田镇、邵武和平镇及建阳麻沙镇等千年文化古镇，收集了五十多种、三百多卷家族谱牒，并拍摄古籍谱牒、古民居建筑照片千余张，从中发掘了大量家训文化内涵。为了家族的长期发展，闽北无论官宦世家还是普通百姓都十分重视家庭和家族教育，纷纷制定家训族规，以期形成良好的家风。良好的教育不仅关系着个人的健康成长和未来的事业成就，而且关系着一个家庭、家族的盛衰兴旺，这也是家训文化在中国绵延数千年的重要原因。闽北家族教育的历史传承还体现在家训文化上，通过形式多样的家训，如典故、格言、诗歌、家言、家书、族规等形式，劝勉、训诫子孙，使之仁义忠孝，循规蹈矩，积极上进、立身扬名，以保证家道长盛不衰，甚至有些家族形成了"唯祖训是从，唯祖训是尊""父训其子，兄勉其弟，循祖宗遗训"的做法。可见家训在家族教育过程中占有十分重要的地位，是谱牒的重要组成部分，也是家族教育最常见的一种方式和重要手段。

## 第一节　从家训形式看闽北家族教育

　　家训，又称家范、家规、族范或家诫，主要以谱牒为载体世代相传。传统家训，是古代宗法专制社会中所孕育出来的一种以治家、教子或教化族人为基本内容及特点的文化现象，主要是把宗法社会的礼法制度、伦理道德规范作为教育内容，规范和约束族人行为以及处理家族关系、教诲族众为人处世、治生、交友、为官等训诫。传统家训形式多样，内容丰富，源远流长，如周文王的《保训》、孔子的《庭训》、孟母的"断织教子"、曾子的"杀彘示信"等，数不胜数。本研究的家训指的是广义的概念，如典故、格言、诗歌、家言、家书、家范、家规、家禁、女诫等，各家族的家训表现形式虽不尽相同，但都体现共同的目的，即通过源远流长、形式多样、意蕴深刻的家训文化，规范族人，以期潜移默化地对族人产生深远的影响，形成世代相传的良好家风。纵观闽北家训通常有以下六种形式。

### 一　典故形式

　　典故形式，即采用历史经典故事或本家族先人筚路蓝缕创业和辉煌业绩之事例，以讲故事的形式劝勉族中子弟力求上进。闽北家训常引用"穿壁引光""编联蒲叶""囊萤映光"等典故劝勉激励子弟向学，祈望家族子孙能读书入仕，光宗耀祖。有的家族引用"乌反哺，羊跪乳"之典故，训诫子孙要侍亲敬老，如建阳雷氏；有的家族引用"曹氏煮豆燃萁"和"灼艾分痛"之典故，阐述兄友弟恭的思想，如南平彭城刘氏、建瓯程源畲氏等；有的家族引用"一梨受赐、汁水均餐"之典故，训诫子孙效法古人和睦相处，如南平彭城刘氏。

峡阳黄氏的家训内容之一是以黄氏始祖和平黄峭，字峭山，后裔尊其为"峭公"。其自幼沉宏，有智略，官至工部侍郎。其分遣21子的故事形式，对子弟贯穿了"自强不息、积极进取"的教育思想。据《西峡黄氏宗谱》记载，黄氏的入闽开基祖黄峭（山）公，娶有三位夫人，育有21个儿子。周太祖广顺元年（951年），黄峭在80寿辰大宴上当众宣布三位夫人名下各留长子一人，以奉晨昏，其余18子每人各分瓜子金（碎银）一升，骏马一匹，家谱一套，各自出外谋生。行前赠《嘱子腾奔诗》曰："信马登程往异方，任寻胜地振常纲。足离此境非吾境，身在他乡即故乡。早暮莫忘亲嘱咐，春秋须荐祖蒸尝。漫云富贵由天定，三七男儿当自强。"[①] 黄峭山18子带着父辈的嘱托，散居四面八方。随着人丁发展，其后裔子子孙孙纷纷效仿祖辈的分遣方法，枝繁叶茂，子孙散布并逐步扩及东南沿海及台湾等地，有的漂洋过海移居东南亚国家和地区，与当地人民和睦相处，共建家园。留在峡阳的黄氏后裔，常以黄氏繁衍历史之典故，教育家族子弟要自强自立，勇于开拓。黄氏后裔视自强不息为一种自我超越，不断进取的精神，体现的是一种不屈不挠、顽强奋斗的意志力。

## 二 格言形式

格言形式的家训，在诸多家训形式中也相当普遍。它便捷醒目，能时时警醒族人，又方便记忆。因此，它不仅载入族谱，也时常书写成条幅悬挂在祠堂或宅邸厅堂，或用大字直接书写或镌刻在有关墙壁上。如南山吴氏宗祠大厅的"移孝作忠"就是吴氏家训的核心，以直观的形式再三提醒

---

[①] 黄鸿金主修《西峡江夏郡黄氏宗谱》，1997，第5页。

子孙，以期内化于心，外化于行。与之类似的还有建瓯小康叶氏将"忠孝廉节"大字书于宗祠的后殿木壁两侧，南平彭城刘氏则书于祖庙中殿的墙壁上。这些大字实际上起了时常警示族人的座右铭作用。从南平彭城刘氏祖规族训的记载即可为证：祖庙中殿所书"忠孝廉节"四字，乃吾族人之座右铭，为人处世之准则，族人应自觉遵循。

最为具体详细的格言形式家训，当属建阳雷氏祖训十规。祖训十规主要围绕"敬祖、孝亲、忠君、悌长、宜家、睦族、和邻、信友、怀刑"十个方面展开。如"愿为良臣、相观而善、毋做非为、法纲可畏、恪守典常"等内容，读起来朗朗上口，易于记忆。

以格言形式作为家训，别具一格的当数一代宗师朱熹。据《考亭紫阳朱氏总谱》载，朱熹第十六代孙朱玉所制《朱熹自画像》石刻板上，刻有朱熹亲笔行书题词。此像是朱熹两手拱至胸前半身写真图，面部须发及右颊眼耳间的七颗黑痣均清晰可见。从铭文"朱熹对镜写真，题以自警"可知此像为朱熹为人处世的自警格言。铭文"从容乎礼法之场，沉潜乎仁义之府""佩先师之格言，奉前烈之遗矩"，表明朱熹始终秉持"仁义、礼法"处世，牢记先师遗训，修德进业。朱熹后裔子孙用朱砂将此像拓印成画，悬挂在厅堂或书房的壁上，作为家训代代策励族人。

### 三　诗歌形式

闽北以诗歌的形式训诫子弟的家训，比比皆是。如建阳黄氏的家训。据《考亭紫阳朱氏总谱》记载，朱熹曾到女婿黄榦家中做客，黄榦在外任职，其女朱兑因家贫只有葱汤麦饭招待久而不见的老父而深感内疚。朱熹见状，反劝其说："我儿切莫介意，这菜肴不同一般，可称美味可口。"于是挥笔写下著名的一首诗："葱汤麦饭两相宜，葱补丹田麦疗饥。莫道此中滋味薄，前村还有未炊时。"后来这首诗成为建阳黄氏家训，流芳于世。[①]

邵武和平黄氏开基祖黄峭秉着"立志推荐忠孝节，终身只望子孙贤"

---

[①] 《考亭紫阳朱氏总谱·朱熹家训》，闽北朱子后裔联谊会、武夷山朱熹研究中心，2000，第586页。

的教育思想，写了21首《训子诗》，祈望家族长盛不衰。这些诗堪称一部充满父爱的苦心孤诣、呕心沥血的教子篇，主要包括以下六个方面的内容。第一，常念劬劳，宜敦孝悌。峭公以"羔羊跪乳""乌鸦反哺"为例，用"乳哺三年骨肉穿""母老必当亲奉侍""父母劬劳山岳重"诗句提醒、告诫子孙凡为人之子当尽孝悌之道，尤其吾族子孙继承远祖黄香至纯至孝美德，孝敬和报答父母养育之恩。应兄友弟恭各尽伦，以谦让为先，告诫儿孙"富贵休嫌同骨肉，贫穷须念共慈亲"。第二，仁义相亲，长幼相序。黄氏子孙繁衍，弟兄伯叔及儿孙，如同"树木千枝共本根，水源万派同源脉"，教诲子孙，为人处世性莫偏、明礼让、居恭敬、执德待人，度量宜宽莫乱争。第三，追慕先哲，谨慎交友。嘱咐儿孙要追往哲、慕前贤，谨慎交友、立身行己，行规坐矩亲贤友，脱俗离庸务正人，尤其重视良好家风传承，反复叮咛儿孙他年生子为人父时，应效汤盘"日日新"以自警。第四，坚心锐志，以寻高第。峭公铭记"业精于勤，荒于嬉"古训，认为勤能补拙，运用"鸟宿投林先觅早，鸡鸣上道莫眠迟"的诗句，劝勉子孙要发愤读书，熟读细推诗书，时刻警记身后犹如猛鞭追赶。为了诱掖后进，峭公创办和平书院，其对教育的重视可见一斑，他在诗中列举了读书的诸多好处。如"诗礼传家得美名""终身常看诗书语，行遍天涯总不危""金玉运逸难保守，读书身在有盈余"。明代天启状元、大学士黄士俊的治家格言"不读诗书，纵富万金，实作愚人之论"与其有着极其相似之处。第五，勤俭持家，戒奢戒赌。峭公崇尚节俭，而非鄙啬，而是用之若得其所，虽千金而勿惜，用之过度，虽一厘莫轻。峭公认为聚赌从来非正业，奢华乃败家之端。为此，峭公在诗中反复强调奢华乃败家之端，并告诫子弟戒奢戒赌，俭可助贫，应勤俭持家。第六，为官清廉，以振家声。嘱咐儿孙性格忌刚，并告知子弟刚的最大特点易折，以"官合犹要兼忠良"诗句劝勉儿孙须端正士品，为官为民须秉温良、居仁由义。同时，峭公以古往今来"多少英雄埋黄壤，只怕世人说短长"，告诫儿孙切莫"奸枭处世名声丑"。[①]

在熊世琮等修撰的《熊氏历史志载》族谱中，收录熊明遇（1579—

---

[①] 黄赞强、黄雄：《江夏黄研究》，暨南大学出版社，1996，第339页。

1649年）六首诗歌。这些诗歌涉及的内容较多，其中有孝顺父母方面的"水有源头木有根，试于清夜把心扪。问君怎样痛儿女，竭力方酬父母恩。劳心劳力万万千，总因儿女计周全。养身养志须兼尽，草木如何报答天"；有教训子孙方面的"或读诗书或种田，见异由来业则迁。养儿不教亲之过，忠圣存心作圣贤。幼不聪明长便痴，及早教他莫待迟。记得桑条从小屈，儿贤方得守家资"；有告诫子弟毋胡作非为的"一念非为必不祥，天刑王法总昭彰。心劳日拙因机械，作善心间福更长。天道无亲与善人，奸欺诈害祸非轻。万般善恶终须报，远在儿孙近在身"；有尊敬长上的"族长乡尊总要恭，随行后长圣贤从。施于孝友皆为政，不失其亲不可宗。酒扫枸尖亦自当，元为弟子职之常。尚齿古来称教让，后谟前楷足脚光"；有和睦乡里的"难把黄金买好邻，相规相劝是相亲。休将闲气轻争讼，勉同心做好人。富汉贫是福田，贫人怨富祸相连。施财济物阴功大，巧取从来不聚钱"；有各安生理的"劝君安分好生涯，本分求钱好养家。士农工贾皆随分，栽的根深定放花。衣禄生来莫强求，丰年能伶定无忧。男耕女织家兴旺，方便公门更好修"。[①] 可见熊氏从孝顺父母、教训子孙、毋胡作非为、尊敬长上、和睦乡里、各安生理等诸多方面教诫族人。

延平湖峰陈氏的家训内容中也以诗歌的形式教育子弟。如陈邦贤在《戒子孙诗》写道："家世相承出颍川，簪缨屡积几多年。伊余昆季皆英俊，克绍箕裘续后传。桑麻满地期成熟，禾黍经秋望入场。宜尔潜心时顾盼，莫教失业与抛荒。乡中勿失亲朋义，膝下毋忘你母恩。莫向人前礼义疏，无骄无谄处乡间。"其中前两句诗指出湖峰陈氏为颍川直派后裔，尊东汉桓帝时的名士陈实为始祖，体现慎终追远、不忘家族的情怀。陈邦贤分别从"孝悌忠信、和睦相邻、礼义勤业"等方面教诫子弟。从诗句"庭前桂子数枝繁，听此严君训诫言，要须勤读圣贤书，宜示笔下文章贵，勿怠勿荒儒学业，他时克拟峥头角，望尔声名耀门庭"可知，其告诫子弟勿怠荒学业，应勤读圣贤书，金榜高中，名耀门庭，并告诫子弟闲谈莫论人非，以惹事端，不如教子读书，这与南平湖峰陈氏的"吾门孙子各贤良，休从静里谈长短，莫向忙中惹是非。倘有身闲无事累，便将书史课

---

① 熊世琮主修《熊氏历史志载》，1992，第7页。资料提供者：台湾大学徐光台教授。

诸儿"①家训颇为相似。

延平南山凤池游氏的也有许多以诗歌形式教育子弟为人处世的家训。其中有教育子弟立志长才的"大丈夫成家容易，士君子立志不易"；有教育子弟宽容、大度待人的"退一步自然幽雅，让三分何等清闲；忍几句无忧自在，耐一时快乐神仙"；有教育子弟崇尚节俭、守法的"吃菜根淡中有味，守国法梦里无惊；有人问我尘世事，循规蹈矩判是非"；有教育子弟慎交友的"宁可采深山之茶，莫去饮花街之酒；须就近有道之士，早谢却无情之友"以及有关贫富的心态诫语的"贫莫愁兮富莫夸，穷不丧志富不淫"。以上这些内容都从重视教育、为人处世、立志成才、宽容大度、节俭守法、谨慎交友、平和心态等诸多方面教育子弟。

## 四　家言形式

家言是指训诫者对被训诫者的言谈。在闽北家训中有许多以对话的方式教育子弟。据邵武和平廖氏谱牒记载，廖其煌，字矩典，讳煌，邑诸生，初困于家弃学勤稼穑，次第其焕入泮后，刻苦就学日夜不倦，尤其好读诸史，年五十一入县学第一。其经常与族中子弟交谈，内容必取古人"忠孝勤俭"堪称典范。廖其煌希望家族后裔能效仿古人的优良品质，并通过勤奋学习以求上进，成为上达之人，因此时常训勉子孙曰："勤以修身，俭以养德，读书入仕，以图上达。"廖先君，字斐然，其孝友处家，诗书训子常昭模范于乡间，也尝训诫子弟："欲绵世泽须积德，要丕家声必读书"，并要求子孙世守且终身力行，正直处事，直心为德，其数十年尝兢兢于此，不敢忘之，其未读书但见尤其敬畏读书之人，希望"尔曹力学以慰吾未伸之志，以光宗耀祖"。廖根绍时常以"人勤则无邪，思俭则不妄求，我性不耐闲，所欲为，事甚多"②告诫子侄。据《济阳庐峰蔡氏族谱》载，建阳蔡氏九儒之一蔡发晚年，反复叮咛其子孙："为人要忠厚老实，不可沉浸于利

---

① 《颍川陈熹公系千郎公支营十公宗谱·戒子孙诗》，南平湖峰陈氏源流研究会，1997，第2页。
② 《邵武和平廖氏宗谱·祖德行述志》，2007，第324~333页，和平廖氏宗祠藏。

欲之中。"[1] 类似的有浦城章仔时常以交谈形式训导子孙"处家要孝友敦睦亲族,在外则与朋友讲求忠义之事"。[2] 咸丰《邵武县志》记载,邵武李氏方渠公,性旷达,精于内典,尤深禅机。时常谆谆教导家族子弟曰:"功名担,头头交付,尔曹以后须迟迟眠,早早起,增些光景看看。"可见各家族先辈把殷殷希望和谆谆教导寄托于平时的言谈之中,以警励子弟修身养德、奋发向学。

## 五　家书形式

《朱子训子帖》是由朱熹教育其子朱塾的数封家书汇集而成。朱熹长子朱塾年少顽皮贪玩,朱熹唯恐其在家不得专意,耽误学业,便送其远离膝下千里从师求学,赴婺州金华县(今浙江金华市)拜吕祖谦为师。[3] 临行前,朱熹书写《训子从学帖》以赠朱塾。朱熹从日常生活小事到具体待人接物无不悉数训诫,并提出了具体行为准则,尤其从"勤、慎"二字,谆谆劝诫朱塾"做学问要三勤(勤学、勤问、勤思)""做事要三慎(谨起居、谨言谈、谨交游)""为人要敦厚忠信、见贤思齐"以及"国课应早完""囊中虽空虚,独有余庆安。"此帖内容十分详尽,字里行间无不透析朱熹谆谆育子,可谓慈而施爱、爱而有教。再如延平南山镇凤池村的游纶,时常以书信的形式劝诫为官在外之子游居敬。在壬辰春(1532 年)殿试中获得二甲 76 名,初选翰林院庶吉士,后任山东道监察御史。其父游纶时常以书信诫之,欲其"砥砺名节,慎守官箴,宣力国家,移忠作事,以为孝子"。[4] 游氏五世宦仕,无不荣耀门庭,这与游纶时常以书信形式劝诫其子为官清廉、方正严明、惠政在民,重视子弟的品行教育、重视为官之道的教育是分不开的。

---

[1] 蔡建海主修《济阳庐峰蔡氏族谱卷一·蔡氏九儒》,福建省建阳蔡氏九儒研究会编,1994,第 71 页。
[2] 章练主编《寻根浦城——章氏文化研究第二辑卷首》,福建浦城章仔均、练夫人研究会,2005。
[3] 朱守良:《朱熹〈家训〉:从个人修养到民族文明》,《安庆师范学院学报》2005 年第 2 期。
[4] 游恒派主编《福建省历史文化名村凤池村志》,南平游酢文化研究会、延平区凤池村志编委会,2007,第 75 页。

### 六　族规形式

明代中叶以后，福建民间修纂谱牒逐渐普遍化，许多家族把修纂族谱作为后代子孙的一种义务而写进族规，以保证族谱续修的相沿不断。[①] 可见，族规家训是谱牒中的重要组成部分，并具有强制性和约束力。其目标在于用宗族组织的力量拟定一系列的行为规范来约束家族成员，旨在建立家族血缘关系的尊卑伦序，并通过确定每个家族成员的社会化角色来维护家族内部长期和平共处、聚族而居的习惯性和自律性社会秩序。[②] 这是族规家训的最早起源，也是家训之所以为世人所重视的原因。作为治家、教子或教化族人的家训其主导思想自然与中国传统文化主流的儒家宗法伦理思想密不可分，这在素有"闽邦邹鲁"和"道南理窟"之称的闽北尤为彰显。一是以朱熹为代表的理学家们试图通过重建家族制度世代传承、发扬光大的儒家最基本的政治、伦理观念。然而，重建家族制度是一种人为的努力，完全凭借人们的自觉自愿似乎是不可能的。[③] 自古就有"家垂训，族立规"[④] 之说。无论何种类型的社会都必不可少的有一整套引导或制约人们活动的规范，并以此来规定人们在地位与角色、权利与义务等方面之间的相互关系以及各自的行为模式，家族成员也不例外。[⑤] 一般家族历代都制定族众共同遵循的族规。族规式家训，可细分为劝谕性"劝勉式"和强制性"惩戒式"的形式。在宗法社会里，前者具有道德的劝导性，而后者往往具有一定的法律效力。

1. 劝谕性"劝勉式"

闽北大多家族以"敦宗睦族"为依归，规定有忠君、守法、敬祖等内容外，特别强调宗族内部的修身、互助、齐家等，还制定了具有强制性的族规，在家庭（族）内部进行成员之间的规劝与训导，以敦促族人恪守已定族规，以约束和教化族人。"家之有规犹国之有典也，国有典则赏罚以饬

---

[①] 陈支平：《近五百年来福建的家族社会与文化》，中国人民大学出版社，2011，第31页。
[②] 陈新专、符得团：《传统家训道德培育的当代启示》，《甘肃社会科学》2011年第5期。
[③] 傅小凡：《朱熹为重建家族制度进行的合理性辩护》，《东南学术》2014年第1期。
[④] （清）《建阳谢氏宗谱卷一》，光绪八年陈留堂刻本，建阳图书馆藏。
[⑤] 李娟：《从宗教人类学看教育》，《皖西学院学报》2005年第4期。

臣民，家有规寓劝惩以训子弟，其事殊，其理一也。"① 家规是家族的根本大法，"国有法，乡有约，会有章，既聚为族，岂可无规"。② 因此，多数家族的谱牒中占有相当比例包含家范、家规或族规等形式的家训，使族人有规可循，有矩可蹈，各安其职，不相逾越，无相欺凌，它成为族谱中一项非常重要的内容。

南平彭城刘氏宗谱之家训命名为"祖规族训"，设立"尊祖宗、孝父母、和兄弟、敦族亲、训子孙、睦外姓、惜族谱"等纲目。一些家族制定的族规内容相同，如建阳倪氏为能沿袭"仁义、中正、孝友"家风，故作六条数语，希望族众永为遵循，其内容与当地周氏相似，均将"孝顺父母、友爱兄弟、和睦族众、敦崇礼让、恢扩蒸尝、顺立继祀"③ 等内容作为族规，这也是许多家族相似之处。而陇西李氏族规皆引用治家有方的家族，如眉山苏氏的"无薄骨肉之恩，无缺孝弟之行，无废礼义之节，无混嫡庶之别，无乱闺门之政，无塞廉耻之路"和浔阳方氏的"父兄慈、子弟敬、和乡邻里、时祭祀、力树艺"以及蓝田吕氏的"德业相劝，过失相规，礼俗相交，患难相恤"。④

2. 强制性"惩戒式"

"治家立规亦须立禁。"⑤ 为了规范家族成员的言行举止，闽北许多家族在谱牒中对触犯家法者都比较明确地制定相应家规家法，以约束子弟。这些家训，不仅具有道德的劝谕性，甚至还具有一定的法律效力。当然这只是针对家族内部而言的，即所谓"家法""家禁"或"家戒"，以此惩治家族不肖族人。⑥"家诫"作为族人思想和行动奉行的规矩，对违反家规族人则采取严厉的惩罚措施，是带有鲜明惩戒倾向的家规。⑦ 城村赵氏在《谱论》中阐述，族规就是族法，族规以示劝，而族禁以示儆，使族人时刻触

---

① 包东坡：《中国历代名人家训精萃》，安徽文艺出版社，2000，第35~37页。
② 谢长法：《明清时期族谱的教化功能刍议》，《湖南师范大学学报》2005年第2期。
③ （清）《倪氏会修宗谱卷一·新族规》，光绪岁次辛卯千乘堂刻本，第46页，建阳图书馆藏。
④ （清）《陇西李氏家谱卷一·族规》，道光二十四年，第1页，南平图书馆藏。
⑤ （明）《周氏宗谱卷首·跋》，正统十一年，建阳图书馆藏。
⑥ 王学：《中国古代家训的价值取向初探》，《湖南师范大学学报》2005年第1期。
⑦ 谢长法：《明清时期族谱的教化功能刍议》，《湖南师范大学学报》2005年第2期。

目惊心。诚如雷氏谱牒所言，使"子孙触目而知警惕焉"。① 一般族人只有遵守的义务、而无反对的权利。赵氏十分推崇孝道，堂内"木栏房"就是为惩罚族内不孝父母或触犯族规的子弟而设的。光泽华桥乡费头村的陈氏设有"刑杖厅"，厅上至今还书有"家秉三尺法，官省五刑条"的警告性字样，可见封建家法的森严。建阳黄氏在《谱禁》中规定四条禁令，旨在世代子孙能时常触目惊心，无犯族禁，尤望读书明达之嗣不时讲诵，以期唤醒不孝不悌之徒。

有的家族制定家禁，对不孝子弟则采取较为严厉的惩罚措施，旨在族众能恪守祖训，行为举止不辱家声。要惩戒就必须有禁律条款以示族人，这些禁律条例其实就是族规家训，甚至比族规家训更具约束力、强制性。建阳雷氏经大宗祠内进士、举人、贡监、生员共同商议之后，对建宁府浦城县西乡洋徐堂清兄弟和瓯宁县小地名复豆村束东皆等不孝子弟，做出"革出祠永不入宗，既革之后，所生子孙永不许归宗，以杜遗累、玷污宗族"② 的严厉处罚。城村李氏在宗谱十四则条例中规定，不孝父母、侵凌长上、不思祖宗义重者，按之百行堕其本律之五刑为罪魁。吾族中如有此人必加惩逐删名于系。李氏家族为了"清宗肃族，使子孙知禁戒之严，日迁于善，去邪归正，无伤风败俗之行，有敦睦整饬之风，以儆其后"，③ 在《合族惩罚条例》中规定具体的惩罚措施，如不遵祖训、不务正业、为窃为盗者，清除出族。浦城章氏太傅仔钧在家训中规定：凡败祖宗之成业，辱父母之家声者，则不可入吾祠而祀吾茔，并希望子弟能常读不辍，谨而记之，谨而戒之。④ 陇西李氏也有类似的规定：有辱家门者则"生不齿于族，死不入于祠"。⑤ 由此可见，这些"惩戒式"的家训，以禁律条例以示族人。若不遵守这些祖训禁律，有的轻则鞭笞杖责，重则处死；有的清除出族，生不准入家门，死不许入祖坟。显然，在封建社会时代，这种处罚无疑是

---

① 雷元华、雷生木撰《雷氏族谱·凡例》，民国十八年，第1页，建阳图书馆藏。
② 雷元华、雷生木撰《雷氏族谱》，民国十八年，建阳图书馆藏。
③ （清）《古粤李氏宗谱卷二·合族惩罚条例》，同治十二年御篆铁券，兴田镇城村李氏祠堂藏。
④ 章练主编《寻根浦城——章氏文化研究第二辑卷首》，福建浦城章仔均、练夫人研究会，2005。
⑤ （清）《陇西李氏家谱卷一·族规》，道光二十四年，第1页，南平图书馆藏。

家法族规中最严厉的一种,这也增加了家法的威慑力。为能维护庞大家族秩序,家族制定对族众具有约束力、强制性的严格族规家法。这一内在需要导致产生了大量家训,从而使家族的私法具有文字和独立于国家法典之外的形态,是在家族制度的重建中起到不可或缺的重要保障作用。

综上可见,闽北家训方式多种多样,其中,最严肃细密的应是族规形式,最直观易记的是格言形式,最简便温情的是家言形式,最浪漫文采的是诗歌形式,最委婉含蓄的是典故形式,最殷切务实的是家书形式。尽管如此,闽北各家族家训中并不乏见上述各种形式交叉应用,足见其育人心切良苦。

## 第二节 从家训内容看闽北家族教育

纵观闽北各大家族的家训,尽管其内容涉及面较为广泛,但无不以"教家立范、整齐门内、提撕子孙"为宗旨,希望通过儒家所提倡的伦理纲常注入家训,来展现和增强家教规范的理论说服力,强化家训对培育子孙道德品质所具有的教化习染作用。湖茫李氏对家训的宗旨作如下精辟解释:"以正伦理、别内外为本,以尊祖睦族为先,以勉学修身为教,以树艺畜牧为常。"① 因此,闽北各家族家训虽林林总总,但归纳起来,主要也是围绕"修身立德、励志勉学、治家教子、涉世从政"等方面内容,渗透在日常生活的各个方面。

### 一 进行"修身立德"教育,以保做人之基

修身,也叫修心、正己、处己等,是为人之本,伦理之始,是个体自觉地以传统的道德规范来陶冶自己的性情,以期达到"内圣"的境界。② 自天子以至于庶人,壹是皆以修身为本,(《大学》,四部备要本)传统家训注重以修身为本。以陶冶身心、涵养德行为主要内容的修身,是儒家推崇的齐家、治国、平天下的基础。所以,中国历代家训都把家庭(族)成员的

---

① (清)《湖茫李氏宗谱卷三·族约第七》,光绪二十二年刻本,第1页,浦城图书馆藏。
② 朱明勋:《中国传统家训研究》,四川大学博士学位论文,2004,第13页。

道德修养置于突出的地位而加以强调，这是闽北先辈们教会子孙通过"修身立德"以长保家业的生存之道，也是闽北家族教育中不管朝代如何更迭而一以贯之的不变主张。

**（一）孝亲敬上，睦亲齐家**

宋以后，我国封建社会已发展到后期，随着生产力发展，商品经济也有所发展，阶级矛盾进一步尖锐，不仅封建国家的长治久安茫无着落，就连地主官僚使家族子孙长享富贵的希望也常落空。理学家张载在《宗法》中已描述此不稳定状态："且如公卿一旦崛起于贫贱之中以至公相……既死，遂族散……止能为三四十年之计。造宅一区，及其所有，既死则众子分裂，未几荡尽，则家遂不存，如此则家且不保，又安能保国家？"[①] 因此，闽北祭祖先辈越来越多地注意到宣传孝悌、亲亲等封建伦理观点，注重用"家训""家法"来规范约束家族子弟的行动，从而达到维护家族统治秩序的目的。

孝是人伦之始，是一切道德的根本，[②] 也是家道隆昌的必要条件和核心要素，在闽北家训中通常置于首要地位。一直以来人们认为孝是为人之本，孝亲敬上是家道隆昌的必要条件。[③] 孟子所云："事孰为大，事亲为大"，这规定了炎黄子孙传统的行为准则，一言以蔽之即"孝"。凡是和宗睦族之道，必始于孝亲。"孝悌忠信"是以血缘为纽带的宗族社会里，是和睦家族之根本，也是传统家训德教思想的精髓，闽北家训也不例外，不管采用何种形式，总体上都少不了"孝"这个内容，并置之于首要地位、核心要素，无不提倡"百善孝为先"。浦城玉溪叶氏在制定十二条的家训中，第一条就是"隆孝养"，从起居、衣食都做了明确规定，如"昏定晨省""衣食之奉养需竭力""出入起居必敬"。[④] 南平彭城刘氏缉庵敬一公家训"敦孝友"，百行孰重，孝友唯先。如木根本，如水源泉。事亲承顺，兄弟和联。[⑤] 邵武和平黄氏在"敦孝悌"中指出"孝悌为百行之首"。其中"吾族香公纯

---

[①] 陈支平：《近五百年来福建的家族社会与文化》，中国人民大学出版社，1991，第12页。
[②] 付林：《论传统家训的德教思想》，《吉林师范大学学报》2005年第6期。
[③] 党明德、何成主编《中国家族教育》，山东教育出版社，2005，第79页。
[④] （清）《玉溪叶氏宗谱卷一·家训十二条》，光绪六年南阳堂刻本，第1页，浦城图书馆藏。
[⑤] 刘光舟编《南平彭城刘氏宗谱·缉庵敬一公家训》，南平彭城刘氏宗谱编纂委员会，1998，第195页。

孝",指的是《三字经》"香九龄,能温床"的江夏黄香,是"二十四孝"典故的人物之一。黄氏对孝进行如下精辟阐述:其一,族中子弟应尽自己最大能力及时行孝。其二,孝道的升华涵盖立身行道,光耀门楣,并认为该族"十八子拓南疆"的向外拓展精神是孝道最完美的体现。[①] 可见黄氏家训不仅拓宽了"孝"之外延,还丰富了"孝"之内涵。上屯李氏祖训强调"父母当孝,图报深恩""宗族当睦,百子千孙,一脉所育,亲亲爱爱,毋相鱼肉"。建阳雷氏某公遗训在"孝"纲目中指出,百行之源莫先于孝,孝即事亲,是立身之本。同时通过"父母十月怀胎,三年抚乳,推干就湿,抚我鞠我,劬劳万状,苦不堪言"表述,阐述父母养育子女的劳苦。雷氏规劝子弟要行孝悌以尽人子之责,做到菽水承欢,并认为读书入仕则可立身行道,显亲扬名,是孝的最高境界。同时,家训中还规定尽孝的具体措施,如上文提及的建阳雷氏某公遗训,要求子弟对父母尽孝应"冬温夏清,昏定晨省。出则必告,反则必面。起敬起孝,生事之以礼。死葬之以礼,祭祀之以礼。后辈当知'尧舜之为大圣人亦不外乎于孝悌'"。[②] 建瓯程源畲氏在"孝事父母"的纲目中,以"身从何来"问题,导出为人之子必知亲恩,无论贤愚都宜尽其力奉养双亲。建阳麻沙刘氏在"孝父母"中,规劝子弟,人之一身来乎父母,故要行孝悌以尽人子之责,勿论富贵贫贱,均要竭力奉养双亲,承顺亲意,虽劳不怨。乌鸦尚能反哺,羔羊亦知跪乳,何况于人乎!以行孝为先,行孝悌以尽人子之责。[③] 古粤城村赵氏设立十条族规,以期族人能孝友和睦、仁义中正。在"孝事父母"纲目中劝诫族人不做逆亲之子,为人为子应常怀至德至孝之性情,此乃地义天经之事。[④]

此外,闽北诸家训还力倡"和睦族众",教导子弟应本着"千枝万叶源于一本"[⑤] 理念,溯瓜瓞之初,念根源之共,仿效古人以衣食、器物乃至余田扶持寡妇孤儿门户,友爱睦众。在家训或家规中"和睦族众"的具体做法比比皆是。如建阳谢氏在"和睦族众"纲目中,教导子弟应效仿古人,

---

① 黄赞强、黄雄:《江夏黄研究》,暨南大学出版社,1996,第337页。
② 雷元华、雷生木撰《雷氏族谱·某公遗训》,民国十八年,建阳图书馆藏。
③ (清)《麻沙刘氏宗谱·家训》,道光六年线装本,第18页,建阳图书馆藏。
④ (清)《古粤赵氏宗谱卷一·族规》,嘉庆十九年,兴田镇城村赵氏祠堂藏。
⑤ 雷元华、雷生木撰《雷氏族谱·祖训十规》,民国十八年,第1页,建阳图书馆藏。

尤其是范文正义田赡养族人，盛德可师和张公艺"忍"字宜家，高风足羡，扶持寡孤门户。古粤城村赵氏谱牒中的族规也有类似的劝勉，要求子弟仿效"范文正义田赡族之至德，张公艺忍字宜家之高风"。据《宋太祖御制玉牒序》记载，赵氏还规定凡人皆有不忘先祖之心。子孙虽疏远，但玉牒昭穆分别，一脉血缘，以此警诫子孙勿恃富而轻贫，勿恃贵而骄贱。倘有子孙贫乏无依者，富盛之家宜量力抚恤，勿使其流离失所。赵氏认为"扶持孤寡"之举可增光于宗族，将以造福于子孙。[1] 建阳麻沙刘氏在"敦睦亲"规约中也体现这一做法："吾族人口众多，支派万千，何区远近，谁尊谁卑，皆子孙也，本同一源安别亲疏，故贤者当敦其愚，富者当济其贫，死丧相恤，喜庆相成。"[2] 类似的还有建阳雷氏和建阳熊氏族规训诫："贫苦不能自存者，族人俱当酌给微资，以成其美，以全族谊。"[3] 此外，有的谱牒还单独设有"怜孤"规约，禁止族人藐视孤寡，如建阳倪氏。以上这些做法与其说是依靠家族成员的团结共济、互助互帮的道德自律，不如说更多地依靠家训的约束和训导。在宗法社会里家训具有强制性，家族成员必须严格遵从、恪守。可见，家训在维系家族秩序和发展发挥了极为有效的作用。

**（二）和忍处世，慎独自律**

圣人处事，唯宽唯厚。闽北家训中有许多内容要求子弟具有忍让宽容、与人为善等美德。如五夫朱氏的"人有小过，含容而忍之；人有大过，以理而谕之"。[4] 南平彭城刘氏先辈漱亭振木公的"谦和生快乐，忍耐免烦忧"[5] 的家训强调谦和宽容的处世之道；南湖茂千公家训中教育子弟应宽厚待人，"有计不可设，有谋不可施，有富不可骄，有贵不可倚"。可见，忠厚待人是南平彭城刘氏一贯的优良家风。如前所述，刘氏缉庵敬一公在家训中引用了"一梨受赐，汁水均餐"之典故，训诫子孙效法古人和睦相处。此典故源于唐朝张公艺，以"百忍"累世同居，在中国家族史上有过两个

---

[1] （清）《古粤赵氏宗谱卷一·族规》，嘉庆十九年，兴田镇城村赵氏祠堂藏。
[2] （清）《麻沙刘氏宗谱·家训》，道光六年线装本，第18页，建阳图书馆藏。
[3] （清）《潭阳熊氏续修宗谱卷一·谱规》，光绪元年线装本，第2页，建阳图书馆藏。
[4] 朱守良：《朱熹〈家训〉：从个人修养到民族文明》，《安庆师范学院学报》2005年第3期。
[5] 刘光舟主编《南平彭城刘氏宗谱·家训》，南平彭城刘氏宗谱编纂委员会，1998，第195~196页。

家族曾长期同居，张氏家族就是其中之一。邵武和平黄氏的家训亦载有："处家里，宜以谦让为先；立身行己，不出恭敬二端；执德待人，正虑骄矜二字"[①]；浦城詹氏先祖司农公留有"尽心无愧，平心不偏"的遗训，詹氏后裔御史大夫天锡公称此遗训"其词简约，其义兼赅，有益于子孙"，并对其进行详细阐述。他认为所谓尽心者，忠也。凡事认真均能去除"玩惕之心，苟且之心"，高以求位置，勤以习事业，厚以固本根。尽爱敬之心无愧为子孙，尽友恭之心无愧为兄弟，尽忠信之心无愧为友朋，子孙各尽其心，心尽而忠。所谓平心者，恕也。去除"城府之心、畛域之心，正以立权衡，明以审洁度，公以周休恤，宽以乐解推。"[②]

曾子曰："十目所视，十手所指。"闽北一些家训还不同程度的强调"慎独自律"这一自我修身方法，如建阳蔡氏九儒之一的蔡元定，学古人佩韦以告诫自己，以"慎独"自勉并以此训诫诸子，强调"独行不愧影，独寝不愧衾"。其子蔡渊公谨遵其训，其"知行不偏，敬义兼备""屋漏不愧，暗室无疚"无不传承遵守先父"不愧不怍"[③] 之遗训立身处世。

（三）质朴显诚，明心交友

诚是做人之道，为人之本。闽北许多家训都对族中子弟强调为人处世应质朴显诚，明心交友。据文史资料记载，上屯李氏祖训：朋友当信，以道相钦，以心相应。玉溪叶氏的家训"戒伪妄"，教诲子弟待人接物一言一行之间务必诚实守信，不可阳奉阴违。[④] 政和湖屯村胡氏也有类似的家训。胡氏在谱牒凡例中，单设"诚信"纲目，有族例、系例、贤例和信例等，教育训诲族人诚信的基本准则是"内不欺己，外不欺人，忠实居心"，并强调"宁可以德胜人，切勿以财傲众"，告诫子孙不可"一念不信，应循物无违，与朋友交言而有信"。建阳吕氏族训教育子弟："为人不可无信朋友，礼接道交，尽忠取信。"[⑤]

---

① 黄赞强、黄雄：《江夏黄研究》，暨南大学出版社，1996，第342页。
② （清）詹贤拨、詹贤嗣修《浦城詹氏族谱卷一·家训》，光绪三十一年重修，第1页，浦城图书馆藏。
③ 蔡建海等修《济阳庐峰蔡氏族谱卷二十·蔡氏家训》，福建省建阳蔡氏九儒研究会，1994，第2页。
④ （清）《玉溪叶氏宗谱·宗训十二条》，光绪六年南阳堂刻本，浦城图书馆藏。
⑤ 朱恩新撰《河东吕氏宗谱卷一·族训》，民国二十四年刻版，第3页，浦城图书馆藏。

有的家训还对子弟进行坦荡务实、诚实守信的教育，尤其在那些经商家族，更加注重诚信教育。下梅邹氏经营茶叶，并以此发家致富。康熙十九年，邹氏家族生意兴旺，出现"经营茶叶者，皆为下梅邹氏"的盛况与邹氏对子弟进行诚信教育密分不开。先祖茂章在与晋商经营中学到不少为人处世和经商的美德。据《邹氏家谱》载：邹茂章，悃幅无华，品核精祥，无二值，无欺隐，从不与市井较铢两。据说，晋商常氏在下梅村经商期间，常背诵《常氏家乘》家训中有关经商的道德条规：至于寄迹廛市，更有可法者。栉风沐雨，以炼精神；握算持筹，以广智略。其深藏若虚者，有良贾风；其亿及屡中者，有端木风。持义如崇山，仗信如介石，虽古之陶朱不让焉。[①]邹氏二十六裔孙家秀，认为此条规颇有"树正气、振精神、律行为"之用，于是传抄并效仿常氏，并立下规矩，诲导子弟为商定要重义轻利，争做儒商。于是"景隆号"茶庄的邹氏族人在茶叶交易中能自觉秉承宗族训诫，注重忠诚信用，形成良好的"非义不可取"的做法，从而树立儒商可信的良好形象，正是这"诚信履义"商德。清代武夷山四大巨富之一的万氏与其结为盟友，同时也推动经营业务的拓展，直到俄罗斯。据《崇安县志》载，崇安下梅为武夷岩茶茶市集聚地，每日行筏三百艘，转运不绝。可见邹氏以德经商，不仅使家族兴旺发达，也使武夷山东隅的茶庄集市小镇，连接起一条通往中俄边界贸易城恰克图的贸易之路。

## 二 进行"励志勉学"教育，以求族众向学

"芸窗十年，悬梁刺股读圣贤。笔豪干，砚磨穿，赴秋闱，文章显，黄榜登名中魁元。蟾宫折桂时，得意马蹄欢。告乃翁，捷报传，荣宗耀祖锦衣还。"这是《浦城戏曲·木偶戏》中的一段唱词，不仅体现了莘莘学子"刻苦攻读、科举及第、光宗耀祖"这一求学模式，而且普遍性地体现了闽北家族教育文化的时代理念和追求。家族先辈意识到要实现光宗耀祖的终极目标，金榜题名则是其中一条较为重要且有效的途径，在"学而优则仕"科举时代，常以家族及第、入仕人数及官阶大小，作为衡量家族社会地位高低的标准。为此，励志勉学的内容也就自然成为闽北家训中一项重要必

---

① 邹全荣：《中国历史文化名村下梅》，国际炎黄文化出版社，2006，第19页。

不可少的内容,并始终贯穿于家族教育活动始末。

### (一) 强化立志惜时

常言道:"非学无以广才,非志无以成学。"立志是指一个人的志向、志趣。"志"是人的精神支柱,是人奋发向上的动力。① 家族先辈深谙求学成才之道,意识到人须立志否则终无定向,无所作为的道理。志是心之所向,对人的成长至为重要。因此,各家族在诫勉子弟向学时,格外重视家族子弟们的志向建塑。"功崇唯志,业广唯勤。"显然,立志惜时成为家训文化中的一个不可或缺的重要部分。邵武和平黄氏在家训"训诵读"篇中,强调读书先要立志的观点的"警立其志,鼓其精神"。②

闽北各家族意识到"骄是凶德,惰是败相"的道理及教育的重要性,认为子弟生长在优越的环境之中,若不勤学,最易产生骄淫之心,大多家族覆败、子弟不肖者,多因不读书所致。家族先辈最担心的是族中子弟不思进取,无心向学。因此,家训中训导子弟惜时求学的诗句比比皆是。如南平彭城刘氏漱亭振木公认为族人要获得成功,除立志外,更重要的是要珍惜光阴、勤奋学习,告诫子孙韶关莫浪游。和平黄峭第16世孙才华横溢的黄清老,又称樵水先生,其好学不倦,虚心向乡贤名士严斗岩学习,携带大量书籍,隐身邵武福山寺翠微阁笃志励学,以读书为乐,其后裔子孙将其的"书灯夜摇动,雾气侵几阁。开扉得新月,欲掩见栖雀"的诗句作为劝导子弟就读的家训。类似的还有建阳熊氏家训规约:七岁子弟便要入书堂学吟、学字,严加训迪。③

上文述及的南山吴氏家族,其家训不仅劝勉子弟立志向学,还以更为详尽直观的诗歌文字表现形式,训导子弟要"惜时求学"。在由吴玉魁等修撰的《吴卓文化传衍》谱牒中,收有吴鹰霄相关的三首《劝学诗》屡屡提及相关内容。④ 其一:满堂书声破寂寥,秋风刮刮雨潇潇。寸阴尺壁情当惜,一字千金志勿凋。宰相非无生白屋,王侯亦有起渔樵。山花不及灯花好,求学心殷兴味超。其二:为人最要读诗书,学问毫无一世虚。少壮贪

---

① 付林:《论传统家训的德教思想》,《吉林师范大学学报》2005年第6期。
② 黄承坤主编《江夏黄氏峭山公宗史》,香港奔腾出版社,2007,第394页。
③ (清)《潭阳熊氏续修宗谱卷一》,光绪元年线装本,第2页,建阳图书馆藏。
④ 吴玉魁等修《吴卓文化传衍·诗赋》,2003,第326页。

嬉与逸乐，老年反悔亦徒如。金精必自汰淘始，玉美还须磨琢初。苦尽甘来应有日，加鞭速去莫踌躇。其三：铁杵磨针警谪仙，世间万事怕主坚。初修颇觉非容易，及贯方知成自然。十载寒窗养正气，三更灯火研章篇。谁言尔等后生辈，不是未来之圣贤。吴鹰霄认为读书为人之本，用"寸阴尺璧情当惜，一字千金志勿凋"诗句劝勉子弟要惜时、立志；用"山花不及灯花好，求学心殷兴味超"诗句告诉子孙学习自有一番情趣，年少时切勿贪嬉、逸乐，否则追悔莫及；用"苦尽甘来应有日，加鞭速去莫踌躇""铁杵磨针警谪仙，世间万事怕主坚""十载寒窗养正气，三更灯火研章篇"等诗句劝勉子孙须勤学用功。诗句"宰相非无生白屋，王侯亦有起渔樵"道出读书入仕是进身的阶梯，最后"谁言尔等后生辈，不是未来之圣贤"诗句对子孙寄予了成圣成贤的殷切希望。吴鹰霄这三首诗至今对吴氏后裔仍有激励、催人奋进的力量。南山游氏以游酢的《诲子诗》作为家族祖训。诗中"三十年前宿草庐，五年三第世间无"记载着游氏家族五年之间，族人三次登科及第曾有的辉煌。诗句"门前獬豸山公裳在，只恐儿孙不读书"[①]反映了游酢对族中子弟不思进取的担忧，故以此诗告诫子弟，策励子弟向学。总之，类似上述励志向学内容的族规家训比比皆是。

（二）传授学习方法

有的家训以家言的形式对子弟传授学习方法。据1928年《南平县志》记载，清代理学名儒林昌麟，强调学习既要遍观天下之书，以求博学，又要贵在有恒，当循序渐进，并时常训子曰："作文别无法，多读多作""读书须严立课程，勿或作或辍。苟日诵书而意杂，身对书而心驰，工夫无由而纯熟也。"[②]

（三）运用历史典故

为能更好地劝勉子孙向学，有的家族在家训中列举前人勤学苦学之历史典故，并注重从中引出普遍的意义，以告诫之语来训导子孙。[③]

和平黄氏就是其中一个显例。黄氏在家训"训诵读"中阐述"诗书之训，实行在其中，荣名在其中。反复告诫子孙切勿因"家贫、谨趋蝇头微

---

① 《广平南平凤池游氏族谱》，南平凤池修谱委员会，2002，第108页，凤池游定夫祠藏。
② 黄政：《福建宋代教育史话》，福建省教育史志资料集第六辑，1991，第88页。
③ 党红星：《试论中国家训文化的特点》，《东岳论丛》2006年第1期。

利或因家富，恃有银钱可通，将诵读二字搁置度外"，运用"囊萤映雪"勤学苦读之典故，劝勉族中贫寒子弟，更应在艰困之环境中，像聚萤照书的车胤和映雪读书的孙康一样，刻苦攻读，终至登科。同时，黄氏在家训中指出，只要目的明确，意志坚定，就能克服困难，勇往直前，并指出贫富是可相互转变，只要子弟读书入仕，贫何患不富?! 若不识一丁，富何胜于贫?!

顺昌双溪余坊余氏也运用历史典故引导、劝勉子弟向学。据明正德《顺昌邑志·词章志》记载，宋代余良弼，享有"博学明经，乡试第一"的赞誉。其在《教子诗》"青春不再汝知否？学不成名岂丈夫!"劝诫子弟青春易逝，要珍惜韶光，潜心向学，学有所成。从诗句"幸有明窗并净几，何劳凿壁与编蒲"中，可见余良弼引用西汉匡衡"穿壁引光"和路温舒"编联蒲叶"家境贫寒但刻苦勤学的两个历史典故，以此教育激励子弟向学，最后对子弟寄予"能取进士第，崭然见头角"的厚望。①

**（四）宣传读书益处**

1. 读书有益于个人成长

有的家训列举读书在个人成长中起着重要的作用。南平彭城刘氏屏山文靖公在家训中认为：读书琅琅，其神乃扬，杂虑横心，圣言则忘。读书默默，精义乃得，借聪于人，终焉必惑。视彼迅此，若弗云来，今汝不勉，则何有哉。时习之说，反身之乐，瞻忽茫然，匪伊情度。② 浦城祖氏家训在"诗书宜习"纲目中训导子弟学习切莫苟且怠惰，也不要见异思迁，"必从事于诗书，而后能成其美，俾大而为栋梁之器。亦可绍书香下，亦能稍通礼义而免为下人也"。③ 可见对于个人来说，读书能够成才，使人明辨是非，知礼义廉耻，成为上达之人，以上这些家训对激励子弟向学具有一定的意义。

2. 读书有利于变化气质

闽北素有崇文重教的优良传统，人们普遍认为由于天性，人之气质本

---

① （明）马性鲁修撰《顺昌邑志·词章志》，正德庚辰版，1985，第209页。
② 刘光舟修《南平彭城刘氏宗谱·六经堂学者家训》，南平彭城刘氏宗谱编纂委员会，1998，第193页。
③ 《入闽祖氏宗谱·家规》，2000，第15页，浦城图书馆藏。

性难以改变，通过学习却能够改变气质，培养人的良好性情，使人具有足够的修养。南平彭城刘氏以先辈屏山文靖平日省躬自励之言作为家族劝励子孙向学的家训："人稚弗攻，其成必愚，故善学者必谨其初。原有生之初，愚知混混，学如蜕焉，其质及变。"[1] 建阳熊氏也十分重视教育，在家训中规定：七岁子弟便要入书堂学吟、学字，严加训迪，以变化气质，他日若做秀才为官固为良士廉吏，就为农、工、商、贾也不失为君子。[2]

浦城章氏家训（即太傅章仔钧的祖训）中"子孙不患少，而患不才""力不患衰，而患无志"道出励志勉学的重要性，并指出"眼底无几句诗书，胸无一段道理"，不为学的弊端则为"神昏如醉，体解如痴；意纵如狂，行卑如丐"。仔钧用醉、痴、狂等字眼对不读书所产生不好结果进行强化，教育子孙要好学不倦，以此改变气质，并告诫子孙"当以儒业起家，以'仁'字为名"，在如此良好家风的熏习下，其十五子以至孙辈，皆能称能，亦联仕籍。史料记载："太傅一十五子，皆列于朝，或文或武，咸称厥职。其孙文谷中状元及第，冠盖簪绂，萃于一门。"[3] 从许多名儒雅士对章氏家族子孙的像赞即可为证，如窦仪对章仔均的"忠义天锡，德孚于乡"、查元芬对练氏夫人的"女德丈夫，人孰与并"、宋祁对其三子仁燧"才超流俗，品重圭璋"、石延年对其八子仁愈的"心圣贤之心，志圣贤之志"、包拯对其九子仁监的"安唐无血刃，报国见丹心"、曾巩对其十一子仁瀫的"恪守官司箴，荣膺禄秩。高而不危，满而不溢。公处谏垣，忠贞莫匹"以及蔡襄对其十四子仁逊的"忠信全，仁义悦；惩回邪，尚气节"[4] 等高度评价。

3. 读书有助于家族兴旺

有的家训列举勤学苦读是读书入仕，金榜题名的重要甚至是唯一路径，有助于家族兴盛不衰。诚如建阳周氏家训"崇读书"的中所描述"若中及第，擢升显赫"，读书入仕，可提高家族的影响和地位，光耀门第。松溪吴

---

[1] 刘光舟修《南平彭城刘氏宗谱·屏山文靖公遗训》，南平彭城刘氏宗谱编纂委员会，1998，第 194 页。
[2] （清）《潭阳熊氏续修宗谱卷一》，光绪元年线装本，第 2 页，建阳图书馆藏。
[3] （清）章贻贤撰《章氏宗谱初稿》，光绪二十五年石印本，浦城图书馆藏。
[4] （清）章练主编《寻根浦城——章氏文化研究第一辑·历代名人赞》，2005，第 33~43 页。

氏科甲蝉联,素有"吴门三代簪缨"之称,在《祖训家居四则》的家训中指出"饱读诗书乃居家至要",希望子孙通过勤学苦读能"胸藏二酉,学富五车",一旦获取功名,不仅大耀门闾,还为乡邻所欣羡。南平彭城刘氏在家训中道出读书的好处,如水帘炎初公家训中的"儿孙岁岁书大有,不必谋良田"、勇溪定侯公家训的"课后生而接书香"。① 建阳麻沙蔡氏先辈的"四传学业家还在,子孙绍复承吾书"的遗训也体现"诗书传家久"的思想。②

### 三 进行"治家教子"教育,以期家族兴旺

家族兴旺,是古代每一个炎黄子孙的执着追求,治家是家族兴旺的首要基础,即让家族中每个成员意识到自身的地位、职分与处世规范。所以,父子、兄弟、夫妻等宗亲关系以及待人接物等都被纳入族规,以训诫子弟。闽北大多家族在家训中就父子、兄弟、夫妇等宗亲关系做出的具体的要求,如父慈子孝、兄弟和睦等。家训中还涉及严谨治家、勤劳节俭、养正于蒙、爱子有道、和睦乡邻、善待仆隶等诸多方面内容,以教育子弟。

#### (一) 父慈子孝,伦常天性

家庭(族)是由天伦骨肉关系而来。因此,中国的家训文化历来强调父慈子孝、兄友弟恭、夫唱妇和,信奉伦常天性,力倡"百善孝为先"。现存谱牒中的家规家训都十分强调治家,主张一家之事贵于安宁,家庭(族)成员之间要和睦相处,并且有对治家之道的规范,如居家要仁厚,要求家人按照父慈子孝、兄友弟恭等规范族人的行为,使一家长幼有序,内外各尽其分,以期家族子弟当尽孝悌之道,宜敦孝悌于一家。朱熹《家训》对父子、兄弟、夫妻的宗亲关系阐述相当详细:父慈、子孝、兄友、弟恭、夫和、妇柔等。浦城祖氏在"明父子之亲"家规中引用罗从彦先生的话:"天下无不是父母之言教孝极切也,吾族孝行克敦垂诸史册",家规戒律强调,对孝贤子孙予以旌表、褒奖,对不孝、不顺国子孙予以"常刑"惩罚,后送官究办。在"明兄弟之爱"的家规中认为"兄弟如手足,手足断了难

---

① 刘光舟修《南平彭城刘氏宗谱·水帘炎初公家训》,南平彭城刘氏宗谱编纂委员会,1998,第195页。
② 蔡建海等修《济阳庐峰蔡氏族谱卷一·蔡氏九儒》,福建省建阳蔡氏九儒研究会,1994,第12页。

再续",劝诫族人"宜念手足友爱如初"。①上屯李氏祖训在"兄弟当爱"的纲目中,谆谆诲导子孙"同气连枝,手足相对。兄友弟恭,毋违规诲"。湖茫李氏家训中则列举了兄弟友爱的诸多原因,如兄弟幼时父母"左提右携,前襟后裾。食则同案,衣则传服。学则连业,游则共方"。②南平彭城刘氏认为兄弟之间的和睦,有利于家族的兴旺,可振门第,如勇溪定侯公家训的"睦兄弟而振门墙"。建阳吕氏家训强调:"为人莫先于孝悌,为子者尽孝敬之心,无愧于子,为弟者尽友恭之心无愧为弟,则百行全矣。兄友其弟,弟恭其兄,兄弟和悦之心,怡然一世。"③建阳雷氏认为:"世间最难得者,兄弟怡怡如也。"因此,其《家训》训诫子弟"兄弟同气连枝,各敦义让,莫因毫厘而争竞,田地易得,手足难求"。在先祖遗训"礼"的纲目中,也体现"父慈子孝、兄弟和睦"这一相同思想,认为:"若父子由是礼则父慈子孝,若兄弟由是礼则兄友弟恭,若夫妇由是礼则夫和妻顺,以及推及其他方面,若朋友由是礼则无言不及,若义之失德志与民由之则礼让成俗,若礼教成风不得志则独行其道,谓其出入礼门之君子,谓其礼义由贤者出,故我子孙当守之以礼。"④

有的家训运用典故阐述兄友弟恭的思想。如南平彭城刘氏在族训"和兄弟"的纲目中,指出昆仲(即兄和弟,喻亲密友好)乃一脉所出,系吾之羽翼,并运用古代兄弟相处的正反两个事例增强说服力,一是"灼艾分痛"之典故。北宋时期,宋太祖赵匡胤和弟弟赵匡义感情深厚,有一次匡义生病,太祖亲自为他灼艾治病,看到其弟疼痛之状,就将热艾往自己身上灼烧,以分担弟弟的痛苦。二是"煮豆燃萁"之典故。曹操之子曹丕嫉妒曹植的才华出众,命他以兄弟为题而又不可带兄弟二字,并且要在七步内成诗,这是兄弟间自相残杀的典型事例,刘氏教育子弟应仿效前者,耻笑后者,诚如《诗经·小雅》中的"伯氏吹埙,仲氏吹篪",兄弟应"埙篪相应",互相配合、相互照应,关系融洽,"留佳名于后世"。⑤建瓯程源畲

---

① 《入闽祖氏宗谱·家规》,2000,第14页,浦城图书馆藏。
② (清)《湖茫李氏宗谱卷三·族约》,光绪二十二年刻本,第3页,浦城图书馆藏。
③ 朱恩新撰《河东吕氏宗谱卷一·族训》,民国二十四年刻版,第3页,浦城图书馆藏。
④ 雷元华、雷生木撰《雷氏族谱·祖训十规》,民国十八年,第1~5页,建阳图书馆藏。
⑤ (清)《麻沙刘氏宗谱·家训》,道光六年线装本,第18页,建阳图书馆藏。

氏也以"曹氏痛心煮豆"之例告诫子弟,切勿争财、争田、争产而相害相残,这与彭城刘氏"煮豆燃萁"之典故实为同一母题变异出来的异文,具有强烈的教育意义。许多家训告诫兄弟之间不能因为一些小事而反目成仇,骨肉相残,大动干戈的内容比比皆是。如湖峰陈氏认为"最可憎者,当属兄弟分类相戕",要求族中子弟遵祖训,切莫"不念同气,手足干戈"。① 当然,也有个别家族先辈把家庭、家族裂变或不合的责任主要归咎于女子身上,如湖茫李氏家族的在《族约》云:"兄弟之不和,每起于妻子之离间……及其壮也,各妻其妻,各子其子,虽有笃厚之人,不能不少衰也……人家兄弟无不义者,盖因娶妇入门,异姓相聚,争长竞短,渐渍日闻,偏爱私藏,以至背戾分门割户,患若贼仇,皆妇人所作。"②

### (二) 崇尚俭业,奢淫勿习

常言道,"成由勤俭败由奢"。因此,勤劳、节俭是中国的传统美德,在传统的农业社会里,农业不仅是国家的支柱,也是一个家庭(族)的主要收入来源,闽北各家族对"俭"颇为重视,为了避免子孙因生活奢侈浪费而败家,均主张严谨治家,敦崇勤劳节俭,视其为治家之本。闽北各家族念及祖先创业筚路蓝缕,十分重视勤俭美德的优良家风的传承,在家训中常见诸如克勤克俭,积铢累寸与"勤俭"相关训词。具体而言,在家庭事务方面,闽北各家族谱牒中的家规、家训注意在家厉行俭约的内容,教育子孙要勤俭治家。如建瓯富沙叶氏治家遵循"节俭于内,树德于外"的祖训。程源佘氏在"俭约费用"纲目中,则遵循"谨身节用,以养父母"之训,要求子孙在衣食、器物方面,思守节俭。③ 松溪吴氏家族重视教育,吴岩夫特定《祖训家居四则》告诫子孙:"勤俭为居家至要,切勿游手好闲,滥用财物。一量糜常,玷辱家声。"同时也反对嫖赌,告诫子孙:"居家最关键戒嫖赌,不入花街。一旦挥霍,门户将荡产,则家人以嗷嗷,自致其苦。"玉溪叶氏在"崇尚俭业"中也极力反对奢侈,认为由俭入奢易,

---

① 《颍川陈熹公系千郎公支营十公宗谱·祖训》,南平湖峰陈氏源流研究会,1997,第1页。
② (清)浦城《湖茫李氏宗谱卷九·族约》,光绪二十二年刻本,浦城图书馆藏。
③ (清)佘仁敬:《佘氏宗谱卷一·谱规十条》,同治元年新郑堂刻板,第1页,建瓯图书馆藏。

反之则难，教诲子孙在屋宇、服饰、饮食等方面，宜从俭朴，不宜奢侈，以致倾败身家。南平彭城刘氏缉庵敬一公崇尚俭朴，要量入为出，告诫子弟夸张美丽，究属虚花。浦城太傅章仔钧，居乡有德行，沉默大度，极其重视后代的教育，治家严谨有方，以精微言语蕴含深奥的道理，告诉子弟"耕读可传家，俭勤可兴家，让忍可安家，嫖赌可败家，暴凶可亡家"①的治家之道。建阳熊氏在"勤俭当凛"纲目中，要求子弟日用节约，量入为出，勿赌博、饮酒、莫喜食懒做，并认为"以田园，宜以耕耘为本""俭可助贫，奢侈乃败家之端"。②建阳雷氏的家范教育子孙要"克勤克俭，自富自贵，奢淫勿习。在宾客往来方面，应谨礼为先。酌家厚薄，备席相筵。崇俭尚可，过奢不然"。③"农桑必力，昔圣有言，治生最急。"④古粤城村赵氏教育子弟不仅要勤修职业，以防滋生游食之徒，而且要子弟撙节费用，谨身节用，以赡养父母，永不入博荡场所，同时并告知子弟"骄奢取祸"的道理，号召族人效仿神尧、大禹克俭于家之法，足以继承祖宗遗业。在此，不难看出闽北各家族家训中是不厌其烦、苦口婆心对家族子弟进行勤修职业、勤俭节约方面教育，以期子弟能有所成就，同时能够世守祖业，永葆家族昌盛不衰。

一直以来，闽北家族教育遵循"治生之道，莫上乎勤"的古训。因此家训中常常有训诫子弟应务正业的内容，并把勤俭持家作为治生的重要手段，确保家业兴旺永承。南平彭城刘氏收录了先辈有关治生方面的家训，如缉庵敬一的"勤职业"的"韶华不再，岁月易迁。一生之计，唯勤最先。各专其业，切勿游敂。贤则苦读，愚则力田。或工或贾，各宜勉焉"。漱亭振木的"贵从勤里得，富自俭中求"。钓台若渔在家训中则更为详尽地教诲子弟："不耕则读，不读则耕。唯此两途，不误一生。请攻儒业，德立道明。朝而考学，夕而课程。干干惕惕，书史专精。上应试典，一举知名，耕务农业，卜雨课晴。春而东作，秋而西成。与与翼翼，仓廪丰盈。孝顺

---

① 章练主编《寻根浦城—章氏文化研究第二辑卷首》，福建浦城章仔均、练夫人研究会编，2005。
② （清）《潭阳熊氏续修宗谱卷一·齐家宝要遗范》，光绪元年线装本，建阳图书馆藏。
③ 雷元华、雷生木撰《雷氏族谱·凡例七教》，民国十八年，建阳图书馆藏。
④ 雷元华、雷生木撰《雷氏族谱·祖训十规》，民国十八年，第1页，建阳图书馆藏。

父母，友爱弟兄。克振家声。"①

有些家训还针对不务正业、游手好闲、自暴自弃、沾染各种恶习的子弟，规定严厉的惩罚措施。如玉溪叶氏家训"勤生业"中规定：凡子弟士农工商应各勤其业。毋嗜酒、贪淫、掷骰、博弈、好闲以至废时失事，长大无成，违者族长惩治。②浦城祖氏在家训"本业宜务"纲目中规定：凡为士农为工商，果能各尽其职，并对他们游荡无赖的族人采取严厉的惩罚措施。如"游手好闲或博弈酗酒"，若有"为盗贼以营生，喜充皂隶而度日，良心丧尽天理奚容者，先正家规，复送官究治，若父兄隐纵者，一并责罚"。③而南平湖峰陈氏体现耕读的重要性，以"读书为重，次即家桑，克勤克俭，毋怠毋荒"④。潭阳熊氏家训要求男子要以"治生为急，农工商贾务执一业"。⑤程源佘氏教育子弟要"勤修职业，民生在勤，勤则不匮虑养。"⑥

（三）养正于蒙，爱子有道

端蒙学，重家教是中华民族的优良传统，古代把启蒙教育称为蒙养教育，就是遵照古训，突出"养"对蒙童的重要教育作用。⑦在儒家经典《周易·蒙卦》中有"蒙以养正，圣之功也"之说，东汉经学家郑玄注："蒙，幼小之貌，齐人谓萌为蒙也。"南宋理学家朱熹在"蒙养弗端，长益浮靡"中指出蒙养的重要性，认为此阶段应培养幼儿的"圣贤坯璞"，若"自小失了，要填补实是难"⑧。为实现上述目标，朱熹在教育方法上极其强调先入为主的早期教育。由于蒙童"人之幼也，知思未有所主"，易受到各种思想的影响，而一旦形成不易更改。朱熹的思想主要以儒家的伦理纲常教育为

---

① 刘光舟主编《南平彭城刘氏宗谱·家训》，南平彭城刘氏宗谱编纂委员会，1998，第195～196页。
② （清）《玉溪叶氏宗谱卷一·家训十二条》，光绪六年南阳堂刻本，第2页，浦城图书馆藏。
③ 《入闽祖氏宗谱·家规》，2000，第15页，浦城图书馆藏。
④ 《颖川陈熹公系千郎公支营十公宗谱·祖训》，南平湖峰陈氏源流研究会，1997，第1页。
⑤ （清）《潭阳熊氏续修宗谱卷一·谱规》，光绪元年线装本，第2页，建阳图书馆藏。
⑥ （清）佘仁敬：《佘氏宗谱卷一·谱规十条》，同治元年新郑堂刻板，第1页，建瓯图书馆藏。
⑦ 毛礼锐：《中国教育史简编》，教育科学出版社，1984，第60页。
⑧ （宋）朱熹：《朱子语类》，中华书局，1999，第7页。

主，虽带有时代的烙印，具有一定的局限性。在明人王廷相在《雅述》上篇里则揭示得更为清楚："童蒙无先入之杂，以正导之而无不顺，受故易。可以养其正性，此作圣之功。壮大者已成驳僻之习，虽以正导，彼以先入之见为然，将固结而不可解矣，夫安能变之正，故养正当于蒙。"① 闽北先民尤其重视童蒙养正教育，在家训中有许多体现遵循"养正于蒙""先入为主"的教子原则，在闽北各家族的族谱中，有许多端蒙养的训诫。从建阳熊氏家训设立的"蒙养当豫"的纲目中，可见熊氏极其重视蒙养教育，认为慈母厚爱子女，子女多败，并告诫为人父兄者须知子弟当教之事，严格要求诸子弟七岁要入书堂学吟、学字，随其资质稍长，学业渐进时，再择名师以教经书子史，严加训迪。和平黄氏深知蒙养教育的重要性，应从小培养孩子纯正心性的根基，否则后悔莫及。诚如家训中"遵训迪"所言：倘若幼小不管不教，则"老夫灌灌，小子翘翘，任其放旷之性，必且祸不旋踵，倘若再顺其颓堕之习，必将败坏终身，此时始悔，悔将何及？"②

在家训中还有许多体现遵循"爱子有道、严之以道"的教子原则，提出"教养一体化"观念。在教子之道方面，闽北家族普遍认为，爱子人之天性，若娇惯溺爱子女，无教而有爱，后患无穷。教则须从童蒙始，且"爱教"结合。因孩子幼小不懂事，不管不教，待到长大习已成性再来挽救，并非易事。这是儒家经典中提倡的一种主要教育方法，这在闽北也得到很好的传承。以建阳家训为例，如建阳麻沙刘氏家训在"训子孙"纲目中，强调"子弟不教是为父、为兄之错"，告诫族人"课训子孙乃父辈之责，应认真教育子女，切莫娇生惯养，良愚不齐，且教以义方，幼时不染陋习，将来才能成器"。③ 建阳雷氏认为："有父乃生，有子乃继，早教义方，卓然立志，苟亲不教，菑害并至。"④ 建阳熊氏明白"慈母厚爱子女，子女多败"的道理，因此在六条家戒中特设"戒溺爱"纲目，并引用的颜

---

① （明）王廷相：《雅述》，《四库全书存目丛书》影印明嘉靖刻《王浚川所著书》本，子部第84册，第792页。
② 黄承坤主编《江夏黄氏峭山公宗史》，香港奔腾出版社，2007，第395页。
③ （清）《麻沙刘氏宗谱·家训》，清道光六年线装本，第19页，建阳图书馆藏。
④ 雷元华、雷生木撰《雷氏族谱·祖训十规》，民国十八年，第3页，建阳图书馆藏。

氏家训："自古及今，人之爱子，弊端多矣"，认为父母偏宠子女，虽欲以厚之，更可能引来杀身之祸，如"共叔（叔段）之死，赵王之戮"均为父母溺爱子女失败的反面例子。此外，熊氏还引用"刘表之倾宗覆族，袁绍之地裂兵亡"之例，告诫子孙应以此为鉴，正确处理好爱子和教子的关系。① 建阳吕氏族训更为具体地指出："婴孩于其始，不可溺爱，其侮欺父母，怠慢兄弟的行为不可笑而奖之，宜戒慎之。""有子弟者凡在幼时非耕则读，不可听其骄矜怠惰以贻误一生。"② 类似的还有上屯李氏祖训设有"子孙当训"的纲目：智愚贤否，性本相近，教以当然，毋拘天分。古粤城村李氏《家规六戒》中"戒游荡无轨"，应以勤苦为念，以放逸为戒。子弟万一不能读书却又不屑学艺，即使"有田百亩广种丰收"，也会坐吃山空或赋性狂猘一无所执，势必结交匪类赌博，辱亲覆祖、贻害实非浅小，故为父兄者不能怀"禽犊之爱骄纵酿祸，应耳提面命告诫子弟"等。③

此外，在中国传统的礼治社会中，子不教，父之过，这也是乡土社会中通行"连坐"的依据。孩子做了坏事，父亲得受刑罚或族人得受牵连。古代打官司也成了家族一种可羞之事，表明子弟缺乏教育。④ 因此，在许多家训中有居家戒争讼之类的内容。如和平黄氏在"戒争讼"家训中，苦口婆心地劝导家族子弟毋胡作非为，"谦爻皆吉，讼则终悔"，否则"藕断丝连，葛纠草蔓"，勿因始于织微之事，终至大祸，累及父母兄弟，害延邻族亲朋。⑤

## 四 进行"涉世从政"教育，以期子孙贤良

### （一）审择交游，芝兰并化

"亲师以外，半藉友生"⑥ 道出朋友对一个人的成长的重要作用。闽北先辈懂得"蓬生麻中不扶自直，白沙在涅与之俱黑"的道理，意识到审择

---

① （清）《潭阳熊氏续修宗谱卷一·家规六戒》，光绪元年线装本，第2页，建阳图书馆藏。
② 朱恩新：《河东吕氏宗谱卷一·族训》，民国二十四年刻版，第3页，浦城图书馆藏。
③ （清）《古粤李氏宗谱卷二·家规六戒》，同治十二年御篆铁券，兴田镇城村李氏祠堂藏。
④ 费孝通：《东方之子·大家丛书·费孝通卷》，华文出版社，1999，第155页。
⑤ 黄承坤主编《江夏黄氏峭山公宗史》，香港奔腾出版社，2007，第395页。
⑥ 刘光舟主编《南平彭城刘氏宗谱·缉庵敬一公家训》，1998，第196页。

交游（结交朋友）是塑造理想人格的必要条件，而环境对子弟成长的潜移默化熏陶作用，尤其望族的"往来无白丁"的人际交往对孩子的成长大有裨益。"益者三友，损者三友。友直，友谅，友多闻，益矣。友便辟，友善柔，友便佞，损矣。"许多族规家训中要求子弟谨慎交游的训诫，告诫子弟要交益友、远损友，以防误交匪类，有害于自己和家族。如浦城章仔钧家训"交游不患寡，而患从邪"。南平彭城刘氏缉庵敬一公家训"谨交游"中"得失相证，品业相成。交游无益，损我身声。若伴匪类，尤害靡轻"以及潋亭振木公家训"交友辨熏莸"[1]；浦城祖氏在"明朋友之交"中引用了朱熹教育其子朱塾的《朱子训子帖》的训诫："交游之间，最宜择敦厚忠信能攻吾过者，益友也。舀谀轻薄傲慢亵狎导人为匪者，损友也。"要求子弟应"多择善柔以相交""克己从善交结正人"。[2] 玉溪叶氏家训在"择交游"中要求："凡子弟交游须择厚重有益之士则德业可成，事体可托，认为凡子弟交友不当，会沾染不少恶习。"因而家训还规定，严禁子弟与匪人交游，否则"致陷身家悔之莫及，违者族长责罚"。[3] 还有建阳雷氏的"损我是远，益我是求，芝兰并化，言行兼修，苟交不善，所习下流"[4] 以及城村李氏的"责我是益，誉我是尤""倘交不善，则会习染下流"[5] 等家训充分表明"谨交友"这一思想。以上各家族择善而行的交友观对家族子弟的成长起着积极的引导作用。

### （二）为官清廉，勤政爱民

由于长期受传统儒家思想的影响，中国的传统伦理是以家庭（族）为本位的，以家庭（族）为起点，由家及国，由家庭（族）至社会。如果说"孝"是"忠"的前提，"忠"是"孝"的结果，"孝悌"观是规范家族内部人伦关系的话，那么"忠信"观是孝的延伸，是将此规范扩延至社会。《礼记·祭统》记载："忠臣以事其君，孝子以事其亲，其本一也。"[6] 常言

---

[1] 刘光舟主编《南平彭城刘氏宗谱·潋亭振木公家训》，1998，第196页。
[2] 《入闽祖氏宗谱·家规》，2000，第15页，浦城图书馆藏。
[3] （清）《玉溪叶氏宗谱卷一·家训十二条》，光绪六年南阳堂刻本，第3页，浦城图书馆藏。
[4] 雷元华、雷生木撰《雷氏族谱·祖训十规》，民国十八年，第4页，建阳图书馆藏。
[5] （清）《古粤李氏宗谱卷二·直友公家训四箴言》，同治十二年御篆铁券，兴田镇城村李氏祠堂藏。
[6] 《礼记》，岳麓书社，1989，第472页。

道:"忠臣出孝门""忠出于孝""求忠臣于孝子之门"。冯尔康先生认为:居家为孝子,许国则为忠臣,则明确指出孝和忠存有内在的交融性,主要是孝道包含浓重的忠君内容。这种交融性,就使得家族文化突破了家族的范围,使它不仅成为家族社会的信念,还是整个社会的一种观念。① 闽北家族先辈希望把子孙培养成忠臣良将,成为对国家有用之才,培养子孙从小孝顺父母,长大后才能为国效力。

俗话说:"修身利行"。闽北家训中极力鼓励子弟修身立品、为官清廉、从政以德的正面教育,特别重视子孙"为官清廉""勤政爱民""忠于职守""报效国家"的教育。典型的有浦城祖氏家训中的"为文官者当思利国爱民,居武职者亦必宣力靖乱下"。② 南平湖峰陈氏的"仕于朝也,为忠为良,勿沽虚名,勿贪高位"。③ 据《韦斋记后跋》载,朱松任政和县尉时,为劝诫自己勿急躁冒进以免贻误政事,故效仿古人"佩韦以自缓",并取古人佩韦之义,在尉署内建"韦斋"一室,且夕休寝其间以自警,以期时刻提醒自己谨记"事缓则圆"处事原则。朱松在自警的同时也规诫家族子孙:"如不唯自警,乃其所以垂裕后人者,益亦至深至厚而无以加之,则此志不可以不传于家""熹躁迫滋甚,尤不可以忘先人之戒"。④ 建阳雷氏认为"忠"表"尽己之心"之意。若事君而不尽其心则为奸臣、佞臣,为后世唾骂,故告诫子孙不可一念不忠,当尽忠以报国,事于社稷,捍患为生民。此外,雷氏教导子孙当以廉自励,学先圣"舜受尧封,禹承舜禅"之所为,并在"七教"纲目中阐述"君为民主,民为王臣,为仕报国"的君臣观。⑤ 浦城郡守祝昌泰,曾书嘱子孙:"要以忠厚待人",告诫子孙"为清官,家无恒产;做贪官,有辱祖宗"。⑥ 此外,闽北有些家训要求子孙积德行善、救济贫困、助人为乐,只有这样才能使家族具备丰厚的道德底蕴和良好的家风。

---

① 冯尔康:《中国传统家族文化的当代意义》,《江海学刊》2003 年第 6 期。
② 《入闽祖氏宗谱·家规》,2000,第 14 页,浦城图书馆藏。
③ 《颍川陈熹公系千郎公支营十公宗谱·祖训》,南平湖峰陈氏源流研究会,1997,第 1 页。
④ 罗小成:《韦斋与政和·韦斋记后跋》,海潮摄影艺术出版社,2008,第 53 页。
⑤ 雷元华、雷生木撰《雷氏族谱·凡例七教》,民国十八年,建阳图书馆藏。
⑥ 张先强主编《沧桑岁月·我的祖父祝东孙》,浦城县文史编纂委员会,2005,第 147~151 页。

## 第三节 从家训特点看闽北家族教育

### 一 闽北家训的细腻性

家训的细腻性是闽北家训中较为明显的特点之一，各家族只要有修族谱，家训是其不可或缺的部分，且竭力制定较为详尽的纲目，以期多方面规范族众的言行。此类例子在闽北家族的谱牒中不胜枚举。

邵武和平黄氏为使家族"莠顽感意，长幼共之"，希望"父诫其子，兄勉其弟，人率天常，家敦古道"，特列"忠君上、孝双亲、笃友爱、重祠墓、敬尊长、肃家门、谨嫁娶、亲族属、和乡邻、训诵读、崇勤俭、遵训迪、慎交友、戒争讼、戒非为、戒赌博"① 等16条训诫纲目，而且条条纲目又都制定有细规，阐述备尽。建阳周氏家训："吾家风尚、素为严紧、规行距步、奉莲指教、立身厚道、尊老爱幼、衣食俭朴、与人为善、报国为民"②，既秉承弘扬先祖爱莲文化，又涉及立身处世的方方面面，详尽而细腻。建阳雷氏不仅有12条祖训，还附有7条族规。主要以"孝悌忠信、礼义廉耻"为人生大节，谆谆训诫子弟，且详细阐述冠、婚、祭、丧之礼以及君臣、父子、夫妇、朋友、长幼、宾客之谊，并阐述遗训"以训示后人和为燕翼贻谋之计"的目的。雷氏家族用儒家的思想来规范教育族人，协调家族内部人际关系，并用族规防止族众背叛宗族，以维护家族内部的稳定和团结。③

光泽上屯李氏的祖训也较为细腻，字里行间无不蕴含着先祖的价值观，体现先祖的殷切希望和谆谆诫勉子孙。如"祖宗当敬，祭祀必诚""父母当孝，图报深恩""事君当忠，忠孝报国""兄弟当爱，同气连枝，手足相对，兄友弟恭，毋违规诲""宗族当睦，百子千孙，一脉所育，亲亲爱爱，毋相鱼肉""朋友当信，以道相钦，以心相应""邻里当和，长敦善处，毋起风波""子孙当训，智愚贤否，性本相近，教以当然，毋拘天分""内外当言，

---

① 黄承坤主编《江夏黄氏峭山公宗史》，香港奔腾出版社，2007，第391~396页。
② （明）《周氏宗谱卷首·家训》，正统十一年纂修，建阳图书馆藏。
③ 雷元华、雷生木撰《雷氏族谱·祖训十规》，民国十八年，第1~3页，建阳图书馆藏。

质朴显诚"等内容，可谓上下大小、家里族外均一一谆诫。

建阳熊氏制定了《齐家宝要遗范》家训也较为细腻，设"有礼当行、亲长当肃、节义当隆、蒙养当豫、勤俭当凛、祠墓故展、宗族当睦"等纲目。像雷氏一样，熊氏也较为详尽记述了冠、婚、丧、祭之礼，要求男子仗义，妇女守节。同时熊氏认为家中父母兄长不仅慈爱，又需教以诗书，授以生业。熊氏对孝有更深层次的理解，认为显亲扬名的子女能尽孝道是天经地义的事，若在父母困苦、贫穷、三餐难继之际，能周全委屈孝顺父母，实属难能可贵。这种观念在笔者收集的所有谱牒中是唯一有别于其他家族。熊氏十分重视教育，尤其是蒙学教育，从家训中反复强调读书可变化气质的益处。熊氏也极其重视修建祠堂和修墓之事，认为祖祠乃祖宗神灵所依，祖墓乃祖宗阴魂所藏，子孙追思祖宗，不可不见祖宗所依所藏之处。此外，在遗范中指出"尊尊、老老、贤贤"为家族和睦三要素。①

有的家训细化到有男训和女训之分。建阳麻沙蔡氏家训就属此类范畴。在"男训"的纲目中，蔡氏教育家族男子要"忠君孝亲，继承先阀""同气昆弟，日相亲睦""贫穷相济，患难相持""朋友之交，择其善者""四书五经，日夜温习""拳拳谨守，三省吾言"等；从"女训"的纲目："为子孙妇，孝敬公姑，不许保蛊惑其夫" "妯娌之间，亦似手足，慎勿争强" "淑慎尔身，族宜家，得贤子孙。"② 可知，蔡氏先辈十分重视女子的教育，意识到女性在家族教育中的重要性，时常用淑人的标准，教育家族女子，以期她们能成为宜家、宜夫、宜子的女性，千载扬名。

在闽北地区收集的五十多种谱牒中，要数浦城杨氏家训最为细密。杨氏共用28页族谱篇幅详尽载录了十分严格的12条族规家法，从修身、侍亲、兄弟、夫妇、养蒙、教女、治家、睦族、治生以及交友等方面，几乎对子弟们的俯仰举止都有制约条文，囊括整个家族的所有活动及其道德行为规范。总之，在生活方式的层面上，家族子弟的修养首先是规矩的养

---

① （清）《潭阳熊氏续修宗谱卷一·齐家宝要遗范》，光绪元年线装本，第1~5页，建阳图书馆藏。
② 蔡建海等修《济阳庐峰蔡氏族谱卷二十·蔡氏家训》，福建省建阳蔡氏九儒研究会，1994，第2页。

成。家训正是一套为家族子弟在衣食住行方面，立规矩、讲规矩的非常具体的要求和规范，使家族子弟能内化于心，外化为家族子弟的日常行为。

## 二 闽北家训的通俗性

不管是家训的形式，还是家训的内容，都可以感受到家训语言风格的通俗性。如考亭紫阳朱氏宗谱中载录的朱熹《家训》。[①] 它是百姓之家的家训的典型代表，也是家训之精华，已完全抛弃了硬性说教的家训语言风格，采用通俗化的语言风格，而成为通俗化家训的典型代表，是一篇关于修身、治家、处世的家教经典文章，从"慈、教、孝、友、恭、和、柔"等诸多方面，对父子、兄弟、夫妻之间伦理道德关系做了重要的论述，大力倡导家庭亲睦，人际和谐，重德修身，以精辟朴实的语言，规范每一个人在家庭、社会中必须遵循伦理道德、责任和义务，维护和巩固家庭关系发挥了重要作用，家训中蕴含的理性对每个家庭至今仍有极大的借鉴价值。[②] 笔者实地考察武夷山市东南部的五夫镇。此镇地处武夷山、建阳、浦城三县（市）交界地带，距市区51公里，是朱子理学的形成地。朱熹在此从师就学长达四十余年。五夫镇的紫阳书院至今悬挂着朱熹言简意赅、通俗易懂的至理名言："读书起家之本、循理保家之本、和顺齐家之本、勤俭治家之本。"朱熹认为读书、循理、和顺以及勤俭有益于家族兴旺。朱子"诗礼传家"的精华思想，在闽北古民居随处可见类似"忠孝持家远，诗书处世长"楹联式家训。

## 三 闽北家训的进取性

自古以来，中华民族就是一个勤劳勇敢、正直善良、爱好和平的民族。世界大同，天人合一，是其立身理念；不断拼搏，积极进取，是其民族之魂。因此，长城内外，大河上下，炎黄子孙们都希望自己的子弟个个能为江山社稷建功立业，为家族门户增光添彩，总担忧子弟不肖而败家辱祖、

---

① 《考亭紫阳朱氏总谱·朱熹家训》，闽北朱子后裔联谊会、武夷山朱熹研究中心，2000，第566页。
② 朱守良：《朱熹〈家训〉：从个人修养到民族文明》，《安庆师范学院学报》2005年第2期。

为祸一方。所以,不管子弟们是求仕、耕作还是经商,都训诫他们须遵礼守德、修身怡性、求学问道、齐家育人,以期代代子孙的价值取向和生活情趣都能合乎促进家族不断繁荣昌盛的共同指向,都能水乳般地融入中华礼仪之邦。纵观横览闽北的族规家训,无论是形式还是内容,无不淋漓尽致地映射出积极进取的内容。

### 四 闽北家训的共通性

古人持家治国,可谓国有国法,家有家规。家训是"中国历代先哲在立身、处世、为学等方面训诫后裔子孙的家庭教育实录"。① 在中国对后世产生深远的影响的,首推南北朝颜之推的《颜氏家训》。此家训共 8 卷 20 篇,内容质朴明快,说理深刻,有"篇篇药石,字字龟鉴"之誉,不仅涉及立身处世之道,而且还涉及当时的社会风俗、文学、经学、史学与音韵训诂之学等内容,堪称"中华家训之祖""中国家教百科全书"。在中国历史上诸如此类的家训并不多见,更多的是涉及一般的行为规范与社会伦理,如《朱子治家格言》的内容多是体现实用性原则,这也是传统家训的基本特色。

由于"程朱理学"的思想影响深入中国社会生活的各个方面。从某种意义上说,闽北家训的地域特色尤为凸显,在其思想的深刻熏陶和浸濡下,家族教育理念几乎与之是同出一源,一脉相承。纵观闽北林林总总的家训,虽族群的生活环境和家族背景差异,然而在价值取向、道德观念、文化认同等方面有着共通性和一致性。第一,崇孝悌。家族先辈希冀子孙能"宜敦孝悌于家",常引用"羔羊跪乳,乌鸦反哺"之典故,提醒子孙当恪尽孝道,兄友弟恭应各尽敦伦,尤其要继承家族先辈美德,使优良家风代代传承。在家训中常见单独设有"怜孤"规约和诸如"同气昆弟,日相亲睦""贫穷相济,患难相持""富贵休嫌同骨肉,贫穷须念共慈亲"等训诫,这种扶持家族孤寡等弱势群体的做法其实是对父母最纯粹的孝。第二,睦宗族。宗族和睦是家族兴旺发达的重要因素。家训中常以"树木千枝共本根,水源万派同源脉"的思想,教育子孙宗族当睦,应"亲亲爱爱,毋相鱼

---

① 吴凌皓:《中国教育史论》,吉林人民出版社,2000,第 386 页。

肉"。当然,"忍"字也不失为和睦宗族的好方法,张氏后裔常以家族先辈张公艺"忍"字宜家之高风,作为子孙效仿之典范。第三,尚中和。家训中有许多内容要求子弟应具"和忍宽容、与人为善"的美德。如"尽心无愧,平心不偏""谦和生快乐,忍耐免烦忧"等训诫。第四,严自律。一些家训在不同程度上强调"慎独"这一自我修身方法,如"蔡氏九儒"之一的蔡元定学古人佩韦以自警,其子蔡渊传承家父"独行不愧影,独寝不愧衾"之优良家风立身处世。第五,重诚信。有的家训充分体现诚实守信的教育思想,如"戒伪妄""礼接道交,尽忠取信",训诫子弟待人接物,言行务必诚信,此教育思想在经商家族尤为凸显。第六,谨交友。家训时常以"追往哲,慕前贤""往来无白丁""行规坐矩亲贤友,脱俗离庸务正人"告诫子弟要克己从善,交结正人。第七,勤读书。在"万般皆下品,唯有读书高"的科考取士的社会风气下,博取功名,入仕为宦已经成为改变个体乃至家族命运的所有希望,自然被家族先辈所崇尚和追求。为此,家训中有许多体现勉学劝进的教育内容,并极力渲染读书对个人成长、读书对变化气质、读书对家族兴旺等三大益处。家训中比比皆是"学习切莫苟且怠惰""铁杵磨针警谪仙"之类规劝子弟励志向学的内容,以期子孙能学富五车,一旦获取功名,不仅为乡邻所欣羡,而且光宗耀祖。第八,厉勤俭。自古就有"成由勤俭,败由奢"的古训。一直以来,如何治理家族,使子孙世守家业,确保家族长盛不衰,成为家训中不可或缺的内容。为避免子孙因生活奢侈浪费而败家,各家族对"俭"颇为重视,认为奢华乃败家之端,家训中极力主张克勤克俭,严谨治家,并视其为治家之本。因此,家训中常设有子孙需恪守效法的纲目,如"俭约费用""崇尚俭业""勤俭当凛"等。第九,端士品。由于长期受传统儒家经世思想的影响,家族先辈希望把子孙培养成忠臣良将,成为对国家有用之才,子孙从小孝顺父母,长大后方可为国效力。家训中特别重视子孙为官清廉、勤政爱民、忠于职守、报效国家之类的教育。

总之,闽北家训虽形式各异,但其基本目标却是共通的,极力培养儒家所推崇的"内圣外王"理想人格。家族先辈试图强化家训对培育子孙道德品质所具有的教化习染作用,从这个视角可知,闽北乃至整个福建的家族教育注重对士绅政治人才的培养,注重对传统伦理道德的教化,而轻视对科学实用知识的普及。尽管如此，闽北家族先辈还是通过形式多样、内容丰富的家训规范约束、劝勉训诫子孙，使之仁义忠孝，循规蹈矩，积极上进、立身扬名，以期形成世代相传的良好家风，确保家族绵延不绝，永葆昌盛。这一观点在现存的谱牒，如延平湖峰陈氏的"他时克拟峥头角，望尔声名耀门庭"、邵武和平廖氏"勤以修身，俭以养德，读书入仕，以图上达"以及建阳周氏"若中及第，擢升显赫，大耀门闾"得到充分印证。

由此可见，家训好比家族"纲领"，指导家族子弟的言行，具有一定的强制性和约束力，旨在用宗族组织的力量拟定一系列的行为规范来约束家族成员，以期建立家族血缘关系的尊卑伦序，并通过确定每个家族成员的社会化角色来维护家族内部长期和平共处、聚族而居的习惯性和自律性社会秩序。[①] 这是家训的最早起源，也是家训之所以为世人所重视的原因。由此可见，家训主要把宗法社会的礼法制度、伦理道德规范作为治家教子或教化族人的基本教育内容，来规范族人行为，以及处理家族关系。家训是中国传统文化的重要组成部分，在中国历史上对个人的修身、齐家发挥着重要的作用。它是我国古代宗法专制社会中所孕育出来的一种文化现象，是中国历史上无数家族或家庭在教育实践中，吸收儒家文化精神内核和民族文化的基因不断凝结而成的。换言之，家训是儒家思想占主导地位的传统文化的积淀和折射。

闽北家训内容蕴含的思想十分丰富，涉及范围较为广泛。不难看出闽北家族先辈不厌其烦、苦口婆心地教育子弟，以期他们有所成就，光耀门楣。家训是家族内部的一种规范和约束，作为是家族教育的重要方式，无论从在己修身、养性，在内持家、训子，还是在外交游、处世，在国忠君、报国等方面，都涵盖"居家、读书、做人、做官"等内容。一方面，从以上闽北各家族的家训记载中可知，家族先辈通过家训在家庭（族）内部对族人进行一系列的规范和约束，其最终目的是培养贤孝子孙，光宗耀祖，这也成为维系家族发展经久不衰的重要依据和保证，并通过血缘亲情关系，

---

① 陈新专、符得团：《传统家训道德培育的当代启示》，《甘肃社会科学》2011年第5期。

加强家庭（族）内部的亲和力和凝聚力，进而促进了家庭（族）和睦及社会稳定。另一方面，由于家训中的这些关于修身的内容也是传统儒家伦理思想的延续，自然具有时代的特征。因此，家训也不可避免地带有儒家思想的局限性。如家训中的"妻子如衣服，衣服既敝犹可换，兄弟更切于妻子也""男女异路""妇女儿童不得入内"[1]"人当安命守分，穷通得失自有天命，毋苦叹，毋强求"[2] 等封建思想都应摒弃。

---

[1] 雷元华、雷生木撰《雷氏族谱》，民国十八年，建阳图书馆藏。
[2] 朱恩新撰《河东吕氏宗谱卷一·族训》，民国二十四年刻版，第8页，浦城图书馆藏。

# 第五章　碑碣墓志与闽北家族教育

碑碣墓志通常指石碣、石刻、墓志铭、摩碑刻崖等以文字形式为表现的文物集群，且这些文物具有相当高的艺术价值和补正的史料价值。由于谱牒中的"行状"通常是常由死者亲友或门生故旧主动或应邀撰述，目的为表谥，是撰写墓志或史官提供立传的依据，所以此章节增添谱牒行状这一节。

## 第一节　谱牒行状与闽北家族教育

行状，是我国古代传记文学中的一种文体，它萌芽于汉代，称为"状"。元代以后称"行述""行状"或"事略"。至宋代行状开始出现较长篇幅的作品，代表作有朱熹的《张魏公行状》、苏轼的《司马温公行状》以及黄榦的《朱子行状》等。"按行状者，门生故旧状死者行业上于史官，或求铭志于作者之辞也。"[①] 这是行状的起源。然而，自三国时傅干作《杨原伯行状》，行状徒有其名而亡其辞。"行状，年纪也。"[②] 则指出行状并非是写人的一种传记文体，而是纪年的一种方式，迄今为止《先贤行状》是最早可考的以"行状"命名、以描写古代人物行为事迹为主的书籍，在"行状"的记录对象发生了根本性转变，由活人转向死者、从简单的人物事迹

---

[①] 吴讷：《文章辨体序说》，人民文学出版社，1962，第50页。
[②] （汉）班固：《汉书（卷一）》，中华书局，1962。

叙述到一个独立文体。①《先贤行状》一书涵盖行状文体的基本要素，如人物籍贯、名号、嘉行、懿德，且其记载的主要内容有着补史的价值。行状主要是对死者生前的世系身份、姓氏籍贯、生卒年月以及一生的行事大略记载。据撰作的性质，行状可分为应朝廷之诏所撰和应私人之请而作，可分为分官修和私撰两种。一些名望之人死去，其家属、门生、故旧，替他向朝廷请求谥号或请求史馆（国家设立的修史机构）为他立传。② 南朝梁刘勰在《文心雕龙·书记》中对行状的特点作了如下清晰阐述："状者，貌也。体貌本原，取其事实。先贤表谥，并有行状，状之大者也。"③"累其德行，旌之不朽。"④ 可见行状既有体貌本原，取其事实的特点，又有为先贤表谥的特点。第一特点说明行状是对死者一生行迹的追述的叙事性和真实性；第二特点说明行状注定具有歌颂性，这势必对叙事真实性有所影响，造成行状的叙事难以遵循史家的"实录"精神，对状主行迹的选取必定注定是隐恶而彰美。尽管如此，记载着家族先贤的懿德懿行的史事的"行状"，是族谱中必不可少的一项重要内容，也是闽北家族教育中对子弟进行教育一个较好的形式。

## 一　据行状撰作的形式分类

### （一）单传形式

闽北谱牒基本上是以单独立传的形式。古粤赵氏的《优行廪膳起宏实行》、溪山叶氏的《星拱先生传》、篁路罗氏的《世南公行实》、浦城祖氏宗谱的《武举祖家声传》、章氏的《章梦飞传略》、富垅游氏的《敕赠登侍郎游公讳文耀传》《御史游公传略并像赞》《敕赠登侍郎游公讳文耀传》、建阳葛氏的《暗园公传》、章氏的《御史中丞章溢公传》都属单独立传的形式。

### （二）合传形式

闽北谱牒中不乏以合传形式的行状。建阳倪氏宗谱的《琼公及弟珩孝友合传》记载，倪可象，字德威，质直好义，生七子。其中四子专事儒业，

---

① 盖翠杰：《〈先贤行状〉考证》，《浙江师范大学学报》2002年第1期。
② 俞樟华、盖翠杰：《行状职能考辨》，《浙江师范大学学报》2003年第2期。
③ （南朝梁）刘勰：《文心雕龙》卷五，四库全书本。
④ （南朝梁）刘勰：《文心雕龙》卷三，四库全书本。

其他三子力作不息，尤其琼苦志耕田，共为子侄。其身无衣冠之贵，言有金玉之珍，为民解纷息讼，乡民莫不钦遵。旧谱赞其曰："轩昂气宇，持身有礼，处事无骄，宽大之度"，乡党以之为榜样，而士林褒之为"朝阳鸣凤，沧海腾蛟"；谱牒还记载，其弟珩公，字子厚。宁淡泊以洁身，肯博施以济众。正德十一年，岁大荒，米翔贵，人多呻吟，公遂破产济饥，乡间矜服，后县令闻之而旌表之"尚义"，旧谱也曾赞其曰："清风高节，古朴之度，尚义旌扬，君子仰慕。"①

(三) 汇集形式

有些谱牒行状以汇集的形式，逐一列举家族精英的美德、功勋、庆赏。以邵武和平廖氏为例，在《宗谱祖德行述志》中详细记述了先祖自汉入闽以来理学名儒、作忠王家、书伦庭闱、著述或独行者，以垂天壤而昭示来者。在宗谱旁支各公行述中记载：性刚毅，以孝闻，授太学博士的廖宾；性质直，不妄交游，游其门者多跻显宦的廖棠；白云山隐居不仕，教授里门，从游者多所成就的廖明；事亲孝，其七子皆孝友无间，时称"七贤同芳"的廖贵清；幼失怙，事母孝的廖允；天性纯孝、孝友睦姻的廖逊；乐善好施，以实学训子的廖玉和"戚里赖以活着甚众"的廖延寿；赋性宽洪，无忤以贽雄乡里，周恤贫乏者，好善至老不倦的廖元善；义气豪爽、落落不可一世的廖暮；为人豁达大度，好施与人，尝周急济困，不惜倾其所有的廖应得；为人慈祥，恺悌孝友，救灾赈困，乐善不倦，有仁人之风的廖梓祥；性谨厚，娴于礼节，秉忠持信谨言行的廖友清；见义必为、出家以孝闻的廖根映。此外，和平《东恒黄氏宗谱卷六》中的《世德集略》也属此类范畴。

廖氏在《宗谱祖德行述志》中还详尽记载着家族先祖的科名、政绩的史迹，如深得民心的通州刺史廖国华；洁己爱民、宏奖风教的常州刺史廖广；建龙池桥的廖云；文武全才的廖如簏；为官以廉能著声的廖纯；博学多才，有惠政的廖雍；"亲潜学业，每以忠孝自许"的廖孝先，为官之地水旱灾疫，民苦不堪，上书十策，多见采纳。入祀忠臣祠，兵部侍郎黄伯固

---

① (清)《倪氏会修宗谱》卷一《琼公及弟珩孝友合传》，光绪岁次千乘堂刻本，第93页，建阳图书馆藏。

题像赞曰:"浩然其气,粹乎其质,一点丹忱,辉映星日""三年两鬓为民焦"的廖凝;文武兼备,以武勇荐授文职,累任刺史,有惠政,视民如子,民奉之如父母的廖褘;屡倾其财,脱人之厄的廖根绍以及曲江县尉廖居仕,授封韶阳郡守,谥文忠,于大清雍正元年十月初八日奉旨入"忠义孝悌"祠,从祀乡贤。内廷教习钱塘徐观海赞曰:"忠义之气比之河岳。"

廖氏在《宗谱祖德行述志》中还记载着家族先祖的崇学重儒的史迹,这对家族后学无疑是一种示范和激励。如性聪敏,喜读书,博学善文,世称名儒的廖诉;敏锐好学,博极群书的廖如勋;自幼嗜学,才德过人的廖琥;"箪瓢屡空"贫困求学的廖正古;当朝出耕,夜归读书不辍的廖暮;曾为颍川名宦,因世乱隐迹里山教授生徒,绝口世事的廖正;才华横溢,授著书郎,辞归后教授生徒,俱为显宦并奉敕旌表"潜德育贤"牌坊的廖义先;言无过辞,耕钓之外唯以读书课子为事的廖莘;治家训子侄,小心翼翼,谨慎无分彼此,人称友爱的廖居偒;笃学实行,人称其孝友,内外无间言,教授里门,从游者第科相望的廖蕃;教诸子以身唯言唯谨,喜好亲近宿儒,为诸孙矜伐的廖仲钦;终岁读书,教授生徒,可谓门人英俊辈出的廖棠等。

## 二 据行状撰作的内容分类

### (一)述忠节,激大义,彰懿行

1. 先贤孝悌

闽北谱牒载有许多表彰先贤孝行的行状。据叶氏谱牒行状记载,溪山叶氏国公,字星拱,先世以农业世其家,累代忠厚相邻,先生睦族和邻、怜贫恤寡、事母以孝闻,侍汤药事必躬亲。每自外归,凡街语巷谈之事,必口讲指划以博高堂欢笑,"其庸德行举可为乡间所矜伐,不失为一乡之善士""其庸德之行自有不容淹没足以传之"[①];建阳倪氏宗谱《敦伦录》中记载家族史上诸多孝悌的例子。如铭公事寡母朝夕承欢,降气鞠躬,日夜亲扶起卧;廷梓公事父母以孝闻,父病走谒医觊殆尽,至夜不寝,亲持溲器,至父去世;廷梧公,敬兄爱弟,其弟廷桂、廷杞腹疾甚痛,其不辞日

---

① 《溪山叶氏族谱》卷三下《星拱先生传》,民国八年线装本,第9页,建阳图书馆藏。

夜无止歇，其爱手足之事可法可传；思明公事兄尽悌，父先丧而产未分，其不以兄为贪而持敬，凡族邻中有事不平者，皆为人解纷，常济人，从不计义利；在公，字修文，三桂里人，立行醇谨，秉心洁白，事父母得欢心，兄弟间无一间言，乡邻有贫者，不吝倾橐周之；士城公夜卧必数起，听母使唤，每出必市果以献母，还有坤公孝友仗义等实录为子孙可效法。①

闽北谱牒也载有许多表彰先贤"悌"的行状。延平篁路罗氏族谱在《世南公行实》中载，罗世南睦族孝友益敦，堪称家族典范，当家族人口激增，原农产不敷供养时，将罗源家业委诸弟侄，毅然率次弟启南迁居儒岭寨，勤造新业，其一生乐赞善事，有仁人君子之风度。

2. 乐善好施

先祖有善而不知曰"不明"，知而弗传曰"不仁"。② 因此闽北谱牒中的有许多表彰家族先贤善行的行状。据赵氏谱牒行状记载，赵友楠，古粤城村人，性敦厚、心正直、慎言语、戒奢华、乐善好施、和睦宗族。其认为"积善之家必有余庆"，故设"义田"以供家族子孙之贫无力婚、葬者之用，并时常分金资助族人③；建阳葛氏的暗园公，自幼具有经商大志，袭祖父遗业富甲一郡而孝友谦恭，与物无忤，赈贫救乏，不吝囊橐。④

此外，行状中不乏家族优秀的女性。据嘉庆举人张拱辰为古粤赵氏所撰的《播公妣曹氏实行》记载，曹氏，系播公声远先生之第三室也。因"两位孺人不谙家务，一切俱委曹氏"，其事尊长、抚遗孤、苦志数十年，其性愈善施，凡宗族里有贫困者均能赈助。⑤ 在闽北谱牒形状中还有一些杰出的女性，她们在闽北家族教育中起着至关重要的作用（详见第一章第三节）。从上面材料不难看出，此类行状是记录家族贤士的恭孝、悌顺、积善的德行。

(二) 耀先祖，激后人，传千古

在闽北的各种谱牒中，凡家族中的有功名者或仕宦者，对他们的生平

---

① （清）《倪氏会修宗谱卷一·敦伦录》，光绪岁次千乘堂刻本，第90页，建阳图书馆藏。
② 《邵武和平廖氏宗谱·鼎建惇叙祠堂记》，2007，第311页，和平廖氏宗祠藏。
③ （清）《古粤赵氏宗谱》卷一《起泽尊太翁今传》，嘉庆十九年，兴田镇城村赵氏祠堂藏。
④ （清）《葛氏重修族谱》卷一《暗园公传》，光绪癸巳年琅琊堂刻本，第1页，建阳图书馆藏。
⑤ （清）《古粤赵氏宗谱》卷一《播公妣曹氏实行》，嘉庆十九年，兴田镇城村赵氏祠堂藏。

履历、科名政绩以及功勋著作等一般要专列出来，进行详细叙述记载，诸如此类的人物传记也称"仕谱"。行状记载家族功名者或仕宦者事迹以激励后人，光宗耀祖、流芳千古。峡阳《西峡应氏宗谱》记载"少年应珍，文韬武略，习无不精，中状元为官后，节俭奉公，勤修武备，保境安民，为民称颂"。在著名的"延平四贤"的影响下，宋太平兴国年间，应环秀仕宦归来，在峡阳镇守厚坊（将军街）设私塾讲学，训诲子侄，以明经敦行为本，教育后人，地方弟子纷纷慕名而来。私塾后来扩大规模，升格为书院，成为宗族子弟与乡里子弟共同的就学场所。后人称之为环秀书院，这是一所家族书院，对当地的人才培养、风俗改善、社会秩序的维护都发挥了一定作用。《入闽祖氏宗谱》的《武举祖家声传》记载，世祖家声，名为志，二十一世裔孙，乡进士出身，道光辛巳年（1821年）登恩科武举（22岁），钦加骑都尉，特授汀镇中营中军府署，力能举鼎，智勇过人，用兵有术，两任期间返里，父老攀辕遮道而迎，诚为军务中之名将也，于是有功于国。据富垅游氏《御史游公传略并像赞》记载可知，游酢，字定夫，号廌山，建阳人，笃信好学以登进士，累官至御史，详尽记载"门外雪深三尺，终无倦容"的好学尊师典故，高度赞扬其"言正行端，德闳而学粹，注释经书足以开来学于后世"以及谥号文肃的取意："道德博厚"谓之文，"言行端严"谓之肃。① 清同治七年谱牒中的《敕赠登仕郎游公讳文耀传》可知，文耀公生五子，长子为廷馨，郡庠生，曾经增辑《廌山文集》，其四子廷显之孙忠义曾倡建重修朽坏的廌山书院，其余四子均为太学生，且鱼鱼雅雅（威仪整肃），炳蔚（文采华美）一时。② 建阳御史中丞章溢因领兵击却贼有功，授龙泉主簿辞武德将军。谱牒中还高度赞扬先祖章梦飞，文武全才，是当地十二个武状元中的一位。还有湖峰陈氏陈予文：宋庆元五年己未登曾从龙榜进士，官拜浙江省处州府通判，任职三十余载，廉政奉公，厚爱庶民，卓有建树。

**（三）树典范，仿名贤，激族众**

记载邑里名贤事迹以激励族人。据乾隆四十七年里人廖光增所撰的

---

① （清）《富垅游氏卷二·谥勒》，同治七年线装本，第2页，建阳图书馆藏。
② （清）《富垅游氏卷二·敕赠登仕郎游公讳文耀传》，同治七年线装本，第1页，建阳图书馆藏。

《和平古镇廖氏宗谱·天符山秋声楼序》载,元时黄镇成先生,字元镇,以圣贤践履之学,自励隐居南田耕舍,学者称为"存齐先生",所著极富,《秋声集》是其中一部。天符山颜斯楼曰"秋声",日奉存齐先生,秋声楼之幽清闲旷以作南田之续,以妥先生之灵,"凡一切骚人韵士之登斯楼者聘雅游之,逸士触怀之幽思"。①

闽北在为家族先贤立传时,本着"重述德行、从善劝后、显亲扬名、光宗耀祖"的原则,"凡仕官忠正、孝友著称家国者,必录于谱表彰,以示奖励"。② 在谱牒中有诸多有关立传的描述,如"先世之美行,方可记谱而称赞之。居官有实绩,处事有实行则当绘其像以传之"③或"凡忠孝节义、政绩功业、隐德硕彦有功、乡党、宿学、名儒著述可稽者方准立传"。例如,"科名至进士,仕宦至州县以及举贡出仕或独力捐资创立交仓学者亦准传之",④ 或"敬其(指鼻祖后稷公)德泽,念典物而常新,音容虽邈,模范犹存,绘芳形,永垂谱牒可以表先哲之遗徽,可以动后人之仰慕"。⑤ 诚如古粤赵氏谱牒所载:"太上立德,其次立功,其次立言,三者备具固足不朽于千古。三者有一亦足流传于天壤。"⑥

## 第二节 墓志石碣与闽北家族教育

石碣,即圆顶的石碑,有的是风景石碣,如《西游记》第一回:"中间一块石碣上镌着:花果山福地,水帘洞洞天",但本书研究涉及的是墓志石碣,通常只有在朝为官的人才能立此石碣。北魏郦道元的《水经注·济水》中记载:"城西北三里有项王羽之冢,半许毁坏,石碣尚存";唐朝刘禹锡在《宜城歌》中描述:"花台侧生树,石碣阳镌额";长篇历史传统评书《明英烈》(亦称《英烈传》或《朱元璋演义》)第一回:"(田丰)默坐良久,见一石碣,高有尺许";清代袁枚《随园诗话》卷十三:"(刘南庐)

---

① 《邵武和平廖氏宗谱·祠规志》,2007,第311页,和平廖氏宗祠藏。
② (清)《长山林氏世谱卷之首·凡例》,道光壬寅年,第1页,兴田镇城村林氏祠堂藏。
③ (明)《周氏宗谱卷首》,正统十一年,建阳图书馆藏。
④ (清)《湖茫李氏宗谱卷三·族约第七》,光绪二十二年刻本,第3页,浦城图书馆藏。
⑤ (明)《周氏宗谱卷首·周氏思成志》,正统十一年,建阳图书馆藏。
⑥ (清)《古粤赵氏宗谱卷一·先贤传畧》,嘉庆十九年,兴田镇城村赵氏祠堂藏。

卒于通州之狼山，群僧为葬于骆右丞墓侧，置石碣焉"；清代崇彝《道咸以来朝野杂记》："阁东亭为石碣，刻乾隆御制《文源阁记》"；《三国志·蜀书·诸葛亮传》注引《蜀记》："晋永兴中，镇南将军刘弘至隆中，观亮故宅，立碣表闾。"① 以上这些描述，把石碣的外形、用途以及旌表闾里，以显彰功德的目的等内容均详尽表述。

闽北家族教育的历史传承还体现在墓志石碣上。何培刚在《碑文和墓志铭》一文中阐述，墓志铭是一种文体，一般分为"志"和"铭"两部分。"志"用散文形式叙述死者姓氏、籍贯、生平事迹；"铭"则用韵文形式赞颂、悼念死者，后刻在石上，葬时埋入墓中。欧阳军在《妙趣横生的墓志铭》中对其解释更为简练：所谓墓志铭，简单地讲就是刻在墓上的碑文。一般来说，墓志铭所记载的人物都是有身份或有影响的人物。闽北现存大量的墓志铭蕴含着丰富的教育内容，在家族教育充分利用墓志铭的"以言语交换思想或观念"② 这一形式对族人进行教育，使他们长期伴随着这种交换行为，久而久之，原有的思想或观念也就变成与他人共有的过程。

## 一 墓志铭个案分析

### （一）以南山吴洤墓志铭为例

延平南山吴氏的墓志铭阐述读书可改变气质、入仕为官等诸多益处。现存吴氏宗祠的《宋故建州浦城知丞吴洤公墓志铭》碑文中记载："吴洤，系吴卓九世孙，吴熙东山先生之孙。绍兴二年进士授左迪功郎。其好学有守、公勤廉慎，深受百姓爱戴，务学勤笃，不喜游玩，治诗尤邃，诗意不泥训传，为义出胸襟，诸老师宿儒，皆伏其远识，策论词意俱出人一等""公自小便知力学习文，至取科第登仕榜，卓然为君子儒者，皆出于发奋自立。""公之嗜书，虽平居不释卷，手犹持杜甫诗集，其酷好亦天性然""吴洤平生赋性刚直，耿耿然未尝少屈于人，虽临厉害，终不改节"等，以上史料高度赞扬其好学、自奋自励的精神，也体现其为官清廉、处世谨慎和高风亮节的一面。其中"皆出于发奋自立"，教导族人其之所以科第登仕和

---

① http://baike.baidu.com/subview/2368808/11283666.htm。
② 董天策：《传播学导论》，四川大学出版社，1995，第17页。

具有儒雅的君子风度，一切源于刻苦攻读，进而劝勉族人读书。吴洤的墓志铭撰述者罗革，时任左从政郎新差充泉州州学教授，系墓主的妹婿。书丹者吴方庆，左通直郎致仕赐绯鱼袋，南宋"四循良"之一，系墓主的族兄镌刻者吴武陵，左承议郎添差权通判严州军州主管学事，系墓主之弟。从以上材料可知行状撰述者出自墓主至亲，自然不乏溢美褒奖之词，但不失教育意义。此外，碑文还透出吴卓的子孙后裔"代有闻人"这一史实，从碑文的"八代祖（指吴卓）……累世积德，子孙繁衍，诗礼相传，儒风极盛，家族以词章登第者先后继踵，衣冠最为盛"得到充分印证。吴氏家族以墓志铭这一直观的形象激励族人取得更加辉煌的成就，进而使家族长盛不衰。

### （二）以建阳黄瑀墓志铭为例

通常墓志铭所记载的人物是有身份或有影响的代表人物。据清道光十三年版的黄氏谱牒载《宋朝散郎黄公墓志铭》（又名《瑀公墓志铭》）蕴含丰富的教育内容，其简要而全面地概括了黄瑀的一生。墓志记载了监察御史黄瑀值得称道和族人效仿的诸多优点。

1. 刻苦攻读

黄瑀，字德藻，绍兴八年进士及第，自少"在又寒日饥，不可得衣食"的艰难情况下，能刻苦自励，终日随身挟书而读，书能手写成诵。黄瑀以"笃行、直道、苦学"的优良家风，深深教育和影响其子黄榦。其敏而好学，专心致志，以至"夜不设榻，不解带，少倦则微坐，一倚或至达曙"。①诗句"三更三点万家眠，小窗灯火苦读书"② 是其刻苦攻读的真实写照。

2. 孝顺父母

黄瑀不忘劬劳之报，自己过着简朴生活，然而事奉双亲却极其丰厚，唯恐少伤其意，均能周贫赈乏兄弟及族姻子弟。

3. 为官德政

黄瑀聪明仁爱，公廉强介，多有惠政。初到永春时，田园多荒，民力凋瘵，其大力倡导乡民耕种，后廪有余粟，库有余钱。为官一心营职，其

---

① （清）《敕建书院黄氏宗谱》卷三《朝散郎黄公墓志铭》，道光十三年线装本，第1~3页，建阳图书馆藏。
② 《中国人名大辞典》，商务印书馆，1921，第1244页。

清苦之操非人所堪。常与殿中侍御史杜公莘以节义相勤勉，能察见微隐，戢奸吏，恤民隐，凡馈送之物，皆屏绝之。因政绩卓著，万民莫不称颂其为贤令，诚如铭文曰：刚方而诘廉者，义之操，其慈受而惠利者，仁之功。其大治学馆，延择修士，课以《论语》《孟子》，于是俗为一变。敦礼义，厚风俗。乡民植木，冠以"御史林"美名而思公德。从以上史料可知，墓志铭从品德、学问还是为官方面高度赞扬黄瑀，以此直观的形象对族人进行教育。据谱牒知，黄瑀（黄榦之父）行状撰述者是朱熹（黄榦之岳父），虽然行状撰述者和死者有亲戚关系，但状中所言绝非溢美之词，而是发自肺腑之言。

在黄氏谱牒中记载的墓志铭中还有赞誉优良家风代代传承的内容。据黄榦为其族叔舜举公所撰的墓志铭可知，黄舜举秉承父辈优良家风，以"笃行、直道、清名、高节"著闻当世，并以"勤俭居家，苦学守礼法"作为行为的标准和法则教育其子，以致诸子皆具有"孝友廉洁，挺有父风"，①而且黄氏族人皆以其为榜样。

## 二 墓志铭蕴含丰富的教育内容

墓志铭的目的为了表谥，史料可信，撰述者的情感具有真挚性，其身份和情感又使其对史料的选择具有倾向性。为此，闽北家族中一些有名望之人的墓志铭，都不乏堆砌记述功德的溢美之词，甚至在文章结束用诸如"与日月同辉""与日月俱"等词，如妹婿罗革为吴洤所撰述的"金之刚兮可以火烁，而公之刚不可以势夺，竹之直兮可以力折，公之直不可以利劫。呜呼！水既逝兮山长在，山其颓兮名不渝"。李侗为《豫章罗先生墓志铭》所撰述的"手镐木秀，曲阜草青，儒文道脉，日皎星晶"② 也属这类情况。尽管墓志铭蕴中不乏溢美之词，却不失其教育意义。

### （一）墓志铭蕴含乐善好施的内容

墓志铭中有许多乐善好施的教育内容。浦城章氏《章瑞叔墓志铭》载，章瑞叔系仔钧之祖父，熙宁三年继登科第，而后珠林之族浸显矣。其为人

---

① （清）《敕建书院黄氏宗谱》卷三《族叔处士墓志铭》即《舜举公墓志铭》，道光十三年线装本，第1页，建阳图书馆藏。
② 《豫单郡文弼系篁路罗氏族谱》，南平市罗从彦祠管委会，2003，第75页，南平图书馆藏。

庄重简默，接人以和气，遵义而行，不苟不随。从碑文"大发仓廪，而民赖以济"可知其平生尚义而好施，在灾年时，受其惠者不计其数。[①] 邵武《北宋高公墓志铭》系北宋熙宁三年（1070年）邵武历史上唯一的榜眼，其碑文载："邵武高公春秋九十有三，好善秉礼不衰""依古之人，孝行于乡，唯公谆谆，好德允藏"，可知其注重义气，乐善好施。

（二）墓志铭蕴含劝学教育的内容

浦城章氏《文宪章公墓志铭》载，章公，讳得象，咸平五年，天下进士贡千数，朝廷遴选，取才三十八人，公第其中，号为得才。[②] 章氏运用具体事例激励族人以此为榜样，为荣耀。再如吴仪（号藏春先生）系宋天圣八年进士吴辅的次子，为其胞弟君保撰写的《宋故阳吴子墓志铭》，碑文中出现"为性敦悫，寡言笑，嗜文学，每览简策，穷日不倦或至终夜"等溢美之词，激励族人向学。

（三）墓志铭蕴含品德教育的内容

邵武水北镇黄氏的《宋中奉大夫知郡太学博士黄公圹志》碑文载："知郡黄涣时常以先贤典范为后学楷模，其官情素薄，兴利除害，奸胥望风遁去。其行事也，必以义而不以利；其立言也，必以公而不以私；其孝于事亲也，则月朔（旧历初一）必拜松楸（指松树与楸树，墓地多植，代称坟墓）而严事如存；其友于兄弟也，刚怡怡衎衎。"此碑文从效仿先贤、孝于事亲、兄弟怡怡、急公好义，以及为官秉公办事，不恂私情，为民兴利除害等诸多方面对黄涣的优良品质进行概述。与其出土的随葬物品中的一根六节紫竹杖。竹，空心且有节，象征高风亮节。自古以来就有许多对竹子品格的赞誉，如政和流行的"竹是君子，虚心有节"民谚和清代乾嘉时期书画家、篆刻家黄易的一副"格超梅以上，品在竹之间"对联即可印证。一般来说，只有德高望重的高寿者死后才享有此殊荣。这种做法充分体现儒家思想，强化道德教育，同时对子弟、族众乃至当地的民众也具有教育意义，并且具有较强的导示性。

现存五曲紫阳书院的《宋故右朝议大夫充徽猷阁待制赠少傅刘公神道

---

[①] （清）章贻贤撰《章氏宗谱初稿·章瑞叔墓志铭》，光绪二十五年石印本，浦城图书馆藏。

[②] （清）章贻贤撰《章氏宗谱初稿·文宪章公墓志铭》，光绪二十五年石印本，浦城图书馆藏。

碑》记载着崇安县五夫里南宋抗金将领刘子羽的生平事迹。刘子羽,系朱熹义父,为人为官正直。其"好贤乐善,轻财喜施,于姻亲旧故贫病困厄之际,尤孜孜不焉,又得将士心,人人乐为尽死,爱民礼士,敦尚教化,不畏强御,有古良吏风……公所处尤艰且勤,绩效最著"。刘氏家族一以贯之的"忠孝节义"优良家风,从碑文"以忠孝相传,事业皆可纪"① 可见一斑。

**(四) 墓志铭蕴含重视子弟教育的内容**

延平南山镇凤池村还有许多墓志铭体现重视家族子弟教育的内容。如《竹坡游公墓志铭》记载,游禧"每饬子姓以读书修行为务,延师训诲,克底于成"。② 再如《明封中宪大夫广东按察司副使前文林郎睢宁尹默斋游公墓道碑》记载,游纶性笃于孝友,处宗族以和,接乡人以信,交朋友以诚。其教子有方。长子居敬,次子主敬。在他俩幼年时,就"教之读书,举动必端、出入必敬、交游必慎;作子为文,皆有规范"。当读书遇到难以理解时,还亲自为他们讲解,并以"敬箴"二字为座右铭,"命儿辈朝夕讲诵,动以古人矩督励之"。南山游氏自游纶之后,五世宦仕,荣耀门庭。这与家族重视教育和优良家风的传承是分不开的。

总之,从以上材料中的"笃行、直道、苦学""好学有守""务学勤笃""勤俭居家,苦学守礼法""穷日不倦或至终夜"的刻苦攻读精神和"清名高节""好善秉礼""孝友廉洁""忠孝相传""公勤廉慎""虽临厉害,终不改节""好德允藏""官情素薄""兴利除害""以忠孝相传"等优良品德,以文字形式记载于谱牒,对族众进行良好教育。

## 第三节 摩崖石刻与闽北家族教育

闽北许多摩崖石刻形式多样,蕴意深刻,主要集中在武夷山。这里留存着大量的摩崖石刻,凿刻于溪岩礁石之上,呈秀于千崖万壑之间。其中"道南理窟""闽邦邹鲁"的两方石刻分别镌刻于武夷山五曲晚对峰壁和五

---

① 倪木荣:《武夷风采续集·寻古武夷宫》,鹭江出版社,2002,第28~30页。
② 游恒派主编《福建省历史文化名村—凤池村志》,南平游酢文化研究会、延平区凤池村志编委会,2007,第75页。

夫镇石碑上。摩崖石刻是武夷山世界文化遗产的重要组成部分，具有历史、科学、艺术、美学等综合价值和丰富的文化内涵，体现着民族创造力与生命力。①

## 一 摩崖石刻时空格局

时空格局主要指时间格局和空间格局。时间格局主要指以时间序列来分类，空间格局主要包括景观组成单元的类型、特征、数目计量等。② 目前，学术界较为认可的是，胡静、游巍斌等通过实地调查和收集资料，在《武夷山风景名胜区摩崖石刻时空分布特征研究》一文中，对武夷山摩崖石刻的时空分布、规律及成因进行深入分析和探讨。从空间格局来看，武夷山最早的摩崖石刻，当属东晋学者郭璞题于九曲霞斐洲的岩石的楷书谶诗："黄冈降势走飞龙，郁郁苍苍气象雄。两水护田归洞府，诸峰罗列拥神宫。林中猛虎横安迹，天外狻猊对面崇。玉佩霞衣千百众，万年仙境似崆峒"，至今已逾一千七百多年，后陨落于水中，遂不复见。武夷山摩崖石刻上自晋唐，下迄当代，历经唐、宋、元、明、清及民国，弥足珍贵的文化遗存。其中一些石刻虽已字迹斑驳，但尚还隐约可辨明，也有一些受自然风化影响已经散佚，无从考证。然而武夷山九曲溪畔大量的沉积岩上的摩崖石刻琳琅满目，文垂千古，可谓穿梭于历史时空的一道文化长廊。在历代文人骚客吟诵武夷诗中，首推朱熹的《九曲棹歌》，最能概括描绘九曲溪风貌的一幅长卷佳作，九曲溪也因此名扬天下。除九曲溪之外，天游、云窝的奇胜优美自然景观也吸引了大量文人墨客，并留下诸多的赞景题刻。此外，朱平安在对摩崖石刻基本特征的整体把握上，建立一套完备的正确解读方法。③

## 二 摩崖石刻多样形式

武夷山自汉武帝封为名山以来，不少文人墨客过往不绝，泛舟九曲，兴之所至，以赞景、抒怀或纪游等多种形式。林林总总分布在武夷山悬崖

---

① 朱平安：《武夷山摩崖石刻与武夷文化研究》，厦门大学出版社，2008，第2页。
② 张金屯、邱扬、郑凤英：《景观格局的数量研究方法》，《山地学报》2000年第4期。
③ 朱平安：《武夷山摩崖石刻的基本特征及其解读方法》，《黄山学院学报》2008年第6期。

峭壁上的摩崖石刻，是弥足宝贵的文化遗存。据《武夷山摩崖石刻》一书统计，至今武夷山中遗存的摩崖石刻共有403方，分别镌刻在170余处。按石刻内容分为19类，有赞景题刻（123方）、景名题刻（99方）、纪游题刻（72方）、抒怀题刻（27方）、纪事题刻（20方）、禅语题刻（18方）、茶事题刻（9方）、官文告示（7方）、吉语题刻（6方）、题名题刻（3方）等。① 另有8方石刻因年久风化或字迹潦草，无法辨认。武夷山摩崖石刻内容广泛，诗文辞赋兼有且形式多样，真草行隶篆各呈风采。

**（一）赞景题刻**

武夷山有许多赞颂山川秀丽、造化神功的赞山赞景题刻，如"飞翠流霞""山水奇观""竞秀争妍""引人入胜""应接不暇"，山北马头岩麓的"高岗独立"，南朝著名军事家、政治家、文学家江淹的"碧水丹山"，云窝晒布岩壁的"壁立万仞"，六曲响声岩的明代陈省"空谷传声""名山大川"，姚江王守礼"渐入佳境"，新宁林翰书"真山水"，建宁太守庞垲"溪山胜处"，名儒蔡沈"千崖万壑"以及上文所述朱熹的《九曲棹歌》等，如六曲溪南之响声岩的《九曲棹歌·六曲》"六曲苍屏绕碧湾，茆茨终日掩柴关。客来倚棹岩花落，猿鸟不惊春意闲"的行楷石刻。

**（二）景名题刻**

武夷山有许多装点山水的景点题名题刻，如"天游"系武夷第一胜境——天游峰的景名题刻。徐霞客给予此峰高度评价："其不临溪而尽九曲之胜，此峰固应第一也"，这令历代大儒显宦、文人墨客纷纷为之奋力攀登，以期领略穷万仞之巅的妙趣。值得一提的是，武夷山最高的石刻是海拔717米的三仰峰"碧霄洞"，岩壁上的"武夷最高处"题刻。而武夷山最大的景名题刻，要数二曲溪南5米见方的"镜台"题刻。诸如此类的如"换骨岩""仙迹岩""张仙岩""涵翠岩""神仙楼阁岩""更衣台"以及嘉靖十二年（1533年）黄致斋镌于寒岩岩壁的"寒岩"、盱江吴思学的"幔亭"等景名题刻俯拾皆是，这里不再赘述。

**（三）纪游题刻**

武夷山有许多记载寻幽览胜、逸兴别趣的纪游文赋题刻，如朱熹与学

---

① 《武夷山摩崖石刻》，武夷山市地方志编纂委员会，大众文艺出版社，2007，第2~177页。

友、弟子赴铅山鹅湖，行前游山，抒怀逸致，于宋淳熙二年（1175年），在六曲溪南响声岩石上，题刻"何叔京、朱仲晦、连嵩卿、蔡季通、徐文臣、吕伯共、潘叔昌、范伯崇、张元善，淳熙乙未五月廿一日"的楷书纪游文赋。其门徒蔡抗见此，于淳祐十年（1250年）也题刻"蔡抗自江左移宅浙东，便道过家，泛舟九曲，积雨新霁，山川星秀，喷咏而归"。再如嘉靖十九年（1540年），明学者湛若水于六曲溪南之响声岩的"嘉靖庚子八月三日，甘泉翁若水来访。门人节权、周琦主之，秋官冼桂侍。乡进士谭潜，儒者黄云淡、谢显、王元德从"。南宋开禧二年（1206年）汀州知府曾盘的"开禧丙寅孟冬六日。章贡曾盘乐道之官临汀，泛舟来游，黯侍行"楷书石刻以及明万历四十七年（1619年），福宁治兵使者熊明遇，刻于隐屏峰的岩石上的约1800字"武夷山游记"均属此类题刻范畴。

**（四）纪事题刻**

武夷山有许多反映历史时事的记录史事题刻，如东晋郭璞的谶诗预言武夷山必将闻名于世，并暗示了富有代表性的待开发景点，即虎啸岩、玉女峰、狮子林、佩环岩以及道教圣地万年宫。[1]再如宋咸淳四年（1268年），朱熹门人翟渊之孙午凤的"咸淳戊辰，三司奉朝旨鼎建武夷书院。开山职教者，莲荡曰爱氏之孙午凤"楷书题刻，记载午凤时任书院山长及鼎修书院这一史事；嘉靖丁亥（1527年）尚阳王文戚刻于五曲溪南的晚对峰的楷书"高山仰止"，以纪念南宋理学家刘珙曾于山麓建"仰高堂"一事，堂名取"高山仰止"之意。元至元二十七年（1290年）镌于四曲溪北题诗岩楷书"至元庚寅之春，剑南母逢辰创修书院"、明嘉靖三十七年（1558年）刻于水光石楷书石刻，以纪修建湛若水、王阳明二公祠堂盛事等均属此类范畴。

**（五）抒怀题刻**

武夷山有许多寄予即景生情、寄情抒怀的楹联对句题刻，如有浓郁的宗教文化色彩的，王羲之劝导众生修行，扬善抑恶的"戒定慧，样样功德圆满；贪嗔痴，种种烦恼增长"；在九曲溪至今留有云升一钟赞颂自己高风亮节的题刻"明公清莹见如水，源自岩涯衍幼溪。九曲今朝留一派，江山

---

[1] 吴邦才：《世界遗产武夷山》，福建人民出版社，2000，第110页。

千古仰鉴谛"；武夷山云窝伏虎岩壁的"振衣千仞冈，濯足万里流，大丈夫不可无此气节；珠藏泽自媚，玉韫山含辉，大丈夫不可无此蕴藉"，系明万年间兵部侍郎陈省（幼溪先生），归隐武夷山，修身养性时所题。其中"濯足"源于《孟子·离娄上》"清斯濯缨，浊斯濯足"，意为大丈夫不仅应有远大志向和崇高气节，而且有深厚的学术涵养与道德修养。后好友吴文华专程造访陈省，羡慕其尚能退隐而全志，赞叹其珠圆玉润、洁身自好的高洁情操，感叹自己仍身处迷津，不得自拔，有感而发也在此处题刻："挂冠神武易纶巾，到处仙源恣采真。君岸已登吾在筏，羡从峰顶看迷津"。随后，陈省亦回应："草履荷衣折角巾，乾坤于此全可真。瞰云既碎潮濡首，闲聊当年白玉津"，此题刻透析陈省与世无争与仰不愧于天，俯不怍于人的心迹。此外，陈省在武夷山留下诸多与"云"有关的石刻，如留云、生云、嘘云、云桥、云路、云关、云台、栖云阁、人共云闲、白云深处等，寄托其悠然自得的出世情怀和高尚人格。伏虎岩壁另有一方题刻，"司马何年此卜居，今来门径已萧疏。数椽台榭从具废，万壑烟霞自卷舒。曲水九移溪上棹，荒苔半掩壁间书。浮沉万事浑无定，谁说名山好结庐"，系后人到此，触景生情，抒发感慨的应和之作。可见，伏虎岩壁的几方摩崖石刻是感其事而应和于后的相互参悟之作。

武夷山还有许多集句对石刻。所谓集句对是一种特殊的创作手法，指从古今文人的诗词、赋文、碑帖、经典等作品中分别选取两个句法特点一致的句子组成联句，并遵守对联的一般规则。天游峰胡麻涧的"曾经沧海难为水，看到武夷方是山"楹联就属此例。上联源于"曾经沧海难为水，除却巫山不是云"（唐代诗人元稹）的诗句，下联撷取"不宗朱子元非学，看到武夷方是山"（明代才子聂大年）的诗句。再如小桃源山门上的"喜无樵子复观奕，怕有渔郎来问津"的楹联，也属此类范畴。上联引用"南北极仙翁对奕，采樵子王质旁观"的神话典故，集的是北宋晏殊赞咏三仰峰棋盘石之景"干雹声中闻子响，不知还许采樵观"的诗意；下联则源于"寻得桃源好避秦，桃红又是一年春。花飞莫遣随流水，怕有渔郎来问津"（抗元名臣、诗人谢枋得）的诗句，这是其避隐小桃源时，赋诗明志之作。

（六）禅语题刻

随着宗教文化交流的加强，武夷山有许多诸如格言警句的展示人生哲理、处世情怀的禅语题刻。有些题刻语言浅显，却充满玄机妙趣，寓意深刻。镌刻于六曲响声岩的姚江王守礼劝导人们排除杂念，保持身心纯洁的"一尘不染处"，喻人品的清高脱俗，人格的纯洁高尚。此方题刻也深含佛家心性修养的思想。因为佛教认为"六尘"（色、声、香、味、触、法）产生于"六根"（眼、耳、鼻、舌、身、意）。故把"六根清净"叫作"一尘不染"。镌刻于武夷山天成禅院山门之上的"门内有人人至，洞中无物物逝"，意味隽永，同样蕴含深刻的佛法禅机。佛教缘起性空论认为大千世界，芸芸众生，形形色色，均无自性，皆是因缘合和而成。此联形象比喻事物无常不定、虚幻无常的特征，劝告人们凡事勿执着、贪恋，否则人为物役、滋生烦恼。天游峰胡麻涧的"仙凡混合"摩崖石刻，寓意深刻。因为"凡"字的一点不在"几"内，而是书写为"几"字，此异体字也蕴含深刻的禅机。其实神仙与凡人之间区别无多，只在一点。即凡人总是一"点"凡心未了，牵挂心头；而神仙则是五内俱净，一"点"凡心不着，超然"几"外。[①] 此外，还有隐屏峰上的"悟心""醒心""内观"几方石刻的内涵也极具深刻的意蕴。

止止庵，系武夷山道教遗址。庵内石洞上镌刻着"止止壶天"。"止止"之说始于《周易·艮卦》中有动静相宜、适可而止之意，《庄子》中的"虚室生白，吉祥止止"，表明一个人心境若能澄澈明朗，则可达到"静能生慧""虚极静笃""恬淡虚无"的精神境界。但佛、道两家均对"止止"的文化内涵作出进一步阐释。佛家的《法华经》有"止止妙难思"之句。佛家认为"止止"所蕴含的佛学义理，即"诸恶莫作，众善奉行，自净其意"。通常"止止"有止念、止行之意，芸芸众生应制止恶念、恶言、恶行。而"止止"又有"不止则行"之意，即止恶行善，亦复如是；宋代道教南宗五祖之一的白玉蟾在《重建止止庵记》有"盖止止者，止其所止也"的描述。由此可见，在"儒、释、道"三教之中，止止为妙义。

武夷山相当数量题刻颇具哲理性，均典出有据。主要是一些大理学家、大思想家在此抒怀逸致，留下石刻，并形成集群效应。它们以直观、生动、形象的方式向人们展示了中国传统文化的博大精深，具有深厚的历史积淀、

---

① 朱平安：《武夷山摩崖石刻的基本特征及其解读方法》，《黄山学院学报》2008 年第 6 期。

丰富的文化内涵以及深刻的教育意义。摩崖石刻景观为历代文人志士以自然山石为载体,以镌石刻字为手段,反映各历史阶段人类思想印记的物质文化现象。①

1. 逝者如斯

一代宗师、理学大家朱熹在六曲响声岩壁上的"逝者如斯"行楷题刻,志在追思前贤,而意在立志作为,不断进取的人生态度。此语出自《论语·子罕》"逝者如斯夫,不舍昼夜",孔子借助于川流不息、勇往直前的溪水,比喻光阴似水,并形象地表达了积极进取的人生态度以及锲而不舍、只争朝夕的奋斗精神。"逝者如斯"言简意赅地表达了孔子的人生态度和处世哲学。朱熹在二曲溪的"忠孝",体现儒家思想一贯不变的主张,从闽北诸多古民居中现存大量的"忠孝持家远,诗书处事长"的楹联得以印证。

2. 世外沧浪

清顺治十二年(1655年),崇安县令韩士望的楷书"世外沧浪",无不让人联想到孟子的"沧浪之水清兮,可以濯我缨",用清澈之水比喻高洁之人,意为环境可以熏陶人的情感,也借水澄心,洗涤人们凡尘俗念。在小九曲后山希真岩崖壁上林汝翥的"百折矶头几濯足"亦表达同一意境。

3. 修身为本

镌刻于武夷山一曲水光石壁上,明万历二十一年(1601年),大理学家李材(豫章)的"修身为本",体现"修身、齐家、治国、平天下"的儒家思想,并简洁阐明了朱子理学"修身为本"的治学主张。此方石刻从另一个侧面也印证了朱熹"知行合一"的认识论思想。

4. 智动仁静

一曲水光石上的百山的"智动仁静",典出《论语》"知(智)者乐水,仁者乐山,知者动,能者静"。孔子赋予"智动仁静"以"师法自然"和"君子比德"的思想内涵,道出智慧之人可从流水的灵动变化中得到智

---

① 胡海胜:《庐山石刻景观的格局分析》,《中南林业科技大学学报》2008年第4期。

慧的启迪，仁爱之人可从大山的厚载博施中得到道德的启迪。① 此石刻背山面水，山之静，水之动，儒家推崇的"既仁且智"的理想人格皆蕴其中。这些摩崖石刻之所以镌刻于九曲溪畔，正是"仁智之人热爱大自然的写照，是人与自然和谐相处、从中得到无限乐趣的合伦理与审美而为一的境界"，② 具有悟道山水、观物体道的文化意蕴和"天人合一"的儒家最高的精神境界，也体现朱熹追思孔颜之乐，立志修心养性的精神追求。

5. 鸢飞鱼跃

镌刻于一曲溪北的水光石上，曾清的"鸢飞鱼跃"语出《诗经·大雅·旱麓》"鸢飞戾天，鱼跃于渊"。朱熹名联"鸢飞月窟地，鱼跃海中天"在闽北随处可见。这既是对自然界勃勃生机的生动写照，也是对人类自身生命价值和意义追寻，同时展示朱熹广阔的胸怀和志向高远的思想内涵。

6. 仰之弥高

明万历三十年（1602年）"仰之弥高"的石刻，典出《论语·子罕》："仰之弥高，钻之弥坚，瞻之在前，忽焉在后，夫子循循然诱人。"在此表达人们对儒学极其敬仰之意。

7. 活源

山北水帘洞崖壁的"活源"，系清光绪八年（1882年）余宏亮的手迹。水帘洞前两股清泉，常年犹如水帘飞流直下的活水源头。方石刻源于朱熹《观书有感》诗句："半亩方塘一鉴开，天光云影共徘徊。问渠那得清如许，为有源头活水来。"众所周知，水之清澈缘于源头活水不断注入。朱熹以理入诗，形象说理，抒发自己读书的感受：读书之人要不断汲取前人的思想成果，补充新知，博采众长，才能达到新境界。

8. 居高思危

武夷山第一峰（大王峰）石罅崖壁的"居高思危"题刻，源于唐初重臣魏徵的"居高思危，盛满戒溢"。此题刻有双关含义，一是告诫游人登高不忘其险，应存坠身之虞；二是提醒人们身居高位，应以黎民百姓为念，常思水舟之训，谨慎处世。此外，还有山中隐士谢智的"道义自然为宗"

---

① 朱平安：《武夷山摩崖石刻的基本特征及其解读方法》，《黄山学院学报》2008年第6期。
② 蒙培元：《人与自然》，人民出版社，2004，第104页。

"修道以仁",道出了淡泊自得的气韵。

### (七) 吉语题刻

天游峰胡麻涧的"寿""如南山之寿"等石刻,系天游观住持柯朴妙所题。其中阳刻"寿"字,形体瘦长,谐音"寿长",且繁体"寿"字可拆分为"千年长寿"四字,寓意吉祥。由于石刻寿字暗藏龟头鹤爪,故又有"龟龄鹤寿""阳寿绵长"之意。

### (八) 茶事题刻

素有"千年儒释道,万古山水茶"之称的武夷山,是岩茶的故乡,茶文化的发展为摩崖石刻增添新的活力,景区一带分布大量与茶相关的题刻,如镌于九龙窠的楷书"大红袍""茶灶"等石刻,以及至元十七年(1280年)镌于四曲溪北题诗岩的楷书"至元后庚辰春,浦城县达鲁花赤亭罗同崇安邑史林锡翁奉上司命造茶题"。两年后,崇安县尹承办贡茶之事,至是始设焙局。元大德十年(1306年)詹文德镌于四曲溪北题诗岩的楷书石刻,见证了御茶园已建四年之事。除武夷山之外,在建瓯裴桥村东面凤凰山上的摩崖石刻,系嘉定元年(1208年)所题,全文二百余字,详尽记载北苑茶事。石刻虽年代久远,漫漶难辨,但开首数行的"建州东凤凰山厥檀茶,唯北苑太平兴国初始为,御焙岁贡龙凤上东东宫……"等内容,为九百多年来北苑在南京史事的澄清,提供了有力的历史见证。

### (九) 官文告示

武夷山有许多发布护卫山水、茶树、惠民惩奸的官文告示题刻,如七曲溪桃源洞北金鸡舍的悬崖上,万历四十三年(1615年)批允豁免武夷新增茶租的告示,全文一千余字的"两院司道批允免茶租告示"楷书石刻;武夷山小九曲岩壁上保护茶农、茶僧的法令岩刻。福建分巡,延、建、邵按察使司,为严禁蠹棍藉名官价买茶,以杜扰害事,于康熙三十五年(1696年)二月,合行出示严禁启示,如"即行拿究、决不宽容"等内容;武夷山响声岩石壁上,提督福建全省军务总兵左都督的禁事石刻,系康熙五十三年(1714年)四月所题。再如为了禁止附近各乡居民任意砍伐白云洞山木,崇安县令翟渊于清乾隆七年(1742年),在白云岩白云洞之侧,镌刻禁伐布告:崇安县正堂加一级翟,审得谢□□、文秀铭、周奴、罗伯玉、吕妙、陈旺、荣登、郑荣财、兴使、陈兆、范三荣、周生等,强砍白云洞僧众松杂木是实,除追贷木价重惩外,合行勒石严禁;康熙三十五年(1696年),金谷岩麓的平林渡口的崇安县衙禁渔令的摩崖刻石《建宁府崇安县为奉宪严禁事》:照得武夷九曲溪,自唐宋元明历遵衙帖,永禁捕鱼。为此申饬:下至山前灘,上至平川源,凡三十里内,不许放药毒鱼及鸬鹚、网罟入境。如敢故违,许地方士民、僧道等协拿送县,以凭枷责示众,各宜遵守。康熙丙子年三月,道会司奉令县正堂孔、捕厅何同勒石永禁。

### 三　摩崖石刻的文化内涵

由于宋代中国文化中心南移到闽北地区,使得武夷山成为当时整个国家的文化中心。佛教徒称之为"华胄名山",道士们称之为"洞天福地",理学家称之为"道南理窟",武夷山因此成为名副其实的"儒、释、道"三教名山胜地。因此,这里有许多题刻具有三教圆融、多维视角的文化意蕴。

#### (一) 儒家

武夷山于天宝七年(748年)被敕封为名山大川后,遂被世人所熟知。宋朝大理学家朱熹在此客居、著书、讲学五十多年,推动理学文化的发展,这里出现相当数量的大哲学家、理学家,如朱熹、游九言、陈省、李材、湛若水等石刻。他们的思想通过文字在摩崖石刻上得以呈现,且集群效应明显。从光绪二十四年(1898年)汀杭雷起龙镌刻九曲溪畔的寒岩的"东莱先生讲学处"的楷书得以印证。

武夷山是朱子学的发祥地和宋明理学的重要发源地之一。朱平安选取"智动仁静""鸢飞鱼跃""逝者如斯"三方石刻揭示朱熹生态思想中生态世界观、生态伦理观和生态美学观的内在统一性。[1] 武夷山作为一座理学名山,可谓是山以人名,人以文名。遍布于碧水丹山之间的摩崖石刻,其中大量反映朱子理学的思想。这些摩崖石刻是体现儒家思想,尤其是朱子理学思想的活化石,具有极高的学术价值。如镌刻于武夷山二曲楼阁岩壁上,朱熹手迹的"天心明月"摩崖石刻,体现朱熹的本体论思想。佛教认为佛性作为宇宙本体,"四大皆空",即指万事万物均无自性,皆由因缘合和而

---

[1] 朱平安:《从武夷山的摩崖石刻看朱熹的生态世界观》,《合肥学院学报》2008年第4期。

成，故而客观存在的一切，犹如水中月、镜中花，是无常不定、虚幻不实。因此，人们只有通过"悟空"的修持，才能实现从肉体到精神的解脱，达到"圆寂""涅槃"，真正地"跳出三界外，不在五行中"的最高境界。而老子《道德经》第四十二章云："道生一，一生二，二生三，三生万物。"道是宇宙万物存在的最高依据和法则，万物莫不尊道而贵德。朱熹在佛教的"空本论"和道家的"道本论"的成果基础上，改造为"理本论"，并认为"理"是宇宙本体，即"天理"。朱熹哲学思想主要是以"三纲五常"为核心的儒家伦理道德为核心，从此"天理良心"就成为人们思想和言行的道德规范。

此外，在樟湖镇香山村之东南峡谷岩壁上，存有朱熹所书"行到水穷处，坐看云起时"的石刻。这是唐朝诗人王维《终南别业》中的两句千古传诵的诗句，常用来自勉或勉励遇到逆境或绝境之人，应暂且放下得失，也许会有新的转机。在邵武也有一些颇具教育意义的摩崖石刻。如明代高尚斌、罗钟分别在邵武留下"逝者如斯""观澜知本"的石刻、清代邵武训导柯辂的"梅花知我"的石刻。邵武肖家坊境内的天成岩的"江氏山庄"摩崖石刻蕴含孝道的故事。清道光年间，大埠岗江埠村的江东玉，生性纯孝，依照南京的各种建筑式样，在当地为母亲建此山庄，殿堂、亭阁、水榭、桥廊一应俱全，犹如京城里的皇宫。因其怕招致私设京城、图谋不轨的罪名，故在"南京堂"对面峭壁上镌刻"大清道光甲午年，江氏山庄"字样。

（二）道家

武夷山的仙道文化可追溯到原始社会。《武夷山志》记载，历尧舜以迄清代，著名的仙人和道士就有八十余人。明朝道教鼎盛，道教羽化登仙的信仰趋向在高海拔处，修建庵室宫观或仙居洞府，这使摩崖石刻相应地向高海拔分布。大王峰（海拔425米）三姑石上10多方题刻，如"观张仙洞""登大王峰，洱仙蜕""仙客登真境，千崖万壑谷"等能体现道教文化内涵。再如桃园洞"返璞归真"石刻，解读"仙源""问津处""疑无路"等几方石刻的疑惑，道出恬淡虚无、返璞归真是道教理想状态，即通过自身的修行和修炼，使生命返复到始初的状态，故有"圣人皆孩之"之说。此外，在武夷山景区内的"洞天仙府""洞天福地""武夷山第十六洞天""武夷升真元化洞天""十六洞天——莽莽神州谁砥柱，棱棱峰石欲擎天"

以及银川弟子张光然镌于第五曲溪南天柱峰的楷书"玉皇大天尊"等均体现道家文化内涵的摩崖石刻比比皆是。

武夷山是岩茶的故乡,这里宗教与茶艺得到了完美的结合。镌刻于云窝岩壁的"重洗仙颜",原指茶艺表演中的一道程序,即第二次冲水,淋浇壶身,保持壶温,让茶叶在壶中充分的释放香韵。这里实为"真正道家修炼之人,须到武夷山脱胎换骨,方能羽化登仙"之意。《道书》记载:"学仙者,当于(浙江)天台注名,武夷换骨"。"武夷换骨"之处即为"换骨岩",又名"均峰",位于幔亭峰北面,有云虚洞、灵云洞等著名景点。岩之得名,由此而来。其中云虚洞内方广数丈,可纳百人。洞壁中有小楼两楹,俗称"梳妆楼",相传是武夷孔、庄、叶三位仙女所用。"重洗仙颜"的石刻与民间流传的《武夷山换骨岩的传说》故事,说明武夷山茶、仙、寿三者之间,形成一种内在的意向组合,玄机妙趣,蕴意深刻。这正是道教所推崇追求的"长生久视"的神仙境界。

(三)释家

清代道教衰败,佛教复兴,佛教清净空门的佛学信徒也在武夷山摩崖石刻上留下修行的印记,如清光绪年间,天游峰的"无量寿佛";清顺治年间,僧无可,原名方以智于在仙掌峰顶、琅玕岩和响声岩三处共镌楷书的"南无阿弥陀佛"。再如乾隆六十年(1795年),白云庵岩石上,专为此庵高僧捧日大和尚所题的楷书"极乐国"。

以上的这些摩崖石刻,无论是儒家的玄言诗、佛教的偈语(偈诗)或道教的悟真诗,可谓言近旨远。这些珍贵的摩崖石刻为九曲溪景色增色不少。其中崇尚"立德修身""天人合一""中庸和谐"等主题思想,是闽北先民的一种重要的直观教育形式,在闽北家族教育中也起到一定的教育辐射作用。

综上所述,家族先贤的史迹都不厌其烦地悉载于族谱,各儒硕辅嘉言懿行具载于谱,如闻其声,如见其人,以昭示先辈之德行,尤其是像传、名宦传、乡贤传、孝行义举"皆得记之,以扬其名"以及先辈有一二德行可述者,无不留之于谱以垂不朽,以致子孙瞻仰先人之遗像,读先人之谱赞而兴仰止之思绵绵。① 家族对先辈优秀人才,在修谱时大书特书,特别在

---

① (清)《古粤赵氏宗谱卷一·像跋》,嘉庆十九年,兴田镇城村赵氏祠堂藏。

通过祠堂的祭祖活动中的读谱活动，而且使他们成为家族文化传承的重要人物。由此可见，行状中所描述先辈的求学事迹、优秀品质和激励后学的精神对家族的文化发展产生了重要影响。当然也有一些家族在行状中移花接木，将历史上的同姓名人认作自己的祖先，激励族人追思先祖，并以此为楷模榜样，互相砥砺，以提高家族地位和名望。

  以上引用的资料中有一些是宋代的，之所以这样引用，在于这些资料来源于清代的谱牒，或是现存续修的谱牒，如延陵南山吴氏谱牒在体例与内容上，以清道光八年（1828年）吴孔琦手抄本，共计七大卷。它们所承载的内容在明清时期的闽北家族教育中同样出现，并发挥不可忽视的作用。以上墓志铭中墓主的优良品德，以文字形式记载于谱牒，是对族众进行良好教育的素材，而墓志铭的教育意义不仅仅局限于对家族众多子弟的教育，通过现存的碑刻，广泛传播于当地的百姓之中，令其效仿，这是一种导示性极强的教育，教以导之，风以化之，久而久之，这些良好的品质潜移默化影响着当地的人们。还有那些年代各异的摩崖石刻，崇尚修身立本的主题十分明显。它们不仅具有书法艺术魅力，而且为研究历史事件和人物提供宝贵的史料，在此挖掘其中的历史文化积淀，领略闽北文化的深邃内涵，尤其武夷山摩崖石刻。其作为历史文化载体和人类发展见证，以直观恢弘的气势体现华夏文明所独有的汉字文化与书法艺术，[1] 具有跨越时空性，并承载着强大的民族文化精神，是全人类的文化瑰宝，应予以进一步保护、弘扬及传承。

---

[1] 刘家辉：《闽文化与武夷山》，厦门大学出版社，2008，第66页。

# 第六章 建筑文化与闽北家族教育

## 第一节 历史遗存和闽北家族教育

  闽北是福建文化的发源地之一和闽越文化的摇篮，这里人文荟萃、文化繁荣，蕴藏着积淀深厚的历史文化遗存。闽北家族教育的内容还体现在物态层面上，即通过与科举功名有关的古建筑、历史遗存、历史文物等形式让族人直观感知家族教育曾取得的辉煌和成就。邵武故县出土的鎏金八角杯（现藏福建省博物院）内壁錾刻有《踏莎行》诗句，其中"足蹑云梯""手攀仙桂""宴罢归来""恣游花市""金鞍玉勒成行缀"等描述，无不把状元及第时"春风得意马蹄疾，一日看尽长安花"的喜悦心情表现得淋漓尽致。在科举时代，一旦博取功名则可衣锦还乡，寒门可成显贵，显贵更是锦上添花，光宗耀祖，风光无限，诗句"姓名高挂登科记""此时方显平生志"正是吸引各家族学子景慕和追求的理想目标，并为之世代奋斗的内在精神动力。这些有形文物是固定的，不可再生的，是一种物化的时间记忆，是一种家族辉煌的历史记忆，它们使族中子弟为一种劝学上进，光宗耀祖的浓厚气氛所包裹浸润着，[①] 以此激发他们为科举入仕而奋发读书。

### 一 为科举入宦者建造规模宏大的宅第或土库

  宅第、土库的建造是旧时代闽北家族教育取得成就的重要标志。科举

---

[①] 张发祥：《流坑董氏族学教育考察》，《抚州师专学报》1998年第3期。

是隋唐以后重要的一种人才选拔与官吏选拔制度，及第者可获得大量的经济和政治上的特权。通常，及第者会在家乡大兴土木，盖起规模宏大的宅第或土库以示荣宗耀祖，广置田产以图福荫子孙。在闽北千年文化历史古镇现存大量古民居大都由这些及第者建造。

峡阳镇高高的马头墙，深深的居民房，步步高的三进厅，雕窗画栋的美宅阔院，形成了远近闻名的峡阳古民居的特点。这些建筑大多修建于明、清时代，当地人称之为"土库"。土库除四周的马头墙外，全是用木质材料建造。峡阳镇现存大小不一的"土库"有二百余幢，占地面积小则几百平方米，大则几千平方米。这些建筑从柱基到斗拱，从大梁到屋檐以及门窗、隔扇，都精雕细琢。如"石坂坪土库"用石板铺地而得名，建房者应陶官系进士出身。再如"下马坪土库"建于清道光年间，由经营木材、茶叶生意的骆姬伯所建，其以两个孙子考取功名，入仕为官为由，方能建此土库；坐落在峡阳新兴街北隅坪西边的一座土库房，建于明末，冠以"大衙"的美称，它是明末进士骆天闲的府第；敖州街的一座土库房则被称为"进士府"，因应丹诏中进士建造而得名。在当地，若没有科举功名的人要建造土库，便会受到官府的干预。如位于峡阳德胜街，修建于清嘉庆年间的"大园土库"。据说主人应和璧未考取功名，其盖美宅阔院被视为越轨行为。南平知县杨桂森闻知此事前来问罪，幸好应和璧有个进士出身的远房侄子应丹诏出面打了圆场，土库才得以顺利建造。峡阳土库建筑布局严密和谐，构筑精美气派，集中体现了我国古代民宅建筑艺术的优长之处，不仅具有研究价值，而且体现了"学而优则仕"的儒家伦理思想。土库的建造是峡阳家族教育现实的最好例证，因为争取科举正途出身是当时许多读书人的奋斗目标，也是当时主流社会的一个主要价值取向，获取功名，不但可以光宗耀祖，而且可以获得类似建造土库这样的实际利益。

在顺昌元坑也有许多著名古民居大都由这些及第者建造。传说在清朝年间，朱姓人家出了两个翰林，分别是朱仕云和朱仕秀兄弟俩，于是在谟武大丰里便有了一栋"翰林第"。在顺昌城西八角楼附近，建有"天官府"，这是吏部天官何纯子的府第。

在邵武和平古镇的每座古建筑都是显赫家世的有力见证。有李、黄、廖三姓氏的"大夫第""司马第""郎官第"。其中清咸丰三年（1853年）

岁贡、四年（1854年）恩贡陈纾的"贡元"宅第；陈氏"黄进士""恩魁"等典型明清古民居建筑群；有下坊耿精忠的"九级厅"，因大门前三级石阶，中天井三级、后天井三级，故称"九级厅"；建于清同治年间和平古镇东门的"李氏大夫第"，系奉政大夫李光玖、李前梅、李前棣的宅第；"廖氏大夫第"，系清代朝议大夫、四品衔广东候补通判廖传珍宅第。

延平南山镇的五品将军游昌蕻（游居敬族孙朝奏之子）于清乾隆五十六年（1791年）建将军楼，门额题字"瑞蔼"。内门门额悬挂"武魁"匾。其所用重达280斤的掇石和身着官服画像尚存；清朝游昌莘建造土库华屋"府第宅"、游长治兴建州佐花园楼（又称长治土库厝、长治土楼）以及游昌艾兴建"绅士舍"等。

武夷山下梅村邹氏"大夫第"建于清乾隆年间因屋主茂章、英章分别诰为"中宪大夫"和"奉直大夫"而得名，其为四列一幢三厅四进结构，东阁西厢布局的建筑，实为气派；"儒学正堂"系下梅陈氏的府第，因陈镛获第一名贡元，候补儒学正堂而建。堂内墙壁上仍贴有科举捷报，虽斑驳残缺，但依稀可见："贵府陈老爷名镛，奉旨乡荐以五经中式第一名贡元，咨吏部候选儒学正堂"。

此外，建阳将口有清同治二年（1863年）重修的宋代著名学者张横渠"张载家祠"、明代首科状元丁显所居的"状元府"；松溪"王举人府"系清代光绪年间武举人王肇丰邸宅；建瓯"博士府"，系建宁府朱熹嫡长九世孙"翰林院五经博士"朱梃，于康熙二十八年（1689年）重建。府前高悬"敕建翰林院五经博士府"木刻匾额，两侧分别题有"景星庆云""泰山乔岳"字样；光泽龚文焕于清嘉庆年间，在新丰村建起了占地十五亩的大院，因其官至镇江知府，故又称"镇江府"，此类建筑在闽北比比皆是。

作为闽北家族教育成就的重要标志之一的宅第、土库，不仅是一家无尽荣耀，乃至一村的荣耀。它们既以直观形式向族众昭示或他人夸耀家族先辈曾取得的辉煌，而且在光大祖德的同时，倡导族人奋发进取，通过读书以达到为官作宰、显身扬名的目的，从而使家道昌盛不衰。①

---

① 卢美松主编《福建历代状元·序》，福建人民出版社，2004，第2页。

## 二 为科举入宦者兴建各种纪念性建筑

### (一) 竖立牌坊

与宅第、土库建造并行的是牌坊的竖立,这也是旧时代闽北家族教育取得成就的重要标志。在闽北古镇村落的古民居、家族祠堂门前或街衢巷头路口都会矗立着众多造型各异门洞式的牌坊,这些牌坊不只是起着点缀装饰的作用,其中蕴含的文化内涵极为深刻。为宣扬封建的伦理道德,表彰官绩政声、孝子义士等,闽北先辈多采用"立牌坊"的办法,以传显荣光、流芳百世。闽北千年古镇的牌坊相当多,有旌表牌坊、恩荣牌坊、科第牌坊等。牌坊成为歌功颂德,彰扬忠、孝、节、义的建筑物,其中许多与科举功名有关。这些具有纪念性和观赏性的牌坊,是儒家思想的一种物化象征。这类具有纯精神表彰功能的高耸的牌坊,不仅昭示家族科举功名成就,昭显家族无限荣耀,而且以直观的形象强化读书入仕者特权,以期激励后学。

建瓯滕氏家族大力为族中子弟营造科举仕宦的文化氛围,以显名门望族之气派,特在当地为家族科举入宦者兴建十余座木质、石质纪念牌坊。如建安县街内的"天宫大夫坊"(吏部郎中滕伯轮)、"豸绣坊"(御史滕祐)、"应魁坊"和"忠贞坊"(举人滕员)、"宫僚坊"和"洗马坊"(进士滕霄)、丛桂坊巷口的"进士坊"(进士滕远)、瓯宁县街内的"肃清江表石坊"(御史滕伯轮)、"应图呈瑞坊"(举人滕伯轮)、"一鹗横秋坊"(举人滕大本),以及与取得功名有关的族人建立牌坊,如瓯宁县街内"百岁坊"(海州知州滕澍妻叶氏)、"贞节坊"(生员滕奎之妻赵氏)等。

和平镇东门街的"李家巷"因居住着宋丞相李纲第七子秀之的一支后裔而得名。巷头的"岁进士"牌坊,系为康熙二十七年(1688年)岁进士李友社所立。据《庆亲里李氏宗谱卷十·荣名志》记载,李氏家族在清代有友桃、友社和茂春三位岁进士。李友社,字公树,号二美,康熙戊辰学院高讳日聪出贡岁进士。此牌坊为纯砖构、无柱、单门,虽然除题刻外无任何雕饰和彩画,但其不失为家族辉煌的见证。

据《建阳水吉志》载,郑墩徐氏始祖满公,江西广信府贵溪县人,明初入闽,择居水吉镇黄竹坑后迁至郑墩繁衍至今。明万历至崇祯年间,其第 10~12 代裔孙人才辈出，簪缨累兴，禄丰位昂，共有 14 人连登科甲，出任尚书、太守、知县等官职，为褒扬其家族科举成就，在村头竖立着雄伟壮观"南州屏障"八字形牌坊。传说文武百官路经牌坊时，有"文官下轿，武官下马"的不成文规定，这无不昭示向人夸耀徐氏家族"五登虎榜之贵，七著麟书之荣"之人文盛况。

### （二）建造廊桥

除了牌坊的竖立，闽北还有廊桥的建造，这也是旧时代闽北家族教育取得成就的重要标志之一。如绪言所述，家族是以血统为纽带，按照一定的规范，累世聚居在特定的地理空间内，这种村落大部分是一村一姓。如政和坂头村村民几乎都是姓陈，其开基始祖陈贵原住坑塘村，因坑塘低洼狭小且嚣市不已，不足为子孙久远之计，于是举家迁往此地。自定居此地后，陈氏家族大力发展农业生产的同时，十分注重教育，创建私塾、延师教子，历代均有俊才脱颖而出，村头蟠溪上的坂头花桥的建造就是最好的见证。花桥是坂头村陈氏十世祖陈桓，明正德六年间（1511 年）进士及第，衣锦还乡时乡民为其捐资倡建。

### （三）竖立旗杆

与廊桥建造并行的是石制旗杆的竖立，这也是旧时代闽北家族教育取得成就的重要标志之一。石制旗杆，又名石桅杆，是古时对族中子弟考取功名后用以褒扬而竖立。据说，这种桅杆的高低尺寸还依科举功名的高低有所区别。这种精神奖励也是闽北家族激励子弟向学的常用手段。如浦城《达氏宗谱》规定："及第衣锦祭祖者，给旗杆银二十两。"[①]

在峡阳有一个不成文的习俗。家族中凡是有考中进士的，须郑重写入族谱，并在家族祠堂前立石旗杆，以示荣耀。应氏家族重视教育，以科名激励子弟向学。清道光年间应蔚华进士及第，应氏家族便在祠堂前竖立了石制旗杆。后来，其后裔德高望重的耄耋老人应祥将家族世代相传的两根造型相同的石制旗杆移置屏山书院前。在闽北此类显示家族曾有辉煌和地位的石制旗杆为数较多，如清嘉庆年间，光泽县山头关新丰村龚氏家族三兄弟（文焕、文炳、文辉）均为翰林学士，在村头有为他们竖立"怀仁"

---

[①] 《浦城达氏宗谱·族长伯荣公遗训》，民国二年刻本，浦城图书馆藏。

石桅杆；建阳市小湖镇塘楼村的石制旗杆，方形杆座、自下而上逐渐缩小的杆身、镶嵌旗的杆头组成。其中，杆座左右由夹杆石上下榫口套牢固定。此外，在邵武傅家大院精细青砖雕花门楼前、下梅邹氏大夫第前以及延平王台黄氏宗祠前，均竖立数对旌表中举之人石制旗杆。总之，闽北各家族希望以这种直观形象的教育方式，使后人从中看到了读书入仕、光耀门楣的希望，以此激励他们奋发向上以获取功名，从而光耀门庭，扬名显亲。诚如冯尔康所言："古代人们为家族争光，表现在科举时代，中举人和进士者，返乡要拜祠堂、为宗祠立旗杆。"[①]

### （四）建造下马亭或下马石

闽北的下马亭、下马石的建造，这也是旧时代峡阳家族教育取得成就的重要标志之一。如峡阳的张氏族人大都居住在峡阳街的中厚隅。据《西峡张氏百忍堂宗谱》记载：该家族属于坤七公派下的一支，由来瓜瓞绵长，簪缨骈集，涌现出了18位杰出的读书人，号称18贤士，这不仅在峡阳而且在整个闽北都很有名气。张氏族人在街边盖了一个下马亭，以彰显家族曾取得的辉煌。与水吉镇"南州屏障"牌坊一样，当地的文官凡路过均须下轿，武官均须下马，时间一长便成了一条不成文的规矩。

光泽《司前李氏族谱》记载：李氏为了显示在朝为官之子的荣耀，在李家坊入村道旁凿了两个形似乌纱帽的"下马石"，无论大小官只要经由此地均须脚踏此石下马，以示对李氏家族的尊敬。再如建阳黄坑九峰村朱熹墓道碑亭内，立着一方清代墓道碑，碑文刻有："宋徽国公文公朱子墓道""资政大夫升学使者彭蕴章敬题"等字样。墓旁还竖立着："文官下轿，武官下马"石碑。以上这些事例鲜明地彰显了家族教育的成就，又对后来的家族教育产生了良好的示范作用。

### （五）其他文物遗存

闽北还有许多文物遗址，是旧时代家族教育取得成就的重要标志之一。光泽百岭村邓氏宗祠门前，立有完好无损的12墩拴马石，这是邓氏家族成功子弟回乡祭祖时拴马之用，显示先辈曾取得的辉煌和反映出家族科举成就、人文盛况；政和下赤溪村颜氏在清代出过宗顺、代林、家慧等多名武

---

[①] 冯尔康：《中国传统家族文化的当代意义》，《江海学刊》2003年第6期。

举人和武庠生，颜氏祠堂至今保存一把武状元奖品的"官刀"和颜氏子弟习武的石顶；松溪"王举人府"内存有的重达61.5公斤的武举刀，刀柄依稀可见只有"王肇丰……光绪壬"等字样，还有刻有"辛卯年"字样的石锁，这些均是武举人王肇丰每日习武强身的见证，再现往日家族地位的显耀和曾取得的成就。现存建阳水吉镇郑墩村的"西瓯徐氏祠堂"门前的翁仲，[①] 列队排阵之"庄严"气势，以及祠堂内的一副敕封金銮驾，均昭示家族曾有的辉煌。祠堂门前两侧的约两米五高的头戴官帽、身着官袍的文、武官石雕，其中文官手持牙笏，武官手执宝剑，以及一米多高形态各异羊、狗、狮共9个石兽雕像，着实气派。此石雕系皇帝赐予徐清叟小湖镇大山坪（祝墩）月山墓前，后因一尊武将石雕像被盗，徐氏族人从墓地迁移至家祠门前。据《浦城县志》记载，徐清叟，字直翁，号德壹，建宁浦城人。嘉定年间与荣叟胞兄同榜进士，历任太常博士、参知政事、资政殿大学士，其不徇私情，珍惜名器，召用真德秀、魏了翁等人才，其与父子兄弟，以风节相尚，皆为南宋名臣。这些成双成对威武的石雕群不仅成了一种装饰，更多的是承载着先辈的辉煌，显示着家族的极其荣显。当地楼阁式空心"联升塔"的建立与徐氏家族教育成就有关，因为徐氏曾一度在任知县、知府以上官职共有14人，徐氏族人建塔是为了彰显家族科甲联登的盛况，昭示家族曾有的辉煌。此塔只建三层，对族人寄予"三级连升"的祈望，并以直观的感受激励族人。再如南山镇游居敬御葬墓无不显示游氏家族曾取得的辉煌。游居敬御葬墓神道上有一座刻有"皇明钦赐祭葬"的石牌坊，两侧各有一只石狮子，其后为六棱柱形石华表一对。正中刻有"明通议大夫两京刑部右侍可斋游公神道"龟座神道碑，两侧成对屹立着石羊、石马、石翁仲、石狻猊。类似的还有政和石屯镇松源村之西的吴郎（礼部左侍郎吴廷用之父）的墓前立着石人、石马及石龟等。

  光泽县山头关新丰村龚氏现存先祖龚懋的手抄稿。手抄稿中列出光泽自嘉庆甲子科起至道光甲辰科止的各举人名单。如癸酉科龚文炳（龚懋之子）、蔡文殇；癸卯科何秋涛等，这不仅是清代光邑举人参加会试的重要资

---

[①] 所谓翁仲，原指匈奴的祭天神像，后专指陵墓前面及神道两侧的文臣武将石像各一个。文臣庄严肃穆，武将则威严肃杀，并成为中国两千年来上层社会墓葬及祭祀活动重要的代表物件。

料，而且给家族子孙一个直观的感受教育。武夷山曹墩黄氏后裔珍藏着先祖黄钟彝考取"第一名拔贡"的试卷，卷面清晰记录清朝乙酉年考试场次和考官褒扬的评语。从论文题目可知，以儒家"修齐治平"的思想立论。如用耕田经验比喻治国之道："粟秕交生，宜重重惩创杂苗莠草。"对修身做进一步阐释"虚伪有所不必惩，暗陋有所不必虑，矜持有所不必事，迹象有所不必拘"①等。此卷虽不是原件，属于试卷汇编册，但它承载家族先人曾有的辉煌，对黄氏族人而言是一份不可多得的显宗耀祖的直观形象教育形式。

## 第二节 装饰文化和闽北家族教育

闽北家族教育的历史传承还体现在古民居建筑中的装饰文化上。中国传统文化博大精深、源远流长，在古代社会占主导地位，它是长期积淀下来成为传统并具有稳定形态的中国文化，是先辈传承下来的一笔丰厚的遗产。这笔遗产并非陈列品，而恰似流淌不尽的一泓活水。② 其蕴含的价值观念、行为准则、思维方式等时刻影响着人们，而且渗透到生活的各个领域。闽北具有悠久的历史传承，拥有深厚的文化底蕴，不仅在教育理念上，对前章所述家训文化的影响，而且在古民居建筑艺术中体现出独特的风格和特色，构筑了撼人心魄的美奂绝伦的"物态文化层"。③

闽北千年历史文化古镇是东方艺术的综合体现，这里古民居建筑风貌古朴、典雅，文化气息浓郁，尤其十分讲究的门楼、窗格、斗拱、雀替、柱础等精美装饰，这些丰富砖木雕饰是古民居建筑中的一大特色，主要集中在武夷山下梅村、邵武和平镇、光泽崇仁乡、顺昌元坑镇等地。"传统建筑是历史文化的主要附着物。"④ 这些丰富砖木雕饰无论是花草树木、飞禽走兽还是历史人物故事，充分体现大屋主人的身份和良好修养，浸染传统

---

① 陈枯朽：《九曲弄扁舟·曹墩魅力》，大众文艺出版社，2006，第11～15页。
② 裴惠云：《中国传统文化对现代民俗心理的影响》，《西安联合大学学报》2002年第3期。
③ 薛祖军：《略论历史文化底蕴对喜洲白族民居建筑的影响》，《大理学院学报》2005年第2期。
④ 伍国正、刘新德、林小松：《湘东北地区"大屋"民居的传统文化特征》，《怀化学院学报》2006年第10期。

文化精神。宅门是家族身份富贵和审美品位的象征，所以宅门是装饰设计较为集中的地方，如元坑古民居建筑的门楼多以砖雕为主，体现了名门宅第的风范。其雕刻或彩绘的图案组合大量采用谐音、借喻、象征等艺术手法，表现了人们求平安、盼发财、得功名的美好愿望。它们的存在，是闽北家族教育成就的最好例证，充分体现了"学而优则仕"的儒家伦理思想。

中国传统文化以隐喻的形式广泛地体现在这些砖木雕饰中，充分展示闽北群体文化心态，这具有物质和精神双重性的砖木雕饰也是家族教育的一项重要组成部分，不仅体现浓厚的文化色彩，蕴含着人文精神价值，塑造子弟优良的品格，同时大力营造科举仕宦的文化氛围，使他们了解感受家族教育曾有过的成就，以此激发"早步蟾宫，高攀仙桂"的仕进之心。这些不可多得的宝贵历史遗存不仅述说家族久远的故事，见证家族的历史和辉煌，而且凝聚体现家族先辈的教育内涵，是教育子弟的一条直观且有效的途径。

## 一　古民居建筑与自然环境的融合

在古代，聚族而居的生活方式，天人合一的和谐观念，崇耕尚读的传统文化，好神尚祀的民间信仰的文化背景对于闽北古民居村落空间布局有着深远的影响。中国古代哲学中的"天人合一"思想，在建筑上，则体现为强调天地、自然、时空与人的和谐。[①] 闽北大多古民居群落的布局，力求从风水吉地、家庙威严、宗祠核心等方面体现家族的存在，使家族的观念渗透到族人的日常生活中的同时，也注重自然美感，强调与自然环境的融合，体现"天人合一"追求，以及理想生存环境的景观哲学思想，如武夷山下梅村、浦城县观前村等地的古民居，既有山区村寨的古朴，又具江南水乡的柔美，是二者完美结合的体现。这些古民居山环水绕，溪流沿着宅院的外墙潺潺流过，整个古村落巧妙地运用小桥、亭阁、寺庙、宅院等建筑和流水自然连为一体的空间布局，极富诗情画意，充分体现了建筑与自然的完美地融合。再如和平"廖氏大夫第"南侧"课子楼"至今仍有一株古柏穿屋而出，建筑与自然的和谐之美在此体现得淋漓尽致。古诗《穿屋

---

[①] 陈婷：《闽北古民居建筑装饰文化初探》，《艺苑》2006年第4期。

柏》"根扎雕廊下，干穿房顶荫。雕廊颜色老，虬柏绿犹新"，正是对穿屋柏的真实写照。廖氏家族先辈注重环境协调和生态保护，在建房时保留古树，如此建筑设计不仅是形态上要求建筑与自然的交融，更重要的是注重心理与自然的共鸣，充分体现了传统文化"天人合一"的和谐思想。此外，柏树是常青树，"柏"与"百"谐音，充分表达了廖氏先辈借物寄情的思想情怀，寄予家族能像柏树一样永久长青。南山凤池村游氏家族祠堂前高耸着两棵柿子树，与廖氏家族一样，也寄予了先辈的祈望。因为柿子树有"事事如意"和"世世如意"的美好寓意。

## 二 古民居建筑与吉祥图案的寓意

在中国传统文化中，传统图案追求"图必有意、意必吉祥"[①]的风尚。闽北先辈时常以传统吉祥图案，运用直观生动形象，寄予家族平安富贵、子嗣昌盛的美好愿望。闽北古民居建筑中的吉祥图案往往具有丰富的文化意蕴，其中最为多见要数蝙蝠、鹿。因"蝠"与"福"谐音，在中国传统文化中蝙蝠完全改变现实中的形象而被美化，视为一种寓意吉祥的图案。"鹿"音同"禄"，充分表现了主人祈求福禄的美好心愿。诸如此类，如象征多子多福的石榴，象征中举、升迁的"鲤鱼跳龙门"等图案，不胜枚举。

当然，"岁寒三友"（松、竹、梅）也是古民居建筑中常用的题材。和平镇东门"李氏大夫第"宅门上的松、竹、梅、鹤、鹿、蝙蝠、麒麟等组合图案，谐音寓意"松鹤延年""梅开五福""五福捧寿""福禄双全""五福齐临"的吉祥寓意。在传统文化中，梅花通常是五个花瓣，分别代表五福：长寿、富贵、康宁、好德、善终。这里凤凰在龙之上的凤嬉龙图案，具有鲜明的时代特征，是典型的特定历史产物。李氏就连天井的设计也有寓意，天井采取暗沟排水，水漏设计成铜钱状，且雕凿精细，蕴含"肥水不流外人田"之意。和平镇北门的"黄氏大夫第"，系清嘉庆十七年（1812年）奉直大夫、直隶州五品知州黄映璧的宅第。其八字仪门上的砖木雕饰同样蕴含深刻文化内涵。这些丰富精美的动植物组合图案，谐音寓意吉祥，如修竹、花瓶意为"竹报平安"，松树、仙鹤意为"松鹤延年"，牡丹、长

---

[①] 张迎冰：《张谷英村古建筑中传统文化之管见》，《岳阳职业技术学院学报》2006年第4期。

柳意为"富贵长留"，锦鸡、梅花意为"锦绣美满"。建于清雍正十年（1732年）的城村赵氏家祠，其精美砖雕主题鲜明，如"瓜瓞延绵""东方朔偷桃""岁岁添灯（丁）"均体现了祈求长寿、家族人丁兴旺发达的美好愿望。其中，"瓜瓞延绵"出自《诗·大雅·绵》："绵绵瓜瓞，民之初生。"后世用此祝愿家族子孙，犹如大瓜小瓜连蔓不断，繁衍不息。赵氏"东方朔偷桃"的画面为一白猿背着一位腰系葫芦，身背仙桃的老者。此典故源于以下传说：东方朔年幼丧母，由邻居抚养长大。后得一白猿相助上天宫求助，恰逢西王母开蟠桃会，便在瑶池偷吃仙桃，被守护神捉拿押见西王母。其以滑稽之语申辩，以致西王母不仅免其罪，而且还赐以仙酒仙肴。难怪在汉武帝寿辰之日，王母乘坐骑青鸾前来为帝祝寿时，指着东方朔说："他曾三次偷食我的仙桃。"据此，民间方有东方朔偷桃之说。东方朔以长命一万八千岁以上而被奉为寿星。后世帝王寿辰，常用此图庆典，在民间也不例外。寿星成为中国传统文化的元素，常被文房用品和绘画等用作题材。

历代文人墨客均对文人四友（琴、棋、书、画）情有独钟，文房四宝（笔、墨、纸、砚）也是闽北古民居建筑的砖雕上常见的图案。如和平镇"中郎官第"的门面虽素雅，但砖雕精美无比，寓意深刻。窗棂用青砖精雕细刻而成，分别刻有"琴、棋、书、画"的图案，充分彰显了大屋的主人——清光绪年间的书法家杜林光的艺术品位和审美情趣。

### 三　古民居建筑与儒家思想的教育

在长期的人类社会发展过程中，人类产生了居住意识并在这种意识支配下产生了与人们的社会生活密切相关的居住建筑。建筑是工艺，建筑更是文化，既反映了人们的生活状况、风俗习惯、宗教信仰，同时也沉淀着人们的审美情趣和价值取向。[①] 闽北古民居建筑蕴含着丰富的教育内涵，如"贵和、忠勇、孝义"等儒家伦理道德思想。

#### （一）布局设计，体现"以和为贵"思想

闽北古民居建筑作为传统文化的重要组成部分，深受中国传统文化的

---

① 陈婷：《闽北古民居建筑装饰文化初探》，《艺苑》2006年第4期。

影响。尤其古民居建筑的平面布局、空间构成与场景处理都深受宗法伦理思想的深远影响,这也是对家族子弟进行教育的良好素材。

首先,就平面布局而言,闽北古民居建筑多为向平面展开的组群布局,由若干个单体建筑构成庭院,再由一个个庭院组成村落,闽北10个千年古镇尤为明显。中国首批历史文化名镇之一的和平镇就是一个显例。笔者多次走访此地,由和平镇的黄峭后裔黄学艺导游详细介绍相关情况。和平镇地处闽西北,面积192平方公里,建置始于唐朝,是一处全国罕见的碉堡式大村镇,这里有明清年代的古民居建筑200多幢,是中国迄今保留最具特色的古民居建筑群之一。这些古建筑以组群的对称、和谐创造"和睦"之美的布局形式,充分体现宗法伦理中"家和万事兴"的观念。古代社会以血缘为纽带的聚族而居,即所谓的墙内为一姓之家,墙外为一姓之地。[①] 为了家族成员的和睦相处,因此在建筑布局上淡化个体而强调组群,且用高大的围墙合成一个向心力极强的家庭院落,以增强家庭的凝聚力。尤其是四合院的建筑布局,体现古代哲学中的"天人合一"思想,闽北古民居的宅院建筑的"堂"的布局就透出这一信息。一般情况,"堂"位于四合院建筑中轴线上,堂前是一露天庭院,上对苍天,正好组成完整的天地象征,而"堂"的尊位上常供有祖先牌位,它是家族成员在此隆重祭祀先祖,聆听族规家法,举行重大庆典、祭祀活动的地方。

其次,就空间构成而言,闽北古民居建筑单独宅院结构也具有儒家思想影响的特点。这些宅院无论是低矮局促的贫民陋居,还是规模宏伟、装饰华丽的"尚书第""翰林第""大夫第"等宅院,然而就大多数住宅而言,一般都具有中轴对称,主次分明,以厅堂为中心组织院落,并贯穿全宅的共同特点,即在一条纵向轴线上,依次布置着宅院大门、主庭院、主厅堂、后庭院、后厅堂等一系列内外空间。通常,闽北古民居建筑是几组并列的两进或三进,两侧为厢房,长辈居中部,晚辈逐渐往两翼扩展,呈左右对称地布置其他所属用房和院落。每一座院落之间有高高的风火墙相隔,但在每一组风火墙之间都留有通道,以便晚辈"晨昏定省",随时向长辈问候请安,也便于亲人互相来往,当地人取名"孝道门",而下梅村称之

---

[①] 刘原平、罗艳霞:《传统民居建筑与人类社会》,《山西建筑》2008年第8期。

为"孝顺门",这种布局形式充分体现了儒家伦理道德文化。如本章第一节所述,峡阳至今仍流传着"高高的马头墙,深深的居民房,步步高的三进厅,雕窗画栋的美宅阔院"的这一说法,这形成了远近闻名的峡阳古民居的特点,也是闽北古民居建筑的特点。

再者,就场景处理而言,闽北古民居建筑注重营造蕴含儒家伦理道德思想的氛围。有充分体现忠孝仁义、和亲睦族的人伦文化内核的场景布局,如南山吴氏祠堂萨镇冰敬题的"吴氏牟言——长幼有序"牌匾;乾隆御笔的"三让高宗";和平廖氏大夫第"贤孝可风",以及建瓯大夫村黄氏宗祠大厅的"奉先思孝"牌匾等,均极力营造儒家道德伦理思想的环境,古民居内举目都是治家格言、楹联和牌匾(详见本章第三节)。在闽北古民居建筑中还有许多与读书明礼有关的砖雕,充分体现朱子家庭文化内核的场景布局,如邵武大埠岗谢宅的"文明气象",松溪县城关,明朝郎中叶逢阳"九曲巷大夫第"的"静神养气",以及建阳市书坊村楠木厅陈宅民居的"鸢飞月窟地,鱼跃海中天"等。

### (二) 砖木雕饰,传承"忠勇孝义"精神

作为中国传统文化主流的儒家宗法伦理思想,自然成为古民居建筑装饰的主要题材。闽北古民居建筑的门楼上砖雕和大屋内木雕,大多刻有民间传说、历史故事图案,题材多样,寓意丰富,崇尚道德的主题十分明显。这些见证家族曾有辉煌历史的古民居建筑,无不体现大屋的主人向善、忠孝的传统美德思想,对子弟进行"立志报国、重节尚义、忠勇孝义"等儒家伦理道德教育。

清同治年间的和平镇东门"李氏大夫第",其精美的砖雕不仅体现李光玖、李前梅、李前棣祖孙四代"一门九大夫"的显赫家世,仪门门楼砖雕有三国历史人物故事,如"华容道""博望坡""长坂坡""斩颜良",还有"三言二拍"中"千里送京娘"的故事。其中"华容道"出自"诸葛亮智算华容,关云长义释曹操"的历史经典故事,体现恩义教育思想;"长坂坡"缘于刘备部将赵云(字子龙)单枪匹马,七次杀进重围,救出刘备的幼子,体现其一片赤胆忠心的故事;"千里送京娘"在民间广为流传,赵匡胤(后成为宋朝开国皇帝)曾迢迢千里相送素不相识的遇难女子赵京娘的故事,赞扬其施恩于人,不思回报的一身正气和仗义。正如冯梦龙在《警

世通言》中所写，赵匡胤千里送京娘，本为义气千里相送。可见李氏这些精美的雕砖是中华民族优秀品德"忠义"的化身，不仅体现家族的文化底蕴，更是对族人注重"忠义"的教育，传承中华传统文化"忠勇孝义"精神。李氏家族的儒家处世原则和人生道德准则，通过以上这些建筑装饰使"忠义"人物形象得到了生动的表达，这在官宦世家显得更为突出。

和平"廖氏大夫第"的门楣木雕上刻有"萧何月下追韩信"、留胡节不辱的"苏武牧羊"以及"二十四孝"之老莱子"戏彩娱亲"、王祥"卧冰求鲤"、黄香"恣蚊饱血"、孟宗"哭竹生笋"等历史典范孝道人物故事图案，充分体现中华传统文化的"忠孝礼义"的文化内涵，折射出大屋的主人崇尚"忠勇孝义"的教育思想。和平金坑乡上坊街，危氏家族的"儒林郎"建筑的镂空屏门和左右厢房窗格上也有"苏武牧羊"图案；武夷山下梅邹氏家祠大厅正堂的窗棂以及光泽杨氏民居（建于清代乾隆年间，现辟为"杨孟龄民间民俗馆"）的木制封闭式的床架上，均刻有"二十四孝"图案，这充分反映儒家思想大力倡导的"忠勇孝义"教育，渗透于闽北生活的各个方面。

唐人张彦远在《历代名画记》中阐释了美术品具有"成教化、助人伦、穷神变、测幽微"的四大功能。可见儒学伦理忠勇孝义道德在闽北家族教育处于核心地位，家族先辈除了要求子弟孝亲之外，还要忠君。因为孝和忠有着内在的关联，"孝"是"忠"的基础，"忠"是"孝"的延伸，闽北各家族在教育的过程中不遗余力地倡导"孝道"的同时，对"忠"于朝廷的故事也予以大力宣扬。闽北先辈在大山深处的乡村中运用大量的雕刻作品对建筑进行装饰，不仅仅是为了建筑美的需要，更是他们文化和教育的需求。[1] 显然，大屋的主人充分意识到"外界环境对人的品格的形成起着潜移默化的塑造作用，"[2] 希望通过这些令人肃然起敬的孝道忠义传说和故事，以古民居建筑上的直观的雕刻艺术形式来教育族人，使一代一代的族人在这些举目可见的雕刻作品中长期浸染，借助这些外力催生的力量塑造子弟的思想、性格、品德、气质。

---

[1] 张迎冰：《张谷英村古建筑中传统文化之管见》，《岳阳职业技术学院学报》2006年第4期。
[2] 朱仁宝：《试论儒家文化的当代德育价值》，《中共太原市委党校学报》2007年第2期。

### 四　古民居建筑与家族先辈的期望

在闽北的古民居建筑中，传统的风水学说左右着建筑的选址和布局，体现家族对人才辈出的祈望。"风水"一词，最早见于晋代郭璞所著《葬书》："气乘风则散，界水则止，古人聚之使不散，行之使有止，故谓之风水。"风水，就是藏风得水，是人类运用生态环境的好坏，以趋吉避凶。[①] 民间信仰的空间和谐观念以气论、阴阳为基础，及于五行，进而有八卦，这些因素的综合表现就是"风水堪舆"。[②] 大凡个人的成败得失、吉凶祸福或家族的盛衰、科举成就的高低以及财富的多寡等，都可用风水来解释。在闽北当地人的观念里，好风水有助于科举顺利。因此，闽北先民往往十分重视好风水的选择，尤其是民居的选址与朝向。和平"廖氏大夫第"系清代朝议大夫、四品衔广东候补通判廖传珍的宅第。宅第的主人十分讲究风水的运用，这在宅邸的布局中得到印证。据当地文史资料记载和本人的实地考察得知，"廖氏大夫第"门前是条河，大门正对着远处一座延绵起伏形似笔架的香炉山，廖氏家族在宅第选择与处理方面，采取"补风水"的办法，即在不改变建筑方位的情况下，将大门的朝向直对着正前方香炉山的形似笔架的地方。因此宅邸的大门是斜角的，且斜角的中轴线正对着"笔架"。当地至今仍流传着"斜门在此大行其道"之说。此风水寓意廖氏家族后裔子孙能读书入仕且官高位尊。可见古民居建筑的布局结构，深深浸染传统文化思想。

和平书院的青石板台阶的设计也深深浸染传统文化思想和家族先辈的祈望。据清咸丰五年（1855年）《邵武县志》记载，位于镇内西北隅的和平书院，系乾隆三十四年（1769年）应士民、黄浩然等所建，沿用唐宋旧名。书院内至今仍存有"和平书院""天开文运"的木刻匾额。其占地面积约700平方米，四合院式天井建筑，天井正中筑有十三级青石板台阶到达堂房大厅。堂房面开五五间，中为厅堂，两侧为教室。石阶设计为十三级，自有其深刻的寓意。在十三级石阶中，前面三级寓指秀才，后六级指举人，

---

[①] 张迎冰：《张谷英村古建筑中传统文化之管见》，《岳阳职业技术学院学报》2006年4期。
[②] 刘大可：《传统与变迁：福建民众的信仰世界》，社会科学文献出版社，2010，第180页。

再九级为贡元，十二级是进士，十三级则是独占鳌头的状元，这形象记述了封建科举时代读书人为官的必由之路，尤其状元及第是科举时代莘莘学子梦寐以求的最高理想。黄氏先辈如此设计实为用心良苦，以期家族子弟能步步高升，平步青云，以直观形象激励他们刻苦求学，一级一级地向上攀登，力争在科举前程上更进一步，读书入仕，光宗耀祖。在书院空坪的北侧有一单体砖石门墙，也有相似的寓意。门墙既无横梁也无盖顶，酷似一本摊开的书，中间一大门和两边各一券拱形小门，正好形成一个"品"字，酷似一顶官帽，蕴含黄氏先辈对学子学无止境深深寄望的同时，也体现了对子弟的"做官要做有品级的官"的要求，封建时代"万般皆下品，唯有读书高""学而优则仕"的思想在此体现得淋漓尽致。

## 五 古民居建筑与科举仕宦的氛围

闽北家族教育的历史传承还体现在为子弟大力营造科举仕宦的文化氛围。人才选拔的科举考试制度，具有十分强烈的教育导向功能，直接影响着闽北家族教育思想和教育内容等方面。

古粤城村李氏家祠建于清咸丰元年（1851年），祠堂门楼装饰上刻有"麒麟吐玉书"砖雕，寓意旺文昌、旺学业，金榜题名，表达了李氏先辈祈望家族能祥瑞降临、诞生圣贤之人，希望家族子孙能成为经世良才。至今在顺昌谟武村仍流传着《麒麟吐玉书》的民间传说故事。再如和平坎头赵氏宗祠的戏台檐坊上尚存"出将"和"入相"木刻字样。这虽是戏剧舞台上的"上场门"和"下场门"的名称，赵氏先辈借用"将""相"，寄盼家族子孙能成大器，出则将军，入则丞相。

武夷山下梅邹氏家祠门楼两侧分别刻着"文丞""武尉"的砖雕图案，类似的还有顺昌元坑蔡氏祠堂的大门砖雕，家族先辈寄望子孙后代能文能武，人才辈出。"邹氏大夫第"还有许多砖雕体现科举时代"学而优则仕"的思想，如"一鹭连科""一鹭登科""一品清廉""鲤鱼跳龙门"等砖雕的仪门上还有瓶里插着一支古代作战的戟的图案。在古代，戟象征武官官阶，"瓶"音同"品"，故有"品升一级"之意。此外，在实地考察中，发现"邹氏大夫第"有闽北古民居建筑上不为多见的砖雕图案，一人独自站在一只怪兽头上，寓意"独占鳌头"，这与当地镇国庙的化钱炉的"魁星踢斗"图案蕴意一致。以上这些蕴意丰富深刻的砖雕,充分体现邹氏先辈对子弟的期盼,以此激励后代能积极进取,读书入仕,金榜题名,出将入相,平安升级,进而光宗耀祖。

此外,在武夷山下梅村的"方氏参军第"和"程氏隐士居"仪门上、邹氏家祠门额上以及清代《武夷山志》作者董天工的家乡曹墩村的"典斋善堂"的门楼上都有一幅八骏图的砖雕。图案精美,主题突出。"八骏"与"拔俊"谐音。在科举时代,选拔俊才、金榜题名是人生中重大的事,这正是三更灯火五更鸡的众多读书人梦寐以求的理想境界。可见,许多家族尤其是世代儒学仕宦之家把体现科举时代的学儒入仕思想和对功名的无限向往与追求的美好愿望寄寓在与之生息相伴的古民居建筑砖雕图案中,以直观的形象时常影响并教育一代代族人。难怪有些学者称砖雕图案为"凝固的教科书"。

闽北不仅家族先辈,而且作为当地最高行政长官对知识的崇敬和寄予人才辈出的殷切期望。如和平聚奎塔创建于明万历年四十四年(1616年),系黄峭后裔黄六臣父子首倡并捐资修建。据《东恒黄氏宗谱》卷六《世德集略》记载:"六臣公颖异,十岁能诗文,年十四入邑庠,试则冠军"。由于和平镇缺少文笔,因此自发捐资建塔,可惜其英年早逝,仅建三层,但其"嘱子穆生公继董其事,计费金二万有奇,阅寒暑二十余功始竣"。聚奎塔上刻有"文昌拱照"的字样,底层门额阴刻的行楷"聚奎塔"大字,系明朝一代名将,赐进士及第知邵武县事袁崇焕题写。袁崇焕以"聚奎"二字名塔,其含义可诠释为聚纳天下之文武英才。

## 第三节 匾联文化与闽北家族教育

匾联是匾额和楹联的统称,是中国传统建筑中常见的装饰物。这些匾联有镌刻、悬挂、张贴在宅第、祠堂大门两侧、厅堂墙壁或大厅的柱子上。从形式上看,匾联语言精练、结构灵活;从内容上看,匾联蕴含哲理,令人回味,集教化、启迪、言志、咏物、抒情、娱乐于一体,匾联聚积了厚重的家族文化,历来受到闽北先民所喜爱,成为家族教育的一个重要组成部分。为此,笔者曾多次实地考察10个千年历史文化古镇,搜集了大量的楹联条目，并拍摄许多古民居中的匾额与楹联的图片，从中发掘了丰富的匾联文化内涵。本节就匾联文化对家族教育所产生的影响做一些初步的探讨。

## 一 匾额文化与闽北家族教育

匾额简称为扁、匾或额，又称匾额、扁牍、牌额，大多为木质，也有石质。东汉许慎在《说文解字》中释义：扁，署门户之文。匾额是中华民族独特的一种文化现象，反映了建筑物性质名称或表达义理、传递情感。这些悬挂在闽北古民居、家族祠堂厅堂、轩斋或庭榭上的题字横额的匾额，不仅是古建筑的不可分割的必然组成部分，也是闽北家族教育的重要组成部分。这些匾额内容丰富，文采各异，颇具教育意义。它们从不同角度记载家族历史，昭示家族曾有的辉煌，同时对子弟起到激励、警策、训诫的作用，是一种无言而有效的家族教育形式。

### （一）匾额类型

在闽北家族教育中匾额种类繁多，主要有以下几种类型。

1. 有关自勉、励志、训诫等警策类

这些匾额多为名人、官宦赠送或族人、后裔自制的题字匾额。其一，文学色彩匾额。对一个家族而言，能得到显贵名流的题字无疑是家族的荣耀，是家族荣耀最好的标志。为此，家族先辈多拜求官宦名人或文人骚客为之泼墨，这些匾额大都书法精湛、辞藻华美、言简意赅；其二，座右铭式匾额，如武夷山紫阳楼朱熹书斋"晦堂"，以示朱熹"不敢忘先君（刘子翚）之志"。朱熹并以父号"韦斋"命为寝室之名，以示不忘父志，以此规范自己言行，起到警策、训诫的作用；其三，郡望堂号匾额。闽北先民通过自己崇尚的堂号的匾额，以示尊崇和赞美先辈，以此激励自己进德修业，如"启贤祠"或家族姓氏堂号，如李氏的"西陇望族""北海名流"；林氏的"西河世泽""九龙衍派"等。

2. 有关功名、政绩、义行等表彰类

上述中有许多皇帝御笔赐予的匾额，以此彰显权位宦达，显示门庭光耀。尽管这些表彰匾额大都是溢美之词，但对于一个家族而言，能得到皇帝御赐的牌匾可谓无上的荣耀。诚如冯尔康所言："皇帝及地方政府也常因某家族子弟的功绩或义行奖予匾额,家族将它挂在祠堂,引为殊荣。品官有家庙祭祀制度,成为法定承认的望族,其无比荣耀可见一斑。"①

3. 有关祝寿、贺喜等喜庆类

在闽北祝寿匾也较常见,这类匾额数量非常大,而且许多与功名有关。城村百岁老人赵西源的"四朝逸老"的匾额,因其子皆获取功名;清末武秀才应虞典70寿辰时,萨镇冰所题的"厚德延年";武状元陈瑚50寿辰时,刘墉所题的"松乔耀德";下梅村陈巷花楼的晋授奉政大夫石林日易赠予翁氏四兄弟之母陈太安人的70寿辰"婺日英薇垣"匾额等,从不同侧面体现了取得功名者不仅给个人,也给家族带来了无限荣耀。

(二) 匾额作用

匾额不仅显示主人地位和荣耀,也是各家族世代荣耀显贵的标志。这些匾额不仅向后人昭示祖先所取得的辉煌,也以直观的感受教育激励家族子孙。其一,闽北各名门望族往往以得到皇帝题赐的匾额悬于楼楣,记于家谱,借以光耀门庭、炫耀权势;其二,匾额可装饰、点缀门面、美化屋斋,用以寄寓明志。如"静神养气"的木质横匾,用语切当,意味深长;其三,不少匾额具有一定的积极意义。如"朴懋可嘉""好义急公""敦厚贻谷""贤孝可风""潜德幽光""柏节萱荃"等,无不折射家族先辈的优良品习,让家族美名世代相传,具有一定的教育和启迪作用;其四,歌功颂德,记载家族辉煌,在彰显家族辉煌的背后,是先辈鼓励、要求族人坚守家族优良品德并使家族遗风世代传承;其五,古代君臣、官员、亲友和乡邻之间广泛地利用匾额进行交往,折射出相互赞誉、勉励的情感,从而协调着各类人际关系。匾额是闽北家族教育中重要组成部分,不仅具有积极的促进激励族人作用,而且具有的研史、学书、补史以及正史等价值。

(三) 匾额内容

在峡阳镇古老的土库里,名人官宦题赠的匾额至今还保存不少。如"文魁""武魁""宗风孙矩""年高德昭""大德得寿"等。在"大圆"土库房里,依旧悬挂着民国国务总理萨镇冰为清末武秀才应虞典题写的"厚德延年"的匾额。据应氏谱牒载,应虞典由同乡引见萨镇冰而得到他的墨

---

① 冯尔康:《中国传统家族文化的当代意义》,《江海学刊》2003年第6期。

宝，并请工匠精制成匾。应氏族人将之悬于楼楣，记于家谱，借以光耀门庭。东郊陈氏的旧宅里悬挂着"松乔耀德"的匾额，系吏部尚书刘墉在清朝乾隆年间为武状元陈瑚所题。

在元坑镇古民居建筑里，也有不少的匾额。如"武魁""北堂绿舞""松鹤遐龄"以及清乾隆大学士王杰题"七骥堂"等。槎溪村的邓氏祠堂，至今还悬挂着明万历年间官宦赠送的"大夫第"匾额。悬挂在横梁上的"儒林储望"和"孝能锡类"二块横匾，系邓氏后裔于清康熙二十八年（1689年）和清嘉庆三年（1798年）为官时官方所赠。杨时曾因秉公执法而被皇帝赐予"四知堂"的金匾，此匾悬挂在谟武杨家祠堂。杨氏族人以此形象直观的方法，警示家族后代为官要清廉。元坑曲村张氏祠堂悬挂"济世安民"荣匾，系朝廷赐予清初在统兵督战中殉难的族人张显荣的。

延平南山镇的游定夫祠堂（闽北现存唯一保护较为完好的游酢祠），悬挂有南宋理宗皇帝高度赞誉游酢的御牌匾，诸如"德业精专""先生风教，丽日中天""四方其训，朕有赖焉"等充满溢美之词的牌匾，这显示着先祖的勋业，也使子孙蒙受荣光。中堂正上方置有"豸山兴泽"国子监生游朝屏手书的"隆儒孝思"，还有"报本思源""慕德报功""孝思不匮"等牌匾。游氏后裔为游昌莘和游正乾同立"万年仪式"匾、游定夫书院有宋朝王野题的"敕建豸山书院"、明朝杨四知题的"道南理宗"、明朝关孙谋题的"载道而南"、清朝周学题的"理学元宗"，以及王杰题的"西洛渊源"等牌匾；当地的吴氏祠堂康熙御笔的"至德无名"、乾隆御笔的"三让高宗"、萨镇冰敬题的"吴氏牟言——长幼有序"等牌匾；陈氏宗祠中堂大厅悬挂"五代同堂""文魁""孝友可风""寒水贞石"匾额。这些匾额标榜了家族先人的史迹、品习，具有光照前贤，激励后人的作用，使家族遗风世代传承。再如祠堂内的"雍睦"牌匾，系郡守旌表明朝贡生游琪所赠。游琪天资聪慧，与其弟游禧、游佑同居共灶，合家30余人，均平有法，入先有序，家政有方。

松溪县东门"魏苍水祠"祠门上的"三番总宪""百粤文宗"是官方赠予明万历重臣魏濬（号苍水先生）的匾额；李规（北宋元丰年间进士）"官村官厅"府第有清乾隆四十一年（1776年）榜眼薛殿元题的"兰台隽品"匾额；城关明朝郎中叶逢阳的"九曲巷大夫第"有朱熹墨迹"静神养

气";清同治年间知州杨际熙的"巨口官厅"、万前的"王举人府"等各类牌匾。

邵武和平镇"黄氏大夫第"的"朴懋可嘉"牌匾,系县令刘邦翰题赠奉直大夫、直隶州五品知州黄映璧祖父黄振徽以嘉奖其为人憨厚朴实;"江夏遗风""古稀寿年"牌匾,系县令褚华唐赠予黄时拔。据《和平东恒黄氏宗谱·浑斋黄先生传》记载,因愁思岭为闽江孔道,崎岖险峻,且古道崩塌,行人苦甚,黄时拔首倡捐修此道,故得"江夏遗风"牌匾以示褒扬。廖氏大夫第的"贤孝可风"牌匾,系清光绪年间邵武知县朱锡恩旌表廖玉堂之妻傅氏宜人所赠。据《樵南敦叙廖氏家谱》记载,傅氏是孝道之楷模,其孝敬长辈,悉心服侍长年卧床的婆婆,与妯娌和睦相处,"故一家雍雍未尝有间言",并鼓励玉堂继承父志,出资建义仓救济乡里,修路建桥。其徽音远播,府县屡屡颁匾,如"令德孔昭""阃德可钦""徽音足式"等,以示褒奖。

政和地平村余氏宗祠清光绪三年(1877年)的"孝友渊源"匾额;西表魏氏祠堂的"奕代流芳"褒奖少习诗书的魏汉峤,乾隆间以武举授正品营千总衔,热心地方公益事业,捐资倡教,修建文庙,置"文运昌"田之事。

建阳考亭朱氏宗祠中的清道光三十三年(1853年)皇帝褒奖朱惠岩孝义为先,赐予"好义急公"的牌匾;清朝乾隆年间重建的"蔡氏大宗祠"位于建阳市麻沙镇。大门两边墙上刻有的"西山""庐峰"大字,堂内有康熙四十五年(1706年)御书颁赐宋儒蔡元定"紫阳羽翼"牌匾。蔡元定遵父遗训,于绍兴二十年(1150年),拜朱熹为师。可朱熹"叩其学"而视蔡元定为好友。在朱熹讲学四十余年,蔡元定成为朱熹的好助手,凡是各地云集来学者,必先由元定考察;凡是讲解诸经奥义,朱熹俱先与元定商讨。蔡氏大宗祠至今悬挂"闽学干城""家传心学""九贤堂"以及"四世九儒"等牌匾;建阳溪山叶氏祠堂"懿德至行,著书立言,高风远矣,闻着仰之"牌匾,系乡贡进士、建阳县儒学训导的赞誉叶文修所赠。

光泽县司前乡新甸街的张翼翱旧居,悬挂有"学有本源"方匾,系其弟增贡生翼河所赐;光泽龚氏"大夫第"又称"镇江府",系镇江知府龚文焕的宅第,至今悬挂有"叠选词林""一科双拔""文魁""同榜三魁"、道光年间皇帝所赐的"广厦资扶"以及龚文焕为祝贺其姻亲的寿诞而亲笔题写的"贞寿平彰"等金字匾额。据《光泽县志》载，清帝赞其书法为"清书第一"，这无疑是龚氏家族的荣耀，激励家族代代子孙。据光泽百岭村《邓氏宗谱》记载，邓氏家族三代皆为仕，清光绪十五年（1889年）邓氏父子礼防、承业皆以学问闻世，诰封"直奉大夫"，其中礼防之孙祖培学业精进，授封"儒林郎"，转加六品职衔。现悬挂于门屏上的"大夫第"石匾为其所题。

浦城县浦南徐墩季氏宗祠有县知事胡子明赠书的"延陵堂"和清岁贡章益望赠书的"挂剑遗风"匾额；仙阳镇宋朝真西山（德秀）浦城故居门厅之外，悬挂时称"世翰林"吕佩芬于清光绪十四年（1888年）所题的"西山真先生旧宅"牌匾。南宋理宗皇帝赐造"真西山先生故居"、康熙御书"力明正学"的匾额。其有"律己以严，抚民以仁，存心以公，莅事以勤"的座右铭，堪为廉洁的典范；邵武水北镇的三贤吴氏宗祠的"潜德幽光"，系钦赐吏部右侍郎、福建学政普为所赐。

闽北古民居中昭示家族曾有辉煌的匾额比比皆是，如下梅村陈巷花楼的"敦厚贻谷""东序珍从"，黄柏潘家村的"春涵海屋"，曹墩村的"柏节萱荃"和"筵辉五豆"，前者用柏、萱比拟高寿者的人品，赞美其高尚品行，后者系清道光二年（1822年），钦命都察院左副都使御史提督、福建全省学政加三级纪录八次的韩鼎晋为监生黄文远八十岁父耆民黄汉清所题；当地周氏署名难辨"人间老福"和乾隆二十九年（1764年）钦命提督福建学政、翰林院侍读学士享受朝廷加二级、纪录一次的钦命学官汪建屿，为取得生员资格的父亲周志成、母江氏双花甲之庆的"眉寿保鲁"赠匾。"眉寿"和"保鲁"均出自我国的第一部诗歌总集《诗经》。"眉寿"即"豪眉"，隐喻长寿者。"保鲁"即为颂寿之词，以及周梦斌迁居下梅时自制的一块"爱莲堂"匾额，在此堂门楼上刻的是三朵莲花的图案，表达了其尊崇先辈宋代理学家周敦颐的志向和节操。周梦斌，系康熙年间崇尚理学的乡贤，常聚集地方的文人、士大夫结成诗文社于此堂，交友问道，陶冶情操。

晋代中期的五夫镇，原名五夫里，建于武夷山市东南部的崇山峻岭中，迄今已有一千七百余年的历史，这里孕育了刘子翚、刘勉之、胡安国等一大批理学硕儒。"霜松雪柏"是康熙皇帝赐予胡氏祠堂（奉祀胡安国）的匾额。胡氏家族在宋代出了经学名家胡安国，为官四十年，履实职不过六年，所撰《春秋传》，被钦定为明朝科举取士的经文定本。其子胡寅、胡宁、胡宏和侄子胡宪得传家学，成就斐然，后人称之为"胡氏五贤"，至今兴贤古街上还保留着的"五贤井"。笔者实地走访了紫阳楼，又名紫阳书室、紫阳书堂、紫阳书院。据《刘氏宗谱》记载"紫阳楼，朱文公读书体注之所"，① 其构筑格式庄重典雅，青砖素瓦，一楹两进，书院至今还悬挂着清康熙二十七年（1689年）御笔亲书"学达性天"匾额。唐末黄巢起义，朱氏祖先为了避免战乱，居住安徽省徽州婺源（后改歙县），徽州有座紫阳山。朱熹以朱氏祖先居住过紫阳山为五夫居室之称，示"不忘故土"之意，体现其浓厚的怀祖观念。

武夷山兴田镇城村百岁坊门上的"四朝逸老"寿匾，系明万历年间赵西源（文旺公）期颐之年所赠。城村又名古粤城村，因其曾是二千多年前汉代闽越王的一座王城，南大门有"古粤"的门楼而得名。据《古粤赵氏宗谱》记载，赵氏南宋时期已入闽，先是在建州东田落脚。元代，至正丁未年（1367年）迁居城村，赵西源（文旺公）是宋代皇室后代，即宋太宗赵匡义的长子元佐的第17代孙。明神宗于万历四十五年（1617年）钦赐建造的"百岁坊"木构牌楼。有钦差布政使司左参政魏时应和福建巡按、知府、知县一并题词赠送了"盛世人瑞""四朝逸老"的匾额。此牌楼三开间，以十二楠木大柱支撑，下置四方寿桃石，双层各为六叠绘朱斗拱，十分壮观。据宗谱记载，家族先辈赵祚、赵仁、赵璟寿辰的寿引皆为名人官宦所撰写，赵西源百岁寿文由赐进士出身宰相叶向高亲自撰写。如《百岁瑞人赵西源公寿文》的"五福骈臻"的祝词，无疑是家族无尽的荣耀。赵西源百岁翁为一介平民能获"百岁冠带"殊荣，只因其十一子都获取功名。

武夷山溪州村的"文魁"；下梅"参军第"和儒学正堂的"文魁""拔贡"；建瓯玉山榧村吴氏宗祠"文魁""副元"匾额；建瓯房道镇漈村杨氏宗祠保存原匾"七代尚书第，四朝元老家"、大夫村黄氏宗祠的大厅为"奉先思孝"正匾，并将"圣旨"高悬牌楼之上，以示皇上覃恩，兼有光耀门

---

① （清）《刘氏宗谱》卷一《纱帽山下府前祖基形图》，光绪八年刻本，武夷山图书馆藏。

楣、激励后人等作用。以上这些官职爵位匾额都是因其家族子弟官场荣誉显赫，文采非凡，职务升迁所赠的匾额，从另一侧面也充分体现了闽北家族人才辈出的盛况。

## 二　楹联文化与家族教育

楹联是独具中国特色的文化瑰宝。与古民居建筑中的砖木雕一样，楹联作为一种静态呈现思想教育内容的载体，在闽北家族教育中起到"润物细无声"的作用，不仅述说家族久远的故事，见证家族曾有的辉煌，而且还承载着丰富的文化内涵和教育思想，是教育家族子弟的一条直观且有效的途径。

### （一）楹联的历史渊源

楹联，又称"楹贴""对联""对子""偶句""桃符"等，是张贴或镌刻在门楹廊柱上的联语，要求上下两句对仗工整、停顿节奏一致、声韵平仄协调等。它是中华文化特有的一种传统文学体裁，是由格律诗词演变而来。楹联在我国具有深厚的历史渊源，追溯历史，源于上古黄帝时代，由桃梗代神仙立门演变而来，自古"千门万户曈曈日，总把新桃换旧符"是在中华大地上流传时间最长、范围最广的民间习俗。桃符在古代是悬挂在大门两旁的长条形的木板，最先的桃木板上刻有"神荼""郁垒"二神，主要是起到驱鬼辟邪之用。唐代以后，又以秦琼、尉迟敬德为门神。桃符虽为楹联渊源，但并不能称为最早的楹联。目前，学术界较为一致地认为五代十国时期后蜀主孟昶在桃符板上所题的那首楹帖"新年纳余庆，嘉节号长春"是最早的楹联。宋以后，作为一种新兴、高雅的文学形式，楹联在文人雅士之间逐渐流传开来，且在整个宋元时期，其数量和类别都不断增加，出现了名胜联、书院联、题赠联、喜庆联、哀挽联等多种形式。诚如清代楹联学家梁章钜在《楹联丛话序》中所描述："楹联之兴，肇于五代之桃符，孟蜀余庆长春十字，其最古也。至推而用之楹柱，盖自宋人始。"[1]明清时期，楹联文化达到一个繁荣鼎盛时期。楹联普及，重在提倡，朱元璋在中国楹联发展史上的特殊贡献功不可没。由于他的大力提倡和弘扬，

---

[1] 叶幼明：《对联评谭》，湖南人民出版社，2009，第147页。

使楹联由帝王公卿普及到黎民百姓，加之文人雅士的积极推动，楹联从一种民间文化习俗上升为明代具有代表性的一种文学体裁。此外，朱元璋曾御书对联一副："破虏平蛮，功贯古今人第一；出将入相，才兼文武世无双"赠予开国功臣徐达。① 由此皇帝的亲制御书无疑对楹联文化的繁荣起着推波助澜的作用。至清代康熙、乾隆也大力倡导，楹联在民间得到更为广泛的应用和普及。不仅如此，清代科举考试用的是八股文，八股文的每个部分都有两股互相对偶的文字，因此"做对子"也成为读书人的一项基本功，这也是大凡清代读书人都能吟诗作对的缘故。此时，楹联成为人们文化生活中不可或缺的一部分，渗透到社会生活的各个方面。由于其短小精悍，对仗工整，节奏明快，朗朗上口，便于记忆，且具有高度的概括性、强烈的思想性和哲理性。所以，楹联在家族教育中发挥重要的作用。

**（二）闽北家族楹联的类型与特点**

通常，从在建筑上的位置看，楹联可分门联、柱联和壁联三种。而从楹联的用途看，则可分为室联、讽联、景联、挽联、贺联等。本书研究的主要是与家族教育有关的楹联，主要以祠堂楹联和居民楹联的室联为主，数量可观且保存完好，具有较高的艺术和思想教育价值。作为治家、教子或教化族人的楹联其主导思想自然与中国传统文化主流的儒家宗法伦理思想密不可分，这在"程朱理学"的思想深入社会生活的各个方面的闽北，尤为彰显。这些楹联虽体制短小，却包罗万象，涵盖评人论史、明志自警、崇文重教、懿德懿行、写景咏物、寄意抒怀等内容，具有丰富的内涵和深刻的表现力，是闽北家族教育的重要组成部分。它们往往体现大屋主人的追求与向往，对人生的深刻体味，以及对家族子孙后代的劝谕告诫。而这些所谓的先人哲语表面为劝诫，实则包含着对后人的期望与祝愿。② 峡阳范氏的"高平堂"的"文章华国，诗书传家""善祖德无穷春秋永常祭典，贤儿孙百代昭穆远铭书香""功成身隐心系朝廷千秋留德，天下忧乐胸怀黎民万载永颂""欲高门第须为善，要好儿孙奋读书"等楹联颇能表达这一理念的核心价值。在闽北现存的各种楹联中，传统的儒家道德观念，如"孝悌

---

① 金天相：《对联的源流、对仗技巧及审方价值》，《中国人民大学学报》1996年第5期。
② 武莹：《徽州楹联的当代价值研究》，安徽财经大学硕士学位论文，2011，第27页。

忠信，仁义礼智"等思想比比皆是。显然，闽北先辈充分意识到教育在变化气质、改造人性、完善人格中的重要作用，普遍通过家族教育对家族子弟进行知识传授外，还开展了心灵和人格的塑造。由此可见，闽北乃至整个福建的家族的教育注重对士绅政治人才的培养，注重对传统伦理道德的教化，而轻视对科学实用知识的普及。[①] 尽管如此，这些家族楹联语言简洁，内涵丰富，意蕴深刻，可谓集教化、启迪、言志、咏物、抒情、娱乐于一体，给族人以启示、以感染、以教育，以引领，以盼望，是族人的人格培养、自我勉励、自我教育、自我激励的有效途径。

**（三）闽北家族楹联的教育思想**

闽北古民居建筑虽风格各异，大小不同，却具有一个共同的特征，各家族都有各具特色的楹联。这些楹联蕴含着极为丰富文化内涵和教育意义。无论是追根溯源、颂扬懿德、缅怀祖先的，还是训诫、劝勉族人的楹联，它们都承载着一种文化，一种家族特有的文化，是家族记忆的文本。这些楹联体现了薪火相传的宗亲意识、慎终追远的传统美德以及敦厚质朴的耕读文化。

闽北家族教育中的这些楹联，语言简洁，内涵丰富，意蕴深刻，集对称美、韵律美、高尚美于一身，在潜移默化中给族人启示教育后人，是族人的人格培养、自我勉励、自我教育、自我激励的有效途径。楹联这一直观形式在闽北家族教育中起到教育族人，敦亲睦族的功效，在为家族营造人文氛围，增添几分雅致的同时，将家族先辈所推崇的儒家思想和生活情趣巧妙地通过楹联的方式传递给族人，具有推动家族向上、促进社会风气向好的功能，并使优良家风代代相传。

1. 敦崇重本、追根溯源

闽北家族教育重视传统、重视本源的教育思想体现在许多楹联里，而这些追根溯源的楹联在闽北家族祠堂或古民居中比比皆是，不胜枚举。如浦城章氏祠堂的"天下无二章，祖根在浦城"，叙述了浦城是天下章氏发祥地的事实。浦城莲湖祖氏宗祠的"源自商裔，望出范阳"说明了祖氏出自子姓，是河北省的名门望姓，起源于商朝，是殷商王室的子孙后裔，而范

---

① 刘家和：《关于传统文化与教育的一些思考》，《北京师范大学学报》1994 年第 4 期。

阳堂为祖氏郡望堂号。据《政和姓氏志》载,政和院勹刘氏宗祠"中山门庭千载盛,括苍园林万代兴"则概括了政和罗家地院勹村开基始祖刘堂一,从寿宁县十都大黍村迁居此地开基创业的家族史和迁徙史。政和镇前汤氏宗祠的"光州承世德,固始起宗风",开宗明义地表述先祖来自光州固始县。元坑曲村张氏家族的"钦赐翰林学士,恩蒙礼部尚书"道出了张氏族人的开山鼻祖是宋朝礼部尚书张立德的史实。延平彭城刘氏宗祠"开国承家,昭德立业",把明初大臣、文学家刘伯温作为本族的先祖推崇赞美,以此光耀家族。政和澍头许氏延一公宗祠的"门承祖德家声远,派行南阳世泽长"说明了汉初许阐泰因辅佐汉高祖得天下,被封为高阳郡王,丕振家声,而且许氏把南阳(今属河北徐水)作为家族的郡望。建瓯水北张氏家族的英节庙门额刻有"东㠭清河"大字,庙中一副楹联:"河南蕃衍逾万里,水北开基逾千年。"道出家族的迁移史迹。其中上联指出水北张氏先祖来自河南光州固始,认为张谨为入闽开基始祖,并以此为荣。下联指唐昭宗大顺元年(890年)庚戌其三子张世表守陵三年孝满,遂在水北岚下洋定居,后发展为旺族"东㠭张",水北岚下洋张氏族人视张世表为开基始祖。总之,闽北家族教育重视传统、重视追根、不忘本源,将家族之渊源以及其先辈的概况,以楹联的形式郑重其事地写进族谱、祠堂,以其极大的感染力和渗透力昭示子孙后代。楹联作为传统家族文化一个重要的表征物,可通过世系渊源、迁徙本末、姓氏原始的内容,起着辨宗派,明世系,萃涣睦族、教化族众的作用。

2. 缅怀先祖,颂扬懿德

闽北家族楹联有许多缅怀先祖、颂扬先祖的内容,这是闽北家族教育中另一项必不可少的重要内容,而且占有很大的比例,是闽北家族教育中对子弟进行教育的一种较好形式。各家族本着"重述德行、从善劝后、显亲扬名、光宗耀祖"的原则,把族中杰出代表人物或典型事迹浓缩在简洁的文字里,旨在以事彰扬,树家族名望,激励子孙效法先祖,并发扬光大。以元坑谟武村为例,有游氏祠祠的"程门立雪,秘省步云",赞扬了理学名儒游酢。杨氏家祠的"道南曾立雪,关西已畅风"和"道南光承昌百世,绍绪关西庆万年",其中的道南指的是著名理学家杨时,关西则指东汉大儒杨震。

武夷山五夫镇刘氏宗祠的"两汉帝王胄，三刘文献家""八闽上郡先贤地，千古贤良宰相家"，热情地讴歌两宋时期刘氏家族刘子羽、其父刘韐、其子刘珙均为抗金名将，逝世后分别被谥"忠显公""忠定公""忠肃公"，以及其弟刘子翚被谥"文靖公"，荣膺"三忠一文"的美谥，可见刘氏家族先哲在历史上所取得的成就和辉煌。王氏宗祠的"学究深纯，功力其济""宦南浦兮光前哲，家建州兮裕后裔""上接三槐之传，下衍五夫之系"是明代状元、大学士李春芳赞誉王佑后裔南宋浦城知县王玉甫。

顺昌曲村张氏宗祠的"天恩春浩荡，文治福光华"，系清雍正年间皇帝御赐给保和殿大学士军机大臣张廷玉；政和岭头吴氏宗祠的"列世家第一，让天下再三""梅里家风古，延陵世德新"体现吴氏始祖泰伯三让天下的史实和季札挂剑赠知己的诚信美德的千古佳话。浦城仙阳镇宋朝真西山（德秀）浦城故居的讴歌真德秀的"上相名邦，真儒继统"以及"坐看吴粤两山秀，默契羲文千古心"等楹联，后者是真氏"学易斋"的书斋联，被誉为中国书斋第一联。浦城城西北章氏祖祠"白羊献瑞，鹧鸪征时"指的是五代军事家、太傅章仔钧之母刘太夫人之墓，号白羊，沿称白羊坟，楹联高度赞扬其教子有方。

建阳麻沙镇，于清乾隆年间重建的蔡氏大宗祠的"五经三注书，四世九贤家""四世九贤千秋颂，五经三注万古传"以及"天道人道九贤相继；心法治法四世递承"说明建阳开基祖凤翔节度使蔡炉的第九世孙蔡发，其子蔡元定，其孙蔡渊、蔡沆、蔡沉以及曾孙蔡模、蔡杭和蔡权，并注释了五经中的《书经》《易经》《春秋五论》，著书48种，200余卷的史迹。以上这些楹联呈现"蔡氏九儒"和"一门之内，四世九贤"的辉煌历史，高度赞扬先祖取得的非凡成就，从"南闽阙里的蔡氏九儒，炉公后裔，书香门第，世代簪缨，堪称望族"，能"明大义以正人心，为民立教兴养，人文蔚发，风化一新"以及现存蔡氏大宗祠内的名臣所题的"念先人立身教家不外纲常大节，嘱后裔继志述事勿忘忠孝初心"的楹联得到充分印证；建阳大乐黄氏宗祠的"江夏诗书第，潭溪理学宗""燕贻教后人，礼乐显明时""荣诰光先世，忠清传宋代""江夏无双士，颍川第一功""业重芝山直承勉斋道脉，家开颍水永昭叔度宗风""江夏宗风世胄，环峰理学名家"等楹联，高度赞扬先祖宋代黄文肃，讳榦，字直卿，号勉斋，在建阳创办潭溪书院，尤其是建"巴蜀江湖之士皆来受学"的环峰书院（草堂）的史迹。宗祠"唐宋元明百进士三鼎甲，祖孙父子十三拜相九封侯"，高度概括黄氏家族所有取得的功名。叶氏祠堂的"儒行奕世仰止，理学后代永传""溪山文章祖，南阳道学宗"，阐述了学识、品德得到邑人的尊敬溪山先生（文修公），字味道，叶贺之孙，早承父命，遂建读书之所，名曰"溪山精舍"之史事。延平徐洋李氏的"斯文上续三千载，吾道南来第三家""三尺雪圣贤之地，四知全清白传家""道学渊源三尺雪，文章台阁十联诗""汉廷清节高千古，宋代儒宋冠四贤"，高度赞扬先祖李侗在历史的作用。篁路罗氏的"吾道南矣，道南一家""尊尧录上传千古，吾道南矣第二家""宋代豫章支分南剑，家承理学世振书香""世代簪缨光水，家承理学接龟山""儒宋齐北斗声名篁山直接龟山道脉，理学树南州冠冕剑水相承洛水心源""忆先祖勤读成奥学，祈后裔发奋创大业"，以上楹联说明了罗从彦（豫章）与朱熹的间接师承关系，即李侗是罗从彦的学生，而朱熹又是李侗的学生，并且高度赞扬其在理学上的历史地位和作用。

延平南山游定夫祠楹联高度赞扬先祖游酢的史迹，如宋游严所题的"世叔遗风齐名东里，程门立雪载道南来""负笈千里苏章好学志坚，立雪三尺游杨敬师心诚""程门北面唯双士，载道南来占一家"、元代游以仁的"立雪家声传，豸山世泽长""立雪程门裔，步云秘省家""程门立雪尊师重教，清明廉洁高风千秋"，以及朱熹所题的"道南首豸山学共龟山同立雪，理窟从洛水本归濂水引导源""广大立雪春浩荡，平传理学日光华""名齐杨夫子，学受程先生""广平衍派家声远，立雪传芳世泽长"等。

和平黄峭公祠的"勇冠三军名标虎将，志魁名士独占鳌头"，上联指三国时蜀汉名将黄忠，字汉升，英勇善战，有"黄忠出阵，以一顶十"之美誉。下联指北宋大臣黄峭山公之孙黄裳，其父母秉承"诗礼传家"古训，从小就十分重视子女的教育，黄裳少年时期就能背诵《诗经》和诸多唐诗，且善于融会贯通，于北宋元丰五年（1082年）进士及第，成为南剑州第一状元。和平东门李氏大夫第的"官朕夸柱下，道德经著函关；仙史应长庚，诗酒名驰唐代"，赞扬了先祖出函关、著《道德经》五千言的老子和唐代诗人李白。和平丞相太师忠定李公祠的"至策大猷，孤忠伟节"，高度赞扬家族先祖丞相、太师，史称"南宋抗金英雄"的李纲具有"以一身系天下安危"忧国忧民的思想,在祠内《粤诗集》诗句"概王室之艰危,悯生灵之涂炭,悼前策之不从,恨奸回之误国""烟雨霏霏溪上村,白沙翠竹对柴门;江潮战斗波成血,耕凿樵渔如不闻"得以充分体现。

浦城莲湖祖氏宗祠联一:"殷室贤臣,左江名士;巧思入神,忠心贯日",其中"殷室贤臣"指的商王武丁大臣祖己,辅政期间,主张修明政事,施德重民,以致国势复振。"左江名士"指的是唐代诗人、擅长诗歌创作的祖咏,以描写山水为主,辞意清新文字洗练。"巧思入神"指的是南北朝时期杰出的数学家、科学家祖冲之。"忠心贯日"指的是东晋著名将领祖逖,字士稚,慷慨任侠、注重节操、为国献身。联二:"父进士(祖洽),子状元(祖秀实),奕世联科甲;宋忠臣(祖世英),元孝子(祖浩然),万代振纲常",以上这些家族先辈事迹,长留青史。

闽北有的家族祠堂以系列楹联的形式来描述祖先曾取得的辉煌科举成就,高度概括家族诸儒之史迹。如延平南山吴氏宗祠为例。联一:"世为唐大夫岂能朝亡损节操,义不事朱梁宁愿举家隐橘溪。"此联概述了南山延陵吴氏始祖吴卓(唐咸通元年(860年)进士),银青光禄大夫,任汀州县令时,为官清廉、莅政有声。唐亡,后梁朱温皇帝封王审知为闽王,吴卓一家"一将军、一大王、四大夫、五进士"不做乱朝之官,率子侄家兵一千余人,从福州北上隐居延平橘溪(今南山镇),开山造屋,创办崇寿寺书院,传经立学,子孙五代不仕,时称隐德世家、耕读世家。吴卓一身正气、世守忠良的风骨在此楹联中得以充分体现。联二:"自橘水钟灵以来,世传双璧鸣古;从延陵发祥而后,家存三让遗风。"上联指的是时称"双璧"的吴仪、吴熙深受吴氏家族隐德文化传统的影响,遁世隐居、不乐仕宦,潜心经史,在玉屏山麓创立名声卓著的家族书院——藏春峡书院,在此实践了"无丝竹之乱耳,无案牍之劳形"的养高恬退、读书治学的理想,开拓了藏春峡文化,成为延平理学先驱。下联指的是延平橘溪(今南山镇)吴卓至德文化是中华勾吴文化重要组成部分,继承发扬泰伯三以天下让遗风的一支典范,其意义深远,并传衍六世孙宋代吴辅、七世孙吴仪和吴熙的延平藏春峡吴氏隐士文化。联三:"金紫银青光禄四大夫李唐显宦,剑津橘水吴家五进士闽省鸿儒。"四大夫指吴卓、其侄吴玲和吴珮均为银青光禄大夫。其次子吴融为金紫光禄大夫。五进士指吴卓为唐咸通进士,其侄吴玲和吴珮、其三弟吴浚以及其次子吴融均为唐乾符进士。联四:"三先生名节自励博学多通,四循良为官清廉莅政有声。"三先生指宋代吴辅时称怡轩先生、吴仪时称藏春先生、吴熙时称东山先生。四循良指宋代进士吴方庆、吴武陵、吴一鸣、吴应酉。联五:"堂势尊严,昭奕代宗功祖德,孙支繁衍,喜联科秋解春元。"联科指吴辅的孙子吴播和曾孙吴溥,政和五年叔侄同科中进士。解元指吴君称、吴藏用、吴天明。联六:"辈出鸿儒时称双璧,身入翰林邑属第一。"翰林指明代进士吴恭,值得一提的是延平人入翰林院自吴恭始。联七:"片云生半壁,一榻坐千峰。"系清代延平学府奖给当地第一名秀才——吴卓三十四世孙吴元随的牌联。此联描写吴氏后裔志高云天犹如千峰挺秀、崭露峥嵘,吴元随为其中佼佼者之一。以上楹联高度概述吴氏家族人文盛况,讴歌了家族祖先的名人显宦,无疑是彰显家族荣耀以激励家族子弟的最好素材。

总之,以上这些楹联高度概括家族先辈的懿德懿事,期待家族先辈诸儒的事迹长留青史的同时,也希冀优良的家风能代代传承。"祖恩儿孙无须报,宗光历代既当承"(政和杨源张氏)、"洋开帷帐以携孙,南剑九峰分秀色;洏逝潆洄而顾祖,西河十德衍其源""阐祖宗之功德,传儿孙之支流"(延平炉下洋洏林氏)等楹联都透出此思想。

3. 春祀秋尝,俎豆馨香

春祭叫"祀",秋祭叫"尝"。追祀先祖的风尚,古往今来,无远弗届。闽北家族楹联在高度赞扬祖先的功德业绩的同时,反复告诫家族子弟不能数典忘祖,子孙以祭祀不辍(《道德经·第五十四章》)。传统的祭祖仪式是家族重根重节的生动体现,是对族人进行慎终追远的传统美德教育。如政和杨源张氏宗祠的"水源木本,祖德并天兴万代;春祭秋尝,历本照章永传世""俯伏此堂中,宜念光前裕后;周旋斯室内,当思尊祖敬宗""祠貌维新,共仰宗功祖德;孝德有振,咸称子孝孙贤"。杨源乡进源村朱厝楼(朱氏宗祠)的"晦翁续道脉,千古扶纲常""孰知本厥美,渊深而流长饮水必思源,培根乃荫芳"。邵武和平廖氏敦叙祠堂的"荐春酬祖德,锦辉生俎豆";邵武黄峭公祠的"千秋俎豆昭前烈,百代衣冠推后贤";延平南山吴氏宗祠的"祖可德,宗可功,修先人于祭典;祖有德,宗有功,垂声灵于千祀""采藻采苹,垂春秋报本之典;荐物荐豆,尽子孙追远之诚""春日祀秋日尝，敦孝敬于一堂""祖德难忘，燕翼贻谋恩泽大；孝思不匮，频繁殷荐水泉香""报德报功，爱祖时思心不散；至诚至慤，敬神如在孝无边""圣贤道学之宗，衍云礽于百代；本木水源之地，崇祀事于千秋"；延平南山游定夫祠的"祭祖勿忘先世训，同宗宜作一家亲""千秋义气蒸尝远，万古英风俎豆新""春秋致祭，俎豆馨香"；延平区炉下镇洋洢林氏祠堂的"洋开帷帐以携孙，南剑九峰分秀色；洢逝潆洄而顾祖，西河十德衍其源""功名富贵从此出，春秋祭祀享无穷""报德报功千年俎豆，序昭序穆百代衣冠""先祖德宗功是式，后秋尝春礿维新"；南平彭城刘氏的"天禄仰先贤俎豆馨怀祖德，地灵启后秀桂兰馥振家声"；建阳溪山叶氏宗祠的"祭如在居处笑语，礼必诚粢盛醴牲""荐时食孝思不匮，陈家器手泽犹新""学业有光卓冠群英扬宋代，俎豆唯馨辉煌宗族近清时"；浦南徐墩季氏宗祠的"祖泽衍伏鹅，奕业千秋同归复茂；宗祠开双鲤，秋霜春露共报馨香"，以及延平南山游定夫祠和南山吴氏宗祠墙上至今还保留明代的"移孝作忠"四个大字和"承先人之祭祀，耸万代之人伦"的楹联。

　　闽北祠堂楹联中，表现出闽北先辈极为浓厚的崇祖观念，除了与祠堂本身是祭祀祖先的场所因素之外，还有两大重要原因。其一，受慎终追远的传统文化的影响。其二，受同源意识、崇敬共同祖先的观念影响。在古代社会里，家族成员通过隆重庄严的敬宗睦族的祭祖活动形成一种巨大的凝聚力的同时，"在面对祖宗灵位的虔诚祭祀中人们还获得了一种超越的道德价值之源，从而坚定了其践履道德的行为"。①

　　4. 训诫劝勉，修身立德

　　闽北先辈一直把家族子弟的道德修养置于突出的地位并不断加以强化，以期贤良子孙能保家道长盛不衰，这是闽北家族教育中一以贯之的不变主张。在闽北家族教育中，有不少体现立德修身的伦理道德教育理念的楹联。这些浸透了家族先贤经验和智慧的楹联极富哲理性、针对性和教化性，以直观教育形式，对子弟进行潜移默化的道德教育和文化浸润教育，以此引导、培养、塑造和激励族人。

　　在这些家族楹联中，有体现"孝悌忠信、敦亲睦族"思想的，如和平

---

① 王玮：《试论明清潍州宗族的道德教化》，安徽大学硕士学位论文，2006，第25页。

坎头廖氏宗祠的"敦孝悌以重人伦，笃宗族以昭雍睦""积善之家必余庆，明德之人必遇达人""智水仁山鸢飞鱼跃，礼门义路矢直砥平"、和平黄峭公祠的极力推崇赞美黄香孝行的"扇枕温床传孝悌，辅国化民仰忠贤"、五夫镇刘氏的"行仁义事，存忠孝心"、建阳大乐黄氏的"扬仁里之休风，只此时和年丰家弦户诵；叙相邻之乐事，唯是父慈子孝兄友弟恭"等。有体现"仁义礼智、见贤思齐"思想的，如溪山叶氏宗祠的"义路君子所履，礼门贤者必由""息游皆履仁蹈义，藏修俱说礼敦诗""千古薪传留诗礼，百世私淑建羹墙""入贤门孝悌敬让，思祖德礼乐诗书"、建阳书坊"楠木厅"的"贤人义事，存忠孝心"，以及五夫镇紫阳书院的"行仁义事，存忠孝心"等。有体现"同根同源、和忍处世"思想的，如建阳大乐黄氏的"古道原同井，乡田自一家""作子弟先识为人，仁以存心，哲以保身，和以托俗；入里门后皆同族，老者当敬，贫者可恤，善者可师""自修君子节，先拜大夫风""虚榻延名士，开胸论古人"等。

在中国家族史上曾经有两个家族长期同居，其中唐朝张公艺以"百忍"九世同居，和睦相处就是其中一个例子。唐玄宗曾御赐为"百忍世家"，清乾隆皇帝也曾亲书"百忍"金匾相赠，这昭示着家族曾取得的辉煌的事迹在延平徐洋张氏家族的楹联中充分体现，如"九世同居扬天下，一日百忍贯古今""孝忠门三朝旌表，念雍睦九世同居""九世居后添吉庆，百忍堂前古泰如""吾思祖德行千载，昭古先人九世居住"。这些楹联向后人昭示着张氏为"百忍义门"家族的同时，也将在九世同堂的相处的过程中，家族先辈通过言传身教，将传统文化的价值观，潜移默化地传给下一代，使优良家风能代代相续，发扬光大。类似的有峡阳张氏的"世守百忍祖训，家垂两铭宗风"。张氏家族要求子弟在处理族人、邻里、朋友关系上，要宽厚忍让，要求族中子弟从小培养宽厚待人、克己忍让的优良品德。峡阳范氏的"品节详明德唯坚定，事理通达心平气和""百世子孙贤，一生心性厚"、南山凤池游氏的"退一步自然幽雅，让三分何等清闲；忍几句无忧自在，耐一时快乐神仙"以及南平彭城刘氏的"谦和生快乐，忍耐免烦忧"均属此类范畴。此外，闽北有些家族，如南平彭城刘氏则以张氏家族"一梨受赐、汁水均餐"的著名典故作为家族楹联，训诫子孙效法古人和睦相处。

5. 文章华国，诗书传家

闽北家族先辈重视家学家风的传承，明白"黄金满籯，不如一经""有书不读子孙愚"的道理，始终把励志勉学，诗书传家放在首位，甚至认为人才辈出是家族不坠的重要的，甚至是唯一出路，这在"学而优则仕"的科举时代，尤为彰显。

在这些家族楹联中，有体现"诗书传家、克振家声"的教育思想的，如峡阳范氏家族的"高平堂"堂上的几副楹联："善祖德无穷春秋永常祭典，贤儿孙百代昭穆远铭书香""功成身隐心系朝廷千秋留德，天下忧乐胸怀黎民万载永颂""欲高门第须为善，要好儿孙奋读书"，颇能表达这一理念的核心价值。峡阳应氏家族的"藏修俱说礼敦诗，千古薪传留诗礼"无不昭示应氏家族重视教育，善于垂训子弟，一向以诗书传家、忠勇报国相标榜，要求子弟国而忘家，使子孙自幼好学勤奋，学有家法，长期以来，家族涌现不少杰出人物。建瓯芝城李氏宗祠的"将相师儒辉煌国史；衣冠阀阅昆耀陇西"。政和镇前马氏宗祠的"诗书继世名耀祖，勤俭持家业先祖"。建瓯徐地李氏的"忠贞保国声名万世永显；诗书传家德泽千年弘扬"。高阳振科李氏宗祠的"挺其秀良光祖德；守以道学显宗功"。建瓯建郡滕氏宗祠的"承国恩乃得家庆，祝人寿亦祈丰年"。邵武和平坎头廖氏宗祠的"诗书不坠，礼乐传家""昔我先人世笃忠孝，冀尔后嗣代传诗礼"。黄峭公祠的"传家诗礼书香远，继世箕裘善庆长""笃根本敦伦常方为礼，田勤耕书苦读休让圣""径开翰墨之园，大启图书之府""科第蝉联，人文鹊起"。和平东门李氏大夫第的"世间两件事，耕田读书"。南平彭城刘氏的五忠祠的"赖祖宗积德，累仁以有今日；愿子孙立名，砥行勿坠先猷"。延平南山游定夫祠的"圣可学，贤可希，启后代书香""上国西曾观礼乐，兴朝今更羡文章""孝友承先德，诗书裕后昆""和能生瑞气，书可振家声""忠孝传家绳祖武，诗书继世翼孙谋"。建阳溪山叶氏宗祠的"入贤门孝悌敬让，思祖德礼乐诗书""义路君子所履，礼门贤者必由""崇政殿说书大哉祖功宗德，小窗中读易远矣子翼孙谋"。浦南徐墩季氏的"支百世，绪万年""读书励节，克振家声"等楹联俯拾皆是，此不详列。

有体现"激励子孙励志向学"教育思想的，如南山凤池游氏的"大丈夫成家容易，士君子立志不难"、元坑谟武叶氏的"介节如山，显冠裳于累叶；清平似水，兆科甲于榴花"分别赞扬了家族先祖的叶颙、叶涛、叶适、叶祖洽四人均进士及第的人文盛况，类似的有述浦城莲湖祖氏的楹联。此外，闽北有些家族以一系列楹联高度概括家族"科第蝉联，人文鹊起"的盛况，以期激励子孙励志向学。如南山吴氏宗祠的诸多楹联是这类的典范。

6. 人生哲理、逸情旨趣

在闽北家族教育中，除"溯源""崇祖""祭祀""修身""励志"类之外，还有一些是阐述人生哲理、崇尚逸情旨趣的楹联。这类楹联往往是文人自娱所作的，多悬于堂室、家院的亭榭或书斋中，以示主人志趣，往往有自励与抒怀的作用。此类楹联在客观的描述中，含蓄地寄寓主观的志趣与追求，也就是借景抒情，深蕴哲理，达到情景交融、意境无穷。[①] 如"双双瓦雀行书案，点点杨柳入砚台""风光月霁襟怀，海阔天高气象"（和平东门李氏）、"室内有奇观，月镜云屏花外侣；窗前无俗物，鸟歌鱼泳座中诗""即景静观云影天光皆韵致，舒怀远眺花红柳绿尽文章""楼襟一水流书韵，槛挂千峰列书图""己从难处克将去，心自放时求得来"（建阳大乐黄氏）、"知足常乐终身不辱，知止则止毕生不耻""知足常乐不极乐，但于得时思失时"（浦城水北刘氏），以及书斋联"至味书田粟菽，真香心地芝兰""芝兰气味琴声调，松竹丰姿鹤性情"（城村兴田林氏）、"虚心竹有低头叶，傲骨梅无仰面花"（光泽崇仁裘氏）等，无不透析交友与处世等哲理。

综上所述，以上这些与科举有关的宅第、牌坊、石旗杆、廊桥、下马亭、下马石以及文物遗址等广为科举入宦者兴建各种纪念性建筑，真实地透射出了闽北家族曾有的辉煌，营造具有绝对家族教化力量的文化氛围，使族人了解感受家族教育曾有的成就，给子孙以极大激励。毛汉光教授曾说："在私天下时代，父祖不问自己子孙贤能与否，用尽一切方法与手段，想使后代高位厚禄，长保富贵，乃是人情之常。"[②] 古民居建筑工艺精湛的雕刻，已深深浸染着儒家精神，折射出大屋主人的地位、家族的荣耀以及教育理念。这些古民居建筑中的传统吉祥文化、科举时代的"忠孝持家、

---

[①] 张孝凤、徐周双：《古镇楹联的思想政治教育价值探索——以西递、宏村为例》，《浙江理工大学学报》2011年第6期。

[②] 毛汉光：《中国中古社会史论》，上海书店出版社，2002，第142页。

读书处世"的儒家思想的经典故事都在精美的砖木雕饰中得到直观生动的体现。换言之,"建筑、雕塑等艺术也会体现封建的伦理思想"。[①] 人的品行不是与生俱来的,而是在特定环境作用下,后天潜移默化积累的结果。闽北先辈把家族追求的精神风尚寄寓在与之生息相伴的古民居里,在日常的生活中,这些"忠勇孝义"价值观念往往随着砖雕、木雕这些实物进入家族子弟的记忆,在耳濡目染中对其产生良好的影响,久而久之,由此形成相关的认同感,进而塑造优良的品格。它们是一种物化的时间记忆,更是一种家族辉煌的历史记忆,它们使家族子弟为一种劝学上进、光宗耀祖的浓烈气氛所包裹浸润着,以此激发读书入仕之心。同时内涵极其丰富的匾联文化不仅是无言有效的家族教育形式,也是作为伦理教化的一种载体和伦理道德传播的一种手段,尤其是匾联中富含人生哲理、崇尚逸情旨趣以及追根溯源的内容如今仍然值得借鉴,值得进一步弘扬和传承。这些楹联在为古民居增添几分雅致的同时,也起到推动家族向上、族人向善的作用,并使家族优良家风代代相传。显然,闽北这些大量的历史遗存、砖木雕饰、匾额、楹联等传统建筑,有着人文之美、意境之美,不仅仅限于"物态文化层"的见证,还承载着大量、广泛的教育信息,对家族子弟、当地乡民而言,它们是一本生动形象的教科书。这些传统建筑既是家族辉煌历史的见证,又是人类智慧的结晶,而这些直观形象的教育形式一直被闽北族人世世代代尊崇着、恪守着和传承着,因其构建了道德伦理教化空间且超越其历史意义。

---

[①] 王岗峰、张玲枣:《中国伦理文化和社会发展》,海风出版社,2002,第 8 页。

# 第七章　民俗文化和闽北家族教育

家族作为民间基层社会的一个群体组织，无不囊括社会生活的各个方面。在闽北的家族教育中，民俗文化也是其中一项重要的内容。民俗即民间风俗，是民众或民间的风俗习惯，经历千百年的积淀，在历史发展过程中逐渐形成，并反复出现、代代相习的生活态度、行为方式、伦理观念和文化现象。[①] 民俗是某一地域的人们在长期的生产、生活中形成的价值观、行为方式、行为规范等总和，表现为社会群体的生活方式和行为方式，更表现为对一定社会中的个人和群体具有约束力的稳定的行为模式。[②]

闽北先民在长期的生活实践中，形成了种类繁多的民间习俗，其历史悠久、内涵丰富。在宗族社会里，家族多以聚族而居，许多民俗活动以家族为单位举行，活动场所多在祠堂或乡里，所以本章节的家族概念，则具有乡族的含义。这些民俗活动受众面较为广泛，对族人乃至对一个地区的乡民性格涵养的塑造都具有深远的教育意义，其教育功效不可小视。通常，稳定而又丰富的民间习俗不仅对浸润其中的个人和群体具有约束力和教化力，而且其教育内容、教育效果和品德教育方面对现行教育具有重要启示和借鉴意义。

家族教育的研究视野不仅仅局限于通常的，本书尝试从新的研究视角与方法，将研究视野扩大到民俗文化这一层面，希望能更好地整体把握闽北家族教育的内涵。本书深受党明德先生所著《中国家族教育》一书启发，

---

[①] 钟敬文：《民俗学概论》，上海文艺出版社，1998，第3页。
[②] 宋喆、曾鹰：《社会风习及教育启示》，《教育评论》2012年第4期。

大胆尝试运用民俗学和民间资料对闽北家族教育进行论述,在某种意义上,材料的运用是新颖的。在田野调查中,笔者发现大量新的资料,在一定程度上弥补了闽北民间信仰研究文献的不足,拓展了研究的广度和深度。本章着重阐述闽北家族教育中与"重教尚德"有关习俗内容,旨在探究民俗文化中寓含家族教育的元素,把握其教育内涵和传承脉络。闽北先民将教育渗透民间习俗的活动中,使族众长期在浓厚的习俗文化氛围熏陶下,通过民间信仰、民间习俗、民间文学等主要途径,对族众进行慎终追远、和家睦族、激励劝勉等教育,旨在唤起族众孝思,以期塑造子弟品格、激励族众向学,从而永葆家族昌盛。

## 第一节　民间信仰与闽北家族教育

闽北家族教育的历史传承还体现在民间信仰上。闽北民间信仰杂而多端,但其内在价值取向上则依然具有中华民族固有的伦理特质。[①] 其中蕴含着丰富的伦理道德和行为规范。通常,拜祀的神明多为传统道德楷模,在民间信仰过程中,闽北先民并非仅对神明的灵验传说津津乐道,更重要的是对神明的美德念念不忘,甚至有意编造神明生前的美德传说故事。这些故事的内容大都包含了传统的伦理道德观,寓劝诫人心于其中,发挥着社会教化功能。

闽北家族教育的终极目标是提升家族声望、振兴宗族,并始终贯穿于教育活动的全过程。家族先辈祈望子弟能品德高尚或才智杰出,民间信仰虽具有特定历史内涵,其中许多民俗活动紧紧围绕道德教育的内容展开,特别对以血统关系为基础累世聚居的族人来说,他们共同居住同一个村落里,其影响广泛而深远。"民俗一旦形成,就成为规范人们的行为、语言和心理的一种基本力量,同时也是民众习得、传承和积累文化创造成果的一种重要方式。"[②] 从总体上看,闽北民间信仰带有浓厚的实用功利性色彩。闽北先祖希望某些神灵偶像能庇佑家族及子弟。为此,那些属于家族、乡

---

① 黄建铭:《民间信仰的社会功能及导控——构建和谐社会视角》,《福建经济管理干部学院学报》2006 年第 3 期。
② 钟敬文:《民俗学概论》,上海文艺出版社,1998,第 1 页。

族所有的寺庙，备受族人、乡人崇拜，香火缭绕，盛典不绝。

## 一 民间信仰与教育内涵

民间信仰是中国传统文化的重要组成部分。从古至今，泛宗教文化是中国民众信仰意识的主流，闽北也不例外。这里各种宗教与各类民间信仰的界限并不十分清晰，往往密切交融在一起。闽北民间信仰虽没有严密的组织机构和系统宗教理论，却有着儒、释、道三教融合的宗教伦理道德，引导、约束民众的言行，使民众向上、向善，自觉维护家庭（族）的和睦和团结。闽北地区广受人们崇拜的偶像，大多有两种类型：一是法力广大、孔武有力，或是善于驱邪除妖、护佑平安的神祇。如太上老君、齐天大圣、文昌帝君、关圣帝君、华光大帝以及临水夫人等。二是被认为与本家族有某些渊源关系的神祇，或是本族的同姓同宗，或是与本姓氏在历史上有过某些亲缘关系以及恩德相济，等等。[①] 这些传说中的闽北地区的神祇，完全是按儒家伦理的要求来塑造，使他们成为传统社会善男信女的道德楷模。

到宫庙求签是民间信仰活动中一项重要内容。民谚云："跨进庙门两件事，烧香抽签问心事。"闽北一般寺庙或道观里多有签诗，这些签诗属于民间创作，多出于文人之手，或经文人润饰，也蕴含丰富的教育内涵。有行仁孝义的"寒天闵拾衣芦花，无力能推乃父车；总是大贤敦孝道，恳留继母行堪嘉""五禅冬日孝慈亲，卧向竖冰敢赤身；天纵地寒鱼尽伏，忽然双鲤跃河滨""堪嗟董允葬双亲，为苦无财愿卖身；感动天庭敦孝行，忽来仙女结良缘""保全孝女与孤儿，元普行仁得报奇；盛德感天天赐福，双生贵子接宗友"；有忍辱负重的"苏武当年困北边，餐风嚼雪度寒天；手持汉节心无愧，麟阁图形万古传"；有积善施德的"当年仁杰积阴功，只为能知色是空；善行感天天必报，状元当让狄梁公"；有激励向学的"事肯勤求便不难，劝君切莫喜偷安；孙康何事功名早，黄卷曾经映雪看""燕三窦氏种书香，教子传经有义方；堂上椿萱欢并茂，阶前丹桂五枝芳""老人圯上试张良，辱折青年志气刚；纳履始将兵法授，他年使佐汉高皇""梁灏生平志气高，探花三点脱身逃；一心定把鳌头占，八二成名意心豪""季子入秦运未

---

[①] 陈支平：《近五百年来福建的家族社会与文化》，中国人民大学出版社，1991，第141页。

通,回乡裘敝且金空;悬梁刺股终为相,还赖家庭激励功";有科举考试的"功名才子各有时,何必吁嗟似酒迷""求官加进职,赴考状元郎""熟读尼山经万卷,丹书龙虎列三公""求官登科甲,谋望事得成""养成正气参天地,竟将名姓榜头题""求谋皆吉利,赴考中头名"等。闽北诸如此类的签诗不胜枚举。

**(一) 宣扬儒家"孝道"思想**

闽北许多民间信仰蕴含对家族子弟进行"孝道"教育。自古以来,人类的生命得以延续,首先感谢的是母亲,因为孩子的生日是母亲的苦难日。下梅村每年农历正月十五在万寿宫举行"拜血盆"的活动,人们依托当地"三位奶娘"的生日庙会,带上事先念好的五千八百捻《谢母经》。对三位奶娘顶礼膜拜,一边虔诚诵读经文,此信仰体现子女不忘母亲十月怀胎之苦及养育之恩。村民们恪守、传承着传统道德文化中的孝道民俗。

临水夫人,原名陈靖姑,俗称奶娘,尊称陈夫人、临水夫人、古田奶奶。除闽东之外,闽北是其主要的信仰祭祀圈,在福建民间信仰的诸多女神中,临水夫人的影响力仅次于妈祖。据《闽书》记载:"家世巫觋,父昌,母葛氏。生于唐大历二年,神异通幻。嫁刘杞,孕数月,会大旱,脱胎往祈雨,果如注,因秘泄,遂以产终。诀曰:'吾死后,不救世人产难,不神也。'卒年二十有四。自后灵迹显著。"[①] 宋淳祐年间(1241 – 1252年),朝廷赐匾"顺懿",敕封"崇福昭惠慈济夫人",后又敕封为"天仙圣母""护国太后元君""顺天圣母"等。自宋受封后,临水夫人的影响迅速在民间扩大。刘大可教授经过实地考察,重点走访闽北延平樟湖镇,政和铁山镇、岭腰乡,建阳小湖镇、莒口镇等地,发现以上村村都有临水夫人庙,且有较长历史,至今仍有大规模的祭祀活动。[②] 其中延平樟湖镇的"上塘庵"、建阳小湖镇美溪村的"复隆庵"均是临水夫人庙。政和岭腰乡锦屏村的"大奶庙"系当地叶、吴、刘三姓共有;西坑村的"大奶庙",系余、陈、何三姓共有。此外,长垅村、马坑村均有规模不等的临水夫人庙。建阳莒口镇的"奶娘庙",规模宏大,系全村张、黄、吴、伍、庄、翁等姓

---

① 何乔远:《闽书》,福建人民出版社,1995,第4366页。
② 刘大可:《闽台地域人群与民间信仰研究》,海风出版社,2008,第154~155页。

300多户人家共有,每年正月十五为当地最为盛大的祭祀节日。当地至今流传"有莒口就有奶娘庙"这一说法,可见临水夫人在当地的影响之大。

闽北先民塑造临水夫人的形象,对家族子弟或当地村民进行"孝道"教育。传说陈靖姑逃婚,学法三年,学成回来,将功补过,格外孝敬父母。闽北流传着陈靖姑"割骨还父,割肉还母,咬破手指还血观音"的传说,虽然令人难以置信,但完全是按照儒家伦理的要求来塑造,使之成为传统社会善男信女的楷模。或许此传说故事宛如神话,自不可信,但传之久远,信之弥深,折射出闽北先民的社会心理,从中亦可窥见人们的普遍社会需求。

(二) 宣扬儒家"忠义"思想

"有报功昭德之祀,而义通乎忠烈贤良。"① 闽北各地有许多宣扬死者生前德行、记述功德、褒扬忠烈的寺庙,祀奉一些英勇顽强、战死沙场的兵将的忠义英雄人物。闽北先民怀念其德,为其立祀,以之达到规劝世人、扬善抑恶的作用。"忠义"教育在闽北民间信仰中占有较大比例。如三国时代的关羽,在中国文化中视为"忠"的代表人物,他的"义不负心,忠不顾死"的性格被闽北先民广泛崇尚。王台的关爷庙就是祀奉关圣帝君,大厅中堂有其神像,左边是周仓,右边是关平,神堂上方写有"精忠大义",相传是当地黄氏、林氏族人出资合建。每年农历正月十三,王台有出灯游神的习俗,由当年添丁、婚事、乔迁、登科家族共同组织,进行迎关公出宫游行仪式。游行时,衔牌、锣鼓在前面开道,后面抬着关羽塑像,最后是当年取得功名之人,威风凛凛,循街北行。游行队伍沿着所谓的"风水"路线环绕一周,鼓吹而归。由此可见,闽北先民在祀奉"忠义双全"典范的同时,也昭示了读书入仕的荣耀,以此直观形象激励族众向学。

邵武大埠岗镇张氏族人,为纪念家族先辈唐代名将——"忠烈睢阳王"张巡,于清乾隆年间建有"睢王庙",以奉祀之。相传,在"内无粮草,外无援兵"的情况下,张巡和许远等数千人死守睢阳,杀敌数万,有效阻遏了叛军南犯之势,最终以身殉国。安史之乱平定后,朝廷为表彰这些为国捐躯忠臣义士们,追封张巡为"扬州大都督",许远为"荆州大都督",并

---

① 民国《南平县志·祠祀志第二十》,福建省南平市编纂委员会,1985,第593页。

下令在睢阳立庙，称"双忠庙"。宋元之后，对张巡、许远的崇拜继续得到官方和民间的提倡，祭祀他们的"双忠庙"随处可见，特别是其后裔子孙，虽其真实性有待考究，但证实民间对张巡、许远的气节崇拜有加，赞誉："国士无双双国士，忠臣不二二忠臣。"从峡阳张氏的"睢阳庙"、建瓯徐墩丰乐张氏的"东平王庙"得以充分印证。闽北有些地方把张巡、许远与岳飞一起供奉，称作"三忠庙"。

闽北各地此类寺庙不胜枚举。如建阳徐市村的"威怀庙"亦称"盖竹庙"，祀奉宋朝忠勇仗义人物陈岸，南宋绍兴十五年（1145年）加封"显济灵应冲佑威德王"，其妻黄氏封"慈懿"夫人；建阳童游上坊，建于清康熙间的"三圣庙"祀奉唐朝屡立战功的李家三圣。据《南平县志》记载：僖宗皇帝乾符至文德年间（874—888年）时黄巢军入寇建阳，李氏家族的材、楫、槐三兄弟率领部下奋力迎击抗御，不服劝降被黄巢杀害。李氏后裔为纪念先祖的懿德，特立庙祀之；邵武的"福善王庙"，俗称"大乾庙"，则是奉祀欧阳佑神像。据《中乾庙印簿原序》得知隋末温陵太守欧阳佑，义宁初（618年）任满西归，船行至大乾龙湖时，闻隋亡，挈家沉死；建于乾隆年间下梅村的"镇国庙"，系村民崇祀忠义良将，唐朝镇国公和镇国将军薛仁贵、薛丁山父子之庙。

总之，闽北各地虽有自身独特的历史背景，但形成彼此相近的宣扬传统"忠义"思想的社会信仰和习俗。这些民间信仰将那些为民做善事、忠勇之人尊为神而加以顶礼膜拜，其中包含着对传统伦理道德规范推崇的意义，[①] 人们潜移默化地形成内在约束力。通常，这种潜移默化的特性，具有强有力的教育作用。

### （三）体现"祈望功名"美好心理

闽北有些民间信仰的活动，极力表达学子"祈望功名"的美好心理。随着科举制度规模化、制度化，在儒家文化的"学而优则仕"的思想影响下，莘莘学子希望"朝为田舍郎，暮登天子堂"，通过学习，求取功名，以光耀门楣。科举道路虽然十分狭窄，但确实给一般家族开辟了一条上进之

---

① 黄建铭：《民间信仰的社会功能及导控——构建和谐社会视角》，《福建经济管理干部学院学报》2006年第3期。

路。每当考季来临，文庙自然是众多寺庙中最热门的一座。士子们大都会去祭拜文昌帝君，于是文昌信仰应运而生。文昌帝君，原名奎星，又称文星、魁星、文曲星，原是中国古代天文学中二十八宿之一。相传奎星专管人间翰墨林，即主宰人间功名德禄、文章气运的神，是科举士子崇拜的守护神，后世遂建奎星阁以崇祀。通常奎星阁中有诸如此类的魁星手持朱笔，一脚独占鳌头一脚踢斗，寓意吉祥的雕塑、图案或字样，意谓用笔点定中试之人。在"学而优则仕"的社会，人们在"大魁天下""独占鳌头"的驱动下，民间信仰文昌帝君日益显现。这昭示了士子对功名的强烈企望，也有力地促进当地传统儒学教育的普及。

闽北各地有诸多崇祀文星的文昌阁、文昌宫或文昌祠。如建阳县治北隅大潭山之麓的文昌庙，原名天奎阁。峡阳镇有一城门楼，系清乾隆四十八年（1783年）所建，名为"凤仪门"，门楼建有玄帝庙。左阁偏殿中央奉敬着一尊文昌帝君，其为坐相，穿袍、长须、慈眉、慧眼，头戴饰玉官帽，书生气十足。自古以来，峡阳读书人奉其为文财神。旧时每逢科举考试学子必到此祭拜，以求金榜题名，尤其每年农历三月初二这天，官府与当地文人学士都到此祭拜文昌帝君，有的许愿，有的还愿，香火旺盛，热闹非凡，此俗延续至今。建于清咸丰三年（1853年）的建瓯小松乡的文昌庙阁内悬挂有"聚奎"横额和一副鹤顶格[①]"聚曜五星腾凤虎，奎壁双辉起云龙"嵌字联中依稀透出民众对当地士子的殷切期待。

## 二 民间信仰与民间艺术

闽北民间信仰是人类非物质文化遗产民间艺术得以传承的载体。这里所说的民间艺术主要是指行为文化，通过人的肢体语言来展示的那部分艺术，离开人这个载体，这种艺术就不能充分得到展示和保存，如邵武的傩舞，政和的四平戏，王台、峡阳的战胜鼓等民间表演艺术都属此范畴。

### （一）传承民间艺术

民间的一些戏剧舞蹈与民间的各种祭祀活动相伴相随，"离开了祭祀，

---

[①] 所谓的鹤顶格又称"丹顶格""冠头格""藏头格""凤顶格""顶头格"，是把要镶嵌的文字，按顺序分别镶嵌于上下联语开头的格式。运用鹤顶格能使所镶嵌的文字突出显眼，如此联凸显"聚奎"二字。

也就失去了存在的空间"。① 有些家族在祭祀的过程中，为表示对先祖的尊敬，在自家祠堂的戏台上演戏供老祖宗观赏。这使得在纪念家族忠勇先辈的民间信仰活动中，中华民族非物质文化遗产——民间艺术得以传承。

1. 傩舞

在纪念家族先贤的民间信仰中，傩舞得到传承。如邵武和平坎头的"惠安祠"，俗称"下城庙"，系上官家族奉祀先祖上官洎、上官兰父子的享祠。因上官洎号"惠安"而得名。惠安祠的大门牌楼内天井前有一个可灵活拆卸的活动戏台，两侧廊楼为戏台看楼，附近诸坊乡民举行民间习俗"傩祭"活动，一般在大年初一到正月十六期间，以中乾庙和惠安祠为中心进行表演。"傩祭"又名"傩舞"，俗称"跳鬼脸""鬼戏""跳番僧"，原是上古氏族社会中的图腾信仰，广泛流传于民间各地的一种具有驱鬼逐疫、禳灾祈福、祭祀功能的古代原始民间舞蹈，属于傩仪式中的舞蹈部分。通常，众多舞者戴着形象狰狞的面具，没有任何的故事情节，只有原始粗犷的舞蹈动作。它是一种原生态的文化活动，故被称为中国舞蹈"活化石"。傩舞虽然在传承中免不了有些变异，但其更多地保留了民族民间艺术文化的原生态形式。此项民间信仰活动在千年古镇深受民众欢迎，早已相沿成习。

2. 四平戏

在纪念家族先贤的民间信仰中，四平戏也得到传承。据《政和县姓氏志》载，作为一个宗族血缘村落，杨源村绝大多数人姓张，是唐朝末期将军张谨的后代。清嘉庆十二年（1807年）《杨源张氏族谱》里详尽记载，黄巢挥师入闽，其任福建招讨使，和先锋将军郭荣率军抵抗，两支军队激战于政和铁山，后双双英勇就义，谱写了一曲"纲常万古，节义千秋"的壮烈史诗。重建于清康熙元年（1662年）的杨源乡"英节庙"，系祀奉英勇先祖张谨（赐封为英节侯）的张姓家庙。该庙为上、下两栋。上栋庙中悬挂着张谨夫妇其子张世豪夫妇神像。下栋庙中建有活动式的戏台，作为演出古老戏剧——四平戏的固定场所。张氏后裔为缅怀先祖功德，每年二月初九和八月初六在庙里日夜连场，进行为期三天的四平戏表演。四平戏

---

① 向柏松：《民间信仰与非物质文化遗产保护》，《中南民族大学学报》2006年第5期。

被戏剧史专家称为"中国民间戏曲的活化石",是第一批国家级非物质文化遗产。四平戏明末清初传入杨源,成为张氏家族家传戏曲,唱腔高昂粗犷,具有一唱众和的特点,并以父子承传的方式代代相承不息。至今张氏族人仍保存清道光及光绪年间的戏曲手抄本三部,以及演四平戏的古装戏服。如今,四平戏仍活跃在每年两度的庙会上,是使家族后裔记住先祖德行懿事的有效途径。

3. 战胜鼓

在纪念有德行、保民的官吏的民间信仰中,战胜鼓也得到传承。如峡阳的"溪中庙"奉敬"庄武尊王",纪念唐代官吏阎汝明。传说,其为除妖斩魔、保护峡阳群众一方平安献出了宝贵的生命。为纪念热爱峡阳的阎汝明、烈气长存的名将关公和精忠报国的抗金英雄岳飞,峡阳先民择定每年的正月十六日为民俗纪念活动日。这项民俗活动自宋代传承至今,由最初的几十户宗族组织举行,到了明末清初,活动逐渐扩大,成为当地群众不可或缺的一项民俗活动。据说在1650年,曾在郑成功军中任旗手的薛仁远回峡阳后,将最初的自娱性鼓队舞蹈形式,渗入郑成功复台时的战鼓鼓点。战胜鼓通常以24人或28人组成,击鼓者胸前缚扁鼓,按节奏明快的鼓谱,击出多种鼓点,以大钹领头,鼓声雷鸣,钹声铿锵,大有地动山摇、催军进击之势。正是这世代流传的民俗活动,使省级非物质文化遗产战胜鼓得以代代传承。

"记忆是一种集体社会行为,人们从社会中得到记忆,也在社会中拾回、重组这些记忆;每一种社会群体皆有其对应的集体记忆,借此群体得以凝聚及延续……"[①] 由此可见,祭祀家族先贤或有德行、保民的官吏的民俗活动,成为当地乡民追忆光荣历史、凝聚宗族情感、强化群体记忆的"神圣"文化标志。这些民间信仰一旦形成,生活于其中的人们必潜移默化受其忠义伦理道德教育,不仅认同,而且自觉自愿形成内心的道德约束力,并落实到行动中。此外,这些民俗活动成为中华民族非物质文化遗产得以传承的重要载体。诚如王娟所说:"当人们生活在这一亲身感受的环境中,潜移默化成为人们意识中的一部分,并且在年复一年的民俗活动开展中,

---

① 王明珂:《华夏边缘:历史记忆与族群认同》,社会科学文献出版社,2006,第27页。

使之代代相传。"[1]

#### (二) 以戏载道

在闽北家族教育中,民间艺术以戏载道、以戏化人,形式鲜活,教育族众。一般说来,"文"都是为其"道"服务的,"文"只是手段,"道"才是目的。这种传统有学者描述为"文以载道"或"文以贯道"。[2] 在祭祀的活动中,民间艺术体现"仁义忠孝"等教育思想。戏剧是"大众人民的娱乐,他们从看剧获得历史的知识,也从听戏获得道德观念的判断力"。[3] 戏剧表演是闽北民间信仰活动中的一项重要内容,也是道德教化的一种重要形式。如政和四平戏有《三进士》《全家孝》《苏秦》《陈世美》《刘文锡沉香破洞》《琵琶记》《九龙阁》《夫人传》《拜血盆》等几十个传统剧目。戏剧中,诸如忠孝伦常、重义轻利、宽厚仁慈等内容可在唱段中反复回味。《琵琶记》高度赞扬贤孝的赵五娘人物形象,在其身上集中诸多优秀品德,堪称道德楷模。在丈夫进京赶考期间,赵五娘独自一人操持家务,孝养公婆。饥荒年间,她把救济粮全留给公婆。公婆死后,无钱入葬,她剪下头发,沿街叫卖,并用麻裙包土,自筑坟墓。为此,赵五娘的光辉形象长期活跃于民间,流传至今。《夫人传》也是典型的一例,其主人公陈靖姑,是完全以儒家"仁义忠孝"的思想来塑造的艺术形象,从而成为传统社会的典范。有体现"忠"的"出兵平服九州贼寇反乱",体现"孝"的"割股疗亲",体现"仁"的"救产护婴",体现"义"的"为民祈雨,早产殉难"。陈靖姑为民扶危解厄的高尚品德,寄托了民众对她的尊敬和纪念。从某种意义上说,陈靖姑身上具备的高尚品德是人们精神世界的折射。反过来,她身上所集合的"仁义忠孝"的道德品质,又使其成为世人所仿效的楷模,教育和激励着人们积极向善。由此可见,闽北这些民间艺术以戏载道,具有"美风俗""敦教化"等教化功能。

诚如绪言所述,家族是以血缘、亲情为纽带的社会单位,并按照一定的规范,累世聚居而成的一种特殊的社会组织形式。人们共同居住于特定的地理空间内,如同一个村落,拥有共同的财产,以及隆重的先祖祭拜仪

---

[1] 王娟:《民间节日与文化传承》,《晚霞下半月谈》2007 年第 7 期。
[2] 王岗峰、张玲枣:《中国伦理文化和社会发展》,海风出版社,2002,第 8 页。
[3] 庄泽宣、陈学恂:《民族性与教育》,商务印书馆,1937,第 368 页。

式、强烈的祖宗同源意识。在家族这个社会组织里，以情感为纽带的成员之间关系较为密切，最易于发生潜移默化的影响。向柏松在《民间信仰与非物质文化遗产保护》中指出，传统民间信仰是我国相当大一部分非物质文化遗产的生命之源和生存土壤。民间信仰的祭祀仪式是民间舞蹈或民间戏剧的重要源头之一，[①] 它们在对子弟和民众宣扬忠义教育的同时，也使得民间艺术这非物质文化遗产得以代代传承。

## 三 民间信仰与社会教育

闽北民间信仰的故事与传说，都与祭祀的神祇生前身后的道德联系在一起，以一种独特的形式影响着当地民众的精神信仰和社会生活，无形中起着一种社会道德教化作用。这些家喻户晓的传说故事包含了闽北先民认同的道德准则和价值观念，并以此教导世人仁义忠孝、从善去恶。从广义上说，这种形式有其独特的渠道和方式，传承当地的历史文化并深刻影响着世世代代人民的社会生活和精神世界。它并非以一种学校正规教育的形式对其宗教思想进行传播，而是将其渗于其内，寓于其中，成为人们社会生活领域中的一种重要形式。众所周知，每个人的成长、发展的水平和社会成就，都是家庭教育、学校教育、社会教育等三种教育合力作用的结果。虽然社会教育对一个社会的成员并不具有多大的强制性，但它对人们思想和行为的潜移默化影响是不容忽视的。[②]

一直以来，民间信仰是家族精神文化中不可或缺的一部分。信仰是超越理性的一种更为深刻持久的心理认同，它对家族子弟道德品质形成、人格的塑造具有强烈而深远的作用。信仰的产生，往往需要一定的场合、一定的氛围，而民间信仰正是通过种种方式的祭祀活动，营造氛围，使家族子弟耳濡目染"仁义""忠孝"等儒家思想，教化个体灵魂，这为日后忠贞爱国、造福乡里奠定了思想基础。尤其值得一提的是，邵武和平坎头"惠安祠"和政和杨源乡"英节庙"，分别是上官家族和张氏家族的在家族祠堂

---

① 向柏松：《民间信仰与非物质文化遗产保护》，《中南民族大学学报》2006 年第 5 期。
② 李娟：《从宗教人类学看教育》，《皖西学院学报》2005 年第 4 期。

中举行的宗教活动，也是树立家族威望和地位的途径之一，无形之中也提升家族的声望、凝聚民众人心。因为家族通过某种神秘力量所塑造的家族故事，互换在神与人之间以及所表现的神圣的权威就像一种无形的力量控制着当地百姓的思想行为，成为家族之间及其与地方社会认同的纽带，具有超于政治制度的作用。① 同时民间信仰活动为傩舞、四平戏以及战胜鼓等人类珍贵的非物质文化遗产提供了生存的空间和传承的场所。这些民间信仰历经积淀，已深植民间，并形成一种根深蒂固、难以割舍的宗教情结，而正是这种英雄崇拜的情结导致人们传承着古老的宗教文化精神和宗教习俗，改善士习民风，发挥着地方社会教化功能。② 因此，每个地区的人们都很重视和尊重本民族本地区的寺庙和民间信仰，闽北人们也不例外。尤其是那些来自不同地区和族姓而聚居在一起的居民，在共同的民间信仰中获得和谐共存的精神文化依托。可见杂姓聚居与家族组织比较松散的乡村，民间信仰的趋同对基层社会的管理与稳定起着不可忽视的作用。

## 第二节　民间习俗与闽北家族教育

研究闽北家族教育固然离不开节日文化这个重要组成部分，闽北先民在长期的生活、生产实践中，形成了种类繁多的节日文化习俗活动。其中有许多民间习俗与教育关系较为密切。从某种程度上说，科举观念滋生了一些相关的民间习俗，反过来民间习俗又进一步强化了科举观念。

闽北各家族不遗余力地将教育渗透于生活的方方面面，使族众在这长期的、浓厚的习俗文化氛围熏陶下，通过婴儿抓周、蒙童入学、敬惜字纸、民间饮食、儿童游戏、民间祭祀、传统节日等习俗不断渲染蕴含的精神，对族众进行"报本返始""和家睦族""激励劝勉"等教育，这具有良好的示范作用，体现崇文重教的社会习俗，对良好的读书风气的形成起着积极的促进作用。

---

① 秦海滢：《孝妇河畔的望族——以淄川地区为中心》，中山大学博士学位论文，2006，第70页。
② 杨知勇：《鹤庆古城鹤阳镇的文化底蕴》，《云南民族大学学报》2005年第3期。

## 一　与教育有关的婴儿抓周习俗

抓周，有"抓晬""周晬""试晬""试周""试儿""观志"等多种称呼。民间认为周岁的孩子已经形成初步的判断力，具备了初步的选择意识，故在婴儿周岁时举行"抓周"民俗仪式，亦被称为"摇篮边的礼仪"，是一种预测婴儿将来志趣和前途的仪式。与贺生（主要针对男婴）、三朝（为出生三日婴儿初浴）、满月礼、百日礼等一样，"抓周"习俗属于传统诞生礼仪的范畴。这种习俗由来已久，在魏晋南北朝时已普遍流行于江南地区，至隋唐时逐渐普及全国。北齐颜之推在《颜氏家训·风操》中明确记载："江南风俗，儿生一期（即满一周岁），为制新衣，盥浴装饰，男则用弓、矢、纸、笔，女则用刀、尺、针、缕，并加饮食之物及珍宝服玩，置之儿前，观其发意所取，以验贪廉智愚，名之为试儿。"文献上有关抓周习俗的记载，可追溯到三国时代孙权选嗣的传说。相传，吴主孙权称帝不久，太子病亡须再立。有个叫景养的布衣求见孙权，进言立嗣传位乃千秋万代的大业，不仅要看皇子的贤德，而且要看皇孙的天赋，并称他有试别皇孙贤愚的办法。孙权遂命景养择一吉日。是日只见景养端出一个满置珠贝、犀角、象牙等物的盘子，让小皇孙们任意抓取。皇孙们或抓翡翠，或取象牙。唯有孙皓，一手抓简册，一手抓绶带。孙权大喜，遂册立孙皓为太子。其后，许多人也用类似的方法预测儿孙的未来，由此形成"试儿"习俗。

在闽北普遍流行着抓周习俗，名目虽繁，但做法基本一致。仪式一般在婴儿周岁农历生辰正日的上午进行。仪式开始时，家长先用印泥留下婴儿的脚印，记下成长的印记。通常，讲究一些的人家在正厅案桌上摆放笔墨纸砚、印章典籍、戥秤算盘、金银钱物、田土种子、吃食耍货、佩剑编钟等各种物品。若是女婴的家庭还需针线刀尺、脂粉钗环等。一般人家，限于经济条件，多予简化。通常这些物品分别陈列在婴儿面前，家长不作任何诱导，任其抓取，以先取之物为准，由此卜定其日后志向、兴趣及前程。相传先取印章者，谓其将来必乘天恩祖德，官运亨通；先取文具者，谓其将来聪明好学，将来有望三元及第，读书入仕；先取算盘或戥秤者，谓其将来精打细算，擅长理财，必成陶朱（指春秋时期的商圣、道商鼻祖范蠡）事业。先取钱币或金银者，谓其财运亨通，将成殷富之人；先取田土或种子者，谓其安守本分，将务农勤耕；若是女婴先取剪、尺之类的缝纫用具，象征心灵手巧，将来擅长女工、善于料理家务。反之，先取吃食耍货者，象征有吃有玩，一生快乐逍遥，或预兆好逸恶劳，将无所建树、不会有大出息。诸如此类，所取之物皆各含寓意。

在"抓周"仪式中，只要经济条件许可的家庭还有一个重要环节是周岁酒封坛仪式。若生男婴，埋在地底的黄酒叫"状元红"，盼望其能饱读诗书，他日金榜题名，即可开坛畅饮；若生女婴，埋在地底的黄酒叫"女儿红"，待其出嫁之时可作迎宾之用。同时家长在自酿黄酒的封口上写下对婴儿的祈愿与祝福，充分体现了父母对孩子的期望与舐犊深情。总之，此仪式充分寄托了家族先辈对子孙后代的美好期望。其核心是对生命延续、家族兴旺的祝愿，同时在客观上检验了母亲对婴儿的启蒙教育。如今，"抓周"之举在闽北各地虽非鲜见，但其初衷原委已不为所重，纯粹是一种取乐逗趣的游戏，只是借此形式以增添周岁生日的乐趣和喜气。抓周习俗是我国古老民俗文化的一种"遗风"。

## 二 与教育有关的蒙童入学习俗

闽北先民对族众的教育体现在蒙童入学的仪式上。在闽北地区，蒙童入学是件大事，无论是一般庶民子弟进学堂，还是富家或书香子弟在家延请塾师授课，各家族极其重视即将入学蒙童的"发蒙"和"入学堂"仪式，丝毫马虎不得。

1. "发蒙"仪式

启蒙之日，蒙童须进行隆重的"发蒙"仪式，又称"发笔"仪式。民间一般认为虚岁六七岁儿童正是智慧蒙开之际，应施以教育，必须经过此仪式，以预示良好的开端。仪式时间一般是在农历正月下旬的某一天举行，参加仪式的人除塾师之外，还有蒙童的至亲好友。由于"九"是"久"的谐音，故仪式活动通常在上午 9 时开始，各家在自家的中堂靠北墙的长条供桌上供奉"天、地、君、亲、师"条幅或牌位，突出了"师"的地位和作用。供桌上摆放着点燃盘香、蜡烛以及宴饭、水果、大葱、芹菜等供品。其中盘香形似宝塔状，以示"绵延不断，学习有始有终"之意。供桌的两旁陈列着父母及至亲好友赠送给蒙童的礼品，如书包、文具、衣物、银器之类等。在燃放鞭炮后，蒙童须向先生行跪拜礼，再与先生一起向天、地、君三鞠躬，然后发笔给蒙童并握住其右手，边写边读："上大人，孔乙己，化三千，七十士，尔小生，八九子，佳作红，可知礼也，弟子某某呈"。完毕，蒙童左手抓大葱，右手抓芹菜，因"葱"谐音为"聪"，"芹"为"勤"，寓"聪明勤快"之意。闽北地区蒙童入学仪式还是有明显的差异，如建瓯的习俗不仅有大葱和芹菜，且在蒙童平时读书的椅子上放张薄饼，希望蒙童有定性，能潜心攻读。而政和的习俗还有糕（寓意高升）、松明（寓意功名）、灯芯草（寓意虚心、读书能融会贯通）、麦芽糖（寓意定性，坐得住）、爆米花（寓意心窍开通）等糖果点心。闽北有些地方，如光泽县的蒙童入学的"发笔"仪式时间则在立春。这天在家设香案，供桌摆放点香烛，用红纸圈好的白菜、葱蒜栽在碗里，象征"春意，聪明、精算"。先生用红字书写着"立春发笔，万事大吉。一年四季，又进又益"，后贴在蒙童的读书处。虽"发蒙"仪式中使用的东西或时间不尽相同，但都表达长辈寄予蒙童聪明、勤奋、读书顺利的期盼。一般至亲好友多送文房四宝、衣帽鞋袜和红包等，实际上是在为蒙童进书斋和学堂提供了物质准备和精神奖励，同时也寄予美好的期望和祝福。有些家族还设午宴延请以示庆贺。塾师一般坐大厅正中间，以凸显其地位和作用。家长陪孩子进席之前先行鞠躬礼或跪拜礼，并嘱咐自家子弟要尊敬师长，发愤读书，以光耀门楣。

2. "入学堂"仪式

蒙童在上学的第一天还须进行"入学堂"仪式。相对"发蒙"仪式而言，此仪式较为简单。通常在农历二月初开学，蒙童由家长带至学堂（一般设在庙宇、祠堂或大户人家的庭院里），分别向大成至圣先师——孔子的画像和塾师行三鞠躬礼，再由塾师带领蒙童坐在自家带来的椅子上，并摆上笔、墨、纸、砚，由塾师握住其右手描写并大声朗读："上大人，孔乙己，化三千，七十士，尔小生，八九子，佳作红，可知礼也"。当地流传的民谣《读书郎》所描述的"二月读书进学堂，手拿衣伞走得忙。一拜先生孔夫子，二拜先生书生郎"正是此仪式生动真实的写照。

### 三 与教育有关的敬惜字纸习俗

闽北先民对族众的教育还体现在敬惜字纸的习俗上。延平南山镇大坝村的明清古街上至今尚存乾隆年间的"龙墩坊"凉亭,其坐落在村落的东南部,坊内有一个字炉,专为村民尤其是对字纸极其尊敬的读书人,提供焚烧残损书籍、字画等一切字纸之便。类似的有峡阳的字厨塔,是闽北家族尊重知识、爱惜文字的文化象征,也体现了敬惜字纸的习俗。延平区徐洋村歌谣《劝人敬惜字纸》的"如有字纸塔,焚化在其中",南平彭城刘氏《敏堂尚之公家训》的"敬重字纸,世代必有书香"等史料也可充分印证。虽敬惜字纸的习俗由来已久,但浦城敬惜剪纸的习俗是源于清道光二十二年(1842年),梁章钜卜居浦城时,其子梁辰和认为剪字纸瞬间就遭人们丢弃,实为作践文字,为此,梁辰和就倡办惜字协会,提倡以吉祥图案剪花代字,其妻婉蕙,其女筠如、寿生也极力襄助,在当地至今流传有"巾帼犹分惜字忙""深闺姑姐助清忙""为襄善兴不嫌忙"等诗句。此时,剪纸亦不单单是剪出的一幅幅美丽精致的图样,而且是作为流动的教育载体。敬惜字纸的习俗使民间剪纸艺术这一非物质文化遗产得以代代传承。

## 四 与教育有关的民间饮食习俗

闽北先民对族众的教育还体现在一些与祈求科举及第有关的民间饮食习俗上。笔者在对武夷山千年历史文化古镇——五夫镇实地考察的过程中得知,武夷山正宗菜系代表有"十锦",相传朱熹在治学之余偏好美食,自己动手制作,宴请文人墨客。因朱熹谥号"文公",故此菜系又称"文公菜",包括方塘菜、八卦宴、乌金饭三部分。其中,"八卦宴"是朱熹与蔡元定等学者结合当地民间饮食习俗,根据《周易》"系辞传"的"易有太极,太极生两仪,两仪生四象,四象生八卦"的道理,亲自制作的菜系,以便更好记住卦理。具体地说,先在八仙桌上画上八卦图,即正中为太极,其八方分别是乾、坤、震、巽、艮、坎、离、兑八种卦象,在各方上陈列与卦理有关的菜肴,整个宴席以八卦布列图案拼排菜系。由此可见,"文公菜"不仅体现朱熹悟出太极之理,而且包含其丰富的思想和人格志向,从每道菜名可见一斑,如"秀才塔"代表巽,为文风之意,以此教育训勉为学之人,要不断静修自己的德行学业,还有"方塘君子""方塘冰心""赤诚心"等菜名均为朱熹人格的真实写照。"文公菜"制作方法是在盘底摊上薄薄的肥肉片,而后放由精肉和淀粉制作而成的丸子,最上面是鸡蛋薄片,再以各种佐料蒸熟而成。朱熹18岁中了乡贡，19岁便考取进士，乡人认为这可能与他喜食此菜有关。于是"文公菜"成为当地秀才、举人进京赶考前必食的一道吉祥风味菜。家人亲自烹饪此菜以饯行，祈愿考生才思敏捷，金榜题名。800年来，"文公菜"一直在民间流传，现已成为宴请贵客的传统名宴。后朱熹24世孙朱兰溪推出的朱子考亭鱼宴，与纪念朱熹晚年辞官避居建阳考亭设馆授徒有关，其体现了浓郁的文化味和乡土味，使人们在品尝地道鱼宴的同时，缅怀及追寻闽北先哲和闽北灿烂的古文化。此外，延平峡阳的桂花糕，原名"爆花新糕"，其谐音与"暴发升高"相似，寓意吉祥。为此，每当有人升学、考试之际，亲朋好友都喜欢送上几包桂花糕以示美好祝愿。

建瓯闻名遐迩的"八刀分米粉"讲述一个与科举及第有关的故事。相传建瓯南才溪小桥乡的一个秀才，姓古名进，字芬举，在进京应考的路上，遇见村姑郑珍娘正在登云桥上操刀分粉条。虽祖上世代相传以制作粉干为业，但桥上常有书生读书，久而久之，郑珍娘耳濡目染，也能略通文墨，故以"八刀分米粉"为题，请大家猜一字或对下联。其实这是一个拆字联，八刀组成"分"，分米组成"粉"。正巧在科举考试最后一关——殿试时，皇帝御赐"千里重金钟"为题，猜一字，古进受"八刀分米粉"启示，悟出这是拆拼字字对，故快速答出乃镇朝金钟的"钟"字，因繁体字"鐘"由金童组成，故其高中一甲状元，后迎娶珍娘为妻。由此可见，闽北民间饮食不仅承载着一种悠久的生活习俗，而且还承载家族先辈的辉煌及荣耀。

## 五 与教育有关的儿童游戏习俗

闽北先民对族众的教育渗透到生活的各个方面，如儿童的游戏。游戏作为一种传承的民间文化形态，其重要地位与作用很早就被闽北先民所意识。在闽北儿童中广为流行的游戏有猜谜、下棋、填字等智力游戏。民俗学家认为，通过游戏活动的方式——比如游戏的规则和形式就赋予了特定的文化选择，潜移默化塑造了相应的价值观念、思维方式、行为模式，并将此文化代代传承。[1] 儿童在游戏的过程中，有助于利他、合作等道德品性与行为的养成。因为儿童在与同伴的交往中所获得的道德观念往往是主动、

---

[1] 王娟：《民间节日与文化传承》，《晚霞下半月谈》2007年第7期。

内在的。事实上，"儿童道德的发展最初起于主体与其社会道德环境积极的交互作用，同伴之间的合作与交往是儿童道德发展的主要动力"。[1]

游戏是一种寓教于乐，融体能、智能、技能为一体的综合性娱乐活动。儿童通过具有形象性、动作性的游戏方式潜移默化地形成品格。例如从"老鹰捉小鸡"的游戏中，儿童可学会明辨是非、提高区分善恶的能力。据史料记载，松溪民间广为流传的"人仔图"是与科举制度有关的棋类游戏。所谓"人仔图"也叫"陞官图"，二至五人均可集伙玩。游戏内容涉及科举名衔称谓，如童生、举人、进士等，以及古代文武官名，如千总、参将、总兵、总督、尚书、内阁等。具体玩法是它们分别以官位大小从外至内排列在小方格内，其官阶名称标明在右角上，以掷"骰子"点数为进位标准，最后以先进"皇帝万岁位"者为胜。儿童从祖父、兄姐、玩伴那里继承学习而来的游戏，再通过口耳相传将其代代传承。通过游戏他们从小就潜移默化被熏陶、浸染与科举制度有关的官名。这些游戏活动对儿童品格形成和培养读书入仕、光宗耀祖的意识起到了不可忽视的促进作用。

## 六　与教育有关的民间祭祀习俗

闽北先民对族众的教育还体现在对族人进行伦理孝道教育的民间祭祀习俗上。祭祀是人们对祖先、神祇等崇拜对象所行的礼仪，是中国人的传统习惯，其历史远比祠堂、族田要悠久得多。这种礼仪千百年来在民间相沿成俗，形成祭祀习俗。民间祭祀方式，大致可分家祭、墓祭、祠祭和乡祭四类。这四种不同规模、不同层次的祭祀方式，组成了家族内部严密而又交错的祭祖网络。

1. 家祭

家祭通常以个体家庭为中心，在各家居室之内设龛、香炉、祖先的"神主"而举行的祭祖活动，这是闽北家族内部最为普遍，也是最为基本的一种祭祖方式。对一般家庭而言，受居住条件的限制，此祭祀规模不大，家祭的对象也仅仅限于祢、祖、曾、高等三至四代的近亲祖先。家祭的次数较多，其中尤为隆重的当推祢、祖、曾、高列位祖先忌日祭。每逢忌日，

---

[1] 魏贤超：《道德心理学与道德教育学》，浙江大学出版社，1995，第2~5页。

每个家庭不仅要在家中设祭祝祷,且祢、祖、曾、高派下的直属子孙须到分祠中设祭供奉。这些设祭的子孙们,大多与父、祖一起生活过,他们对近亲祖先的祭祀,通常怀着比较真诚的悼念心情,真切地寄托着对祖父辈的哀思。而对高祖以上的家族祭祀,族众所包含的感情因素则相对淡薄,更多的只是血缘观念上的形式表现。

2. 墓祭

除了在各家的居室之内进行的近亲祖先的祭拜之外,闽北民间还有在祖先墓茔上致祭的墓祭习俗。一般而言,墓祭的时间比较固定,与家祭一样,有春祭和秋祭两种,从政和杨源张氏宗祠"水源木本,祖德并天兴万代;春祭秋尝,历本照章永传世"的楹联可见一斑。墓祭对象大致可分为近祖和远祖两类。与家祭相似,近祖墓祭对象是祢、祖、曾、高四代祖先。设祭族人与四代祖先血缘关系最为亲近,特别是那些经济状况一般的家族,难免会先亲后疏,无法对历代祖先的墓茔——遍祭。这样,频繁的墓祭,首先顾及各自直系近祖的墓祭。如建瓯屯山祖氏在宗谱《家规》中描述:"吾族列祖俱起墓祭,奈人各亲其亲,乃于清明之日,自祭本支支祖,而始祖墓迟之又久而祭之。"对于远祖(高祖以上)的墓祭,就相对空疏一些。一方面是族人财力不济,无法顾及远祖往往多达数十座以至上百座的祖先墓茔;另一方面,由于对高祖以上的墓祭,不像祖、祢辈的近祖墓祭,族人一呼即行,祭毕即归,其荫及子孙甚多,特别是始祖墓,涉及全族各房各支派下子孙,所以,远祖墓祭或因路途远,参加人数有限,许多墓祭往往由各房、各支房房长或选派代表参加。如浦城叶氏家族每年前往松溪祭扫华公墓,"每房许派一人,每人给胙肉三斤;上下洋怀员公、明馨公及各祖墓,每房亦派一人,每人亦给胙肉三斤;至募太里各祖墓,每房亦派一人登山"。① 浦城刘氏家族每年于"先祖坟茔清明之日,首事须备猪羊,同熙三公子孙二人,熙六公子孙二人,登山拜扫"。② 由于远祖墓祭,一般规模大、费用多,因此,必须有一个全面的安排和合理的组织。如叶氏家族醮祭登山拜墓,原系八房同往,"司祭者先期五日通知各房,不拘尊卑长

---

① 《南阳济美叶氏家族族谱·济美堂族规》,1990 年,浦城图书馆藏。
② 《刘氏四修族谱卷五·祠规》,1993,浦城图书馆藏。

幼，俾后人得以稔识先墓。"① 建瓯屯山祖氏家族，凡始祖祭墓，"必于年内拨出银钱，预备来春办祭、颁胙之需，祭期定于清明前十日，庶墓祭有序，而取名充丁者不致雷同"。② 对远祖的墓祭，除了强调血缘关系以起到"敬宗睦族"作用之外，还向外显示家族的声望、社会地位与经济实力。尤其是当地的名门望族的墓祭仪式更加隆重，往往鼓乐齐鸣，大张声势，宴饮观戏。如浦城房氏家族在《济美堂族规》中的春秋墓祭规仪中记载："祀日每房先派一人乘轿登山，先以鼓乐迎，猪羊到起元公妣墓而后直到朝卿公妣墓。祭日猪一羊一，干馔十碗，时果十二品，龙凤汤全色，一斤烛一对，礼生一位，演戏一台，鼓乐四人，读祝文必家附生，以本房之长者主祭，盖尚齿之义也"。③ 相比之下，闽北一些弱小寒族因祭田无多，每年远祖墓祭活动只能趋于简单化，且只允许捐资者参与，一般族众，如"叔伯兄弟侄辈，虽属某公派下，其向未捐款者，不得与焉"。④

家族举行的春秋墓祭的另一个目的是定时对祖先的墓茔作一次比较认真的清理。因此在闽北的俗语中，人们把春秋祭墓又称为"扫墓"。如峡阳人把清明祭扫祖墓叫"照坟"。清明节，各家大小带上供品，到祖宗坟上去扫墓，照完坟，就在坟前吃红糖糯米饭。此习俗不仅可以寄托对已故亲人的哀思，而且还反复告诫家族子弟，不能数典忘祖，应时常思念祖先、祭祀祖先，对族人进行慎终追远、溯宗追源的道德教育。

3. 祠祭

祠祭指祖祠之内的宗族祭祀活动。祠堂是家族的象征，是族人供奉祭祀祖先的场所。同时，祠堂又是家族组织进行各种事务活动的中心场所，因此，在家族的祭祀活动中，祠祭是最正规化的一种。一般而言，每逢春秋二祭，不论是名门望族还是弱小寒族，虽祠祭规模大小不一，但各家对祠祭活动都是十分郑重。祠祭的春秋两祭日期因族而异，有的家族为了把祠祭举行得更加隆重，多把春祭的日期安排在农历正月，把祠祭活动与春

---

① 《南阳济美叶氏家族族谱·济美堂族规》，1990，浦城图书馆藏。
② （清）《闽瓯屯山祖氏宗谱卷一·家规》，木刻活字印本（时间不详），厦门大学图书馆藏。
③ （清）《闽浦房氏族谱卷一·朝卿公祭规》，光绪戊寅年新修，浦城图书馆藏。
④ （清）《璜溪葛氏宗谱》第六册，《说明瓯置祭田享祀原由》，光绪癸巳年修，琅琊堂刻本，建阳图书馆藏。

节、元宵节等传统节日相结合。这样，家族敬宗睦族的效果更为凸显。如第三章所述，祠堂祭祀一般比较庄严隆重，极其讲究繁文缛节，尤其在一些士绅学子比较集中的大家族，如南山镇凤池村游氏家族。与家祭、墓祭不同，祠祭几乎涉及全族各房、各支的每一位族丁，参与人数往往是最多的。浦城刘氏家族规定："祭祀先祖，所以报本始慰后嗣也。今阖祠其祀固在人人展其虑思……今与众议，祭祀之日，凡我族人尚其少长咸集，必诚必敬。"同时，祠祭所涉及的范围不仅是同一地域内聚族而居的同宗族人，还有超越地域的宗祠大联祭，其规模尤为庞大。如邵武的"黄峭公宗祠"一到祭期，不仅有闽北的黄氏后裔子孙，而且外出的子孙，甚至远居香港、澳门及国外的黄氏宗亲，均想方设法前来参加祠祭仪式，这种对上祖孝敬之诚的习俗在闽北代代相承，久之成俗。

4. 乡祭

闽北各地村落有许多全村共同举行的祭祀活动，这些祭祀对象通常是生前英勇顽强、战死沙场的忠义英雄人物。延平王台村每年农历正月十三，进行迎关公出宫游行仪式就属此类例子。类似的有政和杨源乡祭祀张谨"英节庙"，每年农历二月初九和八月初六在庙里举行全村的游神祭祖活动。

总之，聚族而居的家族成员通过家祭、墓祭、祠祭、乡祭等祭祀先祖、祭祀神祇等一系列活动，尤其是家祭、墓祭、祠祭均是重根重节、敦亲睦族及力行孝道的具体表现，在缅怀先祖或先贤的奋斗历程和取得的辉煌成就的同时，对后裔子孙起着激励作用。同一家族的支分各地后裔子孙，哪怕相隔千里都会不辞辛苦谒拜祖宗，以示家族血缘的同源关系。家族的凝聚力来源于浓厚的一本观，人们认为祖宗犹如树木的本根，子孙则是枝叶，千百之子孙，皆源于一个老祖宗，也正是这追根溯源的同源意识，把族人牢固地凝聚在一起。① 因此，民间祭祀习俗具有丰富的历史和文化内涵，也具有深刻的教育意义，这不仅表达子孙敬宗念祖的景仰之情，增强同一族人的凝聚力，还可使家族教育的内容和文化得以代代传承。

---

① 刘光舟主编《南平彭城刘氏宗谱·敏堂尚之公家训》，南平彭城刘氏宗谱编纂委员会，1998，第194页。

### 七　与教育有关的传统节日习俗

显然，在闽北有许多与教育有关的传统节日习俗，它们对族人进行另一种教育意义的活动。

1. 以顺昌元坑镇为例

在顺昌元坑谟武村有许多与教育有关的传统节日习俗。如迎神、乞巧、猜谜、赛诗等活动。在元坑谟武村，有由族长们率领的舞龙、游灯、迎神的活动。每年农历正月十二日晚，在前面领头的灯笼，必须是族长、宗子长房和有进士功名者，其他各房以及一般族人的灯笼，只能尾随其后。这些已获取功名者，手提精巧的灯笼，随城隍爷队走街串巷，气氛热烈，隆盛异常。这一习俗具有良好的示范作用，不仅使子孙蒙受荣光，而且以直观的感受让子孙从中看到了读书入仕的荣耀，激励他们刻苦自励以获取功名，从而光耀门庭，扬名显亲。

每年七月初七的"乞巧节"，闽北各地乞巧方式不尽相同，各有趣味。在元坑谟武村，此节并非传统意义上的姑娘们摆上瓜果乞巧、穿针引线验巧，或做些小物赛巧的节日，而是魁斗星君（魁星、北斗星）诞辰。据说，读书人这一日拜魁斗星君可增福增慧。魁星在中国传统文化中有着特别的意义。人们认为魁星主学业，文昌入命，必聪明伶俐、学业有成、气质高雅、举止温文。所以，在"七夕"晚上刚入学蒙童的家长要摆起香案，用七杯茶、七杯酒、七根香、七对烛、七夕枣和七本写好"祀魁星"的练字簿。当地流传这一说法："七夕、七夕，魁星爱字，七本簿子送给我，一笔一点中及第"。在祀魁星之后，将所有的练字簿焚烧赠与魁星，表达获取功名的良好祈望。

在元坑谟武村，正月十五的元宵节又称灯节，悬灯者都是殷实之家。他们在自家门前悬挂附有一至数张谜条的灯笼，这些谜语必须由悬灯者的家族子弟亲自创作，不得抄袭，否则会被人嗤笑此家族无读书之人。当然，猜中者可从出谜人家得到形式多样的奖赏，诸如食品、钱币等，这一做法有助于促进家族的人才培养。

家族中的士绅学子们是家族文化教育的重点培养对象，他们在文化思想素质上，显然与一般族人有较大的不同，或者说有高人一等的优越感和自豪感。为了维护自身的尊严和应有的风范，这些士绅学子们往往有他们独特的文化生活活动，如组织诗会、文会等。元坑谟武村文人赛诗的习俗就是充分的体现。每年正月初三，文人都会汇集在一起，吟诗作赋，俗称"赛诗会"，又称"儒人打擂台"，是文人墨客显示才华的好机会。吟诗作对的内容须围绕当地的一事一物，如景色风光、山川地理、寺庙道观、亭台楼坊等。当地至今还流传着一副描述当地八景的对联："登西岭瞻霁雪，辉映五蓉锦帐，行看麦浪常青年书大有；卧东山听松琴，韵流十里澄潭，会见桃枝喝彩人乐升平"就是在"赛诗会"中脱颖而出的。其中，"年书大有""人乐升平"是指当地民情，反映村里重教兴学，读书之风盛，年年都有获取功名之人。赛诗会上产生了至今仍在流传的众多楹联，有木刻或手抄，存在于各家族的建筑中。有教诲后代子孙发愤读书的，如"少年彩笔励雄图先代诗书贻泽远，新岁紫云呈瑞色春风兰桂饶皆香""欲高门第须为喜，要好儿孙在读书""居身百尺楼上，放眼万卷书中""立于礼成于乐，颂其诗读其书""日月两轮天地眼，读书万卷圣贤新""时光虑易过还要三更眼五更起，工夫嫌不辍亦无一日暴十日寒""图书家传绍赞侯之相业，忠赤帝鉴重宗老之徽称"；有教诲后代子孙与人为善的，如"必作良田耕为获，善为至宝乐还多"；与中功名有关的，如"白屋书生登士第，青云才子让魁名""今秋已折蟾宫桂，来岁还簪御殿花""圣天下广孝推恩紫诰一封春色暖，大丈夫显亲报国白云万里采衣香""朱衣点头映上国，指日元魁联秋春"；有教诲后代子孙敬老爱幼、兄友弟恭的，如"文章思妙当世，孝悌力追古人"。当地文人们借助一年一度的时机，吟诗作对，这一习俗对"士风日盛"好风俗的形成有着重要的促进作用。元坑这些习俗在给予功成名就者殊荣的同时，也让乡人意识到"万般皆下品，唯有读书高"，并要求子弟刻苦攻读，应举做官，光宗耀祖，扬名显亲。明朝末年，谟武村设有"戏酒田"，每年可收租20多担，该租谷用于每年办"戏酒"专供有功名的人享用。谟武村用文昌宫公众田的租谷收入，请戏班唱戏，并设酒席宴请已获取功名人士。①

2. 以延平南山镇为例

元宵节是炎黄子孙传统的节日。而南山镇元宵节的"迎香亭"却别具

---

① 胥文玲：《家族教育的历史传承——以闽北元坑为个案》，《教育评论》2008年第4期。

一格。所谓香亭并非雕龙画栋的工艺品，而是收集全村各家各户的金银首饰、金钗玉簪等贵重物品，集中村里的能工巧匠、文人墨客，从大年初一着手设计装饰、分门别类、镶嵌架设成的二三层的香亭，结构似宫殿楼阁。每年此时也是文人施展才华的机会，他们围绕香亭里的物件吟诗作赋。通常香亭由当年结婚的小伙子组成抬亭队，吟诗作对的文人墨客组成护亭队，音乐爱好者组成唢呐队，从早到晚在全村大街小巷游迎，队伍浩浩荡荡，实为壮观。每年香亭出台都从不同侧面反映村里年景好坏、婚姻状况和人才多寡。而且每年从全村收来的贵重物件到元宵节后都能完璧归赵。这与良好的乡风民俗密不可分。"民俗是一种历史文化传统，但也是人民现实生活中的一个重要组成部分。"[①] 南山镇元宵节的"迎香亭"和顺昌谟武村游灯、迎神（城隍爷）等活动，一方面，对其内部而言，有加强族人团结、使族人得到文化娱乐的作用；另一方面，这些活动又直接关系到家族的社会地位和影响，对激励家族子弟向学以及振兴地方文风起着推动作用。

3. 以邵武和平镇为例

邵武和平镇有些习俗与家族教育成就有关。据史料记载和实地考察，镇里至今保留一条完整的古街巷。街道两侧每相隔百米就有条石拼成形似棋盘的图案，当地人称之为"棋盘石"。镇里有个不成文的规定：所有文武官员或新科中举者衣锦还乡时，每到一块棋盘石处就得下马或下轿稍停片刻，以示荣耀。由于和平历代都有许多在外做官或中举之人，这一习俗不仅可光耀门楣，而且时常用这直观的形象激励人们读书入仕。邵武和平镇传统婚俗也显示获取功名的荣耀。无论家境贫富，新娘须带着银器出嫁，因"银器"与"人气"谐音，寓示将来人丁兴旺。新娘身上须挂"五子"（枣子、桂圆、莲子、花生、荔枝），除了"早生贵子、连连生子、生儿生女花着生"的寓意之外，取"五子登科"之意。据嘉庆《邵武府志》记载，凡功名宦仕之家，娶亲时花轿后要高擎一把大"凉伞"，以示家族曾有辉煌。邵武农历七月初七的"行桥"习俗不仅体现孝敬父母、家庭和睦，而且表达对子孙发达、功名有成的良好祝愿。这天拂晓，成千上万的人带着香烛、果品到城郊芹田村的"父母桥"，祈愿父母健康平安，接着到城南的

---

[①] 钟敬文：《民俗学概论》，上海文艺出版社，1998，第3页。

"夫妻桥",祈愿夫妻和睦恩爱,白头偕老,最后到城东的"子孙桥",祈愿子孙满堂,子贵孙荣,科举及第,显亲扬名。

昔日村庄的节庆活动多以家族为单位,在祠堂里举行。邵武和平廖氏家族每逢元宵在"敦叙堂"内举行放灯仪式。祠内到处贴有蕴含教育意义的对联,如"荐春酬祖德,锦辉生俎豆"。两边廊楼的"敬祖宗、孝父母、睦宗族、和乡里"的《四箴》灯词,灯词内容有的对家族子弟的品德、求学作出严格规定,如《内则》为人"惇行孝悌"、为学"内而不出,博学不倦",还有许多来自经典儒家文化的内容,如《易经》的"家正而天下定""君子言有物而行有恒"。《诗经》的"采蘩"的"于以采蘩,于沼于沚",表示族人采蘩(白蒿)于池沼、山涧之间。"于以用之,公侯之事",表示所采的蘩用于公侯的庙堂、公侯的祭祀活动,从而体现尽职尽诚对待先祖奉祭之事,此处还有《孝经》的"事父、事母、事君"等内容。总之,这些灯词内容无不浸染儒家"忠孝礼义"等传统思想道德观念,并深深镌刻于每个家族成员心里。旧社会族规森严,凡是经族内公议确定后必须不折不扣地执行的内容,谁也不得违背,故能使中华民族几千年来的传统文化精神在家族的节日活动中有序体现,甚至列入族规,得以长期沿袭。

4. 以建瓯水源乡镇为例

据《建瓯姓氏志》记载,建瓯水源乡至今流传着纳亲(订婚)时,男方礼担中须有图案多样、大小不等礼饼的习俗。其中最大的礼饼要属"鲤鱼跳龙门",寓意"金榜题名""荣登仕途"。而女方回赠物中须有绿豆和冰糖,以示"冰清""玉洁"之意。可见家族子弟对女子人品高尚、纯洁的品性教育。当地各村的女子在出嫁前一天就开始哭诉,以感激父母养育之恩为主要内容。结婚这天,新郎即便未获取功名也可身着冠带,故新郎有"小登科"之称。当地流传着"新婚胜如小登科,披红戴花似状元"的谚语。相传凡赴科举考试的学子,都会到建瓯城关内的"得胜桥",以迎祥纳吉,祈求科举及第。总之,以上这一系列的习俗都具有正面的教育意义。如前章所述,犹如鲤鱼腾浪图案一样,其不仅作为雕绘牌坊的装饰,也常被用于生活之中,寄予科举及第、金榜题名、人才辈出的美好祈望,同时也透露读书入仕思想对闽北人的影响之深、影响之广这一信息。

## 第三节　民间文学与闽北家族教育

民间文学广泛地存在于社会生活之中，涉及民众生活的方方面面，它不仅是一种文学，更是一种文化和生活。① 闽北民间文学是学术界较少关注的领域，而对民间文学与闽北家族教育关系的研究则更是少人问津。通常学术界视口传文化为史料价值较低的口碑史料，或着重于基本素材的采集，缺乏形式的分类和内容的分析。有鉴于此，本书利用相关文献，结合田野调查，试图在前人研究的基础上，将闽北民间文学置于文化格局中，以期进一步揭示其与闽北家族教育的关系，从而更好地挖掘其蕴含的教育思想。

闽北以其悠久的历史、灿烂的文化为基础，创造出大量丰富多彩、蕴含深刻哲理、具有鲜明地方性和教育性的民间文学作品。这些广泛活跃于民间的文学作品与家族教育密切相关。闽北民间文学涵盖事理类、社交类、时政类、生活类、生产类等不同内容，有祭词、山歌、童谣、叙事歌谣、民谚俗语、传说故事、绕口令、哭丧歌、哭嫁歌等形式，主要以口头创作、口头表现、口头传承为其特征，属于口传文化范畴。它们从不同角度体现了立志、自强、惜时、勤勉、孝悌等诸方面的内容。② 在"日出而作，日落而息"的古老封闭社会，闽北先民以独特的表达方式，通过讲故事、唱歌谣、说民谚等口耳相传的形式传承这些形象生动、土生土长的民间文学，并在此基础上进一步锤炼、加工，使闽北家族子弟在平时的生活中耳濡目染、潜移默化地得到知识教育、历史教育、道德教育以及自我激励教育，同时使这一珍贵的民间文化得以代代传承。"民间文学是集体记忆的，既可视为是对过去的一种累积性的建构，也可视为是立足现在而对过去的一种穿插式建构，民间文学恰恰揭示了其重构传承的本质。"③

---

① 万建中：《民间文学的现实意义》，《社会科学战线》2006 年第 1 期。
② 冯尔康：《中国传统家族文化的当代意义》，《江海学刊》2003 年第 6 期。
③ 〔法〕莫里斯·哈布瓦赫：《论集体记忆》，毕然、郭金华译，上海人民出版社，2002，第 53 页。

## 一　闽北民间文学类型

### （一）民谚与闽北家族教育

闽北民谚丰富多彩，广泛地流传于当地。它是闽北先民世世代代对社会生活的观察体会，对日常生产、生活经验的总结以及对思想信念的记录和升华的精粹的语言。民谚具有简练通俗、形象生动、易于接受、深刻睿智以及高度概括的特色，识字不识字的人都能朗朗上口，所说都是身边的人或事，亲切而自然，故能在闽北流传久远，成为教育子弟、传递知识的语言形式，并在家族教育中对子弟的成长起着重要的影响与作用。

1. 修身立德的民谚

闽北民谚从多方面具体地指出现实生活中人与人之间相处所应遵循的各种道德准则的内容，可随手拈来。有强调自身道德修养的，如延平王台的"灶要空心，人要虚心""竹有空心，人有忠心""仁义长，财义短""君子做事，正正直直；小人做事，依依挨挨（躲躲闪闪）"；松溪的"勤俭持家，宽和处世""挂果的树枝总垂着头"；政和的"竹是君子，虚心有节"等；有宽容待人、为人正直的处事警诫的，如政和的"事不三思终有悔，人无百忍免忧烦""世事让三分天宽地阔，心田存一点子孙耕"；武夷山的"人品值千金""人生在世，以善为乐""朝中多贤臣，国泰民安宁"等；有劝诫族人要身体力行，上施下效，行不言之教的，如松溪的"孝顺父母是本分，老了子孙也跟样""上家教媳妇，下家媳妇乖"等；有劝诫人们做事要持之以恒的，如武夷山的"若有恒心，山石齐崩"；延平王台的"檐尾水，滴穿石"等；有规劝族人要行正道的，如"横财钱，难过年；汗珠钱，万万年"；有传授教育子女的经验，重视榜样的力量的，如"为长不尊，教坏儿孙"；有教导人要讲礼貌的，如"礼多人不怪""见人施个礼，少走十里路"等；有教育子弟要有慎终追远孝思的，如"数典不可忘祖，饮水必须思源"。可见，闽北家族教育以朗朗上口的民谚教育形式，以道德观念要求族人自觉遵守，这些民谚都在族人思想领域中起着不同程度的引导作用。

2. 勉学劝进的民谚

闽北民谚涉及劝学励志的内容比比皆是。有强调家族子弟读书重要性和指出不读书的弊端的，如政和的"国盛靠贤臣，家兴望子孙""富不过三代，书香万万年"；建阳的"闲时做伴书为上，有书不读子孙愚"；松溪的"不读书，人昏愚"；延平王台的"不读书，人丁冬"；武夷山的"状元本（多）是平民子，宰相亦非天上星（生）""从小要用心，书中有黄金"；延平的"读书望考""家有书声家必兴，家有歌声（指玩乐）家必倾"等；有规劝族人积极向学的，如政和的"闲坐不如念书"；建阳的"田要精耕，书要勤读""勤学好问，满腹学问，学在苦中求，艺在勤中练""学海无涯勤是岸，书山万仞志能攀""学海无涯勤可渡，云程有路志是梯""富裕俭里得，学问勤中求""功成由勤，业成于俭"；武夷山的"星星数不完，知识学不忘""才华如快刀，勤奋是磨刀"等；有励志劝学，道出立志在个人成长中的重要性的，如松溪的"胸无大志，百事难成"；有体现惜时的，如建瓯的"宁丢一段金，不丢一季春"；延平的"白天莫空过，时光不再来"等。以上这些民谚体现家族先辈劝诫子弟要惜时、刻苦攻读，方能取得一番成就且为族争光。

3. "从严早教"的民谚

在闽北地区广为流传的"除草要趁早""栽禾要趁早""桑条从小抑""纵子子不孝"的民谚，蕴含"教儿从严从早"的道理，诸如此类的民谚在闽北俯拾皆是，如武夷山的"树杈不砍易（会）长歪，子女不教会变坏""子易横，女易娇，早早管教最重要""子不教，难成才""家教不严害子孙，子不教好害一世"等；松溪的"田未种好亏一季，子不教好害一世"；有体现教子重要性的，如建阳的"莫求金玉重重贵，只愿儿孙个个贤"；光泽的"孟母三迁教好子，岳飞刺背表忠心"等。

总之，在闽北广为流传的许多民谚体现道德教育、劝学励志和教育子弟宜早从严等思想，具有深刻的教育意义。闽北先民在平时生活中极为广泛地运用这些通俗易懂、蕴含哲理、深入浅出的民谚对子弟进行教育。由于民谚具有运用简练的语言概括复杂事情的本质，故其能在闽北家族教育中真正起到启发、教育、传播、警示的作用。它们不仅培养闽北家族子弟良好的道德修养，而且还获取积极上进的内在动力。

（二）民谣与闽北家族教育

民间流行着富于民族色彩的歌曲，称为"民谣"或"民歌"。民谣的歌词简单，朗朗上口，广为传唱。学术界认为，《诗经》中的精华《国风》，是我国第一部经过艺术加工的民谣专集。民谣虽小，但可从中窥见世道人心，反映一时的社会风尚、社会舆论趋向，从中折射出的生活面是相当广泛的，构成了一幅幅反映社会情况的立体画卷。如汉代"直如弦，死道边；曲如钩，反封侯"的民谣，表达了对外戚专权的愤慨，以及对于朝政颓败的悲哀；汉灵帝末《董逃歌》："承乐世，董逃！游四郭，董逃！蒙天恩，董逃！带金紫，董逃！行谢恩，董逃！整车骑，董逃！垂欲发，董逃！与中辞，董逃！出西门，董逃！瞻宫殿，董逃！望京城，董逃！心摧伤，董逃！"整首歌只表达一个意思：看到董卓，赶快逃跑。因董卓为前将军，其野心和凶暴天下皆知。汉灵帝死后，董卓率领大军进入京师，诛杀宦官，立汉献帝为帝，自封为太师，把持朝政。董卓在听说此歌谣之后，曾下令禁止传唱，却无法从根本上禁绝，只好把"董逃"改为"董安"，变成歌颂他的歌谣。可不久，京城又流传"千里草（即董字），何青青；十日卜（即卓字），不得生"的拆字民谣，意在隐讳地诅咒董卓，体现民谣"只能意会，不可言传"的特点。西汉初年"萧何为法，讲若画一；曹参代之，守而勿失"。这是歌颂萧何、曹参两位丞相勤政爱民的歌谣；宋朝"打破筒（童），泼了菜（蔡），便是人间好世界"的民谣，反映权奸蔡京、童贯当国，内外忧患的事实；明代"十里湖光十里笆，编笆都是富豪家。待他十载功名尽，只见湖光不见笆"的民谣，讽刺西湖旁风景之地，大多被有势力者用竹篱笆圈占的现象。以上这些民谣，大体上是与时政有关。其实，到了明清时代出现多种题材形式的民谣，如《插秧歌》《山歌》《棹歌》《采茶歌》《锣鼓草》《傍妆台》《耍孩儿》《绣荷包》《阖家欢乐》等。

在闽北广为流传的语言节律感极强的民谣里，同样蕴含许多为人处世道理。闽北民谣质朴爽真、形式多样、内容涉及面广，几乎涵盖了生活的方方面面，大致可分为儿歌、情歌、生活歌、劳动歌、仪式歌、丧俗歌、时政歌、问答歌（锁歌）、历史传说歌、民间叙事长诗歌等多种形式，具有口头性、集体性、艺术性、生活性、独特性、变异性、传承性等特征，其音韵和谐，表达方式相当活泼，多数以起句为题，开门见山直奔主题。家族无论男女老少各个不同年龄时段的人，都能够从中找到适合自己传唱的民谣，如儿童传唱童趣盎然、简洁明快的"蜻蜓仔，矮点飞。落地下，落墙角"以及最初教人明白做人道理《月奶姐》《不在娘前搬是非》等儿童歌谣;年轻人可传唱《绣汗巾》"七绣七星是北斗,八绣八仙把海过"的情歌。在闽北甚至不同行业的人也都有自己可传唱的歌谣,如《十二月长工歌》、木匠师傅的《开厝歌》《上梁歌》等各种工匠歌谣。

1. 强化修身立德的民谣

在闽北的民谣中有许多体现"仁爱、孝悌、忠义、礼让"教育思想,家族先辈期望通过这些歌谣特有的精神力量唤起人内心高尚的道德情感,形成追求真善美的德行和品格。[①] 民谣在闽北家族教育中也是一个"活的教育场"。

(1) 生活歌谣

闽北流传的生活歌谣中,有许多体现"仁爱孝悌、敦亲睦族"教育思想内涵的民谣,对家族子弟乃至乡民的伦理道德思想有着积极的引导和示范作用。尤其值得关注的是,这里流传着许多具有道德教化作用的劝善歌谣。在闽北的家族教育中,先民常常运用这些劝善歌谣在感叹人生短暂的过程中,劝诫子弟要孝敬父母,修身立德、多行善事。如顺昌元坑《劝世歌》中的"为人欲得好儿孙,志在无忘父母恩。与世无欺能积德,自然造福旺家门。光阴易度去难留,已过韶华一丰秋。若不修身兼立德,白头岂寻转黑头。有财无德必多殃,殃及儿孙未必昌。昌盛非难唯积德,善行福报乐无疆。有心世道播仁风,积善需归有始终。恤寡怜贫方便路,造桥修路种阴功"的内容较全面地劝导人们为善积德。

"孝"是人伦之始,百善之先,是家道隆昌的必要条件。为了维护封建宗法秩序,闽北先辈采取各种措施推行孝道,纷纷树立效仿的道德典范,编创把"孝"置于首要地位和作为核心要素的民谣,广为传播,以期达到"敦风化俗"之功。

首先,在闽北流传的《十月怀胎歌》,其以朴素感人歌词展示母亲的怀胎辛劳,劝诫子弟须铭记母亲孕育之恩:"怀胎五月五,奴家怀胎苦""怀胎九月九,奴家实在苦""十月怀胎受辛苦,手脚酸软懒做事,恰似日月不分明。百般重担有人替,此担无人减半斤。娘身坐卧行动难,十月怀胎且

---

[①] 王润平:《当代中国家庭变迁中的文化传承方式探析》,《社会科学战线》2004 年第 3 期。

如此，三年哺乳罪难当，千辛万苦养大你，后手长大得成人"。类似的有《孝敬爷娘理应当》中的"但看乌鸦反哺义，羔羊跪乳报母娘""大树根深后人凉，饮水思源万不忘""孝敬爷娘理应当，胜过庵庙拜佛堂"等。闽北各地流传很多内容不尽相同，但透露相同教育思想的《孝歌》，如"自古孝是百行源，为人子女应孝顺""世上唯有孝字大，孝顺父母为一端""父母恩情深似海，人生莫忘报亲恩"。同时，民谣还具体指出如何行孝，如"好饭先尽爹娘用，好衣先尽爹娘穿""出入扶持须谨慎，朝夕侍候莫厌烦""呼唤应声不敢慢，诚心敬意面带欢""时时体贴爹娘意，莫教爹娘心挂牵""休说自己劳苦大，爹娘劳苦更在先"等劝诫。

其次，在闽北民谣中，"二十四孝"的孝道故事也频繁出现，如政和《教儿歌》的"桂花开花阵阵香，行孝古人是王祥，严冬腊月冰上卧，卧冰拿鱼给母尝"；元坑《古人歌》的"孟宗哭笋在山中，孟宗哭竹冬生笋，世人待娘要孝顺"；延平《十把白扇》的"舜哥耕田在猎山，孟宗哭竹在山林"；建瓯劳动歌《十二月采茶》的"孟宗哭竹在山林，孟宗哭竹冬生笋""王祥行孝卧冰中，王祥行孝鱼出现"。闽北有些情歌也蕴含着教育寓意，如政和《十讲世情歌》的"在家父母要孝顺，兄弟和顺传佳话"。由此可见，在闽北家族教育中无论是劳动歌、生活歌无不渗透着道德的教育。

再者，在中国五千年的悠久历史长河里，无数古圣先贤以至德垂范万世，舜的至孝感动天地，列为历代孝行故事之首。它的故事具有较大的覆盖面，且影响力较为广泛深远。在闽北同样流传许多有关舜的民谣，如《舜哥》体现为人要行孝义的内涵，旨在"一本舜哥都唱尽，万古千秋有人传"。在松溪流传的《孝顺歌》综述舜的一生，尤其高度赞扬他的至德孝行，其目的正如歌词所唱："做成一本孝顺歌，千代万代传扬名"。虽然它们运用不同唱词，但其祈盼子孙贤孝的用意是相同的。

再次，家族兴旺是古代每个家族的执着追求，治家是家族兴旺的首要基础，即让家族中每个成员明了自身的地位、职分与处世规范，所以，父子、兄弟、夫妇等宗亲关系以及如何待人处事等内容均被纳入闽北民谣，以训诫子弟，如顺昌元坑《鲤鱼歌》的"唱歌要唱鲤鱼尾，公婆爱媳和爱女。莫拿媳妇事来讲，妯娌不和家要散。唱歌要唱鲤鱼肠，媳妇应该敬婆婆。老人说话听仔细，有事也要小商量。唱歌要唱鲤鱼肝，媳妇应该敬老公。夫妻平等要和睦，尊老爱幼也应当……"此外，建瓯《和睦歌》也训诫子弟言语和睦，兄弟、妯娌、亲戚间应和睦相处；元坑《孝媳妇》以歌谣的形式，高度概括为人媳妇竭尽孝道内涵；光泽《孝顺女》也热情讴歌杨氏家族出了个孝顺公婆、父母之女，并详尽阐述其心孝的故事。

最后，在闽北的家族教育中，先民常常以不同身份劝诫子弟，劝郎、有劝娘（指姑娘）、劝哥、劝姐、劝妹等多种形式，运用这些劝善歌谣对子弟进行孝道教育，如政和《十劝郎》中的"十月怀胎奉劝郎，三年哺乳几多难""一劝新郎敬娘爸，娘爸养育功劳大。二劝新郎敬娘亲，娘亲养育恩情深"，以妻子的身份规劝丈夫要牢记、报答父母的养育之恩。建阳《十劝郎》的"六劝郎来要归正，爷娘父母要孝顺"以及顺昌《十劝郎》的"第一劝郎心要正，在家父母要孝顺，为人要报父母恩。兄弟姐妹要和顺"等不同版本。以上这些歌谣母题，通过不同的异文、地方化，不断地出现在闽北各村落中。类似以不同身份劝诫的诸多歌谣，如建阳《十劝哥》的"一劝哥哥要孝顺，孝敬爹娘要真心，外面朋友要交好，家中兄弟要和顺"；邵武和平《十劝亲哥》的"做人总要行孝道""做人总要行正道"；顺昌的《十劝妹》《十劝青年》等；在政和《劝姐歌》弟弟极力劝诫姐姐要敬公婆、敬丈夫、养好儿、持好家；光泽《二十劝娘》以世人的身份劝娘（即姑娘）首先要孝顺，做到在家服侍父母，出阁孝敬公婆。其次要以和为贵，宽容待人。显然，闽北先民正是通过以上不同唱词、不同劝导对象的劝善歌谣，从不同侧面、多方角度规劝、教育族人为人之子要尽孝道，不忘父母劬劳之恩，谨慎交友、要行正道，以期永葆家道不坠，良好家风得以代代传承。诚如闽北歌谣所描述的愿望一样"抄成一本劝郎歌，万古千秋传后人"。

闽北流传的生活歌谣中，有许多体现"忠义"教育思想内涵，展示许多历史忠义人物故事或忠义典范的民谣。其一，在闽北的民谣中，体现此类思想的歌谣不胜枚举，如建阳《识字歌》的"单枪匹马赵子龙，百万军中救阿斗""三国出了刘关张，桃园结义三兄弟""三关出了穆桂英，挂帅大破天门阵""太公八十遇文王，天下黎民享安康""杨家出了杨六郎，世世代代是忠良""宋朝出了包文拯、断案英明人称赞"等；顺昌《八骏马歌》中"千里送嫂美名扬，华容放曹报赠马，单刀赴会威名扬，义贯春秋关云长"、贤臣薛仁贵以及精忠报国的岳飞;《古人歌》的"镇守三关杨六郎,杨家将帅美名扬""单身独马赵子龙,百万军中护阿斗,万人头上称英雄""独挡曹兵关云长"等;《七盏莲灯照五方》的"三国出有关云长,过了五关斩六将"。其二,闽北先辈在日常劳作或休闲饮酒中,也渗透"忠义"教育思想。建瓯《十二月采茶》劳动歌的"桃园结义刘关张,桃园义重永不变,留得美名天下扬"和延平徐洋村的行酒令词中的"三个桃园",即当地流传的歌谣"关羽张飞刘玄德,三人结义在桃园"详尽阐释其意。政和杨源乡西岩村一带至今流传的《酒拳歌》民谣"单刀赴会、二嫂过关、三请诸葛、四别徐庶、五马破曹、六出祁山、七擒孟获、八卦阵图、九伐中原、十归司马"也属此类范畴。其三,闽北先辈在民间建造房屋祭梁时,也渗透"忠义"教育思想。在闽北流行建房习俗,即盖屋者为趋吉避凶,在新房立柱、上梁时,通常会举行隆重的"祭梁"仪式。人们会择良时吉日将大梁抬到中堂,木匠用公鸡血点在梁上,并司诵福事:"祭梁金鸡吉星到""祭梁万事大吉昌"等吉祥喝彩词。同时,通过此仪式渗透家族教育思想,如顺昌《祭梁歌》中的"一祭东,孔明坛上遇东风;二祭东,杨家丁盛生六郎;三祭西,董永平底遇仙姬;三祭北,当朝极品明正德。桃园三结义,文武百官你家得"。

闽北流传的生活歌谣中,有许多体现"和忍谦让、和睦处事"教育思想内涵的民谣,如延平《百忍歌》讲述百忍世家的"九代同堂张公义"的故事;《忍气免伤财》歌词指出忍让是君子之根本、君子之气量。仁者和智者皆能忍人所不忍,并指出"父子不忍失于孝,兄弟不忍失爱敬"的弊端,同时还列举许多古人不忍的失败教训,如刘伶败了名,只为酒不忍;陈灵灭了国,只为色不忍;石崇破了家,只为财不忍;项羽送了命,只为气不忍。忍得淡泊可养神,忍得饥寒可立品。忍得语言免是非,忍得争斗消仇怨等。此外,还有体现"勤俭"教育思想内涵的民歌(民谣),如政和《十讲世情歌》的"锦上添花多多有,雪中送炭实少见。男要勤来女要俭,勤俭日子有余庆"。

闽北流传的生活歌谣中,有许多体现"为官清廉,勤政为民"教育思想内涵的民歌(民谣),如政和《四宝歌》的"日月星辰和五谷金银为天地之宝,而贤良子孙和忠良贤将为家国之宝"和顺昌元坑《劝世歌》的"居官积德有何难，既恤饥民又恤寒。最怕贪污多作孽，吮人膏血食人肝"等歌谣。俗语说"金碑银碑，不如百姓口碑"。中国历史上清正廉明、勤政爱民的好官清官不少，闽北民间称赞他们的民谣也不少。在闽北广为流传的《歌颂廖槎溪》歌谣"为国为民立功绩，德高望重永流传"，高度赞扬宋代先贤廖槎溪，为官期间为民请愿、赦免闽地山税和水税的功绩；武夷山的《山歌》、光泽的《要做清官郎》《做官要做包文振》等歌谣，均是高度赞扬包文拯（包公）不畏权贵、断案公明、两袖清风，屡平冤假错案，打击贪官污吏的嘉德懿行。再如延平《识字歌》也极力赞扬清政廉洁的父母官，十载功劳的薛仁贵，善于辞令的六国丞相苏秦，戎马一生、屡建奇功的郭子仪，将门出虎子的十二岁为相的甘罗等历史著名人物，以上这些歌谣在热情赞美官员清正廉洁的道德品质的同时，也对子孙寄予贤孝的期盼，并为家族子弟树立"为官清廉，勤政为民"所效仿的典范。

（2）仪式歌谣

闽北先民在婚嫁、祭祀、拜寿、祭梁等仪式歌谣中也不忘对子弟进行孝道教育，而且此习俗至今仍在较为偏远的乡村传唱着。

其一，在闽北传统哭嫁这一婚嫁习俗的仪式歌谣中也蕴含着许多教育意义。历史悠久的闽北形成并保持良好的哭嫁习俗，孕育并传承内容丰富的哭嫁歌谣。闽北哭嫁歌体现了哭嫁者对生活的种种态度，更重要的是哭嫁歌蕴含着丰富的孝亲内涵，具有广泛而深刻的教益。通常，哭嫁歌词精练质朴，通俗押韵，朗朗上口，易于代代传唱。闽北哭嫁歌以孝亲相夫、和族睦邻为重要内容。它既是新娘的真情流露，也是家庭道德伦理的谆谆教导，传承了礼仪知识和行为规范，具有普遍的教育意义。邵武新娘在出嫁头一天的哭嫁唱词是："爹娘恩情说不尽，兄妹手足情意长""一尺五寸把儿养，移干就湿苦非常"；政和《十多谢歌》的"第一多谢父母亲，炊烟袅袅离娘家。一尺八寸你领大，今日分别也伤心"。再如《闹新房》的"一团和气子孙贤，孝顺又生孝顺子"；延平樟湖板八月十五的《打门》的"孟宗哭竹生冬笋，孝敬父母天下传"和在农历八月十五的《打门》歌谣，在对新婚夫妇早生贵子的祝愿同时也不忘孝道教育，如"孟宗哭竹生冬笋，孝敬父母天下传"。以上这些唱词哭嫁歌谣的内容极为丰富，无论是对父母、兄嫂、姐弟，还是叔伯、舅父等宗亲眷属辞别唱词，均充分体现闽北先民期待子女能尽反哺之义，牢记父母养育之恩，发挥着明显的教育作用。

其二，在闽北祭祀活动的仪式歌谣中也蕴含着许多教育意义。在闽北祭祀活动中流行的子孙在奠堂香案插香时所唱的《十接香火》丧歌中列举许多孝道的人物，如"王祥孝顺有出头，跳落江河摸鲤鱼，天送鲤鱼传回乡""舜哥孝顺有名堂，下山高田回家转，后来天下第一名""孟宗挖竹在山中，山中啼哭好凄惨，天送冬笋救爹娘""天上孝顺周仲由，寒冬讨米救爹娘，合红争做救爹娘"。政和《十月守孝歌》是在祭祀已故的娘亲时传唱的一种劝善歌谣，通过对人生历程的描叙，表现娘亲怀胎之苦，以此劝诫后辈当及时孝道，报答父母养育之恩。这些孝歌既讴歌死者的生平事迹，又是为生者特别是年轻人树立一个直观的教育模式。

其三，在闽北拜寿活动的仪式歌谣中也蕴含着许多教育意义。政和《祝寿歌》是为庆祝六十花甲以上的老人诞辰的歌谣。这天，亲朋好友，前来祝贺，并设宴祝贺，歌词没有固定，依据实际情况编唱。主要有歌颂老人高尚品德，赞扬好善乐施、急公好义、精明干练等祝寿歌谣。这种赞歌对族众起着积极引导、规劝和勉励的作用。

2. 传授教子经验的民谣

在闽北流传着许多传授教育子女经验的歌谣。闽北先民意识到父母应威严而有慈，在对子女倾注慈爱的同时，更应加强对孩子的严格管教。若"徒有溺爱而没有严教，任由子弟恣意作为"，待其长大后再来管教为时已晚。在顺昌元坑至今仍流传着"四子四丘田，丘丘亩八；上辈辛辛苦，不肖子孙卖"的歌谣，阐述整日忙于农活的杨锡强教子无方的故事，由于他们从小缺乏严加管教，养成好吃懒做的恶习，以致长大后不能自食其力，结果卖掉了祖业。闽北先辈以此典型的反面教育例子，劝诫世人要在性情未定、可塑性大的孩幼时期，严加管教家族子女，培养吃苦耐劳的精神，意识到"宜早从严"教育的重要性。类似的在建瓯徐墩流传着《训子文》指出教育子女，犹如田要锄草要趁早一样，否则"白的变黑很容易，黑的变白很稀奇""千日学好不算多，一日学坏尚有余""严是爱来爱是害，养儿不教父之过，严父才能出孝子"；政和《劝郎歌》的"第三劝郎勤教儿，天光黄昏劝几回。有儿不教父之过，教好儿孙自有功"；光泽《二十劝娘》，即《二十劝姑娘》的歌谣还体现母教在家族教育中的重要性，如"第十劝其严家教，不可放任凭儿童。义男不教痴呆汉，义女不教败门风"。可见，母亲对子女进行严加管教，女孩长大出门后，方可传播父母家教的名声，男孩则可行孝立业，荣宗耀祖。

3. 加强劝学励志的民谣

在闽北流传着许多加强劝学励志的歌谣。闽北先辈在家族教育中极力宣扬读书可改变命运、可行正道、可光宗耀祖等益处，对族人进行劝勉教育。建阳《孔子经》的"手持七寸笔，到处不求人。读书需用意，下笔就成文"；延平的《十劝哥》的"书中教你仁礼义，教你一世会聪明。笔头尖尖做文章，得中秀才得探花，耀祖耀孙人人夸"以及政和《十劝郎》"第八劝郎奉劝郎，劝郎教子读文章。世上多少聪明人，全因读书腹下通"；松溪《十里亭》讲述南城门外李员外之女秀英奉劝马公子要苦读学习圣贤的内容，如"为人只可行正道，歪门邪路不可行""改邪归正学做人，一心只把书来读"。类似的有顺昌《七盏莲灯照五方》教育子弟要谨慎交友的"结交朋友要学好"以及延平《十劝哥》中"朋友要交正道人，朋友有情要有义"等；政和《劝郎歌》的"第一劝郎勤种田，清早起来莫贪睡；第二劝郎勤读书，勤读四书并五经"；武夷山《打花鼓》的"小小孩儿要记住，攻读诗书早登科"；建瓯吉阳镇《凤阳鼓》的"一下鼓子一下锣，耕田郎子听唱歌，耕田郎子听唱唱，早耕早种多收粮""二下鼓子一下锣，念书孩子听唱歌，念书孩子听唱唱，勤读诗书早登科"。以上这些均体现闽北家族教育的崇文重教、劝学励志思想，并渗透在平时的日常生活中。

4. 寄予家族祈望的民谣

在闽北流传着许多寄予家族祈望功名的歌谣。如上所述，哭嫁这一民间习俗不仅对族人进行形象生动的孝道教育，还承载许多对家族子弟金榜题名、读书入仕的殷切祈望和美好祝愿。新娘出嫁当天，从梳妆、下楼、接礼、别亲、拜天地、出门、上轿、入洞房等程序的唱词都寄予家族祈望，如顺昌《出嫁歌》记述新娘的花轿停放在大门口前，即将离家前唱的告别歌："桌上有果盒，兄弟代代做状元；桌上有烛台，兄弟代代当秀才；烛台有花，兄弟个个当探花""九把锁，书香传世久"。再如光泽顺昌《出嫁歌》唱词为"世代儿孙似彭祖，儿孙世代状元郎"。一般新娘进闺房唱道："一步二步在华堂，三步四步进闺房，五步六步生贵子，九步十步状元郎。"在光泽结婚礼仪中，最重要的是拜堂这一仪式。仪式开始时，"祝圣"先生须把斗、尺、算盘、镜子、剪刀、钥匙和通书（万年历）交给新娘，寓意新娘以后要操办家中各项事务。其中通书内容丰富、通俗实用，不仅有传统节日、民间万年历表、生活民谚，古训贤文，还有《三字经》《百家姓》《千字文》《增广贤文》《孙子兵法》《三十六计》等内容。"祝圣"先生将通书交给新娘时的唱道："一部通书明四方，句句行行是文章。今日交付嫦娥手，早生贵子读文章。"而在光泽同仁乡的唱词却是："一本通书四角方，孔圣先师坐中央。今日交付新人手，生下孩儿读文章。"闽北各地唱词虽有所不同，但都对子孙寄予了相同的祈望。在政和新娘出嫁的早晨唱的《清晨好话歌》许多歌词也透露了这方面的信息，如"姐妹清晨来开声，俺人厝下家家正；姐妹手扶米筛边，兄弟坐轿追八仙""日头照来闪金光，兄弟考试去进京""俺人金帘四方方，兄弟做官走四方"。此外，新娘出门之前不仅要唱表示感恩之心的《十多谢歌》，还要唱《母舅装箱歌》："一面宝镜照开堂，玉女镜前好梳妆；照得姻缘圆满日，五子登科状元郎。"以上这些歌词无不寄托了家族期望子弟都能像宋代窦禹钧的五个儿子仪、俨、侃、偶、僖相继及第。在夫妻拜堂时的《十对蜡烛歌》唱道："一对蜡烛一般平，兄弟做官得功名；二对蜡烛一般明，兄弟做官帮乡邻；……六对蜡烛芙蓉花，兄弟考试中秀才；七对蜡烛石榴花，兄弟考试中状元；十对蜡烛十齐全，兄弟做官芳名传"，还有《十个金子角》中的"三个金子四四角，兄弟头戴帽子有八角（指官帽）；六个金贴走廊，兄弟考试考个状元郎"。在敬酒时还要唱："好酒进金瓶，天赐玉麒麟；今年吃喜酒，来年状元郎。"最后入洞房时唱道："生下贵子状元郎""十月期满状元郎。"总之，这些哭嫁民间习俗虽有些繁琐，但从意思上来看，家族教育渗透面极其广泛。

在闽北的丧葬中所唱的歌词也寄予对家族子孙的殷切希望，如《哭丧歌》中的《三杯茶歌》的"莲花桂花喷喷香，你的子孙做文章"；《葬山歌》中的"左边给你种龙眼，右边给你种荔枝；荔枝树尾生桂圆，你的子孙中状元"；《路灯行船歌》中的"十船运出运十船，子孙做官面面全""十二条船都运完，举人进士在身旁"等。

在乡村，盖房是一件十分重要的事情，自始至终都伴随着各种各样的礼仪歌谣。通常建房礼仪大致可分为选址、立中柱、上梁（升梁）、立门、竣工等建房程序。在闽北木匠行业至今仍流传一首《开厝歌》，贯穿新屋落成的全过程。在新屋立柱时会说些"上梁喜鹊叫，竖柱彩霞飞"等吉利话，同时还须吟唱歌谣，如政和《竖柱歌》的"定起前门嘟嘟响，定做后门宰相堂。宰相堂上多富贵，探花榜眼状元郎"。在所有建房的程序中，上梁仪式被人们视为最重要的礼仪，因为民间认为，上梁是否顺利，不仅关系到房屋的结构是否牢固，还关系到居住者今后子孙后代是否兴旺发达，所以每逢上梁都会选定吉日良辰举行隆重仪式。据史料记载，建房上梁举行仪式始于魏晋时期，到明清时期已普及到全国各地。"上梁"，也称"升梁""上大梁"，指的是新房安放屋顶那根主梁的仪式，因此闽北有诸多上梁时唱的歌谣，至今仍在闽北部分乡村广为流传，如建阳《木工师傅上梁赞》的"脚踩五寸梯，五子来登科"。在新屋架梁后，木工师傅从梁上向四面上下抛掷花生、红枣、糖果、粽子、铜钱、金元宝等，让前来看热闹的男女老幼争抢，人越多东家越高兴，此举称为"抛梁"，意为"财源滚滚来"。当然，在上梁仪式最热闹的程序"抛梁"时，自然少不了吟唱"讨吉利、喝口彩"的歌谣："一要千年长富贵，二要万载永兴隆，三要状元共昌荣，四要四方广开财，五要五子登金榜，六要周年生贵子，七要买马置田庄，八要八福到华堂，九要金粮盖三省，十要罗汉满门上。今日听我嘱咐后，荣华富贵百事昌。"《升梁抛圆子歌》中的"一部二部进学堂，三步四步下科场，五步六步登金榜，七步八部状元郎"；《挂七宝歌》中的"厅堂挂起双富贵，甲第蝉联出公卿"；《丢粽》中的"小儿出在梁下过，读书考中状元郎"；《缠梁布歌》中的"左绕三圈生贵子，右绕三圈状元郎"等；在建瓯流传的《齐拼》歌谣，是在将结构好的拼扶起以串接梁柱时唱着"儿孙个个出高官，千代万代状元郎"以及新屋竣工宴客时的《把盏》劝酒歌中的"文字圣贤玲珑天，能出子孙读书郎，能出子孙中进士，能出子孙状元郎，能出子孙作宰相"等，以上这些始终贯穿在民间传统建房习俗之中的歌谣，对家族子弟寄予了美好祈望。实际上建房礼仪是一种求吉礼仪，旨在祈求房屋永固、富贵长久、子孙满堂、金榜题名等。诚如闽北各地流传的《祭梁文疏》所言："班仙师亲手做，平安顺序富万年；一杯清酒敬梁头，主家代代中状元；一杯清酒敬梁尾，主家代代满家伙。"

闽北流传的儿童歌谣也蕴含此类美好的祈望，如建阳《孔子经》中的

"周游列国，教化万千，左有三千徒弟子，右有七十二贤人""圣人圣人，至圣至仁""文章郁郁，道德扬扬""天地同久，日月同光"。这首歌谣一般由祖母或母亲口耳相传。儿童在传唱的过程中，得到良好的启蒙教育。这首儿歌在高度概述孔子的丰功伟绩和赞扬孔子的品德时，也从另一侧面充分体现对孔子焚香礼拜尊重的弟子祈赐聪明、智慧和"一举首登龙虎榜，十年定逼凤凰池（指宰相职位）"的"学而优则仕"的美好愿望。歌词"诚心广至、聪明得智、三场得志、四书学熟、六艺皆通、七音雅赏、金榜题名"就是最好的注脚。武夷山的《宝宝考状元》《生个状元郎》以及闽北流传既远且广的童谣《月光光》中反复出现"秀才郎"的歌词，均传递相同的信息。

闽北一些节日歌谣、情歌甚至行酒令词也蕴含美好的祈望。如顺昌农历十五《龙灯歌》中的"五要五子登金榜，六要孙孙状元郎"和邵武和平《正月十五闹元宵》中的"对联上面好文字，对联下面中状元""祖牌前面蜡烛台，蜡烛台下出秀才""读好诗书多识理，将来考个状元郎"也寄予了同样的企盼。再如情歌《香袋》中的"打扮我郎去读书，左手磨墨右手写，写出文章有高低，保佑我郎中状元"。甚至在闽北广为流传猜拳令的"一品当朝、双生贵子、三元及第、四季发财、五子登科、六（禄）位高升、七星伴月、八马双飞、九九长生、全家福禄"以及延平徐洋村的五魁首或五金魁、建瓯的五子登、建阳的"五金魁首""五梅对五魁"等均蕴含同样美好的祈望。

此外，闽北还将传统文化中一些蕴含吉祥寓意的词语，如"福如东海""金玉满堂"等，以《拆字问答歌》形式展现。通常这种形式称为谜歌，属于山歌范畴，其歌词是以唱和猜谜的方式，一问一答，非常巧妙。如："啥字写来一片衣裳一口田？啥字写来女子开口笑连连？啥字写来一木打在田中过？啥字写来三人拜在母面前？""福字写来一片衣裳一口田，如字写来女子开口笑连连，东字写来一木打在田中过，海字写来三人拜在母面前。"再如："啥字写来人王肚里一对瓜？啥字写来王母娘娘捧杯茶？啥字写来三月二十落大雨？啥字写来土地公公戴笠麻？""金字写来人王肚里一对瓜，玉字写来王母娘娘捧杯茶，满字写来三月二十落大雨，堂字写来土地公公戴笠麻。"

总之，民谣在闽北家族的长辈口中随口道来，用词贴切，起到了有效的教育作用。人们运用朴实无华的语言娓娓道出了对族人道德修养、为人处世以及读书入仕的祈望，在通俗易懂的歌唱中以多方视角时刻渗透"学而优则仕"的思想，以此激励族人积极奋进、积极向学。经过漫长的岁月以上这些民谣已完全融入闽北民众的日常生活中，并成为闽北家族教育中不可或缺的重要组成部分，也正是民谣具有的这种普遍性与乡民参与性，使其成为传承社会民俗的重要载体，并以各种方式、在各种场合传唱着。

(三) 民间故事与闽北家族教育

古代，闽北僻处东南边陲，较之中原相对安定封闭，武夷山脉的自然景观奇秀甲东南，慕名者趋之若鹜。这种独特的地理环境，是闽北民间故事产生的沃土。闽北民间故事是人们在生产过程中产生的，与人物事件、社会历史、风物特产、地方古迹密切相关，是集体创作、世代相传的口头故事。闽北古称"理学名邦"，州学"独先于天下"，名人贤士在史册上熠熠生辉，留下了无数的优美传说故事。这些传说故事，与当地的历史名人以及与这些历史名人相联系的古迹很多，它们是闽北民间故事取之不竭的宝库。闽北特有的地域文化特点，使闽北民间故事丰富多彩，摇曳多姿，具有鲜明的地方特色，在闽北家族教育中也起到重要的引导、教化的作用，同时也使族人的历史文化知识更加丰富。如与理学集大成者朱熹有关的《朱熹出世》《朱熹与白猿》《朱熹书法镇雨放晴》等故事；与南剑州通判宋慈有关的《断案雪冤》和《宋慈断案》的故事；与李侗有关的《李延平智惩张三府》以及名贯古今的"南包公""海青天"的海瑞，在南平任教谕时，拜见延平书院旁的"剑溪草堂"的主人郑庆云的《海瑞拜师》的故事，从中可知海瑞淡泊名利，"学不宜民枉为儒""刚正廉明"的优良品质，以及其在恩师指教之下，刻苦学习，终于不负师望写成《驿论》一书。顺昌的《廖槎溪》历史传说故事记载，廖槎溪是南宋名臣，一生勤奋好学，为官清廉正直，不畏权贵，为乡人景仰爱戴。当地人常吟咏此故事，对家族子弟进行德行教育，并激励子弟向学。建瓯传颂的明朝"三杨"（杨士奇、杨荣、杨溥）之一的工部尚书杨荣《杨太师的传说》的故事以及建阳《七贤过化之乡》《杨龟山出世》《黄勉斋砍树》《游酢显圣》《董天工的传说》《杨亿的传说》《金鹅峰下柳相公（柳永）》等诸多轶闻趣事，遍及闽北，虽有些史实有待进一步考证，却可由此窥见，素有"理学名邦"的闽北地区"人杰地灵"的历史折射。闽北民间故事丰富多彩，具有鲜明的地方特色，蕴含着丰富的教育思想。

1. 强化劝学励志的民间故事

闽北许多民间故事与劝学励志有关。建阳流传着勤奋好学、珍惜光阴《有志少年丁慈》的故事；浦城《梦笔江郎》讲述的是南北朝时期著名诗人江淹，其被贬为吴兴（现浦城）县令时梦见郭璞赠一五彩笔，日后才思泉涌，诗文多佳句，如其称浦城"碧水丹山，珍木奇草"，遂有"梦笔生花"的美谈，后其依附萧道成，上京之后官运亨通，处于安贵尊荣的环境中，其文学才思日渐减退，后被人称为"江郎才尽"。江淹是"梦笔生花"和"江郎才尽"两个成语的独拥者，安于高官司厚禄，沉溺于声色犬马，才致使他文思阻滞，才华丧尽。此故事告诉士人要持之以恒地读书，无疑对士人起到劝诫警示作用。至今浦城当地还流传《真德秀追月苦读》的故事。据嘉靖《延平府志之九·名宦》记载，真德秀，字景元，福建浦城人，登庆元五年进士，南剑州判官，终资政殿庆元学士，赠银青光禄大夫，谥"文忠"。此故事讲述的是真德秀为学极其勤奋刻苦，夜间读书因家贫无灯而追月苦读的故事。真德秀早年丧父，与母亲相依为命，拮据度日，夜晚读书因家贫没有油灯，于是在月明星稀的晚上，便捧着书本借月读书。月儿一出，他坐在屋内的窗下读，月儿西斜了，他就爬上屋顶读，经过刻苦攻读终于考中进士。从以上这些故事中可知，勤奋好学方可学而有成这一不争的事实。

闽北民间故事通常运用生动幽默的笔调，深奥的哲理，给人以深刻的现实感和感染力，强烈讽刺鞭挞那些不学无术、腹中无学问的人，具有深刻的教育意义和启迪作用。建阳《农夫、秀才和村姑》的故事讽刺进京赶考袁秀才"不如一村姑，再读三年书"。故事讲述农夫出上联"稻秆缚秧娘扶子"或"禾秆绑秧娘抱子"，秀才竟然无一对答，一村姑对了下联"竹篮装笋祖抱孙"；《对对子》的故事描述农民出上联"鳅短鳝长鳗有耳，一概无鳞"，可一位赴京赶考的举子不知所答，下联是"龟圆蚌扁蟹无头，俱都有壳"；光泽《巧姑斗才子》故事讲述村里吴员外之子吴代宝学了几年诗文，自以为是才子。其问农夫："栽禾郎，栽禾郎，一日栽得几千几百行？"

后农夫之妻反问:"骑马令,骑马令,一日拾得几千几百马脚印?"其无言以对。武夷山《秀才古刹对联》"盐夫挑盐檐下立,檐水滴盐""舟子推舟洲上过,洲沙搁舟";《七岁小儿戏宰相》描述年仅七岁的小孩出上联:"松斧破柴,柴开节不开"却难倒了宰相,后宰相辞去官职到民间访贤求才,增长知识,最终得到答案:"利刀切藕,藕断丝不断";邵武《光包子》的故事讲述宋代邵武水北镇三都村的张诚非常渴望其子张随能够刻苦攻读以求出仕,光耀门楣,故省吃俭用将其送进私塾读书。可其子生性好动,无心向学,时常被先生责罚,无论用何种方法对其进行教育皆无济于事。所以当地方言用"光包子"讽刺那些不爱读书、腹中无学问、不争气之人。在《两秀才四次赶考》故事中告诫人们学习要踏实,不可一知半解。建阳流传的"秀才不怕衣裳破,就怕肚里没学问"的民谚是对以上大量讽刺故事的最好体现。

2. 进行道德教育的民间故事

在闽北的民间故事中,许多传说故事与传统道德教育有关。我国传统的道德思想,相当部分存在于民间文学之中,并借助民间文学得以传播。在民间,传统道德教育主要是通过民间文学的形式得以实现的。[①] 闽北先民非常重视运用民间文学对子弟进行思想品质的教育,为此闽北家族教育的道德观念大量反映在民间文学的故事中,这对族人健康的思想感情和高尚道德品质的培养,以及良好社会风尚的形成都起着良好的促进作用。在这口耳相传的民间故事中有许多体现"仁爱孝悌"思想的动听故事。

其一,闽北民间故事所记孝子事迹不可胜数。在南平巨口、赤门一带流传"二十四孝"孝行故事的《孟仲哭竹出冬笋》;顺昌《天官笋》记述着明正德十六年(1521年)进士、天官李默亲自为年迈的祖母挖笋,因竹笋刚露出尖无法拔起,故用手抠笋以至于出血的孝道故事。虽李默苛待自己身体的做法不值得提倡,但其孝顺之心仍值得学习。南平《孝子李庸的传说》讲述在清乾隆时期,徐洋村民李庸,父病严重,后听说古传药方以割股肉疗之,后渐渐痊愈,得到南平通判和知县的旌表,并赠"亦足以风,为子弟法",这则故事虽然具有愚忠愚孝成分,但瑕不掩瑜,其孝心仍值得褒扬。

---

[①] 万建中:《民间文学的现实意义》,《社会科学战线》2006年第1期。

其二，赡养、孝顺老人是中华民族的传统美德，孝道除了与固有的崇敬祖先的观念相联系之外，还应与把敬老和爱幼相结合。① 在闽北许多与这方面主题相关的民间传说故事，旨在树立孝顺典范对族人起到良好的示范作用。政和《聪明的孙媳妇》和松溪《媳妇嬷嬷》的故事，讲述能言善辩、智慧过人的孙媳妇阻拦婆婆虐待老人，终于使婆婆良知发现。这则故事既批评不赡养老人的不孝子媳，又赞颂了孙媳妇具有正直、善良、孝顺的品性，表达追求和睦家庭关系的倾向。当地至今仍流传有"堂上交椅轮来坐，媳妇也有做嬷时"就是一个很好的警示作用。

其三，闽北许多民间传说故事中的地名或古迹与道德教育相关。延平地名紫芝坊的来历涉及孝的故事。相传，下口井有位男孩每天不论刮风下雨，天气寒冷，都在第一声鸡鸣时刻，到岩石上采药医治母亲，知府特赐"孝疏紫芝"四字。因此，下口井改为紫芝坊。再如浦城《致孝岭的故事》讲述练隽（练氏夫人），因嫁给家境贫寒的章仔钧，其父母欺贫爱富，不与他们往来。后章仔钧读书入仕，夫妇捐弃前嫌，与父母和好如初。为尽孝道，他们出资在浦城仙阳镇境内的古道上开辟一条新路。此山岭原名"章山岭"，为此改为"致孝岭"。

其四，闽北许多民间传说故事与惩治不孝子孙相关。武夷山的好吃懒做对父母拳打脚踢的《不孝子》《不孝之子傅良兴》的故事，与忘恩负义，时常辱骂父母，最后被严严实实压在巨石之下《飞来石》的传说，尽管故事情节不尽相同，但都是同一母题变异出来的异文，都是围绕"不孝之子"的主题演绎而成，具有警诫作用和强烈的社会现实意义。以上这些故事，通过不同的异文、地方化，不断地出现在不同的村落中，几乎成了一种规律。②

其五，在闽北口耳相传的许多民间文学讲述了体现"忠义"思想的故事。如顺昌的为民除害、打抱不平的《义侠张学顺》的故事；武夷山的《倾其所有造石桥》讲述在武夷山城东乡有户姓李人家，名叫"李勤俭"，变卖家中的山和田，用一生的积蓄，在村尾建造一座石桥和凉亭，其义举

---

① 许钰：《加强民间文化教育功能的研究》，《北京师范大学学报》1994年第4期。
② 刘大可：《闽台地域人群与民间信仰研究》，海风出版社，2008，第20页。

在当地被传为佳话，一直流传至今；建瓯《全城之母——练氏夫人》极力讴歌练氏夫人"为免黎庶劫难，与其私我一家"的高风亮节形象；当地《奉旨牌坊》故事讲述石坡街张义民、张义成兄弟，为人宽宏大量，讲义气，时常救济灾民而受皇上嘉奖建牌坊的故事以及光泽《打抱不平的付文昌》等传说，都是宣扬忠义的教育思想。

其六，在闽北口耳相传的许多民间文学故事体现"修身立德"思想。在闽北地区广为流传的《学台回书天地宽》，其故事情节与传说中的《三尺巷的故事》颇为相似。相传，清朝康熙年间，某天大学士张英收到一封家书，说家人为了争三尺宽的宅基地，与邻居发生纠纷，希望在京为官的儿子用职权疏通关系，打赢这场官司。张英阅信后，坦然一笑，赋诗一首："千里来书只为墙，让他几尺又何妨？万里长城今犹在，不见当年秦始皇。"这展现了张英心境平和、和谐包容、以德服人的处世态度。其父接到信后，立刻把盖厝的地坪缩小了三尺。对方得知，也相让三尺。这样两家不计前嫌，和好如初。此化干戈为玉帛的故事在闽北流传既远又广。

无独有偶，在武夷山下梅村方宅门前，有条修于清乾隆二十年（1755年）的"达理巷"也蕴藏着一段感人的礼让故事：当地首富邹氏于方宅南面建豪宅，两户人家后墙紧贴无法开后门。因门第观念互不相让，曾多次发生争执。方氏虽是忠烈门第，但经济拮据无力出资共同修建巷子。邹氏不忘扶贫济困，常资助银两抚恤方氏族人。方氏十分感激马上让出封火墙以建巷子。于是邹氏独资修建此巷，命名为"达理巷"，取"通情达理"之意。后来方邹两家和睦相处，在当地传为佳话。类似的有光泽《容忍大度的卓儒》和《九代同堂》等故事，尤其后者在闽北广为流传：曾有一位皇帝微服私访江南，听说张氏一家九百多口九代同堂同居一屋却能和谐相处，故取一只梨赠与张氏，看其如何处置，张公艺在大厅放置两只缸，把梨舂碎置于其中，冲下开水，然后"鸣鼓用膳，老幼分餐"。这样御赐的梨按序每人一杯，没有怨言。此外，张公艺以忍处事，其子孙后代常以此为荣，如延平徐洋村张氏家族至今悬挂由百种不同字体的忍字组成的牌匾，以直观的形象警示后人。

其七，在闽北的民间故事中，有许多歌颂官员勤政爱民的故事。如浦城民间流传极广、影响颇深的《西山吟》，极力歌颂南宋升为"博士官"的真德秀，其号"西山"，学者称"西山先生"，是继承朱熹之后声望很高的学者，创立"西山真氏学派"。其胸怀忧国忧民之志，恪尽职守，为官清正、不畏权贵、忠廉耿直的秉性，至今为后人景仰。在民间流传甚广的还有《海瑞斗严嵩》的故事，讲述素有"海青天"之誉，明代著名政治家、著名清官海瑞，自号"刚峰"，取其做人要刚强正直、不畏邪恶之意，与奸相严嵩斗智斗法，最后严嵩锒铛入狱的故事情节，并高度评价了海瑞不谋私利、不谄权贵，为政清廉，力主严惩贪官污吏，禁止徇私受贿，并高度称赞了其推行清丈、平赋税，疏浚河道，修筑水利工程的政绩。纵观以上官员，无不是公正、廉洁的典范，正因如此才有许多令后人称颂的民间故事。

总之，闽北民间故事总是以一系列的英雄豪杰、机智人物、巧女巧妇或生活简朴清贫，为官勤政公正等生动而崇高的艺术形象大加颂扬，推崇勤劳勇敢、正直善良、容忍大度以及仁爱孝悌的优良品质。这些流传于民间的传说故事对族人的道德品行规范教育，具有一定的客观实践性和积极的教育意义。

3. 传授教子经验的民间故事

"无论何时，民间故事总能给我们提供好的忠告；无论在何种情况，民间故事的忠告都是极有助益的。"[1] 这表明民间文学的教育作用。在闽北代相传的民间文学中有许多有关教育子弟的动听故事，起着积极正面的引导作用，向人们传授教育子女的经验，对后人极有教益。如光泽《李探花建东关桥》《砍柴朱仔中状元》和武夷山《胡母教子有方》的故事都是母教成功的例子，值得效仿。当然，在故事中也有一些因没有正确处理好慈严关系或疏于管教导致教育失败，以此警示人们引以为戒的例子。如建阳《养子不教害子害己》《纵子与教子》以及《巫有财碰壁记》中的巫员外，由于年过半百方得子，对其子百依百顺，养成其终日游手好闲的习惯，最终把父辈留下的家产全部花光的失败例子。武夷山《三个傻儿子》讲述父亲早出晚归勤劳种田，疏于教子。三个儿子长大出外学艺期满后，竟出现三子

---

[1] 〔德〕瓦尔特·本雅明：《本雅明文选》，陈永国、马海良编，中国社会科学出版社，1999，第309页。

用所学手艺致其父惨死的悲剧。常言道:"勿以恶小而为之,勿以善小而不为。"松溪《小时偷针,大了偷金》的故事,告诫父母对小孩的行为,哪怕偷一根针都应予以制止,否则养成偷盗的坏习惯将断送前程。愿天下父母记住此教训,从小教育孩子行正道,千万不可护短、纵容;延平《肖家圫》讲述一个姓肖富翁的田地,平时疏于教子,以致子孙个个懒惰,结果把肖家圫这一大块田地渐渐割成大小不一的田地出卖。闽北流行的"严是爱,容是害、不管不教会变坏"民谚是警示此类教育最生动的写照。

4. 体现及第荣耀的民间故事

武夷山的《大红袍》描述:某秀才进京赶考取得第三名,得了一顶探花紫金冠。从"跟着状元郎威风凛凛游了三天街"的句中体现及第的无限风光和荣耀。所谓"士子十年寒窗苦,一举成名天下知";建瓯的《雷吉生的传说》记载,雷吉生,建瓯房道乡人,明朝年间进士,官至三省察院。在他即将进京考试之际,先生与其互对"七星桥边来作别""五凤楼头再相会"诗句也透出此类信息。由于五凤楼是建瓯的鼓楼,是历史文化标志性建筑,取"凤集祥瑞"之意,为闽王王审知的第十三子王延政所建。相传当地只有考中进士才能登五凤楼,以示荣耀;延平徐洋村《上马石和下马石的传说》讲述村里郭氏家族"官厅"宅第门外,有一对皇帝御赐上马石、下马石,作为"文官下轿,武官下马"的踏步之用;武夷山《特科状元》记述,彭路,字通古,吴屯人,崇宁癸未特科状元及第,文思清新,大为徽宗皇帝褒赏,命翰林学士作诗:"一经曾守十年劳,振藻今为旷世髦。凤阁风云平地奋,龙门波浪卷天高。青钱声重鸣金赋,红杏香生茜锦袍。主圣臣贤当作颂,愧无椽笔继王褒。"(详见《崇安县文史资料第一辑》)以上这些体现及第的风光,在延平王台《题诗选婿》的歌谣"砚台笔墨在一块,出口成章人人爱;有朝一日登金榜,骑马唱曲好光彩"中体现得淋漓尽致。闽北这些民间故事不仅愉悦身心,体现及第无限风光和荣耀,更重要的还在于超越此意义的认识,将激励教育用自己独特的方式,形象生动地进行传播,这对促进闽北家族子弟向学是十分有益的。

## 二 闽北民间文学的作用

综上所述,闽北民间文学创作"以境融理、以事蕴德、以趣引人",融入生活里的人、事、景、物等，是取之不尽的文化宝藏，它在开启民智、提高闽北家族子弟的素质、文化教养上以及个体成长等诸多方面，具有举足轻重的社会作用。

1. 语言教育

在古代教育机构不是十分发达的社会，家族先辈通过口授的形式，对子弟进行教育，尤其通过童谣等形式对幼儿的语言习成进行良好的语言训练，并且通过掌握词汇语法以及特殊的规律，使其在娱乐和生活中学习语言。

2. 历史知识教育

有关历史人物的传说和故事，丰富了族人的历史知识，也是激发当地人荣耀感的良好教育方式。

3. 人生哲理教育

闽北无论是历史故事还是有关生活的知识民谣都能启发人们的智慧，激发人们的想象力和创造力，奠定最初的知识基础和积累人生智慧。

4. 激励教育

在闽北许多仪式歌对子弟进行孝道教育，使族人将对历史人物的景仰之情升华为对其高尚品格的深刻认同，并作为族人自我激励、期许的目标，作为理想人格的典范，不断地激励族人修业进德。

5. 品德教育

闽北家族教育通过各种民谚或《十劝郎》《十嫂劝叔》《十劝哥》的劝善歌谣，使子弟从小在相互传唱或传说过程中，自然而然受到传统道德观念的熏陶，进而培养良好的道德观念并潜移默化地影响子弟的心灵，通过形象生动的故事熏陶，久而久之自然形成与之相适应的言语行为规范，塑造一种道德标准。闽北婚嫁、祭祀、拜寿、祭梁等习俗中的唱词，是人们在长期社会生活中逐渐形成的。人为表达思想感情，总是以歌代言，借以表达思想，抒发感情。《哭嫁歌》是新娘出嫁之前与长辈、同辈、族眷，表示辞别、互诉苦衷的歌，有《哭父母》《哭姊妹》《哭上轿》《哭诉祖先》等内容。从《哭嫁歌》中，新娘要学会尊敬长者，夫妻恩爱，妯娌和睦，爱护晚辈，与亲邻要友好相处，以和为贵，以亲为善，这对尚未经历人生复杂道路的晚辈有极大的益处。儒家伦理道德观中所倡导的守正、自洁、行善、宽容等美德，教育闽北家族子弟追求健康向上的完善人格。这种品德教育对于稳定当地的社会秩序，培养子女良好的道德品质具有积极的促进作用。可见，在家族中实施道德教育，"民谚、歌谣、民间故事是最形象的教科书"。①

### 三 闽北民间文学的特征

吴蓉章的《民间文学理论基础》将民间文学的基本特征归纳为以下四个方面的统一：集体性与创作个性、口头传承与书面传承、变异性与相对稳定性、文学性与多功能性等统一。谭先达的《中国民间文学概论》则认为民间文学有集体性、匿名性、口头性、流传性、传统性以及变异性等诸多特征。而刘大可的《闽台地域人群与民间信仰研究》认为民间文学的特征有：集体创作与匿名性、口头传承与变异性、文学性与表演性、民俗性与现实性、族群性与普遍性、娱乐性与教育性。笔者参照以上诸说，结合田野调查，搜集大量的相关资料，归纳闽北民间文学具有如下特征：

1. 集体性与匿名性

闽北民间文学大多属于集体创作，具有朴实无华的风格和共同的审美情趣，体现群体共同的生活、生产和心理需求，其思想内容和艺术形式通常与大众相契合，获得群体的认可与共鸣。闽北先民在劳作或闲暇之余，为了抒情或消遣，你一言、我一句，即兴而作地编写情节，或你一首、我一首地独唱、对唱，通常是信口拈来一个谜语、一首山歌或一个故事等，而且当他们要说、唱或讲得不完整时，其他人就会马上进行补充、修改。同时，闽北民间文学在传播过程中，经传播者修改、补充、润色，逐渐趋于完善。可见传播者同时又是创作者，个人创作的定本在口耳相传的过程中，又形成不定本，如此定本与不定本，周而复始地并存于流传中，并不知不觉地完全融入了集体创作之中而成为集体智慧的结晶。诚如歌谣中所传唱的"谁人写过此本传，积谷千仓斗量金；谁人借看不可嫌，有字不著大家添"。因而闽北民间文学集体性与匿名性这一特征决定了很难考证谁是作者及具体的创作时间。

---

① 汤梅：《民间文学应用到儿童情商教育中的可行性研究》，《民族教育研究》2006年第5期。

### 2. 口头性与变异性

闽北民间文学是在民间流传的文学，以口耳相传的形式，由甲传给乙、由甲地传至乙地或由这代传给下一代，因此口头性是其传承的重要特征。在田野调查中，笔者发现闽北有些老人往往识字不多，甚至听不懂普通话，但是当他们猜起谜语、唱起山歌或讲起故事时，却是陶然自乐或娓娓动听。他们不乏幼时听长辈吟唱，或是在田间地头、劳作之余，耳濡目染，模仿习得。有时，为了契合具体的环境，或满足听者的需求，在传播过程中，"鲜活"的闽北民间文学往往出现不同程度的变异，尤其在未被记录下来之前，始终处于定本与不定本的动态变化之中，故其呈现出较高的变异性。况且闽北民间文学仅凭记忆与口耳相传，变异是不自觉的，也是难免的。

### 3. 民俗性与现实性

民间文学属于口传文化范畴，是民俗文化活动中的一个重要组成部分，自然离不开民俗活动。民俗活动因其所在活动区域的文化内涵及气氛、规模等差异而不尽相同。闽北先民在婚嫁、上梁、祭祀、拜寿等重要民俗活动中，口头文化时常贯穿其中。如结婚的《入洞房赞歌》："龙眼上床，荣华富贵。白果上床，白头偕老。枣子上床，早生贵子。瓜子上床，瓜藤结果。莲子上床，连年高中。"《出嫁歌》《十多谢歌》《嫁女占花口词》《母舅装箱歌》《闹新房》《洞房歌》《打门》，新娘出嫁的早晨唱的《清晨好话歌》以及拜堂时的《十对蜡烛歌》《十个金子角》等均属此类范畴。房上梁的《上梁歌》："抛梁抛到东，东方日出满堂红；抛梁抛到西，麒麟送子挂双喜；抛梁抛到南，子孙代代做状元；抛梁抛到北，囤囤白米年年满。"《开厝歌》《祭梁歌》《竖柱歌》《木工师傅上梁赞》《升梁抛圆子歌》《挂七宝歌》《丢棕》《缠梁布歌》《齐拼》《把盏》等也属此例。祭祀的《十接香火》《十月守孝歌》，哭丧歌中的《三杯茶歌》《葬山歌》《路灯行船歌》以及拜寿的《祝寿歌》，等等。闽北民间文学，犹如镜中影像是现实生活场景的反映一样，是社会现实的艺术折射与反映。如前所述，闽北先民在劳作之时产生了与之相契合的劳动歌曲，如《插秧歌》《山歌》《棹歌》《采茶歌》以及木匠师傅的《开厝歌》《上梁歌》等。

### 4. 地域性与丰富性

闽北素有"理学名邦"之称，孕育无数的名人贤士及有关他们的优美传说故事，成了闽北民间故事的主要题材。闽北许多民间故事与这些人物或事件密切相关。如《朱熹出世》《朱熹与白猿》《朱熹书法镇雨放晴》《宋慈断案》《海瑞拜师》《海瑞斗严嵩》《廖槎溪》《杨太师的传说》《七贤过化之乡》《杨龟山出世》《黄勉斋砍树》《游酢显圣》《董天工的传说》《杨亿的传说》《金鹅峰下柳相公（柳永）》《西山吟》等民间故事，均是历史折射，具有鲜明的地域特色。闽北民间文学，尤其是民谣的一个显著特点是丰富性。在内容上，民间文学涉及人类生活中的婚嫁、丧葬、盖房、启蒙歌谣、节日歌谣、情歌甚至行酒歌谣等方面；在空间上，民间文学无孔不入，渗透到个体的私人空间和群体的公共领域。

5. 娱乐性与教育性

闽北民间文学大多不以功利为目的，只是即景生情、寄情抒怀，山歌就是典型的例子。聚族而居的闽北先民在熟悉的村落内，除了一些当地的民俗之外，娱乐甚少。山歌成为他们自娱自乐的一种简单而快捷的方式。他们要么独唱，以此驱除疲劳，要么男女对唱，倾诉衷情。其歌词往往是触景生情，即兴创造，曲调因人而异。另一方面，山歌、叙事歌谣、童谣、谜语、传说、故事等内容包罗万象，有历史知识、生活知识，又具有教育功能，可谓寓教于乐。闽北民间文学在闽北家族教育中是一个"活的教育场"。其蕴含丰富的教育意义。闽北民谚有宣扬自身修养的"君子做事，正正直直"；有宣扬宽容待人的"人无百忍免忧烦""世事让三分天宽地阔"；有宣扬身教重于言教的"上家教媳妇，下家媳妇乖"；有宣扬持之以恒的"檐尾水，滴穿石"；有宣扬行正道的"汗珠钱，万万年"；有宣扬重视榜样力量的"为长不尊，教坏儿孙"；有宣扬慎终追远的"数典不可忘祖，饮水必须思源"等。闽北民谣也有许多内容体现"仁爱、孝悌、忠义、礼让"教育思想，在婚嫁、祭祀、拜寿、祭梁等仪式中也不忘对子弟进行教育。闽北家族先辈希望通过这些歌谣能唤起族人内心高尚的道德情感，从而建塑子弟的德行和人格。

## 四 闽北民间文学的价值

闽北许多与当地人情风俗、区域文化的历史渊源密切相关的、口耳相传的民间文学作品，也是闽北家族子弟生活中的一部分，他们从小耳濡目染，十分熟悉民谚、民歌（民谣）、传说故事等民间文学，培养起健康向上的人格。民间文学在家族教育方面具有重要意义。其一，从教育的视角来看民间文学的价值。民间文学可作为家族教育中道德教育内容的补充，以此弥补家族教育有关道德教育方面教材的不足，使家族教育更具丰富性和多样性。其二，从文化传承的角度来把握民间文学的价值。民间文学注重记忆，通过口传心授的传承方式代代相传，也是民族民间文学自身发展的需要。

显然，民间文学这种讲述活动的教育意义是全方位的，"不仅是知识、道德等信息的传输，而且也让一个地方的文化传统在代际得到不断传承，使当地人从故事中获得生活时空坐标上的恰当认定"。① 闽北民间文学形式多样，尽管有些民间文学资料有待进一步考证，但终究是对社会现象的记录和反映，具有较强的生动性和形象性。民间文学作品虽然长期以来未能登大雅之堂，但作品中的警世劝善内容，无不折射出智慧的光芒。闽北先民以形象、生动、凝练的语言，借助民间文学的哲理故事和形象，教导子弟如何分清善恶、待人律己，并渗透在闽北族人的思想观念、生活等各方面，在闽北族人的精神生活中起着直接的规范性作用，同时也极力激励族人向学。当然，在闽北口头创作的民间文学作品也有一定的历史局限，然而其以闪烁着哲理、凝聚着智慧、典型的形象而成为家族教育的重要一部分，在闽北家族教育中起到不可低估的作用，尤其它的社会功能充分显现出"软力量"，即间接的或者同化式的实力。② 这种软力量对人的教化比单纯管教作用更大而且更长久。

综上所述，闽北民俗文化，历史悠久，其中蕴含丰富家族教育重教尚德内容的习俗，如民间信仰蕴含着丰富的伦理道德和规范，对子弟和民众宣扬传统"忠义""孝道"思想，将"敦亲睦族"的优良传统、"追远报本"的孝道观念、"血亲同源"的同根意识深深植根于族众的意识之中。同时，乡民举行民间节俗活动，正是在家族祠堂对子弟进行"慎终追远"教育意义的祭祖活动中，使原生态的文化活动，被誉为"中国民间戏曲的活

---

① 万建中：《民间文学的现实意义》，《社会科学战线》2006 年第 1 期。
② 〔美〕约瑟夫·奈：《美国定能领导世界吗》，军事译文出版社，1992，第 25 页。

化石"，如"傩舞""四平戏""战胜鼓"等非物质文化遗产得以代代传承。闽北还有许多与教育关系较为密切的习俗，如蒙童入学礼仪、在谟武村的游街活动、南山镇元宵节的"迎香亭"及和平古镇所有文武官员或新科中举者衣锦还乡时，每到一块棋盘石处就得下马或下轿稍停片刻等，都具有良好的示范作用，体现了崇文重教的社会习俗，对良好的读书风气的形成起着积极的促进作用。此外，闽北还有与饮食、惜字、祭祀和游戏相关的教育习俗，都具有深刻的教育意义。闽北人在这长期的、浓厚的节日习俗文化氛围熏陶下，通过民间信仰、祭祀、习俗、游戏等多种途径不断将礼俗所蕴含的精神进行渲染，也正是通过亲身参与、亲身体验使得这一文化得以传承。当然，礼俗活动在更大程度上是一种自发自觉的社会行为，它在制约人们的行为、规范社会伦理道德方面发挥着重要作用，民风的遵从和价值的取向从闽北民俗活动中得到了充分的表达。民俗活动不论以何种形式开展，终归离不开传统文化与教育的互动关系，并成为闽北人们生活中不可或缺的部分，在家族教育中发挥着重要的作用。

总之，闽北各家族不遗余力地将教育渗透于生活的方方面面。民俗文化对某一地域的个体和群体具有约束力和教化力，其表现形式多样，数量巨大、涉及面广且极为多彩，如民间信仰、民间习俗和民间文学等，蕴含着潜在的、无形的，不易被人认识和把握的文化观念。它们是一个展示文化传统、价值观念的载体，并成为家族子弟日常生活环境中的一部分，甚至生命中的一部分。这一无形的部分以润物无声的方式对进入这一社会的群体潜移默化地产生影响，家族子弟不知不觉又成为传承者，传递给下一代。于是，下一代再继续流传下去，这样传统的道德、价值观念就如此周而复始得以代代传承。民俗文化属于文化的层面，它们的传承就是文化的传承，是一种教育，一种有别于制度化的社会教育，具有唤起人们历史记忆、强化族群文化认同的社会功能。因此，从教育的角度来研究民俗文化，不仅有理论意义，也有现实意义。

# 第八章　闽北家族教育的特征、作用与影响

## 第一节　闽北家族教育的特征

如前所述，教育子孙贤孝，劝导子孙读书，优良家族学风和道德规范成为维持家族兴旺不衰的重要保证。通过教育，培养科第人才，提升家族声望，光宗耀祖的终极目标始终贯穿于闽北家族教育活动的全过程，也是闽北家族教育的起始点和归宿点，这决定了闽北家族教育具有重教尚德、仰善敬礼的特征。闽北家族教育活动基本围绕以下两个方面开展。其一，重视思想道德教育；其二，重视文化知识教育。和平古镇廖氏大夫第"诗礼传家，德行万古"的楹联是最好的写照。

### 一　重视思想道德教育

我国家族教育传统源远流长，正如梁启超所说："吾中国社会之组织，以家族为单位，不以个人为单位，所谓家齐而后国治也。周代宗法之制，在今日形式虽废，其精神犹存也。"[①] 两千多年来，儒家思想是中国传统文化的主流思想，一直在官方意识形态领域占据着正统地位，对中国家族教育产生着广泛而深刻的影响，这在福建文化的发源地之一和闽越文化的摇篮，素有"闽邦邹鲁"和"道南理窟"之称的闽北历史上，具有最突出、

---

① 梁启超：《新大陆游记节录》，《饮冰室合集之二十二》，中华书局，1989，第121页。

最充分的体现，且具有极强的承传性。

人们普遍认为家族子弟的思想道德、文化教育以及礼仪习俗教育是人生教育的基础，家族教育的程度直接关系到族人的道德、文化素质以及家族的延续，甚至认为人才辈出是家族不坠的重要甚至是唯一出路。儒家思想核心是道德教育，以塑造"内圣外王"理想人格为首要目的。儒家所倡导的伦理道德自然也成为闽北家族教育的基本思想内容，在家族教育实践活动中始终把道德教育作为教育的主要内容之一。

"礼仪"和"德行"是生成中华民族信仰和伦理中"重礼尚德"的重要因素，因此闽北家族教育研究，凸显"礼""德"两个关键概念，具有聚焦于两者为核心观念的伦理精神特质。家族先辈认为伦理道德是做人的根本，"孝悌廉耻，无不由读书而兴"，按照儒家思想的道德修身准则培养子弟，塑造完善人格和有所作为的人才作为教育的第一要务。为此，思想道德教育在闽北家族教育中总是占主导地位，并始终贯穿于闽北家族教育活动的全过程。

（一）礼仪规范教育

《论语·尧曰》言："不知礼，无以立也。"中国素有"礼仪之邦"之称，是因为古人待人接物都要讲究礼仪，"礼"在传统文化中无时不在，涉及出行、坐卧、宴饮、婚丧、祭祀、拜寿、盖房等方面。闽北家族先辈极其重视传统礼仪行为规范教育，尤其是儿童，南宋教育家朱熹所提倡，儿童的道德教育重在教"事"，而不在教"理"，即重在日常生活中培养良好的道德行为习惯，从小懂得正确的礼仪规范。李惺在《冰言》中认为："子弟幼时，最当教之以礼，礼不在精微也。如见尊长必揖；长者经过，坐必起立；长者呼召，即急趋之。"而李毓秀《弟子规》中"父母呼，应勿缓；父母命，行勿懒；父母教，须敬听；父母责，须顺承""路遇长，疾趋揖；长无言，退恭立""长者立，幼勿坐；长者坐，命乃坐"等要求，具体地规范了学龄儿童行走之礼，见面之礼、入座之礼等，虽颇为繁琐，且过分强调子弟对长辈的顺从，显得恭谨有余而活泼不足，但家族子弟从小循规蹈矩，知循礼则知循理，这是符合道德教育一般规律的思想。值得一提的是，作为中国传统礼俗的核心内容之一的家族祭祀先祖活动礼仪是形成良好的家风对家族子弟进行品德教育的第一步，也是对家族子弟"正本慎始"的重要环节。它是长辈们在一系列礼节的家族祭祀活动仪式的过程中,对子孙进行严肃、端正、尽诚的行为规范教育,使家族成员在肃穆的氛围里,潜移默化地受到熏染。首先,祭祀先祖活动礼仪教育并非简单地奉敬祭品及重复各种,如俯伏、跪拜、鞠躬等形体动作。严格规范的祭祀礼仪是"活的教育场",是族人对子弟进行教育的良好时机,子女对父母的孝顺言行就是在这样的仪式过程中开始浸染、效仿。其次,诵读祝文这一活动,使祭祀活动意义有所超越,从对具体的祭祀对象本身的崇拜上升为对道德观念的信仰以及对族人的激励。因祝文道出祭礼的主旨、意义,使族人对先辈的崇仰之情升华为对祭祀对象丰功伟业、高尚品格的深刻认同,并作为族人自我激励、期许的目标,作为理想人格的范型,不断地激励族人修业进德。再者,有些家族在祭祀的过程中还展示家族先辈的物品,用直观的形象激发族人自豪感,进而激励族人。如光泽县山头关新丰村龚氏"三凤齐鸣"之父龚懋的雕塑、政和赤溪颜氏后裔保存唐代书法家颜真卿为官时所佩的玉带等。祠堂通过雍宗睦族的祭祀活动,在面对祖宗灵位的虔诚祭祀中族人获得了一种超越的道德价值之源,从而坚定了其践履道德的行为。① 可见,祭祀活动不仅仅停留在对子弟礼仪规范的层面,还是对族众进行道德教化的最好动态形式。

**(二) 道德伦常教育**

"当代历史学界把世界各国的文化分成伦理型、宗教型、科学型三个类型。中国便是伦理型文化的代表。"② 在中国各种社会的思想关系里,伦理关系是决定其他关系,如政治、法律、哲学、宗教、教育、科学、文学艺术等。中国古代的教育主要是伦理道德教育。由于政治的伦理化,伦理道德教育在古代教育中是摆在首要的地位。闽北家族教育依照儒家思想的要求,以伦理纲常为宗旨,利用各种形式对家族成员进行"孝亲敬上""仁义忠勇""慎终追远"的美德教育,而且一直以来受地域文化理学思想的影响,闽北家族教育中儒家传统的色彩较为浓厚。国之本在家,重视家庭伦理,注重气节和操守,崇高的精神境界,提倡身体力行,自强不息,弘扬

---

① 王玮:《试论明清潍州宗族的道德教化》,安徽大学硕士学位论文,2006,第25页。
② 郭黛姮:《中国传统建筑的文化特质》见吴焕加、吕舟《清华大学建筑学术丛书——建筑史研究论文集(1946-1996)》,中国建工出版社,1996,第87页。

克己奉公,见利思义,精忠报国,以天下为己任的英雄精神。①

家族是以血缘关系为纽带的宗法共同体,受小农自然经济的局限和宗法伦理的影响,家族成员往往聚族而居,其中更有累世同居,义不析产,人口几百数千的大家庭。② 古人倡导累世同堂而居,而且这种累世同居的大家族越来越多,为了协调家庭内部矛盾,保证众多族人和睦相处,在家族教育中对族人进行以封建伦理为核心的道德教育,旨在敦人伦、崇礼仪,以维护家族内部稳定秩序,确保家运的长久。

1. "孝亲敬上"的美德教育

孝亲敬上之道是儒家的伦理思想倡导家族成员所具有的传统美德。百善孝为先,"孝"是一切德行的根本。孝道教育是道德教育的起点,所以"孝"在中国传统家族教育中居于核心地位,在闽北家族教育中也不例外,始终贯穿闽北家族教育始末。在《孝经》中的"立身行道,扬名于后世"阐述孝的最高层次是出人头地,光大门祚。因此孝亲之道不仅仅体现在生前围绕膝下,对父母的赡养,身后的丧葬、祭奠,而是上孝养志,子弟应按照父母的企盼和意愿来立言立行,刻苦攻读,获取功名,扬名显亲,光大门楣,这是对父母孝敬的一个重要方面,是对"孝"认识的升华。这也是闽北家族子弟注重功名、热衷于科考的原因之一。

从颁胙的有关规定可见,家族对长者的尊敬。如"教孝为先""以端风化"的思想在建瓯《建郡滕氏宗谱》中的许多文字屡屡提及。滕氏规定,祭祖后颁胙,长者加发,满六十岁一斤,每增一秩再增一斤,即七十岁二斤,八十岁三斤,九十岁四斤(可与族内三品官员等同),一百岁八斤。此外,在谱牒里还设"孝义"和"贞节"篇,以褒族人孝义、贞节,倡导孝道,以彰风化,而且孝亲之道是官德之需。因为"德义有闻"是官德评定标准的四善之首,一般认为孝忠皇帝、爱惜臣民、稳定政权是为官为吏的所必需的德行。闽北绝大部分官员都是"行孝"的典范,这与家庭伦理的良好教育是分不开的。

兄弟怡怡、家族欣望乃是悌之至,为此,闽北家族教育的对兄弟之间

---

① 王岗峰、张玲枣:《中国伦理文化和社会发展》,海风出版社,2002,第5页。
② 张劲松、蔡慧琴:《家族书院与家族发展的互动解读》,《船山学刊》2006年第4期。

进行相亲相爱、互敬互爱、和睦相处的教育极为突出。闽北各家族有意识地为子弟营造一种良好的家族道德氛围，以便他们能在这样的"父慈子孝、兄友弟恭"团结、和谐环境中，通过长辈言传身教，长期潜移默化地影响，进而形成优良品质。

2. "仁义忠勇"的美德教育

"仁义忠勇"在儒学伦理道德中处于核心地位。闽北家族教育除了要求子弟"孝亲"之外，还要"忠君"。"忠义"成为吏民的人生道德准则，忠孝是儒家人伦学说的基本价值观。所以闽北许多家族在教育的过程中不遗余力大倡"孝"道的同时，对"忠义"人物予以大力宣扬，为其建立祠堂，或通过那些与之生息相伴的古民居建筑砖雕图案教育族众。此外，在闽北现存的各种谱牒中，传统的儒家道德观念，如"孝悌忠信""礼义廉耻"等思想比比皆是，城村李氏直友公家训四箴言中体现这一思想："世守清白，家声丕振。上缵先绪，下开来裔。孝友是敦，廉耻是维。秉心正直，操行介毅。一息尚存，志不容懈。"① 显然，闽北先民充分认识到教育在变化气质、改造人性、完善人格中的重要作用，普遍通过家族教育，除对子弟进行知识传授外，还开展了心灵和人格的塑造。

3. "慎终追远"的美德教育

为了家族的延续传承，许多家族都非常重视教育本家族成员，利用各种形式对族众进行伦理道德教育。家族通过续修谱牒、兴建祠堂、祭祀先祖等活动，对其族人进行"慎终追远"的传统美德教育。在祭祀先祖的活动中，要在族众面前宣读谱牒，尤其是家族名人行状，讲述家族的渊源、历史和所取得的成就等。家族先辈通过以上一系列活动，不仅教育子孙后代不忘对祖先的追思，而且增强家族的自豪感和凝聚力，以此激励子孙后代发愤图强，取得更大的成就。

### （三）气节志向教育

在中国传统社会里，具有"家国同构"的观念。家是国的基础和缩影，国是家的延伸和扩大，闽北世世代代崇尚教育，在教育的过程中不遗余力

---

① （清）《古粤李氏宗谱卷二·直友公家训四箴言》，同治十二年御篆铁券，兴田镇城村李氏祠堂藏。

大倡"孝亲"的同时,也大力宣扬"忠君"的教育。闽北许多家族纷纷致力于加强子弟为官清廉、忠良的品德教育,这也是闽北家族教育的一项重要内容。

据南山游氏谱牒记载,游纶经常勉励在外做官的儿子居敬说:"你尽心政务,就是对我的孝顺。"居敬谨遵父命,一生为官清廉,执法严明,忠国孝民,声称甚著,这与他父亲的教诲是分不开的。再如顺昌廖中科第即将入仕之际,其母反复叮咛诫道:"从善守官,无忝祖德"。在如此优良家风熏陶下,廖中为官24年,确实做到处事勤快,断狱明决。其勤慎效职,廉洁守身,先后得到皇帝六道嘉奖封赠圣旨,足以荣耀家族。城村李氏谱牒在家训中"士箴"的纲目中规定:"既命为士,立品端行、闭户潜修、考古订今、忠君显亲、穷善其身、志洁行清。"① 由此可见,重视德育,以德立身,是闽北家族教育的基本特征。这一特征在家训中充分体现。在闽北家族教育过程始终贯穿着道德是立人之本,立身之本的这一思想。只有高尚的道德以及由此构成的淳朴家风才能保障家族的绵绵不绝和兴旺发达。②

### (四) 为人处事教育

在闽北家族教育中尤其注重子弟品德教育,注重个人内心修养,把人品的确立作为做人的最重要的因素。如南平彭城的"立品行",要求族人如君子"持身如玉,声价千金"(刘氏缉庵敬一公家训)、"处境虽分否泰,立品总要端庄"(刘氏勇溪定侯公家训)以及和平黄氏家训中"端士品"中叮咛族人:"士为四民之首,隆其名正,以贵其实。故宜居仁由义,已成明礼达用之学。"③ 建阳周氏宗谱载录周敦颐《濂溪先生遗文并诗》中录有《爱莲说》和《养心亭说》,使周氏子孙后裔再度感受花中君子品质以及人格修养和修身养心相结合的至圣观点,希望族人达到改过迁善,"仁、义、中、正、公"的圣贤境界,教育族人秉承和弘扬爱莲文化,将"做官先做人"作为家族的特征,对族人进行为官清廉,为民守纲等道德教育,巩固家族凝聚力,加强家族记忆。陇西李氏家训则较为全面地反复强调"敦孝悌以

---

① (清)《古粤李氏宗谱卷二·直友公家训四箴言》,同治十二年御纂铁券,兴田镇城村李氏祠堂藏。
② 朱小理:《中国传统家训中的德育精华》,《江西教育科研》2005年第10期。
③ 黄敬宗:《黄峭研究资料选辑(一)》,福建邵武黄氏后裔联谊会,1997,第215页。

重人伦，笃宗族以昭雍睦。和乡党以息争讼，重农桑以足衣食。尚节俭以惜财用，明礼让以厚风俗，务本业以定民志，训子弟以禁非为"。①

在闽北现存的各种谱牒中，为人处世品德教育内容比比皆是。以延平峡阳镇为例。据《西峡张氏百忍堂宗谱》记载，唐朝时，峡阳张氏的始祖张大琅自幼苦读诗书，官至奉政大夫，后辞官携家眷从河南光州的固始县一边行医一边南游，最后卜居峡阳，子孙在此繁衍生息。张大琅重视道德传承，其子孙恪守"礼让先，爱敬洽，子不忘孝，少不忘弟，贵不忘贱，富不忘贫"等家训，出了不少人才，声名卓著。唐玄宗曾御赐为"百忍世家"，清乾隆时皇帝也曾亲书"百忍"金匾相赠。"世守百忍祖训，家垂两铭宗风"。张氏家族要求子弟在处理亲戚、族人、邻里、朋友、家人关系上，要宽厚忍让。提倡宁可人负我、不可我负人的做人原则，要求族中子弟从小培养宽厚待人、克己忍让的品德。《西峡范氏宗谱》记载的"品节详明德唯坚定，事理通达心平气和""百世子孙贤，一生心性厚"都体现了这一思想。峡阳的严氏家族也十分重视对子弟的教育："始行仁自孝悌，始行义自慷慨，始行礼自谦和，始行智自沉潜，始一以贯之。"由于强调严于律己、宽以待人，严氏后人能够弘扬美德，振兴家风。

## 二 重视文化知识教育

闽北许多家族十分重视子弟文化教育，认为人之气质本性难变，但学习能够改变气质。如"学如蜕焉，其质及变"② "严加训迪，以变化气质。"③闽北家族文化教育培养目的具有明显双重性。

### （一）以普及家族子弟读书识字的文化教育

明清以来，随着福建社会经济特别是商品经济的发达，在很多家族里从事工商业的人数占相当的比重，从事传统农业的人数日益减少，这就需要有更普遍的文化教育。一般的学龄儿童，只要条件许可，均须进家塾或族塾接受文化启蒙教育，粗认文字之后，再视各自家庭经济情况，决定是

---

① （清）《陇西李氏家谱卷首》，道光二十四年，第1页，南平图书馆藏。
② 刘光舟主编《南平彭城刘氏宗谱·屏山文靖公遗训》，南平彭城刘氏宗谱编纂委员会，1998，第194页。
③ （清）《潭阳熊氏续修宗谱卷一》，光绪元年线装本，建阳图书馆藏。

否继续读书执举子业。闽北家族的这种教育观念，使族中子弟无论材质，都能接受读书识字最基本的教育，以提高族人的整体素质。可见，福建社会商品经济的发达，固然促进闽北民间文化教育的进步，但对于文化教育的需求是低层次的，只需一般粗识文字、略通书算即可，这样就使得家族内部的文化教育事业，在社会实用方面始终处于低下的启蒙通俗水平上。从原则上讲，家族开办教育事业，使每个族人子弟都有接受教育的机会，但是实际上，每个族人受教育与否及其程度，还取决于各个家庭的具体经济情况。一般的小农家庭，其子弟纵有接受读书识字的文化普及教育的可能，但随着年龄的增长，家庭既没有充足的资金提供他们继续上学，同时也迫切需要他们回去参加生产劳动以补家计。因此，这种贫寒小农人家的子弟继续深造的机会相对少些，仅仅以读书识字为主的文化普及教育。

**（二）以满足家族子弟科举应试的文化教育**

家族教育的另一个重要走向，是培养家族的政治人才，也就是通常所说的士绅人才。士绅人才应有更高水平的文化教育，这需个人、家庭与家族多方的共同努力。闽北许多家族重视文化教育，实质上是满足家族子弟应试科举、获取功名以入仕之需。一般而言，能够受到比较正规文化教育的人，大多是属于名门望族或富农的家族子弟们。浦城祖氏在宗谱家训中写道："子弟必从事于诗书，而后能成其美，俾大而为栋梁之器。亦可绍书香下，亦能稍通礼义而免为下人也。"[1] 潭阳熊氏在家训中也有类似的观点："他日若做秀才为官固为良士廉吏，就为农、工、商、贾也不失为君子。"[2] 从以上史料可以看出，祖氏和熊氏家族培养教育目标的两重性非常明显，即通过教育，使族中子弟将来成为"栋梁之器""良士廉吏"或通过教育能知书识字，培养具有儒家气象，"亦可绍书香下、亦能稍通礼义"而不沦为下人，或"不失为君子"，以保证家族基本的、正常的发展。

闽北许多家族对族人的教育非常重视，并把家族子弟的文化教育当作整个家族的大事，定制立规，写入谱牒，以文字形式体现在家训文化之中。在官本位的中国封建社会中，以"学而优则仕"为特征的科举制度确立后，

---

[1]《入闽祖氏宗谱·家规》，2000，第15页，浦城图书馆藏。
[2]（清）《潭阳熊氏续修宗谱卷一》，光绪元年线装本，建阳图书馆藏。

客观上增强了人们对教育,尤其是科举教育的重视。入仕为官是闽北家族教育的第一层次目的,其深层次目则是希望利用为官所拥有的经济、政治特权,扩大门庭、光宗耀祖,努力使家道长盛不衰。据光泽文史资料记载,清光绪年间光泽《乌洲李氏宗谱》载诗一首:"当年踪迹因尘埃,不意乘时亦化鳞。为报乡间亲戚道,如今席帽已离身。"这首《登第吟》诗指生于五代后汉乾祐二年的李巽,是李氏家族和光泽历史上第一位进士,曾因科举初试不第,在当地流传有"李秀才席帽何日离身"讥讽,在"为报乡间亲戚道""如今席帽已离身"诗句中无不透出其锦衣归故里以及登第的荣耀,不仅为自己扬眉吐气,也给家族乃至当地增光。可见,从家族的视角来看,入仕与否不仅仅是个人的价值取向问题,还与一家一族一代之荣辱,乃至整个家族的延续发展息息相关。

科举考试是人才选拔的主要手段,具有强烈的教育导向功能,在思想意识、教育内容等方面引导着闽北家族教育乃至整个社会的运转方向。闽北历来有重视家族教育的文化传统,深受"万般皆下品,唯有读书高""学而优则仕"思想的影响,许多家族都有读书至上的观念,尤其是在科举制的时代里,知识者的地位处于社会的中心和上层,"少小须勤学,文章可立身""满朝朱紫贵,皆是读书人"读书与入仕为官是紧密联系的,官员必须是读书人,读书人读好书可入仕为官,这是正途。进士第名,向来所重,由此从官,第一出身。"读"乃进身之阶,进士出身者可以迅速登龙门,位至卿相。这正是科举制能延续千年之久而影响中国的教育内容和传统,足见其生命力之顽强。① 因此应试科举,考取功名,踏入仕途,争取科举正途出身这是大多数士子读书唯一目的和家族为之世代奋斗的内在精神动力,也是当时主流社会的一个主要价值取向。从"朝为田舍郎,暮登天子堂""白衣起为公卿"可知,读书是家族兴旺发达的保障,是族人进身的阶梯,也是农家子弟从社会底层摆脱出来取仕为官的唯一途径。② 南山吴氏族谱中的吴鹰霄"宰相非无生白屋,王侯亦有起渔樵"劝学诗中也充分体现了这一思想,可知科举取士之路为寒门、平民阶层读书人跻身上层社会提供了

---

① 卢美松主编《福建历代状元·序》,福建人民出版社,2004,第3页。
② 文江涛:《耕读传家与文化濡化——以广西灵川县江头洲村文化教育习俗为例》,《桂海论丛》2006年第2期。

机会，他们自然会把教育放在头等位置。

和平廖先君常常教诲子弟要力学以告慰其未伸之志，以此光宗耀祖。当地李方渠也时常谆谆教导家族子弟曰："功名担，头头交付，尔曹以后须迟迟眠，早早起，增些光景看看。"可见，家族长辈都把殷殷希望寄托于平时的谆谆教导之中，以警励子弟修身养德、奋发向学，从而继承祖业，光宗耀祖。因为他们知道通过科举考试步入仕途，不仅可以光耀门庭而且可以拥有财富权力、拥有一定社会地位以及获得类似建宅第、建土库等种种实际利益，真正把书中所言的"黄金屋""千钟粟""颜如玉""车马多如簇"变成实实在在的、真正的物质利益，这也是极大提高闽北各家族培养子弟进入仕途的极大热情的动力所在。因此闽北各家族极其重视对子孙后代的教育，尤其是科举文化教育，并始终将其放在首位，且通过各种方式督促鼓励子弟潜心向学，非常期望子孙通过科举途径步入仕途。清光绪《续修浦城县志》中记载宋仁宗赐状元章衡诗中的"十载留心向学堂"证实了十年寒窗的刻苦攻读，用神话传说中的"灵鳌"、八月万里飘香的"丹桂"，以及"果然今日显文章""状元帖子金书字"等指章衡大魁天下。诗句中的"直入朝廷作栋梁"是众多士子梦寐以求的"读书入仕"的最高理想。

据城村《长山林氏世谱》记载："林氏蝉联、簪履、冠裳屈指不胜数""诸父昆弟为当时名宦者甚众""以忠孝或以文德载入史册，有林氏藻以文学贞元中进士，位节度使。"[①] 唐贞元七年（791年），林藻、林蕴兄弟登第归来经过浦城县梨岭高步亭，作诗一首，名为《折桂岭》，故高步亭又名"折桂亭"，诗句"曾向岭头题姓字，不穿杨叶不言归。弟兄各折一枝桂，还向岭头联影飞"无不体现登第的荣耀。

总而言之，从整体上看，强调功名，注重入仕为官是闽北家族教育的最主要目的，也正是这一目标的实现，提高或长久保持本家族的地位与声望，使家族更加繁荣昌盛，尤其在科举时代，家族是否人才辈出，科甲蝉联或累世簪缨、代有闻人或子孙为官的多寡和官阶的高低是衡量一个家族

---

① （清）《长山林氏世谱卷之首》，道光壬寅年，第23页，兴田镇城村林氏祠堂藏。

社会地位的高低以及家族兴衰的重要标志。[1] 闽北家族教育围绕科举考试的内容所进行的针对性教育就不难理解了。第一，家族教育求学方式多样化。闽北家族教育求学方式的多样化，有家塾、乡间私塾、族塾或村塾、义学等。同时也有一些子弟选择了隐居读书的方式，从民俗学的资料也可得到相关的信息。如浦城祖氏谱牒中载有《金鸡山青蛙不叫》的民间传说故事。故事讲述清代嘉庆刑部尚书祖之望的故事，其幼年时聪慧过人，为能静心读书，常常短期隐居在子孙殿后面的金鸡山寺庙里昼夜苦读。当然，不管这些士子采取何种读书方式，绝大多数都是殊途同归，其目的则是读好书，从政做官，光宗耀祖。第二，针对科举应试，立下严厉学规。顺昌元坑清末廖氏宗族中的廖金增，因考不上秀才，用钱捐了一个监生，但乡里人在背后戏称他为"腰包里的功名"。他认为这是一种羞辱，意识到读书获取功名的重要性，特请江西名师教授其子克仁、克义，并立下学规，兄弟俩平时五鼓即起读书，每日必须悬腕抄写三百个大字，上课读书时只准坐锯去一条腿的三角凳，平时除了参加家族的重大典礼如家族祭祀之外，不准轻易与任何人会面，包括至亲近族。正是这严厉的家族教育极大地提高了家族子弟的科举能力，结果兄弟俩参加乡试双双考上拔贡。他们苦读苦学获取功名，成为当地人教育后代的生动例子。直到现在，当地还流传有关廖氏兄弟苦读的顺口溜："早起床，慢上床，二个兄弟两书房，不是节日不相聚，平时只见在书房。"清嘉庆年间，光泽县山头关新丰村龚氏家族出了三个出类拔萃的翰林学士——文焕、文炳和文辉三兄弟，时称"三凤齐鸣"。"三龚"成名，与他们自幼亲聆祖父辈的教诲，孜孜不倦刻苦攻书以及父亲治学严谨，注重实学，从严课训是密切相关的。其父龚懋，字勉儒，号立斋（1762－1848年），乾隆六年（1741年）中举，博览群书，诗文赋论，才华横溢，岁科两试俱擢超等第一，是个有识之士，优礼重金延请名师教子。清嘉庆十八年（1813年），文焕、文炳兄弟在府、县考试中一并夺得贡生，被誉为"一科双拔"。三兄弟又同科同榜中了举人，享有"连兄连弟连登科"和"同榜三魁"赞誉。其父龚懋是个很有眼光的举人，不满足于儿子的才学，依旧鼓励他们发愤读书，天天吩咐家人给挑灯夜读的三子送点

---

[1] 王长金：《论传统家训的家庭发展观》，《浙江社会科学》2005年第2期。

心。有一次，三兄弟读得又困又累伏在案头打瞌睡，家人不敢打扰，正要退去，恰巧龚懋走来，接过点心倒在门槛边，第二天三兄弟知道后，有愧于父亲的一片苦心，于是更加发愤攻读，后又参加殿试，三兄弟连登连捷，中进士，入翰林，荣膺"三进士、三翰林"的桂冠。至今在当地还流传他们刻苦攻读的故事。江苏巡抚林则徐在《太史晴澜先生传》中描述龚文炳"于诚文外，兼工书法，才擅三长，群矜其腹之富，才气之大，笔力之雄健，迨询其渊源，所自乃翁立斋孝廉公，素重实学，崇经术"。传记对文焕三兄弟描述"习聆庭训，究心于注疏经义，博览于史传百家，日久根柢深厚"。嘉庆皇帝为了昭垂后人努力进取，特钦赐在"三龚"的家乡新丰村建造"三凤齐鸣"石碑牌楼予以褒奖。牌楼刻有御赐的对联昭示龚氏家族三兄弟所取得的显赫功名。从如对联中的"辟五百年之天荒；冠十八省之人杰""同榜同魁""一彪独踞""叠选词林""三凤齐飞""杭北家声第一""斗南人杰无双"等赞誉可见一斑。第三，重视启蒙教育。中国第一部系统的，在历史上流传最广、影响最大的家训经典之作《颜氏家训》所言："吾家风教，素为整密，昔在龆龀，便蒙诱诲。"[①] 闽北先民意识到"教先从家始""子训始稚"的早期教育的重要性，特别重视子弟的启蒙教育，认为凡事能谨慎于开始，就能免于日后的忧患，教育子弟更是如此。从闽北现存的各种谱牒的教育子弟的家训中充分体现闽北先民重视教育的思想。如建阳熊氏就有对子弟一定要接受知识的规定：七岁便要入书堂学吟、学字，尤其对"才质沉潜刚克、高明殷勤"[②]的子弟应从小培植。南平彭城刘氏也在其家训中说："木稚而曲、其老不舒。人稚弗攻，其成必愚。故善学者必谨其初。"[③] 家族对子弟进行的早期教育，对子弟一生的成长和发展起到相当重要的作用，为其今后进一步学习奠定了良好的基础。此外，闽北各地广为流传的有关传授教育子女经验的民谚、歌谣以及传说故事等，也充分体现闽北先民重视子弟教育的思想。

综上所述，闽北家族教育的内容具有明显的两重性特征。其一，极其

---

[①] 司马哲编著《颜氏家训》，中国长安出版社，2009，第 3 页。
[②] （清）《潭阳熊氏续修宗谱卷一·家规》，光绪元年线装本，第 4 页，建阳图书馆藏。
[③] 刘光舟主编《南平彭城刘氏宗谱·屏山文靖公遗训》，南平彭城刘氏宗谱编纂委员会，1998，第 194 页。

重视对家族子弟进行礼仪规范、孝悌仁义、仁义忠信、慎终追远等教育，以维护家族内部的秩序、和谐、稳定以及凝聚家族的向心力。闽北家族教育的道德教育是儒家的以孝悌为中心的人伦道德教育。中国封建社会，以儒家为代表的伦理文化对于社会稳定和发展具有决定性的作用；其二，满足家族子弟文化知识普及教育的同时，也满足家族子弟科举应试的需要，即以求学入仕为目的文化教育。科举考试是人才选拔的主要手段，具有强烈的教育导向功能，在思想意识、教育内容等方面引导着闽北家族教育的运转方向。读书传家，光耀门楣成了闽北家族教育的共同特性和价值取向。一般而言，许多家族大都是遵循"读书、中举、光耀门楣"这一求学入仕的共同模式，世代将"读书"与"道义"奉为家族教育的基本原则，其最终目的就是要培养家族人才，光大门祚。总之，闽北家族教育的核心是遵从圣贤之道，崇尚儒学礼义之本，把传统的伦理道德教化寓于文化教育之中。闽北家族教育提倡以"孝悌忠信"为核心的伦理道德教化，提倡子孙对祖先、子女对父母的孝道教育，强调家族内部的上下尊卑伦序，这些对于维系家族内部的团结和谐，树立家长、族长的权威，无疑有着重要的现实意义。从整体上讲，明清以来大量族塾、族学的兴办，对于扩展民间基础教育起了一定的推动作用，但是从家族教育的内涵看，家族的教育注重对传统伦理道德的教化，注重对士绅政治人才的培养，而轻视对科学实用知识的普及。

## 第二节　闽北家族教育的作用

从一个人的成长来看，最早的教育环境是家族，尤其在学校教育尚不普及、发达的古代，家族教育具有了不可替代的位置。在横向上，家族教育几乎代替学校教育、广义上涵盖了社会教育；在纵向上，教育的影响延续到人的整个生命历程。

### 一　家族教育在家族活动中的作用

#### （一）闽北家族教育是敬宗睦族的重要手段

家族是由血缘维系着的宗法性组织，由一个男性先祖的子孙团聚而成，因其利益和文化心态的一致，组成稳固的社会实体，构成中国社会的基石。在宗法社会里，以血缘和地缘相结合的传统方式聚族而居的家族非常重视"敬宗收族"这一教育。因为民间流传"尊祖故敬宗，敬宗故收族"这一说法，人们普遍认为收族，必先收族人之心，聚族人之心。为此，家族为保障其自身利益和地位，不仅对族人开展文化教育，而且还开展"敬宗收族"的系列活动。诚如李文治、江太新认为："宗族制是以血缘为核心的家庭共同体。其中聚合族众追宗祭祖，建祠修谱，制定族规，借以宣传孝悌，实现睦族，约束族众。"[1] 家族先辈认为兴修祠堂、祭祖扫墓、编修族谱、沿用昭穆是敬宗收族的最好而重要的手段。其中兴修祠堂是重根重节、敬宗收族的生动具体的体现。家族之所以成为一个聚合体，正是缘于族人出自共同祖先的同一血缘，浓厚的"同源一本"观，祖宗犹如树木的本根，子孙则是枝叶，千百之子孙，皆源于一个老祖宗，追根溯源，永远怀念老祖宗，族人牢固地凝聚在一起。[2] 这里永远怀念老祖宗正是通过兴建供奉先祖的祠堂和在祠堂中进行的祭祖活动得以充分体现，因此兴建祠堂不仅对族人具有"报本返始，以申孝思"教育作用，也是存在另一种教育作用的活动，即族人在肃穆的祭祖氛围里，潜移默化地受到熏染，使家族重要人物事迹和传统文化得以传承的同时，能收宗睦族，增强本宗族的向心力、凝聚力，以期家族兴旺发达。诚如谱牒所言："祖宗当尊敬，何以尊？何以敬？追远之心，笃心之谊，时时莫忘。合族皆化为雍穆矣。"[3]"欲使人识一本之理，以为人苟知本则亲亲之情，睦族之谊，当油然而生！""百世子孙识尊祖敬宗之意，生孝悌慈爱之心。"[4]

**（二）闽北家族教育是延续家族的重要事业**

在中国传统社会，世代传承的有血脉之宗和道脉之宗。所谓"血脉"是指家族的传承，所谓"道脉"是指文化的传承。血脉之传有显有微，有绝有续，唯有道脉，才能世代永续。[5] 中国具有浓厚的传统家族观念，在长

---

[1] 李文治、江太新：《中国宗法宗族制和族田义庄》，社会科学文献出版社，2000，第28页。
[2] 冯尔康：《中国传统家族文化的当代意义》，《江海学刊》2003年第6期。
[3] 朱恩新撰《河东吕氏宗谱卷一·族训》，民国二十四年刻版，第3页，浦城图书馆藏。
[4] （清）《长山林氏世谱卷之首》，道光壬寅年，第52页，兴田镇城村林氏祠堂藏。
[5] 陈虹：《清末民初嘉兴地区望族的家族教育研》，浙江大学硕士学位论文，2007，第7页。

期的发展和教育过程中,把血脉和道脉相互依赖,紧密地结合在一起。人们意识到"一个家族仅靠血统,只能凝聚,而不能升华;只能维系,而难以发展"。① 要维持家族的长盛不衰和家族传承,不仅只关心家族人口的繁衍,更重要的是通过教育培养人才,使家族文化得以传承。如谱牒记载的"以读书振其家声""昭前人之光,继先人之业,克振家声"。② 可见诗书传家和与祖宗同心同德的贤能子孙是家族的传承、发展和壮大的先决条件。家族通过教育培养这些"品学兼优"子孙使得家族教育成为家族承前启后的一项极其重要的事业,特别是在科举制度下,一个家族要通过祖上几代人的努力,形成了一定的社会声望和地位。据《延陵南山吴氏大宗谱》卷六《历代名人传记》可知,吴氏自宋代吴辅始,瓜瓞绵绵,贤良蝉联,形成显宦家族,共有 26 名举进士,占南剑州进士总数的 12%,还有十余名封赠、荫子。尤其值得一提的是,从天圣到政和短短的 90 年里,吴氏子孙四代登科,有"二双璧"(北宋的吴仪、吴熙)、"三先生"(北宋吴辅、吴仪、吴熙)、"四循良"(北宋吴方庆、吴武陵、吴一鸣、吴应酉)之誉,出现了叔侄同科、公孙同第、七哲同堂、四代显宦的鼎盛局面。吴氏家族在当时备极尊荣,成为最显贵兴盛的家族之一。一个家族声望和地位的高低是否能世代延续,最重要取决于家族能否不断取得新的成就,做到"代有闻人"而这一愿望的实现关键在于教育。可见,家族教育是家族兴旺发达,得以延续的基础,也是家族兴起的重要保证。

为了家族的延续传承,家族先辈非常重视用家训、家规来教育本家族成员,通过文字形式,将先祖重教立品、修身养德的教育思想扎根于族人心中,成为恪行不背、世代相传的祖训,并把教育子弟读书成才,视作家族存亡的大事,把家族传承作为族人共同的目标。因此,家族先辈对子孙最殷切的希望,莫过于读书入仕,光宗耀祖。和平廖氏祠堂的楹联"欲绵世泽须积德,要丕家声必读书",充分体现这种德报之说,实质在于先祖通过教育子孙读书做人,希望将来能"言扬事举,丕振家声"。随着家族的发展,反之,又促进了家族的兴盛发达。如和平黄氏谱牒记载,家族书院之

---

① 张发祥:《流坑董氏族学教育考察》,《抚州师专学报》1998 年第 3 期。
② (清)《古粤赵氏宗谱卷一》,嘉庆十九年,兴田镇城村赵氏祠堂藏。

资，有出自家族公项给赐者，有出自家族获得科名为官捐充者。有些家族重视子孙的教育仕宦在卸甲归田或年老归乡时，自愿办学堂，以培养子弟，承担家族延续的重任。因此，家族教育正是延长家族生命的一个重要方式。①

### （三）闽北家族教育是整合文化的重要活动

人才是一个家族长盛不衰的重要标志和保障。家族在传统社会是一个功能齐全的群体。在其发展过程中，通过置书田，建义庄，兴族学等形式，使家族在社会、经济、文化各个方面上加强了自治和整合，以保障家族人才的培养。家族教育往往不仅给本家族的子弟提供较好的教育条件，甚至采取"诱掖奖劝"的方法，以敦促、激励家族子弟积极向学，以获取功名。许多家族纷纷制定详尽的规条，采取形式多样资助、敦促、奖励子弟向学的措施，并作为家族规条载入族谱。以建阳后举平氏为例，平氏在族谱《祠规》中对入学族人提供一定的经济奖励："每年给文生膏火、稻谷二十石行；武生则十五石行"；有对赴试子弟提供经济资助："童生县试给卷资钱一百文；府试卷资二百文；院试则三百文；恩拔、副贡、岁贡赴乡试仍给资费。生员、岁科两试每次给钱一千文；乡试二千文；会试程仪三两；廷试程仪二两"；有对取得功名设有"贺仪或喜金"和"轮值收租"的经济奖励："恩拔、副岁、贡监、入泮贺仪三两；登科六两；进士十二两。"② 有条件的家族往往积极设法改善子弟读书环境，给家族子弟提供较好的教育条件和环境，便于他们潜心向学，读书入仕，以保家族长盛不衰。如清代浦城郡守祝昌泰搜集当地先贤遗著110卷，并藏书万卷，为子弟营造一个较好的读书条件。而有些家族选择地处偏僻、依山伴水、风光极美的清静幽雅之地作为子弟的读书处所。

家族不仅用本族文化人教育族中子弟，而且通过谱牒的撰修，记录和弘扬家族历史，更重要的是，家族把族中"仕官忠正、孝友著称家国"（城村林氏）、"居官有实绩，处事有实行"（建阳周氏）、"忠孝节义、政绩功业、隐德硕彦有功"（湖茫李氏）或"儒硕辅嘉言懿行"（和平廖氏）的优

---

① 陈虹：《清末民初嘉兴地区望族的家族教育研》，浙江大学硕士学位论文，2007，第7页。
② （清）《后举平氏族谱·祠规》，道光丙午年，第21页，建阳图书馆藏。

秀人才作为家族文化传承的重要人物,并在修谱时大书特书,以及通过祠堂祭祖活动中的读谱活动,希望后世子孙有所遵循,家族贤才继起,光大宗族。

作为家族特有的文化整合活动,家族教育提倡捐学田,建义塾,延名师的做法。在谱牒中有关此类的记载俯拾皆是。如和平廖根绍从"不计廪饩聘名士训诸子侄,常蓄善物,戒家人勿妄用以供学师之需";廖德昌不惜烦劳,厚费独自开馆延请名师;廖传珍,筹设义学,出资购业,以广储积里中子弟就读。据《和平东恒黄氏宗谱·浑斋黄先生传》记载,黄时拔,号浑斋,系黄峭第18世孙,和平书院资斧甚薄,旧有亏空,其极重视家族教育,用数年时间致力创建义田三十亩,义租三十余担以资书院。玉溪叶氏在家训设有"延师训"纲目:凡子弟须善训诲。毋使放荡,如资质可进者,延明师教以举业成才。① 以上这一切都表明许多家族重视教育,予以族人经济资助和文化教育,是家族建构的重要内容之一。

**(四) 闽北家族教育是文化传承的重要途径**

中国传统文化博大精深、源远流长,在古代社会占主导地位。它是长期积淀下来成为传统并具有稳定形态的中国文化,是先辈传承下来的一笔丰厚遗产。顾明远曾说:"研究中国教育,如果抛开中华传统文化,那就不可能把握中国教育的精髓和本质。"② 长期以来,闽北家族在其内外部所展开的文化教育活动,对家族人才的培养,对中国文化的传承发挥了不可或缺的作用。闽北家族教育形式多样,有家训文化、宗族文化、建筑文化、装饰文化、匾联文化、民俗文化等诸多内容,其蕴含的价值观念、行为准则、思维方式等渗透到生活的各个领域。由此可见,闽北家族教育是中华传统文化得以传承的重要途径。(1) 家训文化。由于各家族文化背景的差异,各家之训在价值取向和道德观念方面虽不尽相同,然而却有着相通之处,即传统文化中的"崇孝悌、睦宗族、勤读书、谨交友、尚节俭、端士品"等内容成为闽北各家族一以贯之的不变主张。(2) 宗族文化。闽北地区宗族文化十分发达,其主要标志为重视兴修祠堂、祭祀先祖、祭祀仪式、

---

① (清)《玉溪叶氏宗谱卷一·家训十二条》,光绪六年南阳堂刻本,第1页,浦城图书馆藏。
② 顾明远:《中国教育的文化基》,山西教育出版社,2004,第3页。

修撰谱牒、沿用昭穆等内容，这些宗族系列活动与传统文化提倡的"敦亲睦族、慎终追远、重根重节"的教育思想密不可分。闽北家族子弟在缅怀祖宗先德的传统祭祀活动中，使得古老的戏剧活化石——四平戏和傩舞得以传承。（3）建筑文化。家族先辈通过与科举功名有关的古建筑、历史遗存、历史文物等"物态文化层"，对家族子弟进行直观且有效的教育。闽北古民居建筑的平面布局、空间构成与场景处理都深受儒家伦理思想的深远影响，其群落的布局充分体现中国古代哲学中"天人合一"的思想，且古民居建筑上的图案，也遵循在中国传统文化中所追求"图必有意、意必吉祥"的风尚。（4）装饰文化。闽北许多古民居建筑的门楼、窗格、斗拱、雀替、柱础等精美砖木雕饰，也蕴含着丰富的传统文化"忠勇孝义"的教育思想。如三国历史"忠义"人物、"三言二拍""千里送京娘"以及"二十四孝"之"戏彩娱亲""卧冰求鲤""恣蚊饱血""哭竹生笋"等典范孝道人物故事图案，充分体现中华传统文化的"忠孝礼义"道德观的文化内涵。（5）匾联文化。匾额和楹联是中国传统建筑上常见的装饰物。如古民居中的"奉先思孝""贤孝可风""三让高宗""吴氏牟言——长幼有序""好义急公"等匾额，极力营造蕴含儒家伦理道德思想的氛围。楹联是独具中国特色的文化瑰宝，蕴含着极为丰富的文化内涵及教育意义。楹联承载着一种文化，一种家族特有的文化。其蕴含丰富的教育内容，有追根溯源、敦亲睦族、缅怀先祖、颂扬懿德、孝思不匮、祭祀尽诚等楹联，充分体现闽北先辈极为浓厚的崇祖观念和同源意识；有诗书传家、逸情旨趣的楹联，无不浸透了家族先贤经验或圣人先哲的智慧。这些楹联都对子弟进行潜移默化的道德教育和文化熏陶。（6）民俗文化。闽北民俗文化历史悠久、内涵丰富。闽北民间习俗，如蒙童入学、敬惜字纸、民间饮食、儿童游戏、民间信仰、传统节日等习俗，在以聚族为居的宗族社会里，其受众面较为广泛，这不仅对族人，乃至对一个地区的乡民性格涵养的塑造都具有深远的教育意义。这些民俗中不乏儒家推崇"孝道""忠勇""崇文尚德"等教育内容，闽北先民们在家族的文化生活和娱乐中，不知不觉地成为文化的传承者。

## 二 闽北家族教育在中国教育史上的作用

家族是中国传统社会基本的社会组织，传统社会"家国同构"的观念，使家族社会成为中国基层社会的核心和缩影。家族成员不仅构成了经济生活的共同体,在政治上也是祸福相依、荣辱与共。因此,"修身、齐家、治国、平天下"就成了儒家思想所提倡的个人进取、修身养性、修身养德的目标。治家有方和教子有方是古代社会鉴别贤才的一个重要标准,子孙为官的多寡和官阶的高低是家族兴衰的重要标志。[1] 而治家的一个基本任务就是在家族内外部所展开的教育活动,以维系家族的发展和延续,提高家族在当地的声望和地位。因而在这种形式下,家族教育十分兴盛且长盛不衰,始终担负着家族文化传承、人才培养的重任。

家族教育是中国教育史的一个重要组成部分。在传统社会中,官方所办的学校一般只到县一级,虽然地方上也有一定数量的书院和社学,但家族教育在承担读书识字、洒扫应对等基本文化知识传授的任务上起着独特的作用。钱穆曾说:"就中国文化史而言,学术教育命脉,常在下,不在上。"[2] 由此可见,家族教育的重要性。长期以来家族教育作为官学教育的补充而存在,不仅充当了私学教育的重要组成部分,也是中国传统教育的重要组成部分,促进了教育的普及。有些家族清楚地认识到家族教育是"有塾以教之,有规以约之,有田以赡之恤之,亦是补国家政教所不逮矣"。[3]

家族教育是以本家族子弟为主要对象的教育,既要担负文化知识传授的教育,又要担负着伦理道德的教育,而且,家族教育还是启蒙、技能和女子等教育的重要载体。

闽北具有重视教育的优良传统,认为通过教育可以培养人的气质,特别注重人的启蒙教育。自古以来,各家族十分重视族中子弟的启蒙教育,认为教子孙幼时最为要紧,这对子弟习性的养成和一生的成长发展,起着相当重要的作用。因此启蒙教育是家族教育的重要内容。

虽然闽北家族教育不可避免地受到"轻科技、重人文"选官文化的影响,但没有因此影响民间信仰、医学、技艺等的技术和文化传承,相反仍然是其传承的主要阵地和最主要的途径,并通过家族的教育得以传承并发

---

[1] 王长金:《论传统家训的家庭发展观》,《浙江社会科学》2005 年第 2 期。
[2] 钱穆:《国史新论》,三联书店,2001,第 263 页。
[3] 陈虹:《清末民初熹兴地区望族的家族教育研》,浙江大学硕士学位论文,2007,第 9 页。

扬光大，这体现家族教育的另一重要作用。如光泽何氏出现时称"华佗再世"，擅长内科的儒医何国模；一些非物质文化遗产如和平古镇的傩舞、政和禾洋四平戏以及峡阳的战胜鼓等这些民间节俗活动，它们都以家庙或家祠为中心进行，以家族教育为载体得以传承。由此可见，家族教育是传承文化的重要途径。

一般来说，在提倡"女子无才便是德"的封建社会，女子地位较为低下，父母鼓励女子念书的不多，致使其不可能像男子一样接受学校教育，但这并不等于说在家族教育中没有对女子进行教育。女子教育的主要内容"温良恭俭，修饰容仪"，注意"闺房贞洁"等德行的说教，所传授的技艺也主要局限在书画、女红以及剪纸等方面，这虽然只是局限于家族内部进行的教育，但这毕竟使女子掌握了一定的知识和技能，对她们为人处世、品德修养以及一生的成长都极其重要。在一些较为开明的官宦世家中，由于受家族文化的熏陶，也涌现出了许多杰出的女性。如光泽何氏家族就出了何淑萍、何如兰以及上官氏家族的上官紫风等闺阁诗人。上官紫风不仅精通诗词韵律，还精于针线女红，曾花八个月的时间织成"金鳌玉蝀山川锦绣图"，在京城的许多官眷相互传看，对其用针细腻多变称赞不绝，赞其为"神针"。再者，在一个家庭中，如果奶奶或母亲是剪纸能手的话，她会潜移默化地将这种技艺传授给下一代女性。浦城梁氏的婉蕙及其女筠如、寿生皆是剪纸能手，至今仍留有"灵心婉蕙雕镂出，普作山城妙吉祥"的诗句。为此，浦城被誉为"民间剪纸艺术之乡"。由此可见，家族教育是使剪纸这项民间艺术的得以传承的重要载体。

综上所述，闽北家族的教育活动长期以来对家族本身的发展以及对文化的传承与教育的推广和发展，发挥了不可或缺的作用，它的教育功能是官方教育所无法取代的，在中国教育史上具有十分重要的地位。

## 第三节　闽北家族教育的影响

### 一　闽北家族教育对形成良好社会文风的影响

闽北地区流传"地瘦栽松柏，家贫子读书"的谚语，是社会崇尚气节，民众好学向上的写照。闽北素有喜诗书而尊儒雅之风，如《八闽通志》在

《建安志》中提到:"其民之秀者狎于文""自朱文公倡道东南,彬彬然道义之乡。""弦诵相闻,擢科第、登馆阁者,彬彬辈出,居畎亩、处闾里者,弦诵之声相闻。"延平府的"家乐教子云云,朝诵暮弦,洋洋盈耳""诸儒讲明道义,遗风余教犹未泯。"此风气促进了闽北家族教育的发展,反之家族教育的发展又强化了崇文好儒之风。由于家族获取功名者大多博览经籍,极其崇尚儒家学术,也受到官方的重视,由于他们杰出的表现,在当地树立崇尚儒学的风气,而且及第者在物质和精神上都给予极高的褒奖,地方士子荣归故里的无限风光定将引起无数学子的羡慕之情,以此激发向学的动力。同时,榜样的示范作用可使一个地区好学的民风得以延续。闽北崇文好儒之风日益兴盛,科举入仕已成世风所尚。由于科举考试颇重诗赋,这样,不仅上流社会可以出口成章,而且下层社会也能吟诗作赋。从现存闽北流传的民间故事中,如建阳的《村姑出对难秀才》《对对子》、光泽的《巧姑斗才子》、武夷山的《秀才古刹对联》《七岁小儿戏宰相》《栈主激学》都反映这一现象。再如明清时期,在延平南山凤池村到处可见三五成群自发合读《人之初》、歌仔本《马再兴》(《潜龙太子马再兴七姑传》)等手抄本,以当地方言读唱识字相互学习。诚如《御史定夫游公祠堂记》描述的:"长嫡之子以仁,远唯定夫公之道德……建义学,立义田……而可以劝学裨政,化民成俗也……"此外,明朝"五世宦仕"尚书游居敬和游昌莘子孙三代五品以上将军6人,对当地民风向学都有极大的促进作用。闽北家族子弟科举夺魁后在祠堂内举行祭拜先祖的重大活动,无疑决定了祠堂在家族教育中经常充当着公共性的教育角色,不仅对家族子弟而且对当地社会文风起着积极的促进作用。

家族的发展深受地方社会经济文化环境的影响,家族内部重视培养社会所需要的优秀人才,并且培养了一大批能够见诸史料的人物,同时对地方社会的文化发展作出了重要的贡献。有史学方面的人才,如光泽何秋涛所撰的《朔方备乘》是中国第一部详尽记述了自唐朝到清道光年间中俄关系的专著,这不仅备受当时史学家和学者的推崇,而且对后世影响深远。同时,闽北也涌现出杰出的家族女性文艺创作群体,如道光版《重纂光泽县志》录有当地两位著名的女诗人何淑萍的五言绝句《望乌君山》和何秋涛之母上官紫凤的《八角楼诗集》12卷,《岐园标雅诗余》4卷。由此可见,正是通过创作这些文化作品,他们为地方提供了宝贵的精神财富,为社会文化的发展作出了巨大贡献。

除此之外,在培养人才类型方面,也不是拘泥于某种单一的人才,而是在许多领域有所发展。有一代文化名人,擅长书法,誉为"清书第一"的龚文焕;有和平上官家族的明代著名画家、系宫廷画师上官伯达,至今在邵武明嘉靖年间重建的宝严寺内的梁栿斗拱上还保留其所画的花草、飞禽走兽等彩绘的手迹;有积极参与闽北地方文化的整理和建设的,如清嘉庆年间,光泽举人高澍然不仅在家乡开办书院育人,建义仓,修城墙,热心地方公益事业,而且由于他博学多才,通晓天文地理,熟读史书,地方各界便推举他重修30卷的《光泽县志》,志书修成之后,受到地方人士好评。在闽北诸如此类的例子不胜枚举,他们对社会文化发展和繁荣,作出了不可磨灭的贡献,闽北这些优秀人才不仅在某一领域有特殊才能,而且有一共性:都是有德行之人,诸如"硕德名儒""德举孝廉""贤良方正"的赞美之词在每一位见诸史料的家族成员的描述中屡屡出现。

## 二 闽北家族教育对改良社会民风的影响

闽北家族教育的目的在于重礼义、厚风俗、明伦理,通过"孝悌忠信,礼义廉耻"的教育,改良士习民风,促进良好社会道德风气的形成。闽北许多家族,特别是望族巨姓都立有"族范"或"家训",它们是家族教育中的重要内容之一,其中的"孝顺父母,尊敬长上,和睦乡里,互相礼让,各安生业,莫作非为,勤俭朴素"等内容对良好风尚的形成和延续起着积极的促进作用。如建瓯的"家有诗书,户藏法律""秉礼则读法,质秀则工文"(1929年《建瓯县志》);建阳的"敬师而崇礼,不为刻薄之行"(道光《建阳县志》)。

至今在光泽流传着"八月里来桂花香,八月初一修路忙。出钱出力人人赞,积德行善福寿长"的歌谣。正因为良好的家族教育,村民自发建立乡规民约,才具有八月初一修桥补路这一淳朴的民风,并使得这一优良传统代代传承。

在宗族社会里,许多以家族为单位的民间活动多在家祠举行,如在祠堂举行的祭祀活动促进社会风气向好,诚如谱牒所言:"春秋祭祀之礼,奉觞执奠进退有容,升降有度,凡观望者莫不叹羡敬仰,以慕高风、革浮靡而尚敦睦,其有俾于世道。"① "言孝思孝,孝思维则四邻闻知,苟有志于尊宗敬祖不忘报本者,必来取法……"②,其受众面较为广泛,对族人、对一个地区的乡民性格涵养的塑造等都具有教育作用。

史学家周谷城认为:"宗法制于天然的血统关系中,利用'尊祖'的情绪,培植'敬宗'的习惯。倘若继祖之宗,被诸支庶所敬,则在无形之中收了统治的效用,这于建立社会秩序是何等重要!"③ 为此,在是一个以血缘关系为纽带的传统宗法社会,兴建祠堂、修整祖墓、续修谱牒、沿用昭穆、祭祀先祖等一系列活动不仅凝聚整个族众人心,进一步密切了该祭祀圈、整修祖墓圈、纂修族谱圈等范围的人际关系,使当地民风归于纯朴,人际关系更加和谐,社会秩序更加稳定。

闽北的家族教育是通过各种形式,把生活哲理和优秀的传统文化,慢慢渗透到家族成员的意识深处,使得优良传统代代相传。"世守百忍祖训,家垂两铭宗风"。尽管一些家族所提倡的宽容忍让中包含着消极因素,但严于律己、宽以待人始终是民族的传统美德。根据"礼之用,和为贵"这一道德价值取向,强调在人与人之间、人与社会之间的关系产生矛盾和冲突时,应采取宽容谦让的态度,这样不但有利于建立和谐的人际关系和良好的社会秩序,也有助于一定的群体和整个社会形成强大的凝聚力。此外,闽北家族教育中一直强调的"仁爱孝悌",是中华传统美德中最具特色的部分,对家庭关系的稳定起着重要的作用,也对当地社会的稳定起了极为重要的作用,进而形成了尊老爱幼的社会风尚。

在闽北现存的各种谱牒集中反映了传统的儒家道德观念是开展家族教育的有效教材。闽北先辈们充分认识教育在变化气质、完善人格中的重要作用。通过家族教育,除对子弟进行知识传授外,还注重内在心灵和人格的塑造。元坑东郊陈氏是一个重视伦理道德的家族,建立了以孝为本的五条宗法,以约束子孙后代的行为。谟武廖氏的家训教育后代要"孝亲、忠君",强调唯有"孝亲"方能尊老爱幼,"忠君"尚能"爱国";要"谊兄弟",主张"兄弟乃气连枝应相亲相爱";既要"信朋友",又要恪守"君

---

① (清)《富垅游氏卷三·田租记》,同治七年线装本,第1页,建阳图书馆藏。
② 《延平西河堂洋洧林氏族谱序》,2003,第89页,南平图书馆藏。
③ 周谷城:《中国通史上册》,上海人民出版社,1981,第72页。

子之交淡如水，小人之交甘若醴。君子淡以成，小人甘以坏"；应"力田务本"，培养自食其力之良习，认为只有习劳感恩方能"谨身节用，以养父母，此庶人之孝也"，训导子孙应"读书复性"，多读书则嗜欲淡，嗜欲淡则费用省，费用省则营求寡，营求寡则殆辱免，殆辱免则立品尊，立品尊则人望之如泰山高岳矣；要求家族的读书之人应有气节、德量、学术，以养心正气为根本等。而元坑曲村张氏要求子孙应尊祖、孝亲、敬长、慈幼、睦族、崇儒，并在宗谱中列有八条族禁，第一禁是禁不孝不悌，要求家族子弟从小培养宽厚待人、克己忍让的品德。张氏家族的"百忍世裔，两铭振家""九思终有益，百忍永无忧"的楹联，便是这一理念的见证。长期以来，元坑的民众在家庭生活中"仁爱"以"孝悌"为根本，父慈子孝，兄友弟恭，形成了浓浓的家族亲情，这对家庭关系的稳定，乃至社会的稳定，起了重要的维系作用。

## 三　闽北家族教育对提升社会精神的影响

闽北各家族以儒家学说为主的教育本身就是一个道德教化的过程，以封建道德为主的教育内容，家族情结的延伸，就是忠君爱国。因为家族子弟自幼耳濡目染"忠孝""仁义"等儒家思想，儒家的长幼秩序、伦理观念根植于心，进而形成内心的家族情结，这为日后忠贞爱国、造福乡里奠定了思想基础。宋末元初谢枋得在《示儿》中云："古来圣哲少才子，世乱英雄多义儿。"闽北各家族在自身发展过程中，形成了一种特殊、凝结而稳定的文化样式，家训文化对塑造家族子弟完善人格至关重要，其中的某些要素，尤其是家风可以影响一代甚至几代人。方征的《名贤后裔多忠烈》中记述，彰显闽北前贤忠烈可歌可泣的英雄事迹。黄大鹏，建阳人，字南溟，是宋代名贤黄榦的后裔，举崇祯丁丑（1637年）进士，授龙游令，清顺治二年（1645年）升金衢道。时崇祯帝已亡，清将某贝勒来招抚衢州，衢州陆知府与各属县令等均望风而降，俱入跪见贝勒，唯有大鹏坚决不从，挺然立于人群之中。贝勒感到惊讶不已，并问立者："你既来降，为何不跪？"大鹏骂曰："堂堂正正的人，岂能拜犬羊！"贝勒大怒，命人割去其舌，大鹏喷血仍骂声不绝，继而触阶而死。无独有偶，黄榦在建阳的另一位后裔明末大将黄道周，以名贤和一代大儒的身份，肩负起了匡扶明室，募兵抗清的重任，不幸于隆武元年（1645年）在江西婺源战败被俘，英勇就义于南京。黄道周谱写了一曲"纲常万古，节义千秋"的壮烈史诗。真可谓名贤后裔多忠烈，名贤之后又名贤，这与他们幼承"在家秉承孝友之训，为官亦能以忠事君"庭训，从小耳濡目染"忠孝""节义"千秋传颂的爱国精神的悲壮事迹的儒家教育思想密不可分。

### 四 闽北家族教育对乡邑士绅阶层的影响

在漫长的中国历史进程中，乡村风习教化、公共事务的主导力量都是乡邑士绅。这一文化传承思想渊源久长。《周礼》载有"德化主义"乡建理念的乡村体制建设。秦汉以后乡治层面的最高领袖是乡三老，年龄须在五十以上，人格品德要为当地民众所敬仰，才有感化、教化民众的能力。在几千年王朝更替、制度变迁的岁月里，扎根于乡村规制的文脉传承却绵延不绝。唐宋以后的乡村治理体制更加完备，乡村治理规制日益完善，体现着乡邑士绅这一"奋进向上，造福桑梓"群体，对于乡村秩序维系的积极努力。宋代以后，保甲、乡约、社仓、社学逐次推行，乡治精神和事业两个方面均有改善。明清以来，许多不求功名而回归乡里的乡邑士绅，也集中体现了造福桑梓的群体追求和故乡情怀。

闽北家族教育不仅对地方社会文风产生影响，而且对乡邑士绅阶层也产生深远的影响。一个人在幼年阶段所获得的早期认识，会在人的一生中铭记，因而在其后来的道德形成过程中，先接受的观念往往起着主导作用，影响着对后来思想和行为的选择。[1] 乡邑士绅阶层是中国乡村社会组织一种特有且不可忽视的重要阶层，主要指科举及第未仕、在当地较有文化的宗族元老、或卸甲归田的官员等一批在乡村社会有道德声望和卓越建树，深受当地民众尊重的群体。总之，他们是传统时代乡村社会中的管事者与读书人，既是官方与民间的桥梁，又是官府、乡里所期望造福乡里或教化民众的不二人选。他们宗儒守道，崇文重学，乐善好施，匡扶正义，在为人

---

[1] 张静：《从朱熹的"小学"教育思想看中国古代的蒙学教育》，《滁州学院学报》2007年第2期。

处世上谨慎谦退，在行为姿态上勇于担当，以其家族强大的文化力量、经济实力和社会影响力，积极参与地方事务，并成为当地基层治理的重要力量。他们在地方享有很高的威望和信誉，是个体品行与社会价值取向备受尊崇的贤士，是乡邑发展稳定、和谐的主导力量。以下这些乡邑士绅阶层在地方事务中投身地方教育事业和热衷地方公益善举的贡献，都与其家族教育有着天然的联系。

(一) 投身地方教育事业

家族是在家庭之上最小的社会基本细胞，每个家族都有着独立的生存空间和日常生活，并和社会有着各种各样的联系，有些家族子弟在社会中扮演着极为重要的角色。他们积极投身地方教育事业，为当地的教育事业发挥重要的作用。主要体现在诸多乡邑士绅纷纷捐田、出资创办、修缮书院从事地方教育及所作的贡献。尤其是通过科举考试的官员一生中曾有的高官厚禄、荣华富贵，都与其对儒学的虔诚和追求紧密相连。他们重视读书，注重教育投资。如光绪《重纂邵武府志》卷十二《学校》载：乾隆四十六年（1751年）邵武魏氏家族的魏邦泰士绅自愿捐赠房屋两幢，每年捐租338石于"正音书院"，以资师生膏火，使推广官话的书院得以发展延续。此义举从县令廷毓亲书表彰碑文《捐助正音书院膏火记》可见一斑。再如清雍正三年（1725年）知县刘廷翰与乡邑士绅刘玺友，捐资在云根书院内重建正厅一栋，书房两间。清道光二十三年（1843年）知县袁万里同乡邑士绅秦功诏等人创建东和试院，第二年又创建熊山书院。清道光三十一年（1852年）邑绅魏元辉募建兴贤书院，清道光十四年（1888年）叶文祥在状元峰创办元峰书院。有些绅士为保证族中子弟、乡里子弟都有机会读书应考，特设有义学、义田，资助贫者。其中，投身地方教育事业影响最大的要数道光十八年（1838年）宋捷登创建的东平义学，使政邑教育日渐普及兴盛。

据和平《廖氏宗谱祖德·行述志》载，廖光纶，系和平里人士矜式里有义学董理者。其增广田租为膏火之用，且抽拨旧市义田租为里人士乡试资斧。从《廖氏宗谱·兰谷公文集》可知，乡邑士绅杨兰谷崇本重学、兴义举，重聘师儒，立家塾，旷集古今书籍、名画，课督亲戚、朋友以及乡里子弟来馆附学，同时也为适馆授给餐供、帷帐和膏火。廖氏"感其之贤"，在谱牒中高度赞誉此义举为"德邻有泽，以励颓风"。清嘉庆元年（1796年）乡邑士绅游昌莘独资修建"游定夫书院"，并扩建书院的练兵场，随后聘请延城名师来书院执教、习文练武。

据《新甸张氏族谱》记载，在乾隆年间，张氏家族对公益教育事业也很热心，经众人商议捐资重新修建"月山书院"。此书院培养不少人才，其中张翼翱、张其藻父子同时双双考中举人，从"父子会试"匾额得以印证。如今在张氏后裔张显汉的厅堂还挂有"学本正源"牌匾，以及福建督学赠张翼翱"文元"牌匾。

光泽毛氏家族的世飞、世荐兄弟也极为重视并支持当地的教育。在清代乾隆年间，均为举人毛氏兄弟极其重视教育，一生笃学力行，乐善好施，自创泽及乡里士子的"毛氏学租奖学"制度，即用毛氏部分田租作为奖励当地学子之用，这对当地的学风有积极的促进作用。至今当地仍然流传"三龚不如二毛"的说法，就是对毛氏兄弟积极参与当地教育事业的高度赞誉。"二毛不及一高"中"一高"指的是曾掌教于杭川书院的高澍然，清嘉庆年间中举，其热衷地方公益事业，倡修孔庙，修缮城墙，晚年致力著书讲学，完成清代第四部县志——《重纂光泽县志》。闽北人正是利用这些朗朗上口类似民谣的途径，激励、教化乡民。当然，从另一侧面来说，"三龚不如二毛，二毛不及一高"这一说法也透露了光泽人文鼎盛的信息。

名贤教化之地的峡阳，宋朝理学家朱熹曾在此地的李子坑结庐精舍，讲学授业，留下了不少弥足珍贵的墨宝。据史料记载：李子坑旧属塘源里，"昔有精舍，朱子避地，尝居之"。峡阳名胜古寺金山庵、芦峰庵留有朱熹书写的"天光云影""道脉心传""鸢飞鱼跃"匾额真迹。深受一代名儒的影响，峡阳的许多家族重文尊儒，显示先祖勋业，也使子孙保有荣光。受名儒办学的启发，许多家族力图在地方教育事业方面发挥作用。书院的兴办，是家族融入地方社会、参与地方公共事业的重要方式。据《峡阳屏山书院记》记载：清道光二十六年（1846年），地方官杨应斗认为峡阳民风"朴而未淳"，士习"端而近"，都是由于"熏陶之术未周"的缘故。因此，与诸士绅共募银两，在玉屏山建立"屏山书院"。书院中建有讲堂、后堂、东西两廊、门庑等共51间，结构俨然，错落有致。书院刊奉朱子"白鹿洞教条"，以"孝弟忠信，礼义廉耻"为内容，目的在于移风易俗，教化乡里。

总之，闽北许多家族有固定的经费来源以确保宗族办学得以顺畅进行，致力重教兴学，并采取名目繁多的具体资助和奖励措施，以期鼓励、扶持、敦促子弟积极向学，进而获取功名，光耀门楣，达到强宗兴族的目的，并以森严的族规为保证。因此形成千百年盛行不衰的传统，使宗族办学读书蔚然成风，各家族这种敦促、奖励后学的做法对家族的教育发展产生了重要影响，而且有些家族子弟积极参与地方教育，对当地的教育也发挥重要的作用。这不仅直接推动了闽北教育的繁荣兴盛，培养了大批方方面面的人才，对于闽北良好社会文风的形成也起着积极的促进作用。

### （二）热衷地方公益善举

在明清时期的地方政务中，有许多事务属于公益善举活动，诸如赈济灾荒、救助贫民以及兴修水利、道桥等地方公共设施工程等，闽北乡邑士绅阶层大都积极响应，甚至主动倡导，所谓"绅士之可否，即为地方事业之兴废"。他们躬身而行，不仅解决当地乡民许多实际困难，甚至解了地方官的燃眉之急，诸如此类的史料不胜枚举。

1. 乐善好施，周济乡邻

闽北乡邑士绅自幼耳濡目染"忠孝""仁义"等儒家思想，这为日后造福乡里奠定了良好的思想基础。闽北家族教育的思想，乡邑士绅内化于心，外化于行。其施济行为更多的是来自本身内在力量的驱动。

《和平李氏族谱》记载，李光玖虑及久远，"尝出仓谷数百石，建旧市义仓"，后其子侄"以继乃父之志"亦"出千金之产倡为义仓"，以备乡里贫乏者和饥荒之用。《古粤赵氏宗谱卷一·优行廪膳起宏实行》"从来百行之原莫先于孝"，以孝事亲而生事丧，祭祀必敬必诚，这里指以孝持身、待人的赵宏，字声远，讳播，系康熙乙丑拔贡、癸酉举人，其不仅孝顺父母，还能"物我无间"，其"赈乏绝、周穷困"的种种善举，不胜枚举。故"城村之地熏其德而为善良者多矣！"

从富垅游氏谱牒《敕赠登侍郎游公讳文耀传》行状可知，游氏在芝郡建邑（现建阳）堪称巨宗，其先代游酢（谥文肃公），以理学名家著书述传，后世学者奉为模范，正所谓祖耀孙荣。文耀为其十几代裔孙，为人淳厚谦谨、乐善不倦，铭文赞誉其为"难者排之，纷者解之，凡有合于义举者无不勇然而直任之""制治一方,其雄才伟略,安得不润千里"。①

建瓯杨氏的杨达卿,系建安人,以孙杨荣为贵,赠荣禄大夫、少傅、工部尚书、谨身殿大学士。其于乡中募民,造林于山。数年后,山已成林,杨达卿告诫世代子孙和当地乡民保护此林,不得出售林木,随意砍伐,只有建书院、开庙堂、家贫无立锥之地者或无棺入葬者,方可砍用。②正如明朝大学士杨荣所撰的《万木林图记》记载,"戒子孙勿售,斧斤刊翦,唯圣人庙学,及浮屠之舍,老氏之宇,神祠杠梁取子,无所爱。与贫无以为庇,死无以为葬者,给之为棺庐"。其孙杨荣(杨太师),赐进士出身,三朝内阁大学士,崇尚儒学,爱民亲仁而享誉。成祖赞誉其为"岁寒松柏";仁宗赐"绳愆纠谬"银印。杨荣赞扬祖父杨达卿开仓赈饥、募民造林的"斗粟株树"义举的同时也重申乡民和本族子孙应依照祖父所嘱,永久保护这片森林。正如《万木林图记》中所说:"诚不忘乎乃祖之德,亦所以贻训于将来为杨氏之子孙者""勉励后人,勤修此德"。可见,万木林得以封禁、保存自然繁衍,除了其祖父杨达卿善举,当地乡民报之以诚自觉保护之外,另一个重要原因是杨氏家族子弟中举及第门第显赫,子孙后代利用自身官宦的影响惩戒不法之人,保护家族财产不受侵占。

2. 捐资修建地方公共工程

据《东恒黄氏宗谱》卷六《世德集略》记载:黄若岐,讳景慎,性倜傥,好善乐施。为了防患匪寇,保地方平安,与族兄显岐、乡人聂太三等自发集资倡建和平土堡,周围三百六十丈,堡内外余地各广三尺为公地,把和平建成为一处城堡式大村镇。

浦城章氏的章士辉(1696—1784年),字毅庵,临江章氏始祖彦珍公长子。清乾隆三十五年(1770年),慨然捐千金倡修九湫桥,又捐田30亩以备修缮之用。知县陈惠为褒奖其笃于为善,泽及百世之举,特赠"功襄利济"之匾。章氏良好的家风代代相传,其玄孙章阶继先祖"以善为己任"之志,独资白银四千余重建九湫桥,又偕同邑人修建文昌宫。章阶长子章奎聚重视教育,偕同邑人汤伊相、刘邦勋、尹赞商倡修"正学书院"。

---

① (清)《富垅游氏卷二·敕赠登侍郎游公讳文耀传》,同治七年线装本,第1页,建阳图书馆藏。
② (清)《建宁府志卷之二十七·封赠》,康熙三十二年版,1993,第604页。

3. 倡导制定当地乡规民约

在以农耕文明为生存方式的时代，乡邑士绅阶层担负着"道在师儒"的使命，为民师表，移风易俗，促成乡村治理的太平景象。因为在高度分散聚居的乡里村落，社会秩序的维系、乡村行政公务的管理，均依赖于乡邑士绅的主持或主导，乡规民约的主要内容和一般的族约、族规大致相同，是当地一种具有约束力的民间法规，旨在维护同一区域内的家族的共同的利益和加强乡里各家族之间的平衡和团结关系。乡规民约是一种由士绅倡导、族长牵头、乡民自发形成的自我教化、自我管理的制度，通常颁布于乡里，由各个家族共同遵守执行。在某种意义上说，乡邑士绅对于地方事务的控制，是家族制度向外部世界的必然延伸。一般而言，在同一区域内，对地方事务发挥主要作用的是那些士绅较多、政治地位较显赫的大姓巨族，在他们的倡导下制定乡规民约较好地团结各家族和维护各家族的共同利益。当然，地方社会的长期稳定，却有赖于大姓、小姓间各家族的共同配合。

古代闽北各地对于山林和风水荫木以及水坝、陂塘等公共水利设施都非常注意保护。通常乡规民约由乡邑士绅倡导，乡民共议，严禁乱砍破坏以维护共同利益而要求集体遵守的一种道德规范。如有违反，轻则罚款演戏，当众赔罪；重则送官惩治不贷。延平、政和、松溪等地至今保存这些古代遵纪守法的文物。

有的乡规民约具有劝诫一方乡民禁止乱砍滥伐山林古木，宣扬爱护树木的思想。在顺昌元坑，乡约民规潜移默化地影响乡民的内心世界。现存于谟武文苑的清代石碑《洄水荫木碑记》记载："呈请严规约，自娄杉马鼻岗联络而来，迄水尾大垄坑过桥而止，间有芜址荒基，乃属各姓管理之土。内载散材杂木，永为同乡嘉荫之资，各戒子弟，毋许毁伤，倘有奸徒，公同鸣治。"石碑还刻有以下的碑文："闻之黄冈志，美人以地传梓里，必恭地。缘人重乔木，与世臣并称，地灵斯人杰辈出，此百年之计。"这是先民重视绿化、关注环保的历史见证。清嘉庆十年（1805年），村民在当地种植10华里的抗洪防风松林带。清道光七年（1827年），游、杨、萧家族各姓代表等12人署名立碑，要求全村男女老少，不忘前辈育林护林之遗训以保护森林。与此相似做法的还有松溪大布村"奉禁碑"，系清乾隆三十四年（1769年）大布村乡邑士绅陈承达共同所立，碑文指出樟龙山一带"虽有宦民林木，无论公私概留。以荫水源，滋润田土"，禁止村民擅自砍伐树木，以示保护水源，还对违令者"严拿重究，绝不姑宽"。此碑见证了大布村村民的环保意识，也体现保护森林的良好习俗。当地流行有关植树的谚语，如"山上无树，山下无水""有林泉不干，无树山自旱"。再如政和东平梅屯村，清道光二十七年（1847年），由张、陈二姓耆绅之吁请知县刘承轩，由邑庠生陈序镛所书的禁伐林木碑石碑以及洋后乡后坪村的清咸丰六年（1856年）群众合议制定保护森林竹山的乡规民约均属此类范畴。

闽北先民也极其重视水利设施及水源的保护，因此也有保护水坝、陂塘等公共水利设施此碑现立于村头门楼下。碑文记载着官坝为蓄润水以润苗田之用并刻有明令禁止和具体惩罚措施的乡规民约。在这些乡规民约的制定中，乡邑士绅起着积极的作用。在南山大坝村有清乾隆六十年（1795年）乡邑士绅十分注重保护官坝，并劝诫一方乡民爱护官坝的《严禁碑》石碑。"倘有私拆官坝挂住、插住之木，公罚赔补银钱。少则百金，多则千贯……毋许放运竹木。"因此，碑文对违反上述规定的乡民处以下处罚："若有违禁，亦公罚银拾两，充入官坝公用。"这是大坝先民保护官坝的最好的历史见证。大坝村民自古崇尚公益、民风古朴。从现存的明宣德七年（1433年）的《大陂造路石碑记》碑文可知，大坝被洪水冲塌，在乡邑士绅朱伯仁和吴子章倡导下，村民"各发欢心，捐廪捐金"，最后同心协力修复水毁官道并立此石碑以彰村民尚义之不朽。乡规民约也正是以潜移默化的力量影响乡民的内心世界。此外，顺昌元坑谟武村由杨、张家族子弟共同倡议的《至仁溪放生碑》。此碑文虽已字迹斑驳，但还隐约可辨明令禁止和具体惩罚措施："门前一带溪流，上自田坝及小溪石岩前，下至水尾坝为界，求作放生溪，凡罟网、垂钓、鸬鹚、枪炮、抛石等，概在禁内，不容毫犯……倘有愚辈故违公禁者，罚银十两以充公用。"显然，乡邑士绅阶层对于地方事务的控制与管理，实际上是家族制度下基层社会自治化的进一步体现。

总之，闽北家族教育对乡邑士绅阶层产生深远而积极的影响，即促进乡邑士绅的种种善举，如集资修建书院、义学或率先兴修水渠、道路等工程设施、捐款救灾等造福乡里的一系列公益活动。这批饱学之士、贤达之人且有奉献精神的乡邑士绅阶层的行为绝不是由制度决定的，而完全来自家族的教育所具有的道德心完成的，以其强大的经济实力和社会影响力积极参与地方的公益善举。更为重要的是，乡邑士绅的价值取向，是连接个人层面与国家层面的价值目标的纽带，是一个具有榜样性的社会群体。其个人层面上尚贤敬德，奋进向上，造福桑梓的人格品德和榜样力量，对社会承担着示范和表率作用，负起率民为善的教化责任，以补充地方行政的不足，从而有力地维护了地方的稳定，是地方官处理地方行政事务的一个主要依靠力量。乡邑士绅成为数千年中国农耕时代社会秩序得以维系稳定、文明得以延续发展的重要社会角色。

综上所述，教育子孙贤孝，劝导子孙读书，优良家族学风和道德成为维持家族兴旺不衰的重要保证。通过教育，培养科第人才、提升家族声望、光宗耀祖的终极目标始是闽北家族教育的起始点和归宿点，始终贯穿于家族教育活动的全过程。为此，闽北家族教育具有重教尚德、仰善敬礼的明显特征。在学校教育尚不普及、发达的古代，家族教育具有不可替代的位置，教育的影响延续到人的整个生命历程。闽北家族教育在家族活动中的地位是极其重要的，这不仅是家族得以延续的重要途径，也是敬宗睦族的重要手段，而且是一项家族文化整合的活动。长期以来，闽北家族的教育活动对家族本身的发展以及对中国文化的传承与教育的推广和发展，发挥了不可或缺的作用，它的教育功能是官方教育所无法取代的，在中国教育史上具有十分重要的地位。闽北家族教育不仅对社会文化发展做出不可磨灭的贡献，而且对"崇文好儒"风气形成、对社会精神、乡绅阶层以及当地风俗的改良也产生深远积极的影响。总之，闽北家族教育的发展对地方社会的影响是多重的，这些对文教振兴、民俗教化、士气策励产生积极深远的影响需要一个长期的积累过程。

# 第九章 研究的结论、反思与启示

家族是中国传统社会基本的社会组织,其教育功能是其他门类的教育无法取代的,在中国教育史上具有十分重要的地位。本书以闽北家族教育为切入点,从较为宏观的角度阐述明清时期的家族教育,运用文献法、分析法和田野调查法等研究方法,以期从宗族塾学、宗族文化、家训文化、碑碣墓志、建筑文化、装饰文化、匾联文化、民俗文化等诸多方面探讨闽北家族教育的关联性,并得出如下研究的结论、反思与启示。

## 第一节 研究的结论

明清时期,家族要振兴,跻身上流社会的主要途径是科举成功,而要取得科举成功,关键在于教育。在光前裕后、显亲扬名思想的指导下,闽北的许多家族十分重视家族人才培养,在教化族人基本社会道德和满足普及读书识字的基本文化需要之外,还将家族教育的主要目标锁定在科举教育之上。为此,极力兴办族学,大力发展族学,千方百计采取了种种督促、奖励的具体措施和办法,以激励族人积极向学,博取功名。同时,将这些奖励措施作为族中条规载入谱牒,以族规为重要保证,使之能历代沿袭且盛行不衰。宗族办学,固然是"重儒士以培养文气",但其主要目的还是培养家族科第人才、提升家族的政治地位和社会声望、振兴家族。这始终贯穿于教育活动的全过程,也是闽北家族教育要实现的重要目标。

家训的宗旨在于"以正伦理,别内外为本,以尊祖睦族为先,以勉学修身为教，以树艺蓄牧为常"。① 从这个视角可知，闽北乃至整个福建的家族的教育注重对士绅政治人才的培养，注重对传统伦理道德的教化，而轻视对科学实用知识的普及。② 尽管如此，闽北家族先辈还是通过形式多样，内容丰富的家训规范约束、劝勉训诫子孙，使之仁义忠孝，循规蹈矩，积极上进，立身扬名，以期形成世代相传的良好家风，确保家族绵延不绝，永保昌盛。这一观点在现存的族谱，如延平湖峰陈氏的"他时克拟峥头角，望尔声名耀门庭"、邵武和平廖氏的"勤以修身，俭以养德，读书入仕，以图上达"、建阳周氏的"若中及第，擢升显赫，大耀门闾"得到充分印证。③

常言道，"闺阃乃圣贤所出之地，母教为天下太平之源"。母教在闽北家庭或家族教育中处于重要地位。孩子从父母、特别是母亲身上，潜移默化，耳濡目染地学到了待人接物的态度。母教的实施者们不仅承担起主持家务，教养幼儿的责任，还注重运用言传身教的教育方式和榜样的示范作用，对子女刻苦自励精神的培养、学业有成以及良好品德的形成都起了重要影响，母教已成为闽北家庭教育或家族教育中的重要形式。

在闽北家族教育中，经常通过以文字为主要形式的家规、家训规范家族子弟的言行。作为家族教育的重要方式之一的家训，尤其注重鼓励子弟立志成才，劝学的内容在家训中比比皆是。在修身涉世方面，家训十分强调修身，并将其作为齐家、治国、平天下的前提条件；在家庭事务方面，家训强调治家和持家之道，要求家族成员形成"父慈子孝、兄友弟恭、和睦怡情、其乐融融"的状态，长幼有序，内外各尽其分，要求族人要勤劳节俭；在教子方面，家训提出要从严从早，教养一体化的观念并告诫子弟毋胡作非为，严禁族人沾染嫖赌、酗酒、斗殴等不良习气。无论各家族采取何种形式的家训，其最终目的都在于希望子孙学为圣贤，并通过血缘亲情关系，加强家族内部的亲和力和凝聚力，进而促进家族和睦和社会稳定。

家族利用兴建祠堂、修整祖墓、续修谱牒、沿用昭穆、祭祖敬宗等一系列"收涣散，敦亲睦"的活动，对族人进行传统道德教育。祭祖，是孝爱的延续和弘扬。在举行祭祀活动时，先辈在族众面前读谱，讲述家族的

---

① （清）《陇西李氏家谱卷一·族规》，道光二十四年，第1页，南平图书馆藏。
② 陈支平：《近五百年来福建的家族社会与文化》，中国人民大学出版社，2011，第161页。
③ 胥文玲：《明清闽北家训的教育内涵及现代启示》，《东南学术》2014年第5期。

渊源和家族先辈的成就、德行，不仅体现对祖先的孝思，传承家风的机会教育，而且增强族人的自豪感和家族的凝聚力，以此激励后代更加努力，再创辉煌，光宗耀祖，同时也教育后人要效法祖先的风范，更不能因为自己的言行辱没祖先的德行。此外，家族使用的昭穆大多是一首首蕴含丰富、朗朗上口、易于记忆的伦理诗，这无疑是对族众进行道德教化的好形式。由此可见，家族通过各种宗族活动大力开展道德教化，以期提高整个家族的素质。

闽北的许多历史遗存透射出了家族曾有的辉煌，为科举入宦者兴建的宅第、牌坊、石桅杆、廊桥、下马亭、下马石以及文物遗址等，营造具有深厚的家族教化的氛围，以直观形象极大地激励后代子孙。先辈深深意识到人的品行不是与生俱来的，而是在特定环境作用下，后天潜移默化积累的结果。为此，在日常的生活中，通过古建筑工艺精湛的木、石、砖雕刻等艺术形式，使"忠勇孝义"价值观念进入家族子弟的记忆，长期耳濡目染，对其产生良好的影响，久而久之，形成相关的认同感，进而形成自觉奉行的信念理念，真正做到内化于心，外化于行，进而塑造优良道德品格。无论是古建筑中的装饰文化，还是匾联文化，都作为伦理教化的一种载体和伦理道德传播的一种手段，已经超越历史的意义，这不仅仅只限于"物态文化层"的见证，还具有更为广泛的教育意义。对家族子弟、当地乡民而言，它们是一本生动形象的教科书，既是家族辉煌历史的见证，又是人类智慧的结晶，这些直观形象的教育形式一直被前人所尊崇、恪守和传承。

墓志铭中对墓主优良品德的褒扬，也是对族众进行教育的良好素材。墓志铭的教育意义不仅仅局限于对家族众多子弟进行耳濡目染教育，而且通过现存的碑刻，广泛在当地百姓中传播，令其效仿，是一种导示性极强的教育。教以导之，风以化之，久而久之，这些良好的品质也同样潜移默化影响着当地的民众。此外，闽北许多家族先贤的史迹往往见诸族谱，通过在修谱时大书特书，以及祠堂祭祖活动中的读谱活动，使这些先贤成为家族文化传承的重要人物。同时，行状中所描述先辈的求学事迹、优秀品质和激励后学的精神，对家族的文化发展产生了积极而重要的影响。

闽北的民俗文化历史悠久、蕴含丰富的重教尚德内容，是家族教育的重要内容。民间信仰蕴含着丰富的伦理道德和规范，有助于对子弟和民众宣扬传统"忠义""孝道"思想。其中，有许多与教育关系较为密切，体现崇文重教内涵的社会习俗。无论是遍布闽北城乡的蒙童入学礼仪、谟武村的城隍爷游街活动、延平南山镇的"迎香亭"活动，还是和平古镇的文武官员或新科中举者衣锦还乡时，每到一块棋盘石处就得下马或下轿稍停片刻等习俗，在以聚族而居的生活传统方式都具有良好的示范作用。通过这些习俗不仅使子孙蒙受荣光，还以直观的感受让子孙和读书人从中看到了读书入仕的荣耀，激励他们刻苦自励以获取功名，从而光耀门庭、显亲扬名。闽北家族子弟从小耳濡目染，对民谚、歌谣、传说故事等民间文学十分熟悉，这有助于培养他们健康向上的人格。同时，民间文学可作为家族教育中道德教育内容的补充，以此弥补有关道德教育教材的不足，使家族教育更具丰富性和多样性。

文化传承离不开教育，教育是人类文明传承的重要手段。文化传承本质是一个教育过程和濡化过程。"它与日常生活融为一体，并重在为子孙后代营造尊师重教、崇文慕学的文化环境，从而实现家族文化乃至地域文化的顺利传承。"[1] 可以说，闽北家族教育在推动中国历史文化的传承和发展方面起着十分重要的作用。

闽北家族教育在弘扬和传承中华传统美德、培育民族精神方面曾经起过重要作用。家族教育中提倡孝亲敬上、父慈子孝、兄友弟恭、勤俭持家、戒骄戒奢、忍让宽厚、严于律己，以及宣扬"忠义"和积极进取、自强不息等精神，延续和发展了中华民族的传统美德。中国传统的"二十四孝"、桃园结义三兄弟、单身独马赵子龙等经典故事，也是通过家族教育得到进一步弘扬和传承。

在长期浓厚的节日习俗文化氛围熏陶下，通过民间信仰、祭祀、习俗、游戏等手段，闽北先民不断将礼俗所蕴含的精神进行渲染，通过鼓励亲身参与、亲身体验，使人类非物质文化遗产得以传承。在口头传统和表述方面，注重记忆的民谚、民歌和民间文学等通过口传心授的传承方式，使其代代相传；在民间表演艺术方面，通过家族祭祀和节庆活动，使被誉为

---

[1] 文江涛：《耕读传家与文化濡化——以广西灵川县江头洲村文化教育习俗为例》，《桂海论丛》2006 年第 2 期。

"中国民间戏曲的活化石"的政和杨源"四平戏"、邵武"傩舞"和峡阳"战胜鼓"等人类非物质文化遗产得以传承。

闽北家族教育中的道德教育渗透在生活的各个方面，小则修身、治家，大则出仕为官、忠于朝廷无不涉及。其所教内容多为孝顺父母、友爱兄弟、敦睦宗族、抚恤邻里、崇尚忠义、自守俭素以及重本守业等，属于儒家的以孝悌为中心的人伦道德教育。在"万般皆下品，唯有读书高"的科考取士的社会风气下，"博取功名，入仕为宦"已经成为改变自身及家族命运的所有希望和寄托，自然成为闽北先民的崇尚和追求，有助于倡导奋发进取的精神。

当然，家族是一个多棱体的建构，从不同的侧面观察，可以看到不同的景象。闽北家族教育有关修身的内容是传统儒家伦理思想的延续，自然具有时代的局限性。一直以来人们认为，"孝"是为人之本。建立在自然情感基础上的"孝"，后来逐渐转化成晚辈对父母、长辈的绝对义务和无条件服从，就是"顺"，这有助于家庭的有序和稳定，也容易扼杀人的主动精神和独创性，易于培养愚忠、愚孝的子孙。家族教育中"形成非我族类，其心必异的盲目排外心理，成为中国文化健康发展的障碍"。[1] 由于中国官本位的传统，士人求学是为了科举入仕，与功名利禄紧紧联系在一起。闽北的家族教育几乎深受"学而优则仕""读书以求闻达"的思想影响，这使绝大多数的学子被深深牵入这个充满诱惑的锦绣牢笼之中而不能自拔，从而沦为科举的附庸。[2]

## 第二节 研究的反思

闽北家族教育研究是一项难度较大且复杂的工作，由于文献资料缺乏以及自身研究水平有限等因素，在研究的过程中难免存在着局限性。

首先，关于闽北的研究有不少著作存世，但主要集中在对朱熹及其理学思想的研究方面，有关闽北家族教育的研究成果则极为缺乏，可供参考

---

[1] 王岗峰、张玲枣:《中国伦理文化和社会发展》，海风出版社，2002，第32页。
[2] 王豫生:《福建教育史》，福建教育出版社，2004，第103页。

借鉴的正史资料更少。相关资料多散落于地方志、谱牒和墓表碑铭中。而一些家族谱牒和墓志铭在"文化大革命"期间遭到不同程度破坏，或因年代久远而残缺不全，以及作为宗族的神圣符号的家族谱牒，一直深藏民间，秘不示人，故一些乡村百姓视谱牒为家族之宝，不肯轻易借阅或复印，这对资料的采集和研究都带来一定困难。许多家族匾额、楹联以及一部分墓碑铭文资料的收集，要到各家族的祠堂或文化底蕴较为深厚的历史古镇中进行实地考察，如邵武和平古镇、武夷山的五夫镇、兴田镇和光泽的崇仁乡，以及建阳的麻沙镇等，均远离县城，这给田野调查作业带来一定困难。

其次，笔者在深入闽北地区10个县市，与当地居民进行口头访谈，获得当地的一些资料。事实上，口头访谈的对象，有些由于地域观念、文化教育程度以及人生阅历的差异，他们所能提供的信息，可能带有某种程度的片面性，甚至有点芜杂混乱。尤其是民间文献，往往受到撰写者个人认知观念和文化修养限制的影响，也带有不同程度的片面性。由此，笔者对这些谱牒私册、口碑资料、民俗材料、民间歌谣、民间神话或传说故事等民间文献资料都进行认真的梳理，从中辨别出带有普遍意义而又真实可信的资料。

再者，由于笔者语言文字的局限，对一部分古籍谱牒文献的阅读存在困难，尤其是木刻板的谱牒中的一些文字，在古汉语词典中也很难查寻。一些古籍书破损严重，虽费尽周折，也难以透彻理解其意，在运用过程中往往需费时、费力地慎加考辨。

最后，本书试图采用历史学、社会学、民俗学的方法，将闽北家族教育导入文化史与教育史的研究领域，从教育理念，历史遗存和礼仪习俗等视角阐述闽北家族教育的方方面面，这对研究者的研究能力提出了较高要求，涉及方面较多、较广，在对方法论的把握、理论的挖掘，以及对调查结果的分析方面，都存在一定的局限性。

## 第三节 研究的启示

"教育一直是贯穿古今的永恒主题，深深影响着我们前进的步伐。传统是过去，可是并非是与现在无关的过去，也不是已死的过去，而是延续到现在并对现在起着作用的有生命的过去。"① "传统不仅表示已逝去的历史，同时也构成正在发展的现实，它不是一种只具有考古价值的东西，而是绵延在活人心中的心理气质与性格。那些合理的、对现实生活具有指导意义的传统就具有存在的价值，就应该使其融入主导时代的文化主体。"② 传统的真正落脚点恰恰是在未来，而非在过去，我们应古为今用、传承创新。为此，闽北家族教育中的许多内容，诸如宗族文化、家训文化、碑碣墓志、建筑文化、装饰文化、匾联文化、民俗文化均属文化的范畴，因而具有传统文化超越时间、历史、地域等特征，在当今仍具有借鉴和启示作用。

闽北家族教育的一个较为突出的特点，是把读书和做人紧密结合在一起，尤其重视道德教育，这有助于当代教育本质的回归。教育的本质是"立德树人"，即从能力和人格两个方面树立。从现代化教育角度看，就是自主、自尊、自立、自律的能力和品格，并始终把立德树人作为教育的根本任务，从而解决成人成才的问题。"家庭伦理道德是社会伦理道德的基础，由修身到亲亲，从亲亲到仁民爱物，不仅维系父子兄弟之亲，邻里乡土之情，同时兼具民族、国家、天下之爱，进而促进社会的和谐与世界的和平。"③ 随着社会和经济的迅猛发展，文明的弊端日益突出，道德出现新的迷惘，我们必须寻找一个匡正的坐标，则来自于老祖宗的祖训，老祖宗的教育，来自儒家的"大道归仁，仁者爱人"学说，都有助于人类社会的道德重建。

闽北家族先辈极其重视传统礼仪行为规范教育，尤其是从小规范家族子弟的行走、见面、入座之礼等，这凸显了中国"亲亲爱人"的礼制精神强调在与人交往时候要放低姿态，谦恭待人。传统礼仪中的"诚敬谦让、和众修身"的礼仪原则，在当代社会仍有值得借鉴的意义。当然，传统礼仪的继承是一个复杂问题，须认真辨析，择善而行。

闽北家族对启蒙教育的重视，给予善端的培养值得借鉴。家庭是人们接受道德教育最早的地方，高尚品德必须从小开始培养。端蒙学，重家教

---

① 刘家和：《关于传统文化与教育的一些思考》，《北京师范大学学报》1994年第4期。
② 丁青、刘东：《华魂高扬——中国传统文化的现代转换》，四川人民出版社，1991，第261页。
③ 王殿卿、赵军华：《中华伦理》，首都师范大学出版社，1996，第19页。

是中华民族的优良传统。蒙养教育突出"养"对蒙童的重要教育作用。"童蒙无先入之杂,以正导之而无不顺,受故易。可以养其正性,此作圣之功。壮大者已成驳僻之习,虽以正导,彼以先入之见为然,将固结而不可解矣,夫安能变之正,故养正当于蒙。"① 可见孩童的可塑性较大,在天性未染污前进行正面的道德教育,善言易入、善心易导、善行易养,端蒙学有助于培养孩童纯正心性的根基,形成良好的道德品性和个性,乃至对个体的整个人生发展都产生着极其深刻的影响。如果我们能在幼小时期打下良好基础,则终身受益,否则一旦形成不良习气,再施其以教,则会事倍功半。

闽北家族教育中有一些共性的内容,如家族教育中特别重视母教,闽北家族十分重视言传身教的作用,辅以祠堂内的祖先崇拜、见诸文字的族谱宣读、形之于外的宅第及牌坊等,由此,建构了一整套教育体系,使得族人沐浴于有着教育意义的氛围中。通过一系列的兴建祠堂、修撰谱牒和祭祀先祖活动,培养了家族成员知恩报恩、饮水思源的意识,以及对家族的责任感和荣誉感。同时,通过采用环境熏陶的方法,为子弟营造良好的环境,及设立名目繁多的奖掖后学等激励措施,对当前的家庭教育具有良好的示范和启示作用。

传统家训是中国传统文化的重要组成部分,也是族谱中的重要组成部分,具有超越地域、超越历史的特征和强大的生命力,以及超越时代的普适性价值的内容,存在着与现代伦理道德相通的"共时性"文化积淀,并成为人类一种新文明的积累。它在中国历史上对个人的修身、齐家发挥着重要的作用。从闽北现存的明清族谱中,可发掘出大量家训文化内涵,其中所蕴含的修身立德、励志勉学、治家教子、涉世从政等内容,对当代家庭教育、个体道德人格的建塑以及当代核心价值观的培育仍有许多有益的借鉴和启示。

**(一)继承家训优良传统,促进个体成人成才**

闽北家训的教育思想对当代家庭教育仍可提供有益借鉴和启示。第一,注重道德教育。家训作为家族的意志信条和道德行为准则,势必将"尊祖宗、重人伦、崇道德、尚礼仪"等基本的道德规范与文化精神生动形象展

---

① (明)王廷相:《雅述》,《四库全书存目丛书》影印明嘉靖刻《王浚川所著书》本,子部第 84 册,第 792 页。

现于家族之内。家训中的道德教育，尤其人格养成教育渗透在日常生活的各个方面，小则修身治家，大则出仕为官，无不涉及。这些内容对个体理想人格的建塑起着积极的促进作用。如今，众多的家长更注重加强个体的知识学习与技能训练，却忽视对个体道德品质的修养培育。这些具体化的规范有助于个体品德培育乃至人类社会道德的重建。第二，强调爱子有方。闽北先辈明白"厚爱子女，子女多败"的道理，故家训中强调爱子有方，并提出"教养一体化"的观念和做法仍值得当代家庭借鉴。如今有些父母对孩子娇生惯养，凡事有求必应，百依百顺，势必造成家庭教育的严重偏误。第三，注重氛围营造。闽北家族教育注重物质环境文化的营造，将教育内容内化为个体的自觉行为。如家训的书写、悬挂、传承就是一个完整的、深刻的自我教育典范，变家长的耳提面命的教育灌输转为个体的自觉磨砺，使其通过自我监督、自我调节、自我约束等方式，使其言行逐渐符合传统道德规范的要求，以期成为内具传统美德，外显传统文化精神的理想人格。第四，重视家风传承。家风是家庭成员世界观的具体反映，包括家庭生活方式、生活作风、传统习惯、道德行为等内容。家风的好坏直接关系到家庭的兴衰，闽北家训中有大量论述内容都与家庭伦理道德和家风有着密切的关系，如处理家庭内部成员之间关系的"孝亲敬长""兄友弟恭"；处理家庭与邻里关系的"和睦相邻""以和为贵"；治理家庭生活的"勤俭持家""力戒骄奢"等训诫内容，以及"养正于蒙""严慈相济"等教子方法，也都是形成良好家风的基础。许多家族重视家风的传承，如建阳周氏家训的"吾家风尚、素为严谨、规行距步、奉莲指教、立身厚道、尊老爱幼、衣食俭朴、与人为善、报国为民"[①]等内容规范族人立身处世，教育族人秉承和弘扬家族爱莲文化，强化家族记忆。因此，重视良好家风形成和传承，对促进个体成长、维护家庭幸福、协调人际关系、改善社会风尚、维护社会秩序等都具有十分重要的现实意义。

（二）继承家训优良传统，促进社会主义核心价值观的培育

闽北家训的教育思想对当代社会主义核心价值观的培育仍可提供有益借鉴和启示。第一，社会普遍价值原则的具体化，是家训成功有效培育个

---

[①] （明）《周氏宗谱卷首·家训》，正统十一年，建阳图书馆藏。

体品德的前提。家族培育个体品德的基本道德规范，通常是隶属于社会一般的价值体系。这些规范只有经过一系列的中间环节和逻辑中介而具体化，让其回归现实并融入人们的日常生活，才能够被现实生活中的个体所接受，并内化于心，外化为行。从这个视角来看，家训恰恰构成了将一般道德原则向个体品德过渡所要求的逻辑中介，如邵武和平黄氏家训，列有"忠君上、孝双亲、笃友爱、重祠墓、敬尊长、肃家门、谨嫁娶、亲族属、和乡邻、训诵读、崇勤俭、遵训迪、慎交友、戒争讼、戒非为、戒赌博"等16条训诫纲目，且条条纲目都制定详尽细规，几乎涉及整个家族的所有活动。同时，家训尽可能运用通俗易懂的语言表达方式，即遵循"事取其平易而近人，理取其浅显而易晓"[①]的原则，通过与人们的日常生活密切关联的途径去实现以儒家思想为核心的社会普遍价值原则和道德规范的具体化，以确保有效成功地培育个体品德。第二，继承家训文化精神，实现对社会主义核心价值观的具体化。这些凝聚着一个民族的智慧和力量的家训文化，属于传统文化的一部分，因而具有传统文化超越地域、超越历史的特征，可成为一种新文明的积累。中国古代家国同构的社会政治制度，凸显出传统家训培育个体品德的影响力和渗透作用，它通过家庭或家族道德教育的理论和实践环节，将社会普遍的道德要求转化为个体的道德行为习惯，最终成功地塑造出了国人的理想人格。目前，我国正处于重要的转型时期，市场经济的浪潮冲击着社会生活的方方面面，物欲膨胀致使市场失范，价值多元极易引发道德失衡，出现是非不分、享乐主义、拜金主义、诚信缺失、以权谋私与腐化堕落等现象。如何解决现代性道德困惑，并将社会主义核心价值观内化为个体的道德品质，是当前必须解决的现实课题。因此，在现实生活中应将家训中所体现的且依然具有强大的生命力和超越时代的普适性价值的"诚实守信、崇尚勤俭，力戒骄奢、勤政为官，清明自律、积极进取、自强不息"等内容，具体化为全体社会成员可资依循的道德原则、价值标准和行为规范，从而把对国民的道德教育转化为人们修养品德的自觉追求和人格完善的内在动力。第三，社会主义核心价值观是当前培育公民道德的基本社会道德规范。家庭不仅是社会的细胞，也是每个公民

---

① （清）陈宏谋：《五种遗规——教女遗规·序》，湖文书局，1868。

进入社会且接受道德品质教育的开端,公民良好道德品质的培养仍然要以家庭道德教育为基石。它是后继的公民道德建设不可或缺的基础。党的十八大报告中所倡导的:"富强、民主、文明、和谐、自由、平等、公正、法治、爱国、敬业、诚信、友善"等基本道德规范,在传统家训中皆有体现,如在修身方面所强调的"修己爱人、慎独自律";在齐家方面要求的"勤俭持家、奢淫勿习";在处世方面所体现的"忍让宽容、与人为善、诚信待人";在治国方面所体现的"忠孝报国、为官清明"等思想也正与社会主义核心价值观基本道德规范相契合,可见,传统家训伦理中存在着与现代伦理道德相通的"共时性"文化积淀。这个过程,是文化再认识的过程,也是个体价值观转变的过程,更是民族价值观逐渐建立的过程。在今天的历史条件下中国传统家训仍然可以找到为公民道德建设服务的积极内容。因此,继承家训的优良传统,充分挖掘其中伦理资源,不仅为当今公民道德建设提供积极内容,也能为社会主义核心价值观提供可资参照、借鉴的传统依据。同时通过对共同的理想、信念、态度、取向等价值观念的认同和传承,最终增强社会主义意识形态的吸引力和凝聚力,从而促进个体成长、家庭和睦、社会和谐,并时刻激励着炎黄子孙矢志不渝地拼搏向上和积极进取。

弘扬乡贤文化,重构乡村传统文化。传统时代乡贤都是个体品行与社会价值取向备受尊崇的贤士。有学者认为,当前中国需催生新的乡绅阶层,充分挖掘乡贤文化的人文道德价值及其在基层治理中发挥的巨大作用。费孝通先生在《乡土中国》中说:"从基层上看去,中国社会是乡土性的。"在乡土性的中国,对传统文化的追怀、重建、弘扬必然要重视乡贤文化。乡贤文化是中华文化的宝贵资源,从古到今,一直在民间发挥着重要的精神教化与道德引领作用。作为传统文化的重要组成部分的乡贤文化,是研究生于斯、长于斯的本土精英的德行贡献,用以弘文励教、建构和谐社会的文化理念和教化策略,具有地域性、亲善性、亲缘性,易受乡人爱戴的特点。它是一个地域的精神文化标记,是连接故土、维系乡情的精神纽带,是探寻文化血脉,弘扬乡村固有文化传统的一种精神原动力。

如今的乡贤赋予新时代的意义,已不再局限于道德和才能的层面,而扩展到了文化名人层面,涵盖在人文、社会、科技等领域,所有取得非凡成绩的精英人士。乡贤精神的实质是通过当地历代乡贤的德行懿事,凝聚成民众共同认可的精神情绪。这种精神情绪，主要来自于本乡故土共同的生存环境、历史背景，共同的人文传统、认同意识，并内化、积淀、渗透于当地民众的集体心理之中。因此，乡贤与乡贤精神，是最能激发起民众爱乡思乡、报效桑梓，进而报效民族与国家情怀的精神资源，也最能激发起青少年见贤思齐、励志成才的心理，是人文道德建设的重要资源。此外，乡贤既是名人，同时也必须是好人、善人。乡贤人文道德力量和精神又影响一方文化和社会风貌，对敦厚民心、民风，激励社会向上，具有特殊的现实意义。因此，乡贤文化研究要"发思古之幽情"，要在古老与当今、传统与现实、文化与社会之间架起一座桥梁，表达对乡贤的崇敬与仰慕，更要为当地社会经济、文化的发展过程中有力而有效地发挥特殊作用。总之，这些具有奉献精神的乡贤身上散发出来的文化道德力量对乡民都能起到潜移默化的作用，可教化乡民、反哺桑梓、泽被乡里。因此，从历史的深度与现实的高度，探讨"新乡贤"的历史传承与当代建构，具有重大意义。这不仅对人心的凝聚、乡村社会的稳固作用巨大，而且对传统乡村文化的重构、千余年的文脉的接续大有裨益。

家族教育在闽北的社会发展中起着十分重要的作用。在新的历史时期，传统的家族教育被注入新的元素，如峡阳把祖训教育与立志成才相结合，把祭祖活动与成年宣誓仪式相结合，把宣扬家族光彩历史与提倡成名成家相结合，还有元坑乡民充分利用深厚的历史积淀，将具有文物研究价值的廖氏旧宅辟为爱国主义教育基地，将传统文化与现代文明完美结合，使传统文化得以传承，并在与时俱进中焕发出新的生命力。这些都体现了对文化的传承和创新。正是这种正确的扬弃态度，使家族成员摆脱了旧的宗族观念，更为注重家族的精神教化。通过长期的家族教育的熏陶，人们自然形成一种价值取向，获得所需要的知识。通过进行伦理孝道教育，参加礼仪活动，传承礼仪和民间礼俗，民俗风情在家族教育的形式代代得以传承。

通过对闽北家族教育的考察，笔者赞同这样一个观点："单凭封建国家所推行的教育制度来传递传统文化，其功能是非常有限的……作为中国传统社会组织的基本单位，宗族组织的教化功能是学校教育无法替代的。"①

---

① 丁钢：《近代中国宗族生活和宗族教育》，上海教育出版社，1996，第36页。

当然，我们应充分发挥家族教育的优势，但不能以家族教育来代替其他教育形式。总而言之，家族教育是中国教育史上珍贵的遗存。宗族塾学，宗族文化、家训文化、碑碣墓志、建筑文化、装饰文化、匾联文化、民俗文化等诸多方面，与闽北家族教育之间存在着关联性。虽然有些内容具有时代色彩，可其中不乏具有生命力的教育理念和经验，对当今仍有借鉴意义和启示作用。显然，家族教育既是一种有关文化传承的教育，又是一种导示性很强的社会教育，这可以从闽北家族教育的简要介绍中得到验证。当然，对传统的家族教育，我们应辨别良莠，取其精华，剔除糟粕，教以导之，风以化之，从而使这一古老的教育形式在当代能够真正地发挥教化功能。

# 主要参考文献

## 一 资料类

### (一) 正史

(汉) 班固:《汉书》, 中华书局, 1962。

(宋) 朱熹:《四书章句集注》, 上海古籍出版社, 1992。

(元) 脱脱、阿鲁图修撰《宋史》, 中华书局, 1977。

(明) 宋濂、王祎主编《元史》, 中华书局, 1976。

(清) 董天工:《武夷山志》, 方志出版社, 2007。

### (二) 地方志

(宋) 祝穆:《方舆胜览》, 中华书局, 2003。

(明) 黄仲昭修纂《八闽通志》, 福建人民出版社, 1996。

(明) 何乔远编撰《闽书》, 福建人民出版社, 1994。

(明) 夏玉麟、汪佃修纂《建宁府志》, 厦门大学出版社, 2009。

(明) 马性鲁修撰《顺昌邑志》, 正德庚辰版, 1985年点校本。

(清) 张琦主修《建宁府志》, 康熙三十二年, 1993年点校本。

(清) 李再灏、梁奥主修《建阳县志》, 建阳地方志编纂委员会, 1986年点校本。

民国《南平县志》(上下册), 南平市编纂委员会, 1985年点校本。

《福建省志·教育志》, 方志出版社, 1998。

《南平市志》(上下册), 中华书局, 1994。

全球主编《闽北教育志》, 闽北教育志编纂委员会, 2000。

刘南泉主编《邵武市教育志》，邵武市教育局，2007。

游恒派主编《福建省历史文化名村——凤池村志》，南平游酢文化研究会、延平区凤池村志编委会，2007。

熊源泉主编《政和县姓氏志》，政和县地方志编纂委员会，2004。

黄少建主编《峡阳镇志》，峡阳镇文化站，2006。

郭功宏主编《建阳麻沙镇志》，麻沙镇志编纂委员会，1900。

肖志善编《南平百科全书》，南平百科全书编辑部，2000。

（三）族谱

朱恩新撰《河东吕氏宗谱》，民国二十四年刻版，浦城图书馆藏。

《湖茫李氏宗谱》，光绪二十二年刻本，浦城图书馆藏。

《闽浦水南房氏宗谱》，光绪戊寅年新修，浦城图书馆藏。

王之栋撰《王氏宗谱》，民国三十一年刻本，浦城图书馆藏。

《浦城高路季氏宗谱》，民国二年刻本，浦城图书馆藏。

徐跃吴撰《浦南徐墩季氏支谱》，民国延陵堂刻本，浦城图书馆藏。

（清）詹贤拨、詹贤嗣修《浦城詹氏族谱》，光绪三十一年重修，浦城图书馆藏。

（清）詹先泽修《续增詹氏支谱》，同治七年续修本，浦城图书馆藏。

《浦城西乡南阳叶氏宗谱》第七次续修，2000，浦城图书馆藏。

《玉溪叶氏宗谱卷一》，光绪六年南阳堂刻本，浦城图书馆藏。

范阳堂：《闽北祖氏续谱》，浦城莲湖总谱，2000，浦城图书馆藏。

（清）李实撰《熊氏宗谱》，宣统元年刻本，浦城图书馆藏。

《入闽祖氏宗谱》，2000，浦城图书馆藏。

（清）章贻贤撰《章氏宗谱初稿》，光绪二十五年石印本，浦城图书馆藏。

章练主编《寻根浦城——章氏文化研究》，福建浦城章仔均、练夫人研究会，2005年。

《长山林氏世谱》，道光壬寅年重修，兴田镇城村林氏祠堂藏。

《古粤赵氏宗谱》，嘉庆十九年，兴田镇城村赵氏祠堂藏。

《古粤李氏宗谱》，同治十二年御篆铁券，兴田镇城村李氏祠堂藏。

《后举平氏族谱》，道光丙午年重修，建阳图书馆藏。

《倪氏会修宗谱》，光绪岁次辛卯重修，千乘堂刻本，建阳图书馆藏。
《敕建书院黄氏宗谱》，道光十三年线装本，建阳图书馆藏。
《建阳谢氏宗谱》，光绪八年陈留堂刻本，建阳图书馆藏。
《周氏宗谱》，正统十一年纂修，建阳图书馆藏。
《溪山叶氏宗谱》，光绪十三年南阳堂刻本，建阳图书馆藏。
《琅琊王氏宗谱》，康熙二十八年线装本，建阳图书馆藏。
《清源李氏家谱》，道光五年建阳图书馆藏。
雷元华、雷生木撰《雷氏宗谱》，民国十八年线装本，建阳图书馆藏。
蔡建海编《济阳庐峰蔡氏族谱》，福建省建阳蔡氏九儒研究会，1994，麻沙蔡氏九儒祠堂藏。
《蔡氏宗谱》，道光三年线装本，建阳图书馆藏。
《葛氏重修族谱》，光绪癸巳年重修，琅琊堂刻本，建阳图书馆藏。
《钜镳魏氏宗谱》，光绪六年线装本，建阳图书馆藏。
《麻沙刘氏宗谱》，道光六年线装本，建阳图书馆藏。
《潭阳熊氏续修宗谱卷一》，光绪元年线装本，建阳图书馆藏。
《建阳东海堂徐氏族谱》，2003建阳图书馆藏。
《富垅游氏宗谱》，同治七年线装本，建阳图书馆藏。
《坂头陈氏宗谱》，光绪五年重修，资料提供者：政和村民陈欢声。
刘光舟主编《南平彭城刘氏宗谱》，彭城刘氏宗谱编纂委员会，1998。
《广平南平凤池游氏族谱》，南平凤池修谱委员会，2002，凤池游定夫祠藏。
延平炉下镇《西河堂洋洧林氏族谱》，2003，南平图书馆藏。
《陇西李氏家谱》，道光二十四年，南平图书馆藏。
吴玉魁主编《延陵南山吴氏大宗谱》，1999，南山镇吴氏宗祠藏。
刘开槸主修《刘氏宗谱》，1993，南平图书馆藏。
《颖川陈熹公系千郎公支营十公宗谱》，南平湖峰陈氏源流研究会，1997，南平图书馆藏。
《豫单郡文弼系篁路罗氏族谱》，南平市罗从彦祠管委会，2003，南平图书馆藏。
黄敬宗：《黄峭研究资料选辑（一）》，福建邵武黄氏后裔联谊会，

1997。

《邵武和平廖氏宗谱》，2007，和平廖氏宗祠藏。

《樵西危氏族谱·赡试规条》，1988，油印本，邵武图书馆藏。

（清）佘仁敬：《佘氏宗谱》，同治元年重修，新郑堂刻板，建瓯图书馆藏。

《建瓯房道雷氏族谱》，民国十八年刻本重印本，建瓯图书馆藏。

《建郡滕氏宗谱》，嘉靖刻本重印本，建瓯图书馆藏。

叶夏汉：《王地叶氏宗谱》，1997，南阳堂印本，建瓯图书馆藏。

《刘氏宗谱》，光绪八年刻本，武夷山图书馆藏。

熊世琮等修《熊氏历史志载》，1992，资料提供者：台湾大学徐光台教授。

### （四）政协文史资料

张先强主编《沧桑岁月》，浦城县文史编纂委员会，2005。

谢金盛主编《岚下村史》，顺昌政协文史委员会，2004。

《崇安县文史资料选集》，崇安县文史资料办公室，1989。

《邵武文史资料选集》第21辑，邵武市文史委员会、和平镇，2003。

《下梅村文史资料集萃》，武夷山下梅村邹全荣文史信息工作室，1999。

《顺昌文史资料选集·古镇元坑》第21辑，顺昌县文史委员会，2007。

《光泽文史资料选集》第24辑，光泽县文史委员会，2005。

《建瓯文史资料选集》第17辑，建瓯市文史委员会，1992。

《松溪文史资料选集》第20辑，松溪文史委员会，1994。

《南平文史资料选集·闽北戏曲》第13辑，南平政协文教卫体、文史委员会，2008。

《南平文史资料选集·南平文物》第9辑，南平文史委员会、南平文化与出版局，2008。

《南平文史资料选集·南平历史名人》第10辑，南平文史委员会、南平文学艺术界联合会，2005。

### （五）民间文学资料

《中国歌谣集成·福建建阳县分卷》《中国民谚集成·福建建阳县分卷》《中国民间故事集成·福建建阳县分卷》，建阳县民间文学集成编委会，1992。

《中国歌谣集成·福建顺昌县分卷谟武村卷》《中国民间文学集成·福建顺昌县分卷谟武村卷》，顺昌县民间文学集成编委会，1991。

《中国民谚集成·福建武夷山县分卷》《中国歌谣集成·福建武夷山县分卷》《中国民间故事集成·福建武夷山县分卷》，武夷山民间文学集成编委会，1990。

《中国民谚集成·福建松溪县分卷》《中国歌谣集成·福建松溪县分卷》《中国民间故事集成·福建松溪县分卷》，松溪县民间文学集成编委会，1991。

《中国民间歌谣集成·福建建瓯县分卷》《中国民间民谚集成·福建建瓯县分卷》《中国民间故事集成·福建建瓯县分卷》，建瓯民间文学集成编委会，1990。

《中国歌谣集成·福建光泽县分卷》《中国民间故事集成·福建光泽县分卷》，光泽县民间文学集成编委会，1990。

《中国民间民谚集成·福建南平市分卷》《中国民间歌谣集成·福建南平市分卷》《中国民间故事集成·福建南平市分卷》，南平市民间文学集成编委会，1996。

《中国民间文学集成·南平市分卷徐洋村卷》，延平区徐洋村编委会，2006。

《中国歌谣集成·福建邵武市分卷》《中国民间文学三套集成·福建邵武市分卷》，邵武市民间文学集成编委会，1991。

《中国歌谣集成·福建政和县分卷》，政和县民间文学集成编委会，1992。

《中国民间故事集成·福建浦城县分卷》，浦城县民间文学集成编委会，1993。

## 二 著作类

钱穆：《国史新论》，三联书店，2001。

顾明远主编《民族文化传统与教育现代化》，北京师范大学出版社，1998。

顾明远：《中国教育的文化基础》，山西教育出版社，2004。

陈支平：《近五百年来福建的家族社会与文化》，中国人民大学出版社，1991。

刘大可：《闽台地域人群与民间信仰研究》，海风出版社，2008。

刘大可：《传统与变迁：福建民众的信仰世界》，社会科学文献出版社，2010。

刘大可：《中心与边缘——客家民众的生活世界》，社会科学文献出版社，2013。

王豫生：《福建教育史》，福建教育出版社，2004。

赵富华：《徽州宗族研究》，安徽大学出版社，2004。

周谷城：《中国通史上册》，上海人民出版社，1981。

徐扬杰：《中国家族制度史》，人民出版社，1992。

徐扬杰：《宋明家族制度史论》，中华书局，1995。

党明德、何成主编《中国家族教育》，山东教育出版社，2005。

毛礼锐：《中国教育史简编》，教育科学出版社，1984。

丁钢：《近代中国宗族生活和宗族教育》，上海教育出版社，1996。

钟敬文：《民俗学概论》，上海文艺出版社，1998。

费孝通：《乡土中国·生育制度》，北京大学出版社，1998。

费孝通：《东方之子·大家丛书·费孝通卷》，华文出版社，1999。

冯尔康：《18世纪以来中国家族的现代转向》，上海人民出版社，2005。

常建华：《明代宗族研究》，上海人民出版社，2005。

卢美松主编《福建历代状元·序》，福建人民出版社，2004。

王殿卿、赵军华：《中华伦理》，首都师范大学出版社，1996。

吴玉琦、王绍海等：《中国古代教育简史》，吉林教育出版社，1986。

陈枯朽：《九曲弄扁舟·曹墩魅力》，大众文艺出版社，2006。

毛汉光：《中国中古社会史论》，上海书店出版社，2002。

钟敬文主编《民俗学概论》，上海文艺出版社，1998。

庄泽宣、陈学恂：《民族性与教育》，商务印书馆，1937。

司马哲编著《颜氏家训》，中国长安出版社，2009。

李文治、江太新：《中国宗法宗族制和族田义庄》，社会科学文献出版社，2000。

叶恩忠主编《阳光下的雕花门楼——武夷山古名居的记忆》，海潮摄影艺术出版社，2003。

司马哲编著《颜氏家训》，中国长安出版社，2009。

倪木荣：《武夷风采续集·寻古武夷宫》，鹭江出版社，2002。

邹全荣：《中国历史文化名村下梅》，国际炎黄文化出版社，2006。

罗小成：《韦斋与政和·韦斋记后跋》，海潮摄影艺术出版社，2008。

董天策：《传播学导论》，四川大学出版社，1995。

吴凌皓：《中国教育史论》，吉林人民出版社，2000。

何乔远：《闽书》，福建人民出版社，1995。

杨荣春：《中国封建社会教育史》，广东人民出版社，1985。

王先明：《近代绅士——一个封建阶层的社会命运》，天津人民出版社，1997。

常建华：《宗族志》，上海人民出版社，1998。

江庆柏：《明清苏南望族文化研究》，南京师范大学出版社，1999。

李国均、王炳照主编《中国教育制度通史》，山东教育出版社，2000。

侯玉杰：《滨州杜氏家族研究》，齐鲁书社，2003。

潘谷西：《中国建筑史》（第四版），中国建筑工业出版社，2001。

何静、韩怀仁：《中国传统文化》，解放军文艺出版社，2002。

王殿卿、赵军华：《中华伦理》，首都师范大学出版社，1996。

金银珍、牟娟：《书院·闽北》，同济大学出版社，2010。

王尔敏：《晚清政治思潮之动向》，社会科学文献出版社，2003。

王岗峰、张玲枣：《中国伦理文化和社会发展》，海风出版社，2002。

魏贤超：《道德心理学与道德教育学》，浙江大学出版社，1995。

谢维和：《教育活动的社会学分析——一种教育社会学的研究北京》，教育科学出版社，2007。

潘光旦：《明清两代嘉兴的望族》，上海书店，1991。

黄承坤主编《江夏黄氏峭山公宗史》，香港奔腾出版社，2007。

郑振满：《明清福建家族组织与社会变迁》，湖南教育出版社，1992。

叶显恩：《明清徽州农村社会与佃仆制》，安徽人民出版社，1983。

吴仁安：《明清时期上海地区的著姓望族》，上海人民出版社，1997。

张国刚：《中国家庭史》，广东人民出版社，2007。

李建军：《明代云南沐氏家族研究》，辽宁人民出版社，2002。

唐力行：《商人与文化的双重变奏——徽商与宗族社会的历史考察》，华中理工大学出版社，1997。

包东坡：《中国历代名人家训精萃》，安徽文艺出版社，2000。

张伯行：《小学集解·小学辑说》，中华书局，1985。

〔法〕莫里斯·哈布瓦赫：《论集体记忆》，毕然、郭金华译，上海人民出版社，2002。

〔德〕瓦尔特·本雅明：《本雅明文选》，陈永国、马海良编，中国社会科学出版社，1999。

## 三 期刊类

田正平、肖郎：《教育史学科建设的回顾和前瞻》，《教育研究》2003年第1期。

王润平：《当代中国家庭变迁中的文化传承方式探析》，《社会科学战线》2004年第3期。

袁北星：《颜氏家训中的家庭教育观》，《江汉论坛》2004年第6期。

付林：《论传统家训的德教思想》，《吉林师范大学学报》2005年第6期。

文江涛：《耕读传家与文化濡化——以广西灵川县江头洲村文化教育习俗为例》，《桂海论丛》2006年第2期。

张品端：《古代闽北教育散论》，《教育评论》1996年第2期。

林汀水：《福建人口迁徙论考》，《中国社会经济史研究》2003年第2期。

刘家和：《关于传统文化与教育的一些思考》，《北京师范大学学报》1994年第4期。

张品端：《古代闽北教育散论》，《教育评论》1996年第2期。

邓清华、张世友：《家教文化对爱国主义精神培育的现实价值》，《教育评论》2007年第2期。

熊贤君：《如何正确评价私塾问题》，《河北师范大学学报》2000年第1期。

傅唤民：《邵武和平镇北胜书院》，《朱子文化》2006年第4期。

王天意：《宗族的功能及其历史变迁》，《上饶师范学院学报》2005年第4期。

冯尔康：《中国传统家族文化的当代意义》，《江海学刊》2003年第6期。

张发祥：《流坑董氏族学教育考察》，《抚州师专学报》1998年第3期。

裴惠云：《中国传统文化对现代民俗心理的影响》，《西安联合大学学报》2002年第3期。

薛祖军：《略论历史文化底蕴对喜洲白族民居建筑的影响》，《大理学院学报》2005年第2期。

伍国正、刘新德、林小松：《湘东北地区"大屋"民居的传统文化特征》，《怀化学院学报》2006年第10期。

陈婷：《闽北古民居建筑装饰文化初探》，《艺苑》2006年第4期。

张迎冰：《张谷英村古建筑中传统文化之管见》，《岳阳职业技术学院学报》2006年第4期。

刘原平、罗艳霞：《传统民居建筑与人类社会》，《山西建筑》2008年第8期。

朱仁宝：《试论儒家文化的当代德育价值》，《中共太原市委党校学报》2007年第2期。

白宝福：《20世纪80年代以来明代家族史研究述略》，《中国史研究动态》2010年第2期。

向柏松：《民间信仰与非物质文化遗产保护》，《中南民族大学学报》2006年第5期。

王娟：《民间节日与文化传承》，《晚霞下半月谈》2007年第7期。

李娟：《从宗教人类学看教育》，《皖西学院学报》2005年第4期。

杨知勇：《鹤庆古城鹤阳镇的文化底蕴》，《云南民族大学学报》2005年第3期。

万建中：《民间文学的现实意义》，《社会科学战线》2006年第1期。

许钰：《加强民间文化教育功能的研究》，《北京师范大学学报》1994年第4期。

汤梅：《民间文学应用到儿童情商教育中的可行性研究》，《民族教育研究》2006年第5期。

张劲松、蔡慧琴：《家族书院与家族发展的互动解读》，《船山学刊》2006年第4期。

王长金：《论传统家训的家庭发展观》，《浙江社会科学》2005年第2期。

白明东：《晋商常家的家族教育》，《太原师范学院学报》2008年第4期。

李桂梅：《传统中国人"家"意识的社会伦理解读》，《湖南文理学院学报》2008年第1期。

胥文玲：《家族教育的历史传承——以闽北元坑为个案》，《教育评论》2008年第4期。

胥文玲：《家族教育的历史传承——以闽北峡阳为个案》，《河北师范大学学报》2008年第7期。

胥文玲：《家族教育的历史传承——以闽北家族祠堂为例》，《福建论坛》2011年第12期。

胥文玲：《闽北古民居及家族教育内涵考述》，《东南学术》2013年第6期。

胥文玲：《明清闽北家训的教育思想及现代启示》，《东南学术》2014年第9期。

胥文玲：《宗族塾学与闽北家族教育考略——基于古村落的田野调查研究》，《教育评论》2014年第10期。

钱杭：《关于同姓联宗组织的地缘性质》，《史林》1998年第3期。

谢长法：《明清时期族谱的教化功能刍议》，《南京师范大学教育科学学报》2005年第2期。

朱守良：《朱熹〈家训〉：从个人修养到民族文明》，《安庆师范学院学报》2005年第2期。

朱小理：《中国传统家训中的德育精华》，《江西教育科研》2005年第

10 期。

王学：《中国古代家训的价值取向初探》，《湖南师范大学学报》2005年第 1 期。

党红星：《试论中国家训文化的特点》，《东岳论丛》2006 年第 1 期。

俞樟华、盖翠杰：《行状职能考辨》，《浙江师范大学学报》2003 年第 2 期。

白明东：《晋江常氏家族教育》，《太原师范学院学报》2008 年第 4 期。

王昌宜：《浅论明清徽州的宗族办学活动》，《合肥学院学报》2006 年第 2 期。

李世福、裴惠云、胡艳杰：《浅谈中国传统文化对现代民俗心理的影响》，《西安石油学院学报》2002 年第 3 期。

李炳南：《儒家学说对中国古代建筑的影响》，《云南社会科学》1999 年第 3 期。

熊贤君：《如何正确评价私塾问题》，《河北师范大学学报》2000 年第 1 期。

黄鹏：《论民间俗信的教育功能》，《湖北经济学院学报》2006 年第 9 期。

史江洪：《信仰民俗的地方性传承——以一个土家族村落为例》，《贵州民族学院学报》2007 年第 4 期。

陈新专、符得团：《传统家训道德培育的当代启示》，《甘肃社会科学》2011 年第 5 期。

傅小凡：《朱熹为重建家族制度进行的合理性辩护》，《东南学术》2014 年第 1 期。

刘大可：《科举与传统客家村落社会》，《民族研究》2005 年第 6 期。

张静：《从朱熹的"小学"教育思想看中国古代的蒙学教育》，《滁州学院学报》2007 年第 2 期。

## 四　学位论文

何成：《对明清时期山东科举望族的个案研究》，山东大学博士学位论文，2002。

滕志妍：《明清塾师研究》，西北师范大学硕士学位论文，2006。

王玮：《试论明清潍州宗族的道德教化》，安徽大学硕士学位论文，2006。

陈黎明：《论宋朝家训及其教化特色》，华中师范大学硕士学位论文，2007。

莫丽：《桂林童谣保护与教育传承研究》，广西师范大学硕士学位论文，2012。

陈虹：《清末民初嘉兴地区望族的家族教育研》，浙江大学硕士学位论文，2007。

苗运长：《祠堂的重建——一个中原家族的历史与实践》，中央民族大学硕士学位论文，2006。

朱明勋：《中国传统家训研究》，四川大学博士学位论文，2004。

刘正发：《山彝族家支文化传承的教育人类学研究》，中央民族大学博士学位论文，2007。

王瑜：《明清士绅家训研究（1368—1840）》，华中师范大学博士学位论文，2007。

王雁：《明清聊城科举家族傅氏研究》，辽宁大学硕士学位论文，2004。

赵璐：《宋代东莱吕氏家族教育研究》，华东师范大学硕士学位论文，2009。

魏运生：《清代徽州迁苏状元家族研究》，上海师范大学硕士学位论文，2010。

张利民：《明清时期滨州杜氏家族个案研究》，山东大学硕士学位论文，2008。

王燕：《明清时期黄河三角洲名门望族比较研究》，山东大学硕士学位论文，2009。

徐伟：《朱熹与南宋闽北书院研究》，福建师范大学硕士学位论文，2008。

王小珍：《宋代崇安五夫里刘氏家族及其文学研究：以刘子翚为中心》，福建师范大学博士学位论文，2008。

王莲花：《蒙古族传统家庭教育及其传承研究》，内蒙古师范大学硕士学位论文，2008。

秦中应：《当代湘西苗族传统文化的教育传承研究——以湘西州凤凰县苗族为例》，中央民族大学硕士学位论文，2010。

黄若天：《非物质文化遗产的教育传承研究——以《黄四姐》的传承模式为例》，湖北民族学院硕士学位论文，2014。

金冉：《中央苏区红色歌谣教育传承研究》，赣南师范学院硕士学位论文，2012。

## 五　其他类

中华人民共和国住房和城乡建设部网站，http://www.mohurd.gov.cn.

http://baike.baidu.com/subview/2368808/11283666.htm.

# 后 记

本课题的研究自我2007年读博以来，历经8年，一路走来，有欢笑也有泪水。我为自己没有辜负充满心智与生命力的美好岁月而感到欣慰。感谢命运的巧妙安排和一直未曾放弃的自己，我才有可能实现从一名初中英语教师到高中教师，从高中教师到大学教师的转变。尤其感谢在福建师范大学的这段意义非凡的求学历程，这是我一生中最值得留恋的美好时光。

本书是在博士学位论文基础上修改而成，不仅体现了我个人学习研究的阶段性成果，更凝聚着导师和所有赐教老师的心血，以及所有给予我帮助的亲人、领导、同事、同学、朋友的关爱与帮助，这些都是我人生历程中的宝贵财富，我将永远铭记在心。

首先衷心感谢导师黄新宪研究员。论文凝结着他的许多心血和智慧。此篇论文不论是在选题、立意方面，还是在标点符号等细节上都留下恩师的足迹。恩师严谨求实的态度着实令人感动，其人格的真诚和坦荡，以及深厚的学识和广博的视野时刻影响着我，使我在做人、做事、做学问等方面受益匪浅，终生难忘。同时要感谢上海华东师范大学杨小微教授和上海复旦大学李定教授，在我访学期间，提供许多研究思路和方法，为本书注入新的元素，在此向恩师们表达最真挚的敬意和衷心的感谢！

论文的顺利完成还需特别感谢导师组的许明副校长、连榕院长、余文森院长、李明德教授、杨孔炽教授、黄仁贤教授、林国平教授以及陈伙平教授，感谢他们的不吝赐教与帮助，并以广博的学识和深厚的文化底蕴，启迪我的思维，丰富我的视野。论文答辩时，答辩委员会主席北京师范大学教育学院院长，也是为本书作序的张斌贤教授，以问蕴教，使我深化了研究的认识，并进一步明确未来研究的方向。

闽北10个千年历史文化古镇实地考察得以顺利完成，要感谢当地的许多领导和好友。特别真诚地感谢南平市委石建华副书记、南平市外事办肖诗锦副处长、南平市图书馆林碧英馆长、建阳市政法委陈仕佳书记、光泽县政法委肖立刚书记，以及朱秀芳、陈秀琴、庄心潮等好友，他们无私地为我提供到古镇实地考察以及到各县图书馆或文化局查阅资料的机会与便利，在此一并表示衷心的感谢。

在三年博士的求学期间我得到了师兄、师姐以及博士同学的关心和帮助。感谢我的室友首都体育学院王莹教授，她沿袭师德，具有"和光同尘，光而不耀"的优点，给予我许多温暖感动和人生智慧，尤其在撰写论文最困难的时候，给予鼓励的话语，也将是我一生中最美好的记忆。难忘同学情谊，难忘与曾能建、龚森三人一起求学的美好时光。同时还要感谢吴仁华、曾繁相师兄，刘姝芳师姐，以及叶一舵、程灵、周志群、黄慧娟、黄怀飞、徐成立等同学，平日间的互相鼓励或探讨，无不给论文的撰写提供了许多灵感和精神动力，在此一并表示深深的谢意！并祝愿友谊地久天长！

与此同时，还要感谢我最亲爱的家人，尤其是耄耋之年的公婆，是他们近20年的默默支持和无私奉献，才使我有时间并全身心地完成从大专到自考本科、硕士、博士的学业。感谢我的丈夫和女儿，他们始终是我勇往直前的坚强后盾，是他们给予我不竭的前进动力和无穷力量，方使我13年的求学生涯画上一个完美的句号。当然，也要感谢所有在文章中参考、引用的论著、资料的作者们！

本书的出版，还要感谢社会科学文献出版社社会政法分社社长王绯编审，责任编辑郑茵中同志，福建省社会科学界联合会杨健民研究员、郑珊珊博士以及上海师范大学赵冬梅博士，正是他们的关心、支持和帮助，才使本书如期出版。

最后，感谢命运，让我能在福建师范大学求学。感谢师长，给予无私的指导和关爱。感谢博士学习生涯，给我带来新的机遇和挑战。感谢、感恩、感念之余，我将以此为激励，一如既往地继续努力拼搏，因为脚下永远是新的起点！

胥文玲
2014年12月于福州

图书在版编目(CIP)数据

家族教育的历史传承:以闽北地区为例/胥文玲著.—北京:社会科学文献出版社,2014.12
ISBN 978-7-5097-6919-5

Ⅰ.①家… Ⅱ.①胥… Ⅲ.①家族-教育史-研究-福建省-明清时代 Ⅳ.①G529.4

中国版本图书馆 CIP 数据核字(2014)第 297608 号

## 家族教育的历史传承
### ——以闽北地区为例

著　　者 / 胥文玲

出 版 人 / 谢寿光
项目统筹 / 王　绯
责任编辑 / 郑茵中　李　响

出　　版 / 社会科学文献出版社·社会政法分社(010)59367156
　　　　　　地址:北京市北三环中路甲29号院华龙大厦　邮编:100029
　　　　　　网址:http://www.ssap.com.cn

发　　行 / 市场营销中心(010)59367081　59367090
　　　　　　读者服务中心(010)59367028

印　　装 / 三河市尚艺印装有限公司

规　　格 / 开　本:787mm×1092mm　1/16
　　　　　　印　张:21.75　字　数:345千字

版　　次 / 2014年12月第1版　2014年12月第1次印刷

书　　号 / ISBN 978-7-5097-6919-5

定　　价 / 88.00元

本书如有破损、缺页、装订错误,请与本社读者服务中心联系更换

版权所有 翻印必究